Friedhelm Werremeier

DER FALL HECKENROSE

Mit einem Nachwort
von
Rolf Bossi

C. Bertelsmann Verlag

© 1975 Verlagsgruppe Bertelsmann GmbH,
C. Bertelsmann Verlag München, Gütersloh, Wien
Gesamtherstellung Welsermühl Wels
Printed in Austria
ISBN 3-570-00492-9

Inhalt

Erster Teil
KURT HANSEN

Zweiter Teil
ERWIN HAGEDORN

Dritter Teil
WALTER ULBRICHT

Vierter Teil
LISTIG ALIAS HECKENROSE

Rolf Bossi: Plädoyer für einen toten Mörder

Die Hauptpersonen dieses Berichtes

Literaturverzeichnis

Eher regnet es Tinte, als daß dieser Kriminalfall wahr wäre.

DDR-Staranwalt Professor Kaul

Er ist wahr.

F. Werremeier

Erster Teil

KURT HANSEN

Bevor ich diese Geschichte zu erzählen beginne, muß ich erklären, wie ich an diesen wahren Fall gekommen bin. Anderenfalls würde niemand begreifen, wieso ich von einem halben Dutzend auf brutale Weise ums Leben gekommener Menschen streckenweise ähnlich lässig rede wie vom Ankauf von sechs Austern.

Ich muß darüber berichten, wie ich auf die einzelnen Fakten stieß, neue Aspekte hinzukamen, das Bild sich abrundete – und am Ende schließlich doch alles ganz anders verlief, als ich es erwartet hatte.

Und ich muß dann eigentlich nur noch zweierlei erklären: Ich habe im Zusammenhang mit dieser Geschichte – einem großen, grausamen, letztlich politisch gefärbten Kriminalfall – die DDR kennengelernt, die Deutsche Demokratische Republik, die ich bis dahin so gut und so schlecht kannte wie neun von zehn Bundesbürgern – und ich habe dabei die Überzeugung gewonnen, daß es für die nächsten hundert Jahre eben doch zwei deutsche Staaten geben wird, wenn schon nicht für ewig.

Nur deshalb aber – weil es zwei Staaten sind, zwei Staaten mit verschiedenen gesellschaftlichen Systemen und Gesetzbüchern – wird es zumindest für Jahre hinaus nötig sein, Namen, Details und Szenen mancher Berichte so zu verschlüsseln, daß die Wahrheit erhalten bleibt, die ganze innere und auch äußere Wahrheit, und trotzdem keine Menschen gefährdet werden.
Ausschließlich deshalb.

Der Name ist echt, und der Mann auch:
An einem Abend im späten Frühjahr 1974 ruft mich Kurt Hansen an, Reporter aus Kopenhagen, ein Freund von mir.
»Hallo«, sagt er, und die Leitung ist so klar, als spräche er von nebenan, »geht es dich gut?«
Er stammt nämlich aus dem deutsch-dänischen Grenzgebiet, spricht sehr gut deutsch und verwechselt im allgemeinen immer nur »dir« und »dich«, das heißt den Dativ und den Akkusativ.
»Danke«, sage ich, »ich hab' gerade Besuch. Ist es so dringend, kann ich nicht später irgendwann zurückrufen?«
»Geht schlecht!« sagt er.
»Warum nicht?«
»Weil ich gerade Rotkäppchen trinke«, sagt dieser Witzbold, »kann ich dich sagen, so schnell auch niemals wieder ...«
»Ehrlich, Kurt ...«
»Sicher, ist ganz okay ... Rotkäppchen ist Champagner aus die Deutsche Demokratische Republik ... da bin ich nämlich gerade ...

ich bin in Ostberlin, Hotel Un-ter-den-Lin-den« – als würde er es fast buchstabieren! – »wir haben auch nur drei Minuten Sprechzeit, glaube ich. Ich wollte fragen, kannst du mir morgen dringend treffen, und zwar in Westberlin, vielleicht in das Hotel Schweizerhof, vielleicht so neunzehn Uhr?«
»Muß das denn morgen sein?«
»Wär' schon gut ...« sagt er. »Ich kann im Moment ... ich bin im Moment etwas heiser ...«
»Also gut!« antworte ich. Ich bin ebensowenig heiser wie Kurt Hansen, kann aber im Moment auch nicht besonders deutlich reden.
Grundsätzlich gibt es allerdings nur wenige Leute, bei denen ich so direkte Fragen nach einem so kurzfristigen Treffpunkt mit »ja« beantworte, meistens Reporter, die viel unterwegs sind.
»Okay!« sage ich nochmals. »Weil du es bist! Neunzehn Uhr, Schweizerhof. Und bestell' mir ein Zimmer ...«
»Nein, nein«, sagt er drängend, »du mir ...!«
Also auch das.
»Und morgen!« betont er penetrant, als müsse er befürchten, ich sei schwerhörig oder die Leitung tot.
»'n Abend, Kurt ...!«
Ende des Interzonengesprächs.
So fing es an.
»Wer war das denn?« fragt mein Besucher.
»Irgendein Verrückter!« lüge ich.
Aber was kann er wollen? überlege ich die ganze Zeit. Aus dem Osten, eine Geschichte bestimmt: ein Däne schleppt sie an. Ich war damals ebenfalls Reporter, und manchmal muß es eben schnell gehen. Es ist allerdings an diesem Abend und am nächsten Morgen ziemlich mühsam, mir die Zeit für den Trip von Hamburg nach Berlin freizuboxen.
Für den ersten Trip von vielen.
Am nächsten Abend mit British Airways 1148 von Fuhlsbüttel nach Tempelhof. Eine halbe Stunde zu früh, aber Pan American 614 wäre zu spät gewesen. Und ich habe Glück, ich muß auch gar nicht warten:
»'n Abend, Kurt!« Er ist schon da, um achtzehn Uhr dreißig in der gemütlichen Foyer-Bar Schweizerhof in Westberlin, wo man den Keeper fast immer bitten muß, die Musik ein bißchen leiser zu stellen. Küßchen links und Küßchen rechts auf die Wange, wie die Russen, eigentlich eine alberne Sitte, die ein paar Freunde irgend-

wann aus Blödsinn angefangen haben und die dann hängengeblieben ist, wie so mancher Blödsinn.
»Das Abendessen und überhaupt heute abend zahle ich«, sagt Kurt, »hinterher wirst du bezahlen, wetten?«
Ich wette, und ich verliere. Denn ich zahle tatsächlich, wenn auch nicht alles auf einmal. Die Geschichte, von der mir Kurt Hansen an diesem Abend nur den Anfang verkauft, ist so faszinierend und so verrückt, daß ich eines Tages bestimmt froh bin, wenn sie mir jemand abnimmt oder auch nur glaubt.
Obgleich sie wahr ist, das nur nebenbei und zum allerletzten Mal.
»Also«, sage ich, einstweilen noch ziemlich ungeduldig, »pack' aus! Ham se da drüben den Goldschatz geklaut, oder gibt's neuerdings 'ne Art Rauschgift-Mafia in der DDR, mit Agenten und so?«
Aber Kurt Hansen schüttelt den Kopf: er versucht, mich mit seiner demonstrativen Ruhe zu provozieren.
»Besser!« sagt er, beim ersten Bier links hinten am Tisch in der Ecke am Fenster, und sieht auf die Budapester Straße hinaus.
»Nämlich ...?«
»Ich schlage dich vor, wir ... ich meine, du nennst die Geschichte Heckenrose!« sagt er, halbwegs geheimnisvoll, hält mich dabei richtig zum Narren und freut sich auch noch.
»Warum?«
»Weil der Mörder Hagedorn heißt!« sagt Kurt, als sei diese Assoziation von Heckenrose zu Hagedorn das Selbstverständlichste von der ganzen Welt.
»Aha«, sage ich, »es gibt also einen Mörder ...«
»... und was für einen schönen!« behauptet er. »Und dann noch in Ostdeutschland, stell dich vor ...!«
»Schicke Puppen in der Geschichte?« frage ich. Denn Häßlichkeit verkauft sich schlecht, gerade wenn man mit einer so verderblichen Ware wie Geschichten handelt.
»Bis jetzt keine einzige Puppe!« antwortet Kurt Hansen und schämt sich keineswegs.
»Ja, aber ... deswegen hast du mich hier nach Berlin bestellt ...?«
»Doch«, sagt er, »nur deswegen ...«
Nun habe ich als Kriminalschriftsteller eigentlich selten Bedarf an Mördern; Kurt Hansen weiß das auch, daß sie mir im allgemeinen in ausreichender Zahl auf den Schreibtisch kommen, echte und erfundene. Mörder aus der DDR sind zugegebenermaßen selten darunter, aber das alles kann ja nun wirklich nicht der Grund sein, warum er es so dringend macht.

Heckenrose, hat er gesagt.
In Frankreich gab es mal eine politische Affäre mit dem Stichwort rosa, lange vor Profumo und Christine Keeler in England, was Sittliches, und dabei rollten die Köpfe, genau wie später in England.
»Ist es was Sittliches?« frage ich ihn.
»Wieso das denn?« sagt er verständnislos.
Aber noch ehe ich antworten kann, nickt er. »Doch, ja ... sittlich auch ...«
Also unsittlich.
»Heckenrose«, sage ich, »rosa Ballett im Politbüro, nicht schlecht ... aber nun komm' mal rüber, wieso Heckenrose und nicht gleich Hagedorn?«
»Wir haben ja Zeit«, sagt er, und sekundenlang grinst er. »Rosa Ballett ... also, auf die Idee muß man ja auch erst kommen ...«
Als ob ich mir nicht auch mal eine Assoziation erlauben könnte!
Sein Grinsen verschwindet.
»Es ist nur so, mal sprechen die Leute, die mich das da im Osten erzählt haben oder auch nicht, von Hagedorn, und mal sprechen sie von Heckenrose. Hagedorn hört sich doch an wie Hagebutte, und Hagebutte ist die Frucht von Heckenrose, oder?«
»So ähnlich«, sage ich. »Genau gesagt eine Scheinfrucht.«
Er bestellt noch zwei Bier und spricht kein einziges Wort weiter, bis sie gebracht worden sind.
»Sie machen das nämlich so geheimnisvoll da drüben«, sagt er entschuldigend, »das kannst du dich gar nicht vorstellen, das steckt richtig an! Ist mich allerdings vorgekommen, als sprächen sie überhaupt nicht gern von die ganzen Affäre, und wenn, dann eben nur unter diesem getarnten Namen Heckenrose ...«
»Prost!« sage ich. »Skål!« Manchmal muß man nur Geduld haben – und siehe da, er fängt an:
Er hatte kürzlich Urlaub, gerade jetzt eben, und manchmal hat er dann so Ideen, wie ich weiß: er sagte sich, statt Gran Canaria oder Heraklion guck' ich mir mal die DDR an, einfach so aus persönlichem Interesse und zur Weiterbildung, die Deutsche Demokratische Republik. Er ist ja Däne, und er darf das ohne weiteres, sogar mit dem eigenen Auto, einem Triumph-Sportwagen, im Gegensatz zu den Westdeutschen, die das nicht so ohne weiteres dürfen. Und so kommt er dann auch in die Stadt Eberswalde, in den Stadtteil Westend oder wenigstens in die Richtung, und dort stolpert er eines Abends in die vergammelte Gaststätte »Zur gemütlichen Ecke«. Dort spielen die Leute noch echten scharfen Skat, nur Männer mit

Contra und Re, gleich mit Geld über den Tisch, und dort setzt sich Kurt erstmal fest.

»Denn sowas mußte gesehen haben«, sagt Kurt, »allein das war die Reise wert, schmutzig, na ja, dafür haben sie ihren Erich Honecker an der Wand hängen, mit Fahnen verziert, aber glaubst du, die ließen sich davon abhalten, ständig zu meckern? Das Komische ist, die bestellen sich pro Nase immer ein Tablett mit sechs Bier, nie kalt, alles nur Flaschen, mich kam das vor, als haben sie Angst, nächste halbe Stunde ist das Bier alle! Dabei ist das doch eine HO-Gaststätte, das kennst du doch?«

Das kenne ich. HO gleich Handelsorganisation, Warenhäuser, Verkaufsstellen und Gaststätten zur »Abschöpfung überschüssiger Kaufkraft«.

Und dort trifft Kurt einen Homophilen, der den Skat nicht mitspielt und dessen Typ er offenbar ist. Außerdem trinkt dieser Homophile gern »Deutsche«, einen ortsansässigen Weinbrand, und Kurt Hansen mit seiner »überschüssigen Kaufkraft« gibt einen »Deutschen« aus und noch einen, einfach so, aus Nettigkeit und um sich den Menschen von der Figur zu halten.

Was er denn eigentlich beruflich macht, fragt der Homophile. Daß er sich diese ganzen »Deutschen« leisten kann?

Hansen antwortet, er ist Direktor. »Na sowas«, sagt der, schon nicht mehr ganz nüchtern, »was dirigierste denn?«

Hansen überlegt, ob er nicht einfach die Wahrheit sagen soll, oder wenigstens die halbe Wahrheit. Der Mann ist nämlich nicht dumm, und vielleicht interessiert ihn das, und er läßt ihn dann endgültig in Frieden mit seinen nervösen Fingern.

»Ich bin Mitarbeiter an einem dänischen Institut für Kriminalforschung!« sagt er. Tatsächlich ist das nur die halbe Wahrheit, denn sowas macht Hansen nebenberuflich für einen Kriminologen in Kopenhagen, eigentlich allerdings mehr aus Hobby, denn verdienen kann man da nicht sehr viel.

»Oh«, sagt der Schwule, seltsam betroffen, »ist das dein Ernst?«

»Klar!« sagt Hansen.

»Krieg' ich ... bitteschön, krieg' ich noch einen ›Deutschen‹ ...?«

»Zwei!« sagt der gutmütige Däne. Aber langsam wird er es doch schon leid.

»Du meinst, du interessierst dich für ...« – dabei kriecht er fast unter den Tisch und flüstert wie ein verängstigtes Vögelchen – »... du interessierst dich für Mordgeschichten?«

»Auch«, sagt Hansen.

»Dann bist du also deshalb hier!« entscheidet er leise, aber kategorisch.
»Weshalb?«
»Mir kannst du es ja ruhig sagen ...«
»Aber ich weiß bestimmt nicht, von was du redest!«
Der Mann sieht sich vorsichtig um, legt bedeutsam den Finger auf den Mund und sagt so leise, daß Hansen es kaum verstehen kann: »Eins mußt du dir merken. Belügen darfst du mich nicht!«
Es ist zum Verzweifeln, und Kurt überlegt allen Ernstes, was er hier für ein Geheimnis mit sich herumschleppt. Da er es anders nicht rauskriegen kann, blufft er: »Also gut, ich kann dich sagen, ich bin deshalb hier ...!«
»Siehst du!« triumphiert der Homophile. »Aber ich seh' ja ein, daß du da ganz besonders vorsichtig sein mußt!«
»Völlig klar!« stimmt Kurt Hansen zu. »Kannst du mich denn doch ein paar Detailen über das Geheimnis erzählen?«
Er sieht ihn prüfend an und nickt.
»Du ... du bist nett ...«
»Weiß ich!« sagt Kurt.
»Nein, nich' so ... das läuft bei dir ja doch nicht ... einfach 'n netter Mensch ...«
Er sieht Hansen voll ins Gesicht und sagt leise, aber sehr klar: »Gehst du mit mir nach draußen?«
»Du wolltest doch noch zwei trinken?« fragt Kurt, die helle Abwehr.
Aber der hat es sich anders überlegt und schüttelt den Kopf. »Muß nicht sein. Wenn du mit mir nach draußen gehst, zeige ich dir was ...«
»Bestimmt den Mond!« sagt Hansen.
Trotzdem ist er neugierig geworden, geht zum Wirt, einem Mann namens Peter, der ihn amüsiert ansieht, und zahlt die Rechnung. Kurt Hansen ist etwas über einsneunzig groß, kann sich im allgemeinen auf seine Reichweite verlassen und hat überdies einen ausgefallenen Sinn für skurrile Situationen.
»Kannst du noch fahren?« fragt der Mann. »Weil, man darf hier doch gar nichts ...«
Trinken, meint er.
Aber Hansen kann, er hat nur Kaffee und Brause getrunken. Sie fahren in dem Triumph, in dem es für diese Situation ungemütlich eng ist, gottseidank nur ein paar Kilometer. Der Mond scheint nicht, steht zur Zeit hinter den Wolken: immerhin sieht man, daß

sie durch eine triste Wohnsiedlung fahren, eintönige, phantasielose Mietskasernen, irgendwo mal ein paar Einfamilienhäuser. Und irgendwo sagt der Mann: »Jetzt halt' mal an!« Hansen hält an.
»Da drüben. Das Fenster ...!«
Ein Fenster wie das andere.
»Da hat er gewohnt!« sagt der Schwule verbittert.
»Wer?« fragt Hansen.
»Na, weswegen du doch hier bist ...«
Hansen nickt, denn mehr fällt ihm im Augenblick nicht ein, und er hofft, daß sein Freund es sieht.
»Erwin Hagedorn«, sagt er tatsächlich mit tragischem Nachdruck, »der Massenmörder von Eberswalde ...«
Für Hansen ist es auch deshalb ein kleiner Schock, weil man einer Stadt wie Eberswalde eigentlich gar keinen Massenmörder zutrauen möchte.
»Massenmörder?« zweifelt Hansen.
»Ist ein dreifacher Mörder mit acht Mordversuchen zusätzlich etwa kein Massenmörder?« empört sich der Schwule.
Und dann bricht es aus ihm heraus, er zeigt wieder auf das Fenster, das aussieht wie jedes andere, Hansen ist zum erstenmal leicht, aber ernsthaft erschrocken, und der Zeigefinger des Mannes bleibt in der Luft stehen wie ein Pistolenlauf:
»Da hat er gewohnt, dieser Typ, dieses Milchgesicht, diese Bestie, dieser ... dieser Schlächter, dieser ... dieser Massenmörder ...!«
»Reg' dich ab!« sagt Hansen scharf dazwischen.
Noch nicht. Noch pöbelt er weiter, völlig enthemmt offensichtlich, unflätig über dieses schwule Schwein, daß man sowas erleben muß!, wiederholt sich auch, dieser Typ, der die ganze Branche in Verschiß gebracht und ein Dutzend Kinder tot- oder halb totgemacht hat, alles Jungens! So jung, und schon so verdorben.
Er regt sich ab. »Ich dachte, das könnte dich interessieren ...«
»Ja, ist interessant!« sagt Hansen, mäßig begeistert.
»Nur gut, daß sie ihn dann wenigstens liquidiert haben ...«
»Was sagst du?«
»Liquidiert!« wiederholt er. »Was dagegen?«
Jetzt bricht der Mond durch die Wolken, sein fahles Licht liegt über Eberswalde-Westend, ein fahles Gesicht vor ihm und eine fahle Geschichte, erinnert sich Hansen.
»Wer hat ihn liquidiert?«
»Na, der Henker!«

»Du meinst, die Justiz?«
»Ja, denkste, ich?«
»Aber bei euch gibt's doch gar keine Todesstrafe?«
»Oh«, sagt er stolz, wieder ganz im Dunkeln, »da kennst du aber die Elastik unseres sozialistischen Gesellschaftssystems nicht!«
Hansen fragt: »Wenn ich dir richtig verstanden habe, er hat drei Kinder getötet?«
»Genau!«
Jetzt, da für ihn die Aufregung nachgelassen hat, wird er doch noch touchy, und Hansen muß ihn beiseiteschieben.
»Er war selbst noch jung, sagst du?«
»Ich hab' ihn nur einmal gesehen«, antwortet er, »da muß er mit seinem Vater in der ›Gemütlichen Ecke‹ gewesen sein. Und eigentlich ... also, wenn das alles nicht passiert wär', weißt du, ganz ehrlich, mein Typ wär's schon gewesen, und ich steh' nun mal am liebsten auf ganz jung ...«
»Was ist denn dein Lieblingsalter?« fragt Kurt so harmlos wie möglich.
»Aber nicht weitersagen ...?« Er bettelt ihn förmlich an.
»Och«, sagt Kurt, »ich bitte dich, ich komme doch aus Dänemark.«
»Fünfzehn«, haucht er, »höchstens siebzehn!«
»Dann ist dieser Hagedorn, dieser ...«
»... Erwin ...«
»... dieser Erwin auch höchstens siebzehn gewesen, als er das mit die Kinder ...?«
»Glaub' ich ganz bestimmt!« sagt der Schwule. »Aber was ist denn schon dabei?«
»Ja, eben ...« sagt Kurt Hansen melancholisch.
Drei tote Kinder und ein halbes Kind, angeblich, ein halbes Kind als Mörder. Das halbe Kind als Mörder, angeblich, liquidiert oder hingerichtet, kommt ja wohl nicht auf die Vokabel an. Gibt es das, mitten in Europa, selbst im sozialistischen Europa?
Im Moment ist ihm richtig schlecht, der Kerl kotzt ihn an, er und die ganze Situation. »Los, steig' ein!«
Halbwegs eingeschüchtert tut er es, Hansen setzt ihn vor der Kneipe ab, geht aber selbst gar nicht mehr mit rein. Er fährt zurück nach Ostberlin, wo er im Hotel »Unter den Linden« ein Zimmer als Stammquartier für seine Ausflüge in die Provinz hat. Tags zuvor hat er im Hotel-Intershop noch eine Flasche Whisky zum guten Devisenpreis gekriegt, und jetzt trinkt er sich einen, wie er erzählt – und nicht nur einen.

Schon halb im Tran wird ihm klar, daß er hier einer »guten«, wenn nicht »sehr guten« Geschichte auf die Spur gekommen ist.
Kümmer' dich noch 'n Tag drum und ruf' Werremeier an! überlegt er, bevor er einschläft.

»Denn das ist ja so ein zweiter Fall Bartsch!« sagt er jetzt. »Und dann hingerichtet! Für den Fall Bartsch bist du ja Spezialist, nicht ...?«
Den Fall des Knabenmörders Bartsch kenne ich allerdings sehr gut, weil ich darüber mal ein Buch geschrieben habe und es unter anderem auch an Kurt Hansen verschenkt habe.

Zum Abendessen im Schweizerhof in Westberlin gibt es Zürcher Geschnetzeltes für Kurt und eine Wilhelm-Tell-Platte für mich.
»Die Geschichte ist unter einem Aspekt gut«, überlege ich, »wenn Bartsch kein Einzelfall war, wenn es in der DDR nur wenig später einen ähnlich gelagerten Fall gab, dann müßten zwei analoge Fälle eigentlich mehr über die Entwicklungsgeschichte, die Psyche und das Vorgehen solcher jugendlichen Triebtäter aussagen als ein einziger Fall, von dem man immer behaupten kann, daß er völlig singulär sei.«
Aber Kurt Hansen genügt das noch nicht.
»Das ist sicher auch nicht uninteressant, aber vor allem geht es doch um diese politischen Aspekte«, sagt er, »wenn sie nämlich diese Mörder tatsächlich hingerichtet haben, dann ist das ein Politikum, da kannst du mich erzählen, was du willst ... und deswegen habe ich dir nach Berlin bestellt und sonst gar nicht!«
Und damit hat er gewonnen.
Falls das, was Hansen in Eberswalde erfahren hatte, nur halbwegs stimmte, dann hatte jener Hagedorn offensichtlich ein außergewöhnliches Schicksal. Und bei aller scheinbaren Kaltschnäuzigkeit unter Reportern ist auch das Schicksal eines Mörders eine Geschichte wert.
»Warum mußte ich heute nach Berlin kommen?«
Das kann er nun gar nicht mehr begreifen. »Weil ich denke, du fährst morgen nach Eberswalde ...?«
Jetzt begreife ich nicht. »Wie soll ich denn da hinkommen?«
»Ja, wieso?« fragt er. »Du kannst ein Leihauto nehmen, und es gibt auch eine Eisenbahn ...«
Schön wär's.
»Das ist wirklich dein Ernst?«

»Ja...« sagt er.
»Aber es geht nicht!«
»Aber ihr habt doch ein Berlin-Abkommen«, sagt er unermüdlich, »und einen, einen ...?«
»... sozusagen einen gesamtdeutschen Dialog?«
»Richtig!« sagt er.
Völlig falsch.
»Mag ja sein«, antworte ich, »daß ihr diesen Eindruck habt. Aber bevor ich heute oder morgen nach Eberswalde fahren könnte, müßten Willy Brandt und Erich Honecker erstmal Brüderschaft trinken ...«
»... vielleicht tun sie's ja bald!« sagt Kurt mit seiner gesamteuropäischen politischen Halbbildung, die noch geringer ist als meine eigene.
»Eben nicht.«
»... stell' dir doch nicht so an!«
»Warum stelle ich mir an?« frage ich und verwechsle aus lauter Wut allmählich selber mir und mich. »Warum denn wohl? Hab' ich die DDR erfunden? Warum kennst du und ich im Zweifelsfall sogar diesen komischen Blutsauger aus Polen, der vor einiger Zeit Schlagzeilen machte, und warum hab' ich noch nie ein Wort über deinen Erwin Hagedorn aus der DDR gehört, diesen angeblichen Supermord von nebenan?«
»Ist das so?« fragt Kurt, endlich beeindruckt.
»Ja, so ist das!« antworte ich.
»Du kannst jetzt gar nicht nach Eberswalde fahren?« wiederholt er.
»Nein, ich kann nicht!«
Er denkt nach und zerkaut dabei seinen letzten Bissen. »Entschuldige vielmals«, sagt er mit langen Zähnen, »daß ich dich nach Berlin geholt habe!«
»... geschenkt, Kurt. Aber nun erzähl' mir endlich, warum du die Geschichte nicht selbst machst ...?«
»Weil sie zu schade ist für eine schnelle Geschichte!« sagt er spontan. »Weil du mehr verstehst von solche Triebverbrechen als ich, und weil ich sie dir ja nicht schenken, sondern verkaufen will!«
Der Zuspruch kommt ja manchmal von der Seite, von der aus man ihn am wenigsten vermutet.
»Erzähl' weiter!« sage ich.
Am nächsten Tag, erzählt er, am Tag nach dem Abend mit diesem Homophilen aus der »Gemütlichen Ecke« besichtigt er das histori-

sche Kloster Chorin, einen der schönsten gotischen Backsteinbauten, die es heute noch gibt, nur ein paar Kilometer von der Stadt Eberswalde entfernt. Er ist von diesem gesamtdeutschen Bauwerk tatsächlich sehr angetan, Roskilde in Dänemark mit seinen Königsgräbern in Ehren. Aber eigentlich ist er ja doch nur nach Chorin gefahren, um am späteren Nachmittag wieder pünktlich in Eberswalde zu sein.
Bis jetzt hat er keinen anderen Anlaufpunkt als diese seit zehn Jahren nicht renovierte Kneipe mit Erich Honecker an der Wand. Sein homophiler »Freund« ist aber nicht da.
Doch daß ein Däne ins Haus steht, ist für dieses Etablissement ein Ereignis, das vielleicht alle zehn Jahre einmal vorkommt. Daß an zwei Abenden nacheinander ein Däne erscheint, das gibt's gar nicht, sagt der Wirt.
»Willste nicht Skat lernen?« fragt einer leutselig.
Ein anderer ist neugieriger und zieht Kurt Hansen in eine Ecke.
»Hat er dir was von Heckenrose erzählt?« fragt er.
Heckenrose, Hagedorn:
Hansen überlegt blitzschnell, entscheidet sich und sagt wahrheitsgetreu: »Nein!«
»Glaub' ich dir zwar nicht«, sagt der andere, »aber tu' mir einen Gefallen und laß die Finger davon!«
»Ich weiß nicht, wovon du redest!« sagt Kurt so unwirsch, wie es ihm überhaupt möglich ist. Trinkt seinen Kaffee aus, zahlt und verläßt – scheinbar vergrätzt – die Kneipe.
Fährt davon in die Innenstadt und ist schon auf dem Weg, sich zur Dienststelle der Volkspolizei durchzufragen. Fragen kostet ja nichts, und bestimmt keine Strafe, nicht mal in der DDR. Macht dann aber auf halbem Weg kehrt und fährt entgegengesetzt zurück nach Westend – in die Gegend von gestern nacht.
Das Haus findet er nicht wieder, inzwischen ist es dunkel geworden. Und da tut Kurt Hansen das, was man unter Reportern im allgemeinen »Türen eintreten« nennt: Er klingelt irgendwo an einer Wohnungstür, macht einen artigen Diener und nennt seinen Namen. »Kann ich Ihnen mal sprechen?« fragt er, richtig schön bescheiden.
Der Mann mit dem kragenlosen Hemd, der geöffnet hat, ist so verblüfft, daß er antwortet: »Bitte sehr!«
»Ich bin nämlich Däne«, sagt Kurt, kaum daß er sich unaufgefordert in einen Fauteuil gesetzt und dem Mann eine kapitalistische Zigarette angeboten hat, die er auch annimmt, »ich bin Mitarbeiter

an einem dänischen Institut für Kriminalforschung, und wir« – wir!
– »haben gehört, daß sich hier in Eberswalde in der letzten Zeit ein
für unsere Forschungen interessanter Kriminalfall ereignet haben
soll ...«
Der Mann gibt ihm und sich bedächtig Feuer, tut einen tiefen Zug
und fragt höflich: »Kann ich mal Ihren Ausweis sehen?«
Bitte sehr, ein originaler dänischer Paß mit dem Visumstempel der
Deutschen Demokratischen Republik.
»Danke«, sagt der Mann, »aber über den Fall Hagedorn kann ich
Ihnen nichts erzählen!«
Er kennt ihn also, registriert Kurt Hansen.
Da drückt der Mann aber plötzlich seine kaum angerauchte Zigarette aus, steht auf, geht zum Telefon und sagt: »Ich werde mal die
Polizei anrufen, die Volkspolizei kann Ihnen da sicher sehr viel besser ...«
»Bitte nicht!« sagt Kurt.
»Und warum nicht?« fragt der Mann erstaunt.
Kurt läßt halbwegs die Hosen runter, er hat kaum eine andere
Chance:
»Ich war ja schon auf dem Weg zu Ihrer Volkspolizei. Aber ich
glaube, das macht mir wenig erfolgreich. Ich bin zum ersten Mal in
Ihrem Land. Ich habe vom Fall Hagedorn nur wenig gehört, aber
sie behandeln ihn alle so schrecklich geheim ... ich denke, es ist
möglich, daß sie mir ausweisen ... und ich möchte wenigstens noch
ein paar Details mehr wissen ...«
»Also, ich weiß nicht ...«
Der Mann weiß offenbar ernsthaft nicht, was er von diesem Skandinavier zu halten hat, der ihm da wie vom Himmel ins Haus geschneit kommt und der sofort nach Sachen fragt, über die man wirklich nicht alle Tage spricht, nicht mal unter Brüdern ...
»Bitte, nehmen Sie doch noch eine Zigarette«, sagt Kurt Hansen.
Und tatsächlich, er tut's!
Nicht nur das, er holt sogar zwei Flaschen Radeberger Pils von nebenan, öffnet sie umständlich, gießt ein ... gerade so, als müsse er
Zeit gewinnen.
»Ich weiß wirklich nicht viel«, sagt er endlich, »dann erst mal
Prost!«
»Prost!« sagt Hansen wie ein Papagei.
Jetzt nichts überstürzen und trotzdem ziemlich schnell zur Sache
kommen:
»Es gibt diesen Fall Hagedorn?«

»Ja.«
»Er hat drei Kinder getötet?«
»Ja ...«
»Ist er auch ...«
»Was denn?« fragt der Mann.
»... hingerichtet worden?«
»Also, das glaube ich nicht«, antwortet der Mann, und Kurt Hansen ist geneigt, ihm mehr zu glauben als seinem geschminkten Spezi vom Abend zuvor, »er hat die Todesstrafe gekriegt, habe ich gehört, aber ich bin sicher, daß er begnadigt worden ist und heute irgendwo in einem Irrenhaus sitzt ...«
»... ja, das denke ich auch ...«
»... er ist nämlich damals auch von einem unserer bedeutendsten Wissenschaftler von der Berliner Charité untersucht worden ... begutachtet, meine ich, habe ich gehört, und das müßte doch eigentlich dafür sprechen ...«
»Kennen Sie den Mann?«
»Den Gutachter? Nee ...«
»Hagedorn ...?«
Er schüttelt den Kopf. »Das war ja nun gar kein Mann, das war noch ein Junge ...«
»Wie sah er denn aus?«
Aber er schüttelt immer noch den Kopf. »Was ich nicht weiß, kann ich Ihnen nicht sagen. Nicht mal vom Sehen ... ich weiß nur, daß ihn die halbe Gegend hier kennt ...«
»Kennt ihn oder kannte ihn?«
»Also, verschwunden ist er seitdem auf jeden Fall«, sagt der Mann.
»Er hat doch sicher Eltern?« fragt Hansen.
»Ja, sicher, aber die habe ich auch ewig nicht mehr gesehen und auch nichts von ihnen gehört. Vielleicht wohnen die jetzt in einem anderen Stadtteil ...«
Da kommt er nicht weiter. »Sie wissen aber vielleicht, wann das war mit diesen Morden?«
Der Mann überlegt und strengt sich sichtlich an. »Der dritte Mord, warten Sie ... das war kurz vor der Wahl ... Volkskammerwahl, ja ... das muß so im Herbst 71 gewesen sein ...«
»Und der erste?«
»Der erste und zweite«, sagt der Mann, »das war gleichzeitig, das war ein Doppelmord. Das weiß ich nicht mehr sicher, vielleicht gut zwei Jahre vorher, also so etwa 1969 ...«
»Wie hießen die Opfer?«

»Der dritte hieß Winkler, weiß ich zufällig, den Vater kenne ich von der Arbeit. Aber die anderen ... glatt vergessen!«
Hansen glaubt es ihm. »Sie sagten, Sie haben die Eltern des Mörders nicht mehr gesehen, seitdem der Junge gefaßt worden ist, und diesen Heckenrose haben Sie überhaupt nie gesehen ...«
»Ach«, sagt er, »soweit sind Sie doch schon, daß Sie von ... von Heckenrose auch schon gehört haben ...?«
Es klingt seltsam argwöhnisch, und vor allem kommt der Argwohn so plötzlich, nachdem ein paar Minuten lang alles so gut gelaufen war. Hansen beeilt sich deshalb mit der Antwort:
»Ich habe natürlich erst von Hagedorn gehört, und dann habe ich erst diesen Namen Heckenrose gehört, ganz zufällig in einer HO-Gaststätte, wo ich war ...«
Aber der Mann, der sicher kein Alkoholgegner ist, weil er sein Bier schon viel früher als Kurt Hansen ausgetrunken hat, ist und bleibt verstört:
»Diese Scheiße«, sagt er. »Natürlich, mal wieder in der Kneipe. Die ... äh ... die neue Gemeinschaft wird bestimmt nicht dadurch gefördert, daß in den Kneipen immer noch viel zuviel gequatscht wird ...«
»Bitte?« fragt Hansen.
Denn die Sache wird plötzlich sehr merkwürdig.
Der Mann hat offensichtlich Angst, das sieht man doch auf den ersten Blick.
»Ich rede ja selbst auch schon zuviel«, sagt er, »bitte gehen Sie jetzt!«
»Eins noch«, sagt Hansen, der noch gar nicht gehen möchte, »was war denn Hagedorn von Beruf?«
»Koch«, sagt er. »Aber bitte ...«
Es wirkt ziemlich endgültig, und Hansen steht auf, wenn auch widerwillig.
»Heckenrose ist also eine Art Code-Wort ...?« fragt er, nur um die Sache noch zu verzögern.
»Ja, so etwa«, sagt der Mann, »wieso ... wieso zweifeln Sie denn überhaupt daran?«
Ja wieso?
Soll er ihm sagen, daß er gar nicht zweifelt, sondern sich nur über die plötzliche Verstörtheit wundert?
»Wer ist denn eigentlich auf dieses komische ... Pseudonym gekommen?« fragt er.
Aber der Mann drängt ihn schon zur Tür.

»Lassen Sie mich in Frieden mit Ihren albernen Fragen! Lassen Sie mich überhaupt in Frieden! Was wollen Sie überhaupt noch? Ich rufe jetzt doch die Volkspolizei ...«
Und er tut's wieder nicht, weiß der Henker, warum. Hansen wiederholt während er stur in der Zimmertür stehenbleibt: »Wer ist im Fall Hagedorn auf diesen komischen Namen Heckenrose gekommen?«
»Niemand ist drauf gekommen«, sagt der Mann »das ganze war nur ein Mißverständnis. Einer kam plötzlich von der Deutschen Volkspolizei und sagte ganz aufgeregt, sie hätten den Kindermörder endlich gefaßt, und der heißt Heckenrose. Von da ab hat sich's gehalten ...«
»Einer von der Volkspolizei kam ...?« fragt Hansen, der momentan überhaupt nichts versteht.
Der Mann, der sich gegen ihn drückt, läßt plötzlich etwas locker, wirft sich dann geradezu gegen ihn und gewinnt ein paar Meter in seinem Bemühen, den hereingeschneiten Gast endlich loszuwerden.
»Einer von der Volkspolizei ...?« wiederholt Hansen.
»Quatsch«, sagt er, »jemand hier aus dem Westend war zufällig in anderer Angelegenheit bei der Volkspolizei gewesen, hat da was aufgeschnappt und in seiner Aufregung die Namen verwechselt. Aber jetzt, bitte ...«
Die Wohnungstür steht schon offen, und der Mann spricht jetzt so leise wie bisher alle, die über die Geschichte gesprochen haben. Hansen geht, will auf der Treppe nochmal zurückwinken, sieht aber, daß der Mann bereits wieder in seinen eigenen vier Wänden verschwunden ist. Komische Sache, sagt er sich, kann ja mal passieren, daß irgendwo ein Mord geschieht, auch ein Mehrfachmord, deswegen wird ja nicht gleich die Gesamtbevölkerung diskriminiert und zum Schweigen verpflichtet!
Oder eben doch ...?
Bei drei anderen Familien im Westend von Eberswalde läßt man ihn an der Tür erst gar nicht ausreden, schlägt ihm die Tür vor der Nase zu. Als er zum vierten Mal aufs Geratewohl irgendwo klingelt, öffnet eine ältere Frau, sechzig mindestens, wenn nicht an die siebzig.
»Guten Abend«, sagt Kurt, möglichst noch höflicher als zuvor, »ich bin aus Dänemark und hätte gern ein paar Auskünfte ...«
»Über mich?« sagt die Dame ganz ruhig, überhaupt nicht erschrokken.

»Nein, nein, gnädige Frau, über eine Geschichte hier aus Eberswalde ...«
Erstaunlicherweise lächelt sie.
»Eberswalde ist groß ...«
»... aus dem Westend«, sagt Kurt Hansen.
Sie entscheidet sich. »Kommen Sie herein, und sagen Sie bitte nicht mehr gnädige Frau zu mir ...«
Frau Schneider bewohnt nur einen Raum in dieser Drei-Zimmer-Wohnung, in den sie ihn jetzt führt; die übrigen beiden Zimmer, erzählt sie, gehören ihrem Sohn und ihrer Schwiegertochter. An der Wand ihres Zimmers hängt ein Kruzifix, das erste, das Kurt Hansen hier in der DDR bisher gesehen hat.
»Man trifft hier selten Leute, die ihren Glauben noch hochhalten!« sagt er vorsichtig, allerdings auch ziemlich gerissen.
»Ja, das mag schon sein«, antwortet Frau Schneider freundlich, »aber ich in meinem Alter ... sie lassen mich wirklich in Ruhe ...«
»Das freut mich«, sagt Hansen schlicht.
Dann wird ihm sehr schnell klar, daß er mit dieser furchtlosen Christin katholischen Glaubens einen Glückstreffer gezogen hat:
Sie erzählt ihm, als er auf Hagedorn-Heckenrose zu sprechen kommt, daß sie von dem Fall gehört hat, ja, ja. Und sie sagt auch, spontan voller Hilfsbereitschaft, daß sie in ihrer kleinen Gemeinde einen älteren Taxifahrer kennt, der da noch besser Bescheid weiß und ihm – Hansen – vermutlich weiterhelfen kann.
Der Mann kennt sich aus auf dem Waldfriedhof, wo die drei Opfer des Mörders begraben liegen, jawohl, drei waren es, unschuldige Kinder, und er kennt sicher auch die Gräber der Kinder.
Sie gibt Kurt Hansen die Adresse des Mannes und sagt ihm, er möge einen schönen Gruß von Frau Schneider ausrichten.
»Ich bin sicher, daß er dann mal mit Ihnen rausfährt und Sie hinführt ...«
Weil es so nett ist bei Frau Schneider, bleibt Hansen noch länger, und sie hat auch gar nichts dagegen. Immer wieder bringt er die Rede auf Heckenrose beziehungsweise Hagedorn, fragt vorsichtig auch nach der Hinrichtung, von der gelegentlich die Rede sei, und irgendwann nickt sie und erinnert sich:
»Unser Kaplan hat eines Sonntags gebetet, Gott möge die arme Seele des jungen Mannes, der hier auf Erden so furchtbar schuldig geworden sei, gnädig aufnehmen in sein himmlisches Reich ...«
Kurt Hansen fragt mit plötzlichem Herzklopfen: »Sprach er von Erwin Hagedorn ...?«

»Eigentlich ja ...« überlegt sie.
»... und er meinte, daß Erwin Hagedorn inzwischen ... verstorben war ...?«
»So haben wir es alle aufgefaßt«, sagt Frau Schneider mit leichter Verwunderung, warum das offenbar so wichtig ist. »Er soll ja zum Tode verurteilt worden sein und ist dann vielleicht von der irdischen Gerechtigkeit wirklich hingerichtet worden, und unser Kaplan hat das irgendwo gehört ...«
»Können Sie mir vielleicht auch sagen, wo ich den Herrn Kaplan finde?«
»Leider nein«, sagt sie traurig, »er ist nämlich letztes Jahr selbst verstorben, bei einem Unfall mit seinem Motorrad, und dabei war er selbst noch so jung und ein so lieber Mann ...«
Hansen, von Berufs wegen penetrant, fragt trotzdem wieder:
»So, wie er das gesagt hat, der Herr Kaplan ... war das eindeutig, daß er in seinem Gebet gemeint hat, Erwin Hagedorn ist tot ...?«
Frau Schneider überlegt und überlegt und macht am Ende ein bekümmertes Gesicht:
»So ganz eindeutig nicht. Es ist nämlich, auch als Priester muß man manchmal vorsichtig sein, und das ist ja auch sicher ganz in Ordnung ...«
Kurt Hansen sieht nun doch auf die Uhr:
Halb zehn vorbei. Allmählich Zeit, nach Berlin zurückzufahren. Den Taxifahrer, den älteren Herrn, kann er erst morgen aufsuchen ...
... aber kann ihm nicht doch noch jemand dazwischenfunken, die Sache vermasseln? Irgendjemand dem Taxifahrer einen Tip geben oder die Frau Mama zur Ordnung rufen ...?
»Wann kommt denn Ihr Sohn nach Hause?« fragt er.
Die Antwort beruhigt ihn kolossal:
»Nächste Woche erst. Er macht mit seiner Brigade Urlaub an der Ostsee, und die Frauen durften diesmal auch mit.«
Er hätte ihr gern Blumen geschenkt, aber er weiß nicht, wie er es machen soll. So sagt er einfach: »Ich danke Ihnen, gnädige Frau, daß Sie mich geholfen haben.«
Sie lächelt wieder, nickt mit dem Kopf und meint, es sei gern geschehen. Sie bleibt auch im Eingang stehen, bis die Haustür hinter Hansen ins Schloß gefallen ist. Vermutlich wartet sie auch noch am Fenster, bis er seinen Wagen in Gang hat.

Ich muß zugeben, die Geschichte fasziniert mich vom ersten Abend an. Es ist schon nach elf im unteren Schweizerhof-Restaurant, Kurt hat vom Erzählen einen trockenen Hals und bestellt erstmal noch eine letzte Runde Williamine.
»Am nächsten Tag warst du dann auf diesem Waldfriedhof?«
»Gestern«, sagt er, »gestern mittag. Ich war auch etwa da, wo die Morden passiert sind, aber ganz wollte der Taxifahrer mir nicht hinbringen, und allein habe ich es nicht gefunden.«
»Aber die Gräber hast du gesehen?«
Da läßt er sich vom Kellner ein Blatt vom Block geben und schreibt drei Namen untereinander:
Henry Specht.
Mario Louis.
Ronald Winkler.
Gute Arbeit für den Anfang. »Das Grab von Erwin Hagedorn hast du nicht gesehen?«
»Gibt es nicht«, sagt er, »darüber konnte mir niemand Auskunft geben ...«
Am liebsten würde ich noch heute nacht oder morgen ganz früh nach Eberswalde fahren, um die Geschichte »hart« zu machen. Aber das geht nicht. Ich bin weder akkreditiert noch willkommen, sie würden mich mindestens vorübergehend festnehmen, und im übrigen würde ich vermutlich überhaupt nicht von Ostberlin in die »richtige« DDR fahren können.
»Weißt du, wie er die Kinder getötet hat?« frage ich zwischendurch.
In etwa weiß er es. »Das muß schrecklich gewesen sein, richtig geschlachtet, deshalb komme ich ja auf den Vergleich mit Jürgen Bartsch ...«
»Hat jemand in Eberswalde den Namen Bartsch von sich aus genannt?«
Den Namen des Jungen, der – offensichtlich vor Erwin Hagedorn in Eberswalde – im Ruhrgebiet vier Knaben ermordet hat?
»Ach so, ja, einer!« sagt er.
»Der Taxifahrer?«
»Nein, nein«, sagt er, »das war ein Beamter von die Volkspolizei ...«
Also war er doch noch bei der Volkspolizei?
»Sie war bei mich«, sagt er, »ich habe falsch geparkt, und es kamen zwei Beamte und haben mich zwanzig Mark abgenommen. Gestern nachmittag. Das sei noch billig, haben sie gesagt, weil ich Ausländer bin ...«

Jedenfalls erzählt er – etwas umständlich wie eben jemand, der eine Sprache zu achtundneunzig Prozent beherrscht –, daß er sich mit den beiden Vopos anschließend an das Strafmandat eine Weile unterhalten hat, so unverfänglich wie möglich, von Kloster Chorin bis Erwin Hagedorn, über alle Sehens- und Denkwürdigkeiten der Stadt, die er als Tourist besucht.
»Sie haben gesagt, der Prozeß war in Berlin, aber der Taxifahrer sagt, der Prozeß war in Frankfurt bei der Oder ...«
»Und wieso Bartsch?«
»Ja«, hat der eine Vopo gesagt, »bei uns macht man nicht soviel Federlesen um eine solche Mörder wie die BRD im Fall von Jürgen Bartsch.«
»Ich gefragt, was sie denn mit ihre Mörder machen, und einer sagt: ›Die-sind-auf-Nummer-sicher!‹ Hier ...!«
Er kramt in seinen Notizen.
»... habe ich aufgeschrieben, als sie weg waren: Die-sind-auf-Nummer-sicher! Was heißt das?«
»Alles und nichts«, sage ich, »Zuchthaus oder Irrenhaus oder auch Friedhof ...«
Die Geschichte der drei Morde stimmt also, so, wie es jetzt aussieht, sie ist Kurt zu oft bestätigt worden, um sie noch in Zweifel ziehen zu können. Die Geschichte der Hinrichtung aber: sie stimmt vermutlich auch, so unglaublich sie sich immer noch anhört, aber sie ist nicht wasserdicht! Sie steht einfach nur auf der Aussage eines Homophilen, der halb betrunken war, auf dem Gebet eines verstorbenen Priesters und nun noch auf der verschwommenen Auskunft eines Volkspolizisten.
»Das wird schwer, Kurt ...!« sage ich.
»Aber du wirst es machen?«
»Ich glaube schon ...« antworte ich, obgleich mir nicht sehr wohl dabei ist.
»Wenn ich dich helfen kann, gern! Nur, ich muß morgen erstmal zurück nach Kopenhagen ...«
Und ich nach Hamburg.
»Doch, doch«, sage ich, »ich bin froh, daß du mir die Geschichte anbietest. Natürlich will ich sie kaufen, als Rohmaterial. Wieviel?«
Er ist ein guter Kollege, ein Freund und weiß Gott kein Halsabschneider. »Die Spesen«, sagt er, »dann sieh' erstmal zu, was du daraus machst. Erstmal nur die Spesen ...!«
Also zahle ich, vom eigenen Flugticket Hamburg-Berlin abgesehen, die ersten paar hundert Mark in Sachen Heckenrose. So oder so

keine Fehlinvestition: diese Geschichte läßt sich bestimmt verkaufen, »schnell« oder auch nicht.
Später in der Nacht, als ich allein in meinem Zimmer bin und nicht schlafen kann, beschließe ich, sie gründlicher auszuleuchten – so gründlich wie möglich, wie Kurt Hansen es vorgeschlagen hat. Denn es müßte tatsächlich mehr dahinter stecken, sage ich mir – und wie schwierig es immer werden sollte, ich werde versuchen, möglichst alles über diesen Fall zu erfahren. Ein Punkt in den Erzählungen von Kurt gibt mit vor allem zu denken:
Der Gedanke der »neuen Gemeinschaft« in der DDR in Ehren. Aber Kneipen sind Kneipen, hüben und drüben, und in Kneipen wird nun mal mehr als anderswo geredet, auch in denen der neuen Gemeinschaft. Wenn man aber in der Kneipe »Zur gemütlichen Ecke« in Eberswalde zu vorgerückter Stunde aus einem längst aufgeklärten Mordfall ein Staatsgeheimnis macht – dann müßte es eigentlich jemand angeordnet haben! Jemand, der wenigstens deutlich zu erkennen gibt, daß er die Obrigkeit vertritt, sozusagen die Staatsgewalt, und der ein hintergründiges Interesse daran haben muß, die Affäre totzuschweigen.
Ich will jedenfalls wissen, was hinter der Sache steckt. Auch wenn es Zeit und Geld kostet.

Am nächsten Morgen fliegen Kurt und ich gemeinsam nach Hamburg, ich bringe ihn zu seiner Anschlußmaschine nach Kopenhagen und werde anschließend nach Hause fahren.
»Wenn du mir irgendwo noch gebrauchen kannst ...«
»Bestimmt, Kurt ...«
Ich sehe es jetzt schon. Diese harte Nuß – mit einem besseren Kern als ein noch so spannender Bankraub oder zehn Säckchen Heroin – ist nur zu knacken mit guten Freunden, ausländischen Pässen und mit Methode.
Als ich den Flughafen Fuhlsbüttel verlasse, wird gerade eine Sondermaschine nach Ankara abgerufen, in deutscher Sprache und offenbar auch auf türkisch. Dahin kann man mit dem eigenen Paß und genügend Geld in der Jacke fliegen, das ist kein Problem, da kann man auch ganz normal recherchieren. Aber nach Eberswalde kann man ganz sicher nicht fliegen, und das liegt nicht nur daran, daß sie da keinen richtigen Zivilflughafen haben.
Also die Methode? Ausgehend davon, daß es die Freunde und Pässe schon gibt ...
Spiralförmig.

Wie immer, wenn es heikel ist.
Du marschierst auf gar keinen Fall so stur wie der Exweltmeister George Foreman in den Gegner hinein, sondern du umkreist dein Problem spiralförmig, näherst dich ihm in immer engeren Kreisen, machst die Hauptsache – den Fangschuß, sozusagen – tatsächlich erst ganz zum Schluß.
Eben spiralförmig bis zum harten Kern.
Erst einmal schreibe ich die Sache zu Ende, die schon in der Schreibmaschine steckt, bevor ich wieder nach Berlin fliege. Denn Ordnung muß sein, und damit fängt die Spirale auf jeden Fall an. Dann aber rufe ich einen Freund an, der Beziehungen zu gesamtdeutschen Archiven hat und überhaupt Beziehungen zu Materialien, die normalerweise nicht jeder sammelt:
»Hast du was über Kriminalität in der DDR?«
»Die haben doch gar keine!« sagt er, als sei er selbst ideologisch geschult.
»Na, komm schon ...«
»Was soll's denn genau sein?«
Stichwort Mehrfachmord an Kindern, sage ich ihm, mehr weiß ich auch nicht, Täter vermutlich selbst jugendlich, das Ganze vermutlich in der Mark Brandenburg.
»Na gut«, antwortet er, »wenn was da ist, find' ich's auch. In drei Tagen. Und ein paar Mark darf's ja hoffentlich kosten ...«
Und nun soll's tröpfeln. Ich ahne allerdings, daß vorerst das Gewicht des Papiers mit Information geringer sein wird als das Gewicht der Geldscheine im Gegengeschäft.
Meine erste Information über Erwin Hagedorn ist dann auch etwa ein zehntel Gramm schwer. Hagedorn ist, vermutlich, eine Meldung der Deutschen Presse-Agentur zuzuordnen: In der Mark Brandenburg soll 1971 tatsächlich ein Mann gefaßt worden sein, dem mehrere Morde an Kindern zur Last gelegt werden.
Kein Name, kein nichts und keine Fortsetzung.
Immerhin kann ich mir denken, wer hinter der Meldung steckt, ein bundesrepublikanischer Kriminalreporter in Amt und Würden, und ich frage ihn am Telefon:
»Sag' mal, hast du da mal was geliefert über mehrere Morde an Kindern in der DDR?«
»Ja, da erinnere ich mich ...« bestätigt er.
»Wie ging das denn weiter?«
»Weiß ich nicht«, sagt er, »will ich auch jetzt nicht mehr wissen!«
»Warum nicht?«

»Weil ich's schon mal wissen wollte, aber es ist nicht dranzukommen. Wenn du mich fragst, laß die Finger davon!«
Sehr ermutigend ist das nicht. Und noch kann ich ja aussteigen. Es ist wirklich genau der Punkt, an dem ich noch einmal sehr dicht davor bin, den sogenannten Fall Hagedorn in den Müll zu werfen. Wie ist es denn aber mit dem Bundeskriminalamt, das von Amts und Gesetz wegen alle Nachrichten über Verbrechen in Deutschland sammeln soll?
Ich vermute freilich sehr schnell, daß es sich dabei wahrscheinlich nur um Verbrechen in Bundesdeutschland handelt – daß die auf die BRD beschränkte Praxis allen gesamtdeutschen Überlegungen längst davongelaufen ist.
Aber das will ich genau wissen, weil es mich interessiert, sogar unabhängig von der Hagedorn-Geschichte, und ich kaufe mir eine Fahrkarte nach Wiesbaden. Im Bundeskriminalamt täusche ich privates Interesse vor, denn bei offiziellen Besuchen tut man sich da manchmal ziemlich schwer.
»Von wann stammt eigentlich Ihre letzte Statistik über die Kriminalität in der DDR?« frage ich erst mal, mehr oder minder hinterrücks.
Der Mann sieht mich auch sofort argwöhnisch an.
»Warum wollen Sie das wissen?«
»Sag' ich Ihnen später?« antworte ich freundlich. Denn noch ist alles eine Art Sport – »good sport« sozusagen zwischen dem Kriminalisten und dem Reporter, die sich seit längerem gut kennen.
»Alsdann ...!« sagt er und spielt mit.
Er ist ein höherer Beamter mit vielen Möglichkeiten im eigenen Hause:
»Ich hab' ja schließlich nicht alles im Kopf«, murmelt er, während er eine Nummer im Haus wählt. »Letzte DDR-Statistik ... normalerweise ist da überhaupt nichts auf Lager!«
Etwa so, wie ich es mir vorgestellt habe.
»Ja? ... genau ... sag' ich ja ... eben ... warum? ... ach so, ja ... warum auch ...?«
Er legt auf. Zum Glück ist er ohne Telefon wenigstens etwas gesprächiger.
»Die letzte Kriminalstatistik aus der DDR stammt von 1970«, sagt er, »seitdem haben sie sie immer wieder in ihrem Statistischen Jahrbuch nachgedruckt. Immer wieder dieselbe ... vielleicht waren ihnen die folgenden Zahlen nicht gut genug zum Vorzeigen ...«
»Gibt es denn zwischen Ihnen und der DDR überhaupt die Art von

Zusammenarbeit«, frage ich, »statistisch oder irgendwie auf die Praxis bezogen?«

»Sag' ich ja«, antwortet er, »gibt's nicht! Akten schon gar nicht, die kommen ja nur bei internationalen Fahndungen, wenn überhaupt, und mit der DDR läuft nichts international. Aber so sensationell ist das ja nun auch wieder nicht, schließlich haben wir ja auch keine Akten aus Nordrhein-Westfalen, sondern nur Striche für die Statistik ...«

»... auch keine Akten oder Unterlagen für archivarische Zwecke ...?«

»Passen Sie mal auf«, sagt er, »ich geh' ja nun nicht davon aus, daß Sie uns in die Pfanne hauen wollen, und ich würd's Ihnen wirklich sagen. Aber wir führen wirklich keine Geheimdossiers, nicht mal aus der DDR und nicht mal im Archiv. Und wenn Sie mir nun endlich sagen möchten, was Sie wirklich wissen wollen, wenn Sie schon so merkwürdige rhetorische Fragen stellen ...?«

»Zweierlei«, sage ich, »erstens, ob Ihnen hier in Wiesbaden aus der DDR nicht doch so ein ähnlicher Fall wie der Fall Jürgen Bartsch bekannt ist. Zweitens, ob die DDR nicht doch mal irgendwann so eine Art Fahndungshilfeersuchen in einem solchen Fall an das BKA weitergegeben haben könnte ...«

»... müßte ja dann über ihren Generalstaatsanwalt gelaufen sein ...«

»... ja, vermutlich!« sage ich. »Ach so, ja, und drittens auch noch: angenommen, die hätten drüben nach unserem Bartsch tatsächlich einen ähnlichen Fall gehabt. Wäre es dann nach Ihrer Ansicht nicht auch sinnvoll gewesen, wenn sie die westdeutschen Behörden kontaktiert hätten, den Herrn Hinrichs aus Düsseldorf oder irgendeinen von den Bartsch-Sachbearbeitern?«

»Menge auf einmal«, sagt er zögernd, »müßt' ich wirklich erst selbst mal nachsehen ... Ihre letzte Frage allerdings, die können Sie sich ja auch bestimmt selber beantworten ...«

»Sie können es besser!« sage ich artig, weil ich ihn kenne.

»Nun ja«, sagt er, denn nun kann er endlich mal philosophieren, »der Bartsch war ja bisher wohl ziemlich einmalig, und das ist ja nicht nur die Ansicht der Gutachter im Prozeß gewesen, das sagt ja auch unsere Statistik über Jahrzehnte hinweg. Und wenn es einen solchen Fall – ich mein' jetzt den Bartsch – bis dahin noch nicht gegeben hat, kann man ihm ja auch nicht durch vergleichende Erkenntnisse ans Fell. Da hilft Ihnen keine Theorie über die Perseveranz oder den Modus operandi, und da hilft Ihnen ja auch diese

neumodische Victimologie nicht weiter, diese Lehre von den Täter-Opfer-Beziehungen ...«
»Insofern ...?« frage ich.
»... insofern wäre es für die DDR-Behörden natürlich in jeder Hinsicht nützlich gewesen, wenn sie bei der Aufklärung eines ähnlichen Verbrechens, einer ähnlichen Serie, Kontakt mit den hiesigen Sachbearbeitern aufgenommen hätten. Aber, wie gesagt, das kann ich Ihnen beim besten Willen frühestens morgen sagen!«
Er geht nun immerhin doch schon davon aus, daß da was dran sein könnte – daß es sich hier nicht nur um theoretische Überlegungen handelt, sondern daß ich da was läuten gehört habe und daß es möglicherweise wirklich einen »DDR-Bartsch« gibt.
»Sie hatten da drüben angeblich ziemlich lange zu tun, bis sie ihn gefangen hatten ...« sage ich.
»Und wo soll das passiert sein?«
»In Eberswalde, aber behalten Sie's für sich! Drei tote Kinder, und an die drei Jahre war er angeblich tätig!«
Da verteidigt er geradezu seine sozialistischen Kollegen:
»Das wissen Sie ja schließlich selbst, Triebtäter dieser Art und dann noch von diesem Kaliber gehören nun mal zu den Leuten, die es uns – der Polizei überhaupt, mein' ich – am allerschwersten machen! Das sind doch die Jungs, die entwickeln doch erfahrungsgemäß Raffinessen wie die Feinschmecker, und dagegen machen Sie mal was mit Ihrem gutbürgerlichen Geschmack! Oder wollen Sie vielleicht irgendeiner Polizeidienststelle im Ruhrgebiet den Vorwurf machen, sie hätte den Kameraden Bartsch früher fangen können?«
Da bin ich zwar nicht hundertprozentig seiner Meinung, aber lassen wir das mal außen vor.
»Mal umgekehrt«, sage ich, »Sie werden mir ja wahrscheinlich morgen endgültig mitteilen, daß Sie über einen Fall Hagedorn aus Eberswalde ...«
»... aha!« sagt er.
»... ja, so heißt er, also daß Sie darüber keine Silbe registriert haben. Aber es wär' doch leicht schwachsinnig, wenn man annehmen würde, die hätten drüben noch nie was über Jürgen Bartsch gehört oder gelesen?«
»Ja, ja«, sagt er, »wobei ich allerdings gleich einwenden muß, daß das ja nun ein politisches Phänomen ist und ganz bestimmt keine Nachlässigkeit in der Buchführung unserer Bundeskriminalamts.«
»Klar!« verspreche ich ihm. »Bloß, ich will auf eins hinaus. Die Vopo drüben hat unseren Fall Bartsch gekannt. Sie hätte also bei

der Aufklärung ihres Hagedorn grob fahrlässig gehandelt, wenn sie sich die Erkenntnisse aus dem einzigen wirklichen Vergleichsfall der Welt nicht zunutze gemacht hätte?«
»Vorausgesetzt, daß es wirklich ein Vergleichsfall wäre ...«
»... mal unterstellt ...?«
»Dann«, gibt er zu, »hätten sie in gewisser Weise fahrlässig gehandelt, wie Sie's ausdrücken, weil der Täter aus Eberswalde ja auch ein Nachfolge- oder Nachahmungstäter hätte sein können ...«
»Moment mal ...!«
Denn das ist ja gespenstisch.
Das ist ja tatsächlich ein ganz neuer Gedanke – ein so guter Gedanke, daß er allein schon die Reise wert sein könnte!
»Hagedorn hat irgendwas über Bartsch mitgekriegt, meinen Sie«, frage ich, »hat sich sozusagen von ihm anregen lassen ...?«
»Ja, sowas hatte ich gerade überlegt«, antwortet er, »gibt es irgendwelche Hinweise für eine solche Theorie?«
»Ich wollte, ich wüßte es«, sage ich ehrlich.
Dann versucht er abzuwiegeln. »Ich fürchte ja immer noch, daß Sie da einem Gespenst nachjagen. Ich würd' Ihnen ja gern helfen, wenn ich könnte. Aber ob Sie das Ding jemals aus der DDR rauskriegen ...?«
Bis morgen dann.
Denn diese Sprüche habe ich inzwischen doch schon öfter gehört.
Trotzdem, ich fahre in die Stadt, suche mir ein Hotel und empfinde es als wohltuend, daß sich dort ausnahmsweise auch jemand mal Gedanken über meine Spesen macht.
Abends bleibe ich auf meinem Zimmer, lese mein eigenes Buch über Jürgen Bartsch, lese meine bisherigen spärlichen Unterlagen über Erwin Hagedorn parallel dazu und versuche, mir damit selbst Mut zu machen.
Damals nämlich, Ende 1965, fing das mit Jürgen Bartsch auch ähnlich verschwommen an – mit der fixen Idee, ein geheimnisvolles Phantom könne sein Unwesen treiben und eine Anzahl unmündiger Knaben sei ihm schon zum Opfer gefallen. Damals habe ich Wochen und Monate recherchiert, war immer wieder drauf und dran, die Sache hinzuwerfen, länger als ein halbes Jahr – bis zu dem Zeitpunkt, zu dem sie in einer Höhle in Langenberg im Rheinland die Überreste von vier toten Kindern fanden und kurz darauf das Phantom sichtbar machten, Jürgen Bartsch, einen fast schmächtigen Metzgergesellen.
Der Ausgangspunkt ist heute anders, aber die Schwierigkeiten,

diese Geschichte jemals genauer zu erfahren, sind sogar größer: Denn daß es in Eberswalde einen Täter gegeben hat, der drei Kinder getötet hat, einen Typ wie Bartsch – das ist ja inzwischen wohl sicher.
Aber gerade weil es Jürgen Bartsch in Langenberg eben schon vorher gegeben hat, weil sich kein Mensch gern zweimal dieselbe Geschichte anhört, gerade deshalb ist die Geschichte aus Eberswalde zunächst nicht mehr und nicht weniger als eine halbwegs gute Kriminalstory aus irgendeinem Teil der Welt – es sei denn, es würde am Ende doch noch gelingen, weitere Fakten ausfindig zu machen: Entweder das ungeheuerliche Phänomen, daß es in Eberswalde, in der Mark Brandenburg, ein Junge »besser« machen wollte als seinerzeit der Junge aus dem Gebiet zwischen Rhein und Ruhr. Oder diesen Verdacht, daß sie drüben »ihren« Bartsch, ihren Erwin Hagedorn tatsächlich exekutiert hätten – dieses Politikum, wie Kurt Hansen immer so hartnäckig betont hatte!
Man müßte das Problem mit einer Strichliste angehen.
Bartsch hatte innerhalb von vier Jahren vier Morde begangen, Hagedorn – angeblich – innerhalb von knapp drei Jahren drei Morde. Bartsch hatte zwischen den einzelnen Morden unterschiedliche Pausen eingelegt, aus verschiedenen Gründen; und einmal hatte er sogar ein paar Jahre lang nicht getötet. Zwischen Hagedorns Morden soll es ja auch eine Pause von annähernd zwei Jahren gegeben haben, hat es geheißen.
Aber auch dies ist von Interesse:
Bartsch hatte zwei seiner vier Opfer innerhalb weniger Tage getötet, stand also in seiner Höhle irgendwann gleich vor zwei relativ frischen Leichen – und Hagedorn tötete zwei seiner drei Opfer angeblich an ein und demselben Tag!
Und schließlich, die Art der Tötungen soll ähnlich gewesen sein, das Alter der Täter beziehungsweise ihre Jugendlichkeit soll übereinstimmen, der eine war Metzger, der andere angeblich Koch. Ist es möglich, daß innerhalb weniger Jahre der »Fall des Jahrhunderts« nur ein paar hundert Kilometer entfernt sich nahezu spiegelbildhaft wiederholt? Ist es möglich, daß der zweite Täter vom ersten nie etwas gehört hat? Es ist möglich, entscheide ich spät in der Nacht, aber es ist nicht wahrscheinlich.
Der Fall Bartsch, eben der »Fall des Jahrhunderts«, hat im Fall Hagedorn den »Nachfolgefall des Jahrhunderts« bekommen.
Nur, immer noch die Frage: Wie nagelt man ihn fest?
Notfalls mit Haken und Ösen, sage ich mir beim Einschlafen. Das

heißt auf gut deutsch: mit Geld. Oft genug die letzte, aber meist zuverlässige Rettung für den Reporter, wenn er steckenbleibt.
Ob Geld auch hilft, wenn er im Osten steckenbleibt?

»Erstens«, sagt mir mein Gewährsmann beim BKA am nächsten Morgen, »über einen Bartsch-ähnlichen Täter Hagedorn aus Eberswalde ist hier nichts bekannt, überhaupt nichts über einen entsprechenden Fall aus der DDR. Das sagte ich Ihnen aber gestern schon, das dürfen Sie nicht uns ankreiden, sondern das ist in allen autoritären Staaten so, ob rechts- oder linksideologisch geführt. Das war auch bei Adolf so, Kapitalverbrechen werden grundsätzlich verschwiegen, weil es sie nicht geben darf!«
»Ja, ich weiß!« sage ich.
»Zweitens. Kein Mensch von drüben hat uns jemals in einem Bartsch-ähnlichen Fall offiziell um Hilfe gebeten ...«
»Inoffiziell wär's ja wohl auch schlecht möglich!« wende ich ein, etwas deprimiert von den Auskünften, die keine sind.
»... ja, nun warten Sie mal!« sagt er; plötzlich sieht er selbst aus wie ein wandelndes Geheimnis. »Gehen wir mal davon aus, daß bei der Volkspolizei der Eindruck vorherrschen würde, wir könnten ihnen ein Amtshilfeersuchen als Schwäche oder Unfähigkeit auslegen. Einen solchen Triumph möchten sie uns natürlich nicht gönnen ...«
»Eben!« sage ich. Ich weiß nicht, auf was er hinaus will, aber er hat immer noch sein Pokergesicht, das nichts Gutes verheißt oder sehr viel Gutes.
»... schließlich sind sie drüben ja auch Polizisten, und wenn sie schon nicht amtlich werden wollen, müssen sie nicht unbedingt auf eine Informationsquelle verzichten. Kapiert?«
»Also doch inoffiziell?« frage ich.
»Wann war der letzte Mord in Eberswalde?« will er wissen.
»Etwa im Herbst 1971 ...«
»Stimmt genau!« sagt er, und nun strahlt er. »Ich hab' da nämlich von einem Kollegen aus dem Rheinland ein merkwürdiges Gerücht gehört. Etwa im Herbst 71 ist ein geheimnisvoller Zeitgenosse an mehrere Leute herangetreten, angeblich; Leute, die über Unterlagen zum Fall Bartsch verfügten. Er wollte sie ihnen für wissenschaftliche Zwecke abkaufen, soll der Kerl gesagt haben, durchaus möglich, daß es ein Kerl aus dem Osten war. Die Leute haben dem Mann zwar kein Material gegeben und haben es irgendwie halbwegs gemeldet, aber das heißt ja noch lange nicht, daß er nicht woanders ein paar Quellen mit mehr Erfolg angezapft haben könnte. Jeden-

falls waren das ja nicht die einzigen Leute, und jedenfalls hatte er's brandeilig ...«
»Was für Leute hat er anzuzapfen versucht?« frage ich, nun doch sehr gespannt.
»Ja, warten Sie«, fragt er zurück, »wann war damals der Bartsch-Prozeß?«
»Welcher?«
»Na ja, der zweite ... wo er sich dann seine Jugendstrafe und seine Einweisung eingefangen hat?«
»Frühjahr 71 ...«
»Na, dann nehmen Sie sich mal diesen Prozeß vor und suchen sich die Leute selbst aus, die da in Frage kämen!« sagt er. »Soll ich Ihnen denn alles verraten, selbst wenn ich's könnte?«
»Sie sind also«, frage ich so präzis wie möglich, »nach Ihrer Ansicht unter den direkt oder indirekt am Prozeß beteiligten Personen zu suchen?«
»So etwa, ja, ja ...«
Aber das sind, alles in allem, ein paar Dutzend Leute, wenn nicht an die hundert, die gut informierten Reporter eingerechnet. Sogar mich eingerechnet ... bloß, von mir wollte niemand auf die krumme Tour Bartsch-Material haben. »Und Sie meinen wirklich, da ist was dran?«
»Es ist was dran!« bestätigt er nachdrücklich.
Ich würde ihn ja auf Knien bitten, wenn es Sinn haben würde: »Nur ein paar Hinweise, bitte, ein, zwei Namen, ganz unter uns ...?«
»Keinen einzigen!« entscheidet er, und das ist endgültig. »Außerdem, jetzt ist Schluß, denn gelegentlich muß ich auch mal arbeiten!«
Händeschütteln, Wiedersehen (»aber nicht so bald!«), Glück auf den Weg.
Trotz allem, als der Intercity-Zug den Bahnhof Wiesbaden hinter sich läßt, weiß ich, daß die Aktion Bundeskriminalamt erfolgreicher war, als ich gehofft hatte. Und sogar dann, wenn ich ein bißchen glaube, was ich glauben möchte:
Offenbar war die Vopo oder die Ostberliner Staatsanwaltschaft – oder wer immer da zuständig war oder ist – doch nicht ganz so fahrlässig, wie es zunächst aussah. Offenbar haben sie sich eben doch Bartsch-Material aus dem Westen besorgt!
Und das ist dann eine indirekte, aber auch eine der deutlichsten Spuren zu »meinem« Fall.

Ich habe ein paar Verwandte in der Deutschen Demokratischen Republik, gar nicht mal so weit weg von Eberswalde und von Berlin. Und ich entwickle Familiensinn – ich rufe von Hamburg aus denjenigen von ihnen an, der mir am geeignetsten erscheint, einen Mann mit dem Namen Erich, über den er sich seit seiner Kindheit ärgert.
»Hallo«, sage ich, »was glaubst du wohl, wer am Apparat ist?«
»Das darf doch wohl nicht wahr sein!« antwortet er, hat mich offenbar gleich erkannt, und wenn man seiner Stimme glauben kann, freut er sich tatsächlich.
»Wie geht's, wie steht's ...?«
»Ach«, sagt er, »uns geht's eigentlich ganz gut. Und wie ist es in Hamburg ... du bist doch noch in Hamburg, von wo rufst du jetzt an?«
»Ja, von Hamburg. Aber paß mal auf, ich muß die Tage mal nach Berlin, und da ist ja nun einiges mehr möglich mit Besuchen und so ... wir könnten uns eigentlich mal in Berlin treffen, was meinst du?«
In Ostberlin, heißt das natürlich.
»Ja, doch«, sagt er spontan, »sehr gern. Kann ich einrichten, Mary kommt bestimmt auch gern mit ... wie sieht's denn zeitlich aus ... nächsten Dienstag nachmittag vielleicht, da hab' ich Freischicht?«
Dienstag sei in Ordnung, antworte ich. Bloß Mary, seine Frau und meine angeheiratete Cousine, die ich eigentlich in ganz guter Erinnerung habe ... wie kann ich ihm das beibringen, daß ich ihn eigentlich am liebsten allein treffen möchte?
»Eigentlich«, sage ich so harmlos wie möglich, »eigentlich wollte ich mit dir ja mal so 'n richtiges Männergespräch führen ... hat sich ja doch so einiges ereignet, denk' ich ...«
Sofort ist er wachsam.
»Ja, gut ...« sagt er, viel gedehnter.
»Und wo?«
Noch ein bißchen hin und her, zuviel soll man am Telefon zwischen Ost und West ja auch nicht erzählen, wir verabreden uns jedenfalls am nächsten Dienstag in der Grillbar vom Interhotel »Stadt Berlin«, diesem riesigen Kasten am Alexanderplatz. Er will mir offensichtlich was bieten, der gute Erich, und hoffentlich auch das, was ich im Moment brauche.
Ich kaufe mir dann am nächsten Dienstag für ein paar West-Groschen eine Fahrkarte vom Bahnhof Zoo in Westberlin zum Bahnhof Friedrichstraße in Ostberlin. Einer unter vielen zu dieser Stunde,

die mal nach »drüben« fahren wollen, um sich das Pergamon-Museum anzusehen, die Mauer von der anderen Seite oder auch nur – wie ich –, um einen Verwandten zu besuchen.
Die S-Bahn läuft ein, der Wagen ist unsäglich schmutzig, man stiefelt durch die Zigarettenkippen wie durch Flugsand. Vier Stationen, vor der vierten die Grenze, dann der Bahnhof Friedrichstraße: es ist mein erster Besuch im Osten, zumindest auf diese Weise. Ich gehe die Treppe hinunter, immer den richtigen Schildern nach, laufe in die Schleuse für Bürger der BRD und gebe meinen Paß an einen Polizisten ab, der mir dafür einen Kontrollzettel mit einer fünfstelligen Nummer aushändigt. Der Zettel sieht aus wie meine Wäsche-Zettel in Hamburg, und der Polizist sagt mir teilnahmslos, ich soll mir die letzten drei Ziffern merken und warten.
Es dauert nicht mal allzu lange, obwohl ziemlich viel Leute durch die Kontrolle wollen. Nach einer Viertelstunde werden meine letzten drei Ziffern aufgerufen und zum Schalter sechs kommandiert. Erneute Paß-Prüfung, fünf Mark Visumgebühr, neue Anlaufstelle für zehn Mark Zwangsumtausch eins zu eins – und immer noch eine Kontrolle mehr, eine Art Zoll:
»Druckerzeugnisse ...?«
Bestimmt nicht, da ist man doch viel zu vorsichtig! Weder ein Springer-Erzeugnis noch ein Kirchenblatt. Nicht mal die »Tips für Reisen in die DDR«, die ich mir zugelegt hatte, denn sie sind ja schließlich im Westen erschienen und beginnen mit dem halbwegs kompromittierenden Satz ihrer Autorin: »Sicher ist es leichter, nach Spanien und Jugoslawien zu reisen als in die DDR; wir wollen uns da gar nichts vormachen...«
Nun denn, es hat geklappt: mein Paß ist »sauber«, ich habe ihn zurück, und der letzte Vopo am Bahnhofsausgang wundert sich sichtlich, als ich ihm »guten Tag« sage.
Ich bin ziemlich früh dran, und ich habe mir den Stadtplan eingeprägt: rechts hoch bis Unter den Linden, links um, immer geradeaus. Es ist dann aber doch ein ganz schönes Stück, bis man diesen riesigen »Alex« erreicht – den »Platz zum Vorzeigen, der demonstrieren soll, wie weit man es gebracht hat im ersten sozialistischen Staat deutscher Nation«. Und bei aller fröhlichen Munterkeit, in einem Punkt hat die gut informierte Reise-Autorin aus dem Westen tatsächlich recht: daß es hier nämlich anders riecht als ein paar Meter weiter im Westen – durch die Farbe, die Reinigungsmittel und die Auspuffgase.
Am Ende aber spürt man nur noch seine Füße, wenn einem der

»Alex« dann tatsächlich »vorgezeigt« wird. Der Fernsehturm ist nach seinem Moskauer Pendant das zweithöchste Gebäude Europas, und das Interhotel »Stadt Berlin« ist das zweithöchste Gebäude am Platz neben dem Fernsehturm.
Dort muß jetzt auch Erich eintreffen, vielleicht von der anderen Seite:
»Grillbar« hat er gesagt, ausdrücklich, und das ist insofern gut, als sie in diesem Super-Kasten, bei dem man kaum den Haupteingang findet, annähernd ein Dutzend verschiedener Restaurationen unterhalten.
Und siehe da, er sitzt an der Theke! Ohne Mary, und er hat sich kaum verändert, seit ich ihn etwa ein Jahr vor dem Mauerbau zuletzt gesehen habe, ist natürlich ein bißchen fülliger geworden um die Hüften, und wenn man genau hinsieht, im Gesicht auch ein bißchen faltiger.
»Erich ...!« sage ich.
»Ist das 'ne Sache?« sagt er.
Das Händeschütteln hört kaum noch auf, und wenn der reichlich versnobt wirkende Keeper nicht irgendwann gefragt hätte, ob wir was trinken möchten, hätten wir vielleicht noch eine Weile weitergeschüttelt.
»Bier vom Faß!«
In wunderschönen Tulpengläsern.
»Mensch, erzähl' mal ...«
Und wer zuerst? Ich, und dann er, und dann wieder ich, denn ich habe ja ein Anliegen und deshalb, bei aller merkwürdigen Wiedersehensfreude, fast schon ein schlechtes Gewissen. Wir sind fast gleichaltrig und haben die ersten zehn oder zwölf Jahre unseres Lebens ziemlich gemeinsam verbracht, noch zu Nazis Zeiten. Dann trennte uns die sogenannte Kinderlandverschickung. Er kam aus dem zerbombten deutschen Westen in den Osten und ich in den Süden. Sein Vater war ein Vetter meiner Mutter, er fiel für die Erweiterung des deutschen Lebensraumes auf dem Felde der Ehre. Erich blieb im Osten, wo er nach 45 Mary kennenlernte und später auch heiratete, ich kam zurück in den Westen, genau gesagt dorthin, wo er am westlichsten ist. Ein paar Briefe noch, jenes Treffen von etwa 1960 aus alter sentimentaler Jugenderinnerung, wobei ich auch seine rundliche Mary kennenlernte, und dann nichts mehr, bis zum heutigen Tag.
Pumpenspezialist ist er geworden und hat ein paar technische Patente.

Reporter bin ich geworden und später Schriftsteller, und damit kommen wir zur Sache:
»Ich wollte dich nämlich glatt fragen, ob du mich nicht mal einladen kannst ...?«
»Ja, aber jeden Tag!«
»Und wir können dann auch mal 'ne kleine Tour durch die DDR machen?«
»Natürlich, die paar Formalitäten ... da kannst du wirklich hin, wohin du willst!«
»Ich würde gern mal nach Eberswalde wollen ...«
»Kenn' ich«, sagt er, »da kenn' ich auch einen Kollegen, da könnten wir so richtig mal 'n schönen Männerabend machen ... so was haste dir doch vorgestellt, nicht ...?«
Die Sache mit Mary.
»Hör zu«, sage ich, »daß ich nichts gegen Mary habe, ganz im Gegenteil, das muß ich dir ja wohl nicht erzählen! Daß du neulich geschluckt hast, hab' ich sogar übers Telefon gehört. Die Sache ist einfach die ... ich hab' was zu tun in Eberswalde, und ich wollte dich fragen ob du mir helfen kannst ...«
»Ja, wieso denn nicht?«
Und dann seine letzte Spitze: »Meinst du etwa, Mary hätte was dagegen gehabt ...?«
»Weiß ich nicht«, sage ich, »ich könnte mir nämlich vorstellen, daß du selber was dagegen hättest ...«
»Eberswalde, wart' mal ... willste 'n Kranbau da in die Luft sprengen ...?«
»Noch zwei Bier?« fragt der Keeper.
»Da fragen Sie noch?« sagt Erich.
»Ich will möglicherweise eure Justiz in die Luft sprengen!« sage ich. »Bestimmt nicht vorsätzlich, aber ich bin ja Reporter, und da soll einfach eine Irrsinnsgeschichte passiert sein ...«
»Wie heißt sie denn?«
»Erwin Hagedorn ...«
»Nie gehört!« sagt er, keine fünf Sekunden hat er nachdenken müssen.
»Mehrfacher Kindermörder ...«
»Sagt mir auch nichts!« meint er, vollkommen ehrlich.
»Ja, eben ... denn aus irgendeinem finsteren Grunde soll sie keiner von euch hören und im Westen schon gar nicht, hab' ich den Eindruck!«
Er nimmt's, trotz allem, offenbar leichter als ich. »Du glaubst doch

nicht im Ernst, daß in der ganzen DDR nur Märchen gelesen werden?«
»Dazu kenne ich euer Fernsehprogramm zu wenig!« blocke ich erst mal ab.
Die Geschichten in den Büchern, die ich kenne, sind zwar zum großen Teil recht gut bis sehr gut erzählt, aber eben doch sozialistische Märchen, da kann er sagen, was er will. In der allerbesten Liebesszene denkt einer von den beiden, die's gerade miteinander tun, mit Sicherheit an ein Aluminiumwerk in der Ukraine oder wenigstens an die Planerfüllung in der Industrie von Pirna. Ehrlicherweise muß ich aber zugeben, daß ich da nicht auf dem neuesten Stand bin. Aber das erzähle ich ihm nicht.
»Doch«, sage ich, »es sind Märchen. In der allerbesten Liebesszene bei euch denkt einer mit Sicherheit an die Planerfüllung im Industriegebiet von Pirna!«
Und er nickt, überraschenderweise.
»In einem Punkt hast du sogar recht ... so der kleine Luxus des Überflüssigen, das fehlt manchmal ... ich würd' sogar sagen, das ist es, was einen dann noch mit Deutschland verbindet, nicht mal mit Westdeutschland, eher mit Deutschland von früher, vor allem die Älteren ...«
»Wie meinst du das?«
Denn diese Art metaphysischer Politik am Nobel-Tresen kommt mir ein bißchen verquer.
»Ach, komm!« sagt er. »Ich geh' sogar noch weiter, es ist irgendwie manchmal 'ne Art Vermausung und Verrattung, und dabei wär's so überflüssig im Grunde ...«
»Sie machen's zu einseitig, meinst du?«
»Ja, eben!« erwidert er. »Halt' mal immer die Durststrecke durch bis zum neuen sozialistischen Menschengeschlecht! Natürlich ist es albern, diese idiotische Sehnsucht, westliche Klamotten zu haben ... aber da gibt's doch Leute, du, ehrlich, die fahren von Berlin nach Rostock, wenn sie hören, da gibt's in der Kneipe soundso Pepsi-Cola ...«
»... ich kann da nicht ...«
»... aber ich«, reagiert er heftig und läßt sich gar nicht erst unterbrechen, »und ich sehe verdammt auch die Vorteile und bin verdammt linientreu! Aber manchmal geht's dir ernsthaft auf den Wecker, da biste gehalten, die Bauernkriege zu feiern und die Befreiungskriege und die Völkerschlacht bei Leipzig, alle die großen Siege gegen den Feudalismus und Imperialismus, und auf der ande-

ren Seite kriegst du nicht mal 'n paar Pralinen anständig eingepackt!«
»Wenn ich demnächst zu Mary komme«, sage ich, weil mir nichts Besseres einfällt, »bringe ich ihr Pralinen mit Schleifchen mit ...«
»Das mach' mal!« sagt er ernsthaft. »Und nun hör' auf, das heißt, *ich* hör' auf, im Grunde ist es ja albern, ob du deine Schokolade in 'ner grauen Tüte serviert kriegst oder mit Schleifchen, und ich sollte mich was schämen ...!«
Endlich grinst er wieder, nach seiner selbstkritischen Philippika. Endlich wieder der Junge aus Nazis Zeiten: wir können ja schließlich nichts für unseren Jahrgang, und daß in meiner nostalgischen Vorstellung sogar die Pimpfe weniger schlimm waren als heute die Jungen Pioniere, das kann ich ja auch für mich behalten!
»Die Partei ist die führende Kraft!« sagt er, immer noch mit seiner melancholischen Fröhlichkeit. »Ich sollte mich was schämen, aber zum Glück gelten ja auch noch die zehn Gebote! Was hast du gesagt, Eberswalde ...?«
»Ja, Eberswalde!« sage ich.
»Also, ich seh' da überhaupt keine Schwierigkeiten!« entscheidet er. »Weder für dich noch für mich, und für mich schon gar nicht! Jetzt wart' mal, technisch ...«
Technisch sieht das so aus, und da macht er gleich einen Plan auf einem alten Briefumschlag: Er kennt den Vopo-Chef seiner Heimatstadt – seiner Heimatstadt! – ganz gut von Berufs wegen, und der könnte dafür sorgen und würde es vermutlich auch tun, daß die Anträge auf Verwandtenbesuch noch schneller als »normal« erledigt werden, das heißt binnen weniger Wochen.
»Würdest du mit dem Auto kommen?«
»Wär' vielleicht sinnvoll ...«
»Dann sag' mir mal deine Paßnummer, dein genaues Geburtsdatum« – er lächelt fast entschuldigend, daß er das nicht mehr im Kopf hat – »deine Autokennzeichen ...«
Alles, was sein muß. Tatsächlich, ich sehe Land! Ich sehe mich in aller Kürze im Geist tatsächlich schon in Eberswalde! Warum bin ich auch immer so mißtrauisch, daß ich's nicht gleich auf dem direkten Weg versuche?
»Geht's nicht vielleicht schon nächste Woche?«
»Laß mich mal nachdenken ...«
Er tut es, dann nickt er. »Müßte eigentlich ... rufst du mich nächsten Dienstag an?«
»Wieder um die Zeit?«

Da sieht er in seinem Terminkalender nach: »Ja, am besten wieder so um 17 Uhr ...«
Wenn Männer sich erst einmal verabredet haben, ist es fast immer so, als sei der Druck von ihnen gewichen, jetzt noch länger zusammensitzen zu müssen. Das hat mit Sympathie nichts zu tun und schon gar nichts mit mangelnder Sympathie, das ist allenfalls ein psychologisches Rudiment aus der frühkapitalistischen Zeit, in der die Männer immer noch was zu tun hatten – gar nicht mal so rudimentär übrigens, wie man so hört, für den Hoheitsbereich der DDR, dort sogar sehr ausgeprägt.
»Ich freu' mich jetzt schon!« sagt Erich.
Er besteht auch darauf, zu zahlen: darauf kommt's nämlich nicht an. Oder gerade: weil *wir* doch immer gleich das Portemonnaie in der Hand haben, sagt er, bloß wenn man mal meckert, so wichtig ist das ja auch nicht, auf den Gesamtstaat bezogen, die paar Pralinen!
»Ja, ja«, sage ich, »der Rohstoff Glück ...«
»Was heißt das?«
»... die Verpackung«, sage ich schnell.
»Dumme Sau!« sagt er, zu gleichen Teilen freundschaftlich, kumpelhaft und verärgert.
Und gleich darauf der nächste und hoffentlich für diesmal letzte Stimmungswechsel:
Mit Hoffnung und sogar schon mit Stolz in der Stimme fragt er: »Du bist doch heute bestimmt mit der S-Bahn rübergekommen?«
»Ja«, sage ich, »Friedrichstraße ...«
»Dann fahr' ich dich natürlich hin ...« Will sagen, er hat nämlich ein Auto – einen Trabant, wie sich herausstellt, aber einen ganz neuen oder neuwertigen – und ist überhaupt nicht mehr den Nachteilen ausgesetzt, die der Sozialismus gelegentlich zwangsläufig mit sich bringt.
Auf dem Weg zum Parkplatz, scheinbar nicht sehr viel kürzer als der gesamte Fußweg zum Bahnhof in Richtung Westen, zeigt er mir die Weltzeituhr am Alexanderplatz und bleibt einen Moment stehen: »Schon 'ne dufte Idee, nicht?«
»Wieso?« Denn bei uns ist sowas ähnliches ja jeden Abend in der ZDF-Nachrichtensendung.
»Na, also ...!« sagt er, fast beleidigt darüber, daß ich nicht spontan begeistert bin.
»... doch, ja!« sage ich. »Wirklich Klasse! Gerade, wenn man sich hier mit einer Puppe verabredet, die immer zu spät kommt! Kannste doch viel leichter warten, wenn du weißt, wie spät es gerade in Ca-

racas oder in Hongkong drüben ist, wo bestimmt auch einer wartet ...«

»Kennt man drüben, nicht?« fragt Erich und geht weiter, die Weltuhr im Herzen.

»Aber sicher!« sage ich. Warum soll ich ihm erzählen, daß ich die Idee mit dem Besser-Warten-Können an der Weltzeituhr vom »Alex« auch erst gerade in den »Tips für Reisen in die DDR« gelesen habe?

»Wenn man erst mal die Aufregungen der Einreise in die DDR überstanden hat ...« sage ich, noch immer auf demselben Trip, den Kapitalisten um Himmels willen nicht gegen den Sozialisten aufzurechnen.

»... was dann ...?« fragt er schräg.

»... na, ich meine, dann ist es hier bei euch drüben ja richtig schön ...!«

»Hoffentlich!« meint er.

Der gute Erich. Bißchen stimmungslabil, wo ich von früher her bis heute doch den Eindruck hatte, er habe immer gestanden wie eine Eins, wenn uns irgendeiner ans Fell wollte. Auf der anderen Seite zeigte sich immerhin ja auch schon früh seine Einstellung zur Gemeinschaft ...

Mein Gewissen, von Anfang an im Spiel, schlägt jetzt noch heftiger. Die Reise nach Eberswalde ist vielleicht doch nicht ganz so harmlos, wie ich sie ihm bisher geschildert habe:

»Übrigens, nochmal wegen der Geschichte von diesem Kindermörder, die ich da rauskriegen will ...«

»... ach ja?«

»... die hat wahrscheinlich schon noch 'nen Haken ... die haben den nämlich angeblich hingerichtet ...«

»Tatsächlich?« sagt er. »Kommt ja selten vor, passiert aber sicher schon mal ...«

»Er war angeblich noch Jugendlicher ...«

»Dann kann die Geschichte nicht stimmen!« sagt er mit Entschiedenheit, wenn nicht Zorn über die Unterstellung.

»Bist du Jurist?« frage ich. Auch ich werde jetzt leicht aggressiv.

»Ich bin kein Jurist«, sagt er, »aber ich bin selbstverständlich ein politisch interessierter Mensch und nutze meine Informationsmöglichkeiten ...«

»... das ist keine Antwort ...«

»... das ist *meine* Antwort, und es gibt keine andere!«

Mitten auf Ostberliner Territorium haben wir plötzlich die schön-

ste Kabbelei. Erich bleibt stehen, greift in seine Tasche, nimmt ein Tablettenröhrchen heraus und steckt sich zwei Pastillen in den Mund.
»Mensch, Erich«, sage ich, »mußt du dich denn nun bloß so aufregen ...?«
Erst sieht er mich verständnislos an, bemerkt dann, daß ich auf sein Röhrchen starre – und plötzlich lacht er wieder:
»Du meinst, ich muß mich beruhigen ...?«
»Allerdings!«
»Komm!« sagt er und schlägt mir kameradschaftlich auf die Schulter. »Die Dinger schluck' ich wirklich nur wegen der zwei Bier, so 'n neues Wundermittel gegen die Vopos ...«
»Dann gib mir auch eins«, schlage ich vor, »bei euch weiß man ja nie ...«
Wir haben uns wieder, Gott sei Dank!
»Und was die Geschichte in Eberswalde betrifft«, sagt Erich, »da fahren wir ja nun hin, und dann werden wir sehen, wer recht hat!«
Den Rest unseres Beisammenseins im Auto auf der Fahrt zum Bahnhof wirkt er trotzdem nicht mehr so optimistisch wie die ganze Zeit zuvor.
Und tatsächlich, der nächste Dienstag, siebzehn Uhr, findet dann auch sozusagen nicht statt! Schon am Samstagabend davor ruft mich Vetter Erich aus der DDR in Hamburg an und sagt mit leicht verstörter Stimme: »Hallo!«
Nicht mal einen Vornamen.
»Hallo!« antworte ich. Auch weder Vornamen noch sonst was.
»Paß mal auf«, sagt er eindringlich, »Oma ist wieder gesund, und sie meint, du sollst dir nicht extra die Mühe machen, das ist die Sache nicht wert, du kommst besser doch nicht ...«
Pause, diesmal von mir aus.
Mehr Erstaunen als Erschrecken zunächst.
»Ja, wenn du meinst ...«
»... meint Oma!«
»Ja, ja, ist ja gut ...«
»Es wäre wirklich besser ...«
Und genauso verstört und abgehackt geht das Gespräch zu Ende: Ich werde also keine Pralinen kaufen für Mary, nicht mit und nicht ohne Schleifchen. Ich werde Erich keinen Ärger machen – allerdings auch nicht mit seiner Hilfe und auf diesem Wege nach Eberswalde kommen, der Stadt meiner Träume –, und ich hoffe außerdem, daß ich ihm nicht schon Ärger gemacht habe.

Denn von Oma – das kann ich beeiden – war insofern schon nicht die Rede an der Grillbar im Interhotel »Stadt Berlin« zwischen uns, als wir beide seit langem keine gemeinsame Oma mehr haben.
Als der Hörer wieder auf der Gabel liegt, überlege ich, zu welch einer merkwürdigen Selbstdarstellung man gerade in solchen Situationen kommt, wenn man sich plötzlich mit dem fremd gewordenen Bruder mißt, und sei es auch nur der Vetter zweiten Grades:
Da stelle ich mich dann plötzlich dar als der Naivling, der ein paar Jahrzehnte lang im sogenannten kapitalistischen Westen sein Kratzen gehabt und am Ende mühevoll wenigstens etwas auf die Beine gestellt hat – als der älter gewordene Junge, der jeden Morgen die Zeitung liest und jeden Abend die Tagesschau sieht, bestimmt auch die Meldungen über die DDR, und der am Ende offenbar doch so gut wie überhaupt nichts über das große Gemeinwesen DDR begriffen hat!
Aber da stehen Erich und ich ja sicher nicht allein so da, an der Mehrzahl unserer jeweiligen Landsleute beziehungsweise Mitbürger gemessen: Erich und die Seinen haben sicher eine sehr präzise Vorstellung über die BRD, selbst wenn sie nicht stimmen sollte. Ich und die Meinen aber, da bin ich umgekehrt längst nicht mehr so sicher und kann nicht mal eine plausible Entschuldigung anführen: Denn wer von uns hat schon wirklich alle »Informationsmöglichkeiten« über die DDR ausgeschöpft – wer kennt sie wirklich, wenn er nicht zufällig regelmäßig mit ihr zu tun hat, sei es aus geschäftlichen Gründen, oder wenn er nicht zu den paar tausend Verwandtenbesuchern gehört, vor allem im »kleinen Grenzverkehr«?
Niemand außer diesen, vermute ich.
Und erst durch einen Anstoß von außen bekommt der »normale« Bundesdeutsche vielleicht ein bißchen Gefühl dafür, daß die DDR eben doch nicht nur »eine besondere deutsche Region unter sowjetischer Fremdherrschaft« ist, wie es im »Programm« der jüngsten Rechtspartei in der BRD heißt, einer Partei, die auf »die Sehnsucht nach dem heilen Deutschland« spekuliert. Erst durch einen Anstoß von außen begreift er, daß er Zeitgenosse einer eben doch zutiefst politischen, wenn nicht gar historischen Situation ist:
Die DDR ist inzwischen nicht nur »wer«, wie der SPIEGEL gelegentlich schreibt, die DDR ist ein Staat, ein absolut realer eigener Staat, radikal gelöst vom »alten« Deutschland, mit eigenen Gesetzen, Sitten, Gebräuchen und manchmal sogar Verkehrsschildern.
Die DDR hat dementsprechend ihre eigenen, längst nicht mehr gesamtdeutschen, sondern sehr selbstbewußten Bürger – wenn

auch gelegentlich etwas stimmungslabil –, und sie mögen uns vielleicht ja nur noch deshalb, weil wir uns zum Teil noch von früher her kennen, dieselbe Sprache sprechen, bis vor kurzem noch gemeinsam Geschichte erlebt haben und manche Fragen auch vom deutschen Grundvertrag noch nicht geklärt werden konnten:
Wem gehört Schiller, beispielsweise?
Sind die Bayern schlimmer oder die Sachsen? Die alte Streitfrage zwischen Nichtbayern und Nichtsachsen.
Und was ist schöner, Sylt oder Rügen?
Die DDR ist ein Staat, und sie wird aller politischen und psychologischen Voraussicht nach ein Staat bleiben, das vor allem. Gerade da aber wird aus der Selbstdarstellung, die fast schon zur Selbstkritik geworden war, am Ende allerdings die Selbsterkenntnis des bisher partiell Unpolitischen:
Will man diesen »verdammten Sachsen« ihr Land etwa einfach abkaufen?
Oder wenigstens die schönen Ostseestrände mit ein paar Milliarden Kostenaufwand wiedervereinigen, damit Sylt in der Nordsee dann etwas weniger überfüllt ist und Touropa nicht immer unser ganzes Geld ins »richtige« Ausland schleppen muß?
Eben nicht.
Eben doch nicht.
Da tun sie uns nämlich bitter unrecht, wenn sie uns dauernd einreden wollen, wir würden immer alles zu kaufen versuchen. Sie verkaufen uns nämlich ihrerseits mehr, als wir manchmal haben wollen – und bloß, wenn wir wirklich mal etwas haben wollen, dann zieren sie sich!
Damit, meine ich, kann ich zumindest diesen anderen deutschen Staat begreifen, den sozialistischen, dauerhaften und massiven, aber gelegentlich auch ziemlich verklemmten und verlogenen anderen Staat im Osten:
Er ist nicht käuflich, eher schon prüde. Er stellt sich gerade jetzt wieder an wie eine Jungfrau, wenn man ihr nur den Kapotthut abhandeln will, geschweige denn das Korsett. Gibt's denn das wirklich, in meinem Fall, daß man diesem Staat auf vernünftige Weise nicht mal eine Geschichte abhandeln kann, nur weil sie ihn – na, wenn schon! – ein klitzekleines bißchen bloßstellen könnte, von wirklicher Entblößung kaum die Rede ...?
Ende der Selbstkritik, vielleicht sogar des Katzenjammers nach Erichs Anruf, wenn auch hoffentlich nicht meines Entschlusses:
Ich werde weiter handeln, handeln durchaus auch im finanziellen

Sinn, nachdem ich ohnehin schon den Termin für meine nächste Reise nach Berlin eingeplant habe.
Und diesmal werde ich meine »geschäftlichen Gründe«, die aufwendige Methode der Jagd nach Erwin Hagedorns Schicksal, auch direkt dem Fachmann unterbreiten, dem Fachmann drüben, auf seine Weise durchaus eine Art Händler zwischen den beiden Staaten.
Er wohnt Wilhelm-Pieck-Straße 11, genau auf der Mitte zwischen Stadtzentrum und Prenzlauer Berg in Ostberlin. Ich habe erstmal Glück, als ich unangemeldet vor dem Haus aufkreuze; sein curryfarbener Mustang mit der Nummer 1 A 0303, der kapitalistische Wagen, den man auch in der BRD gut kennt, steht vor der Tür, und der Meister wird zu Hause sein: Professor Friedrich Karl Kaul, sogenannter Star-Anwalt der DDR, als Strafverteidiger auch bei den Gerichten in der BRD zugelassen. Gelegentlich hat man sich dort mal getroffen, in Verhandlungspausen oder nach Feierabend eines haarigen Prozeßtages – wenn Kaul auftritt, wird's meistens haarig! –, und ich hoffe, er kann sich wenigstens dunkel noch dran erinnern.
Zunächst denke ich, ich komme ins vorige Jahrhundert, als sich die Vorräume der Kanzlei öffnen:
Das ist doch eher Spitzweg als moderner sozialistischer Realismus, und der riesige grüne Kachelofen, beispielsweise, das muß doch Masche sein, das ist doch nicht der Manager aus der Kommandoetage der DDR-Rechtsprechung!
Aber die Sekretärin, auch aus Spitzwegs Zeiten auferstanden, teilt mir mit, der Herr Professor werde mich sprechen und es werde nicht mal allzu lange dauern.
Friedrich Karl Kaul.
FKK, wie sie ihn im Westen genannt haben.
Friedrich Karl Kaul, der Mann, der angeblich die Mauer öffnet ... nicht etwa mit Sprengstoff, sondern »polternd, prustend und palavernd«. SED-Mitglied mit eigener Meinung und außerdem der schiere Poltergeist, manchmal, ein Mensch wie ein Frosch mit einer elektronischen Verstärkeranlage.
»Ich bin der Stachel im Fleisch der Kapitalisten!« hat er über sich selbst geprahlt.
Von Geburt und Herkunft Jude und Preuße zugleich.
»Ich hätte den Kaiser noch sehen können!« hat er gesagt. Also nicht mehr der Jüngsten einer.
Und das bekannte Zitat, angeblich auch von ihm selbst über sich:

»Auf einen groben Klotz gehört ein grober Kaul!« – nämlich im Gerichtssaal, und sei es auch ein Senatssaal im Bundesgericht in Karlsruhe.
Das andere Zitat stammt vom prominenten BRD-Bundesrichter Jagusch, als Kaul mal wieder besonders lautstark plädierte: »Wir können ja noch die Fenster öffnen, Herr Rechtsanwalt, damit man Sie draußen besser hören kann!«
In öffentlicher, qualitativ hochstehender Verhandlung ...
Die Spannung wächst.
Die Tür zum Zimmer des Meisters öffnet sich, heraus kommen fünf oder sechs Männer, alle mit dem SED-Abzeichen, alle richtig liebenswürdig, die Konferenz, die Kaul hatte, ist zu Ende, ich darf in das Allerheiligste.
»Kaul kommt!« steht auf einem dort aufgehängten Plakat der (alten) Zeitschrift »konkret«.
Die Wände voller Bilder, die den Herrn des Zimmers fast erschlagen: Kaul mit Angela Davies, Kaul mit Walter Ulbricht, Kaul in westdeutschen Gerichtssälen, Kaul bei der Entgegennahme seiner Fernseh-Auszeichnungen, denn das macht er ja nun auch noch, und nicht mal nebenbei ...
Aber das ändert sich sofort, die Bilder werden sozusagen abgehängt und vom Winde verweht, sobald zum erstenmal die Trompetenstimme ertönt:
»Besuch, Besuch«, trompetet Kaul, »nehmen Sie Platz, nehmen Sie Platz!«
Und als das erledigt ist, erkundigt er sich lautstark: »Sie haben doch nicht zu lange warten müssen?«
»Ach wo«, sage ich, »im Gegenteil, war ganz angenehm, sich an Sie zu erinnern ...«
»Also«, sagt er, »wo brennt's, was wollen Sie?«
Das klingt weder vorwurfsvoll (weil ich ihn hier ja nun richtig überfallen habe) noch barsch – genau wie ein »normaler« Mensch in einer solchen Situation fragen würde, ob und was er für mich tun könne, schnell und direkt auf den Punkt:
»Sie kennen doch bestimmt alle großen Kriminalfälle in der DDR, Herr Professor?« sage ich so zuvorkommend wie möglich.
»Hhhmm ...« sagt er. »Welchen?«
»Ich versuche da nämlich seit einiger Zeit eine Geschichte zu kaufen« – absichtlich kaufen! – »eine wirklich seltene Geschichte ...«
»Kaufen!« dröhnt er. »Glauben Sie, ich verkaufe was?«
»Geschenkt nehm' ich sie auch!« sage ich keß.

»Welche Geschichte?« wiederholt er.
»Einen Mehrfachmordfall an Kindern in Eberswalde ...«
»Mehr!« befiehlt er.
Also halbwegs die ganze Geschichte, irgendwann muß man mal auspacken. Anschließend ruft Kaul eine seiner Sekretärinnen, eine jener auch nicht mehr ganz jungen langjährigen und verdienten Angestellten des Volkstribunen, mit einer Lautstärke übrigens, als ob er sie nicht von nebenan, sondern aus Moskau rufen müßte, und fragt: »Wen kennen wir in Eberswalde?«
Sie murmelt etwas, was ihn offenbar nicht zufriedenstellt.
»Den Fall gibt's nicht«, sagt er deshalb, der Einfachheit halber, »und wenn's ihn gibt, dann ist es kein großer Fall ...«
»Irgendein Star von der Charité soll allerdings Gutachter gewesen sein ...« sage ich vorsichtig.
»Das muß Damdamdam gewesen sein!« donnert er los. »Ruf' den mal sofort an!« Den Namen von Damdamdam, irgendeinen fremdländisch klingenden Namen, habe ich leider nicht verstanden.
Die Sekretärin geht wieder an ihren Schreibtisch, Kaul erzählt inzwischen Geschichten aus seiner farbigen Vergangenheit, von KZ-Aufenthalten, die er erdulden mußte, und vor allem Geschichten aus der Emigration, wobei man ihn möglichst nicht unterbrechen sollte.
Die Sekretärin kommt zurück.
»Herr Damdamdam ist zur Zeit nicht in Berlin ...« flüstert sie.
Vielleicht flüstert sie ja auch gar nicht, und mir kommt es nur so vor, weil der Herr Professor wieder so schrecklich laut ist.
»Sehen Sie?« schreit er, als sei das nun schon der endgültige Beweis für die Unsinnigkeit meiner bisherigen Geschichten.
Ich werde wütend: er war mir schon mal sympathischer!
»Es gibt den Fall doch! Und es gibt nicht nur den Mehrfachmordfall Hagedorn in Eberswalde, sondern der Mörder war auch noch jugendlich und ist vermutlich hingerichtet worden!«
»Das ist nicht wahr!« schreit er.
»Doch«, sage ich, wieder ganz bescheiden, »ich glaube schon ...«
»Das ist nicht wahr!« schreit er nochmals, und diesmal hämmert er auch noch mit der Faust auf den schweren alten Tisch. »Eher regnet es Tinte, als daß dieser Kriminalfall wahr wäre, ich meine, die Hinrichtung ...!«
»Ich würde ja auch gern das Gegenteil zur Kenntnis nehmen«, sage ich beeindruckt, »vor allem von Ihnen, bloß, es müßte dann sicher sein ...«

»Das kriegen Sie!« schreit er. »Das kriegen Sie gratis und so sicher wie Gold!«
Nun hat Kaul ja auch noch einen Kompagnon, einen Sozius, meine ich natürlich, einen Herrn Dr. Günter Ullmann, der angeblich ehemals Referent bei der Frau Justizminister Hilde Benjamin gewesen ist.
Nachricht an die Sekretärin: »Ob Ullmann mal Zeit hat!«
Ganz ohne Fragezeichen.
Und Ullmann tritt gleich darauf durch die Tür.
»Günter«, sagte FKK und deutet auf mich, »darf ich bekanntmachen« – tut's – »das ist nämlich einer, der will uns hier die schiere Idiotie unterjubeln ...«
»Was denn?«
»Erzählen Sie's selbst!« befiehlt er.
Ich erzähle »es« zum zweitenmal in diesem Raum, der aussieht wie eine Künstleragentur, die ganze Geschichte bis einschließlich der angeblichen Hinrichtung von Erwin Hagedorn aus Eberswalde.
»Nonsens!« sagt Ullmann kühl und beherrscht.
»Genau!« poltert Kaul. »Da hören Sie's selbst! Ruf' bitte sofort an, Günter, und klär' die Sache, damit sie endgültig vom Tisch geht!«
Ullmann geht aus dem Zimmer, so souverän, als würde er jetzt mindestens den Vorsitzenden des Ministerrats anrufen.
»Da sehen Sie ja, daß das Quatsch ist!« trompetet Kaul, indem er sich nun schon zum drittenmal wiederholt. »Verdammt gut, daß Sie zu mir gekommen sind, bevor Sie da irgendwelchen Blödsinn verbreiten!«
Dann kommt Ullmann wieder ins Zimmer. Vielleicht zwei Minuten später. Immer noch souverän, aber das Lächeln, das vorhin wenigstens glimmte, hat er endgültig abgestellt.
»Na?« fragt Kaul.
Offensichtlich war der Vorsitzende des Ministerrats nicht zu Hause. »Das kann man nicht telefonisch klären«, sagt Ullmann, »heute schon gar nicht mehr ...«
Kaul aber läßt seinen Mut scheinbar immer noch nicht sinken und behauptet: »Dann werden wir es eben morgen klären!«
Ullmann geht zum vierten Mal durch die Tür des Professoren-Zimmers, verläßt den Raum und verschwindet aus der Geschichte.
Kaul auch, obgleich er sitzen bleibt:
Zum erstenmal in Sachen Hagedorn sehe ich nämlich in die Zukunft, nicht nur rosig, sondern überhaupt. Und die Zukunft sieht so aus: Wir werden hier noch ein paar Anekdoten austauschen, das

heißt, Kaul wird sie erzählen, gute und nicht ganz so gute, und ich werde pflichtschuldig lachen, wenn die Pointen fallen. Ich werde dann zurückkehren nach Westberlin und in die BRD, und ich werde ihn, wie er mir anbietet, morgen anrufen und übermorgen, nächste Woche und in vierzehn Tagen.
Aber ich werde ihn nie mehr erreichen, nicht in Sachen Hagedorn und überhaupt nicht in den nächsten Monaten oder Jahren. Die Sekretärin wird immer sagen, der Herr Professor sei unterwegs – und selbst dann, wenn ich den Herrn Professor bei irgendeiner Gelegenheit im Westen treffen würde, selbst dann würde er nur poltern und nichts als poltern und insofern immer noch nichts zur Aufklärung des Falles beitragen.
Dieser Handel klappt also nicht, hinten und vorn nicht. Und warum nicht?
Weil die Ware zu heiß ist, tatsächlich zu heiß! – und weil es, vom Standpunkt des Reporters aus, vielleicht sogar reichlich unfair war, den Altmeister überhaupt nach der heißen Ware zu fragen: was soll er sich, wenn er zehnmal FKK heißt, hier eine Blöße geben, sich in die heißen Nesseln setzen und den Hintern verbrennen, wenn nicht noch mehr?
Der Reporter aber kehrt einmal mehr von der Jagd zurück, unverrichteterdinge und seltsamerweise trotzdem mit immer mehr Mut: Ich blicke auf meine Begegnung mit Kaul ganz ohne Zorn zurück – allerdings mit dem Gefühl, ihm möglichst zu zeigen, daß mir die »Ware« keineswegs zu heiß ist.

Aus der geplanten schnellen Rückkehr in die BRD wird allerdings nichts. Am Bahnhof Friedrichstraße dauert es diesmal länger als sonst, und das Flugzeug ist weg, als ich endlich drüben und am Flughafen Tempelhof bin. Die nächsten Maschinen bis einschließlich morgen mittag sind komplett ausgebucht, so gut wie keine Chance auf der Warteliste – und auf eine der wenigen Chancen, heute doch noch nach Hamburg zu kommen, muß mich erst eine Hostess aufmerksam machen:
»Fahren Sie doch mit der Bahn!«
Mit der Deutschen Reichsbahn.
Gezogen von einer wunderschönen alten Schnellzug-Dampflok: Ist das nichts, gerade weil es sowas im Westen kaum noch gibt?
Der Zug steht im Bahnhof Zoo unter Dampf. Die Fahrkarte einfach kostet 54 Mark, und für einen Teil des Wechselgeldes kaufe ich mehrere Zeitschriften – westliche natürlich. Erst später fällt mir ein,

daß der Zug ja gleich durch die DDR fährt und wir bestimmt kontrolliert werden. Ein älterer Herr sitzt als einziger mit mir im Abteil. »Verzeihen Sie«, frage ich, »sind die da pingelig wegen der Zeitungen?«
»Ach wo«, sagt er, »da könn'se ganze Auflagen dabei haben, das stört die überhaupt nicht! Sie fahren wohl hier zum ersten Mal, nicht ...?«
Er berlinert ziemlich stark, und er wirkt leutselig, jovial und gesprächig.
»Ja, ja ... es ist komisch, man hat immer noch das Gefühl, man geht auf Abenteuer ...«
Er lacht. »Ist aber wirklich keins, wenn Se nicht gerade 'ne Kanone dabeihaben. Und selbst dann müßten Sie sie schon vorzeigen, denn gefilzt werden Sie längst nicht mehr ...«
Etwa vier Stunden Fahrzeit bis Hamburg. Der Dampfzug fährt pünktlich auf die Minute ab, aus Westberlin heraus, hält dann schon wieder in Griebnitzsee. »25 Jahre DDR« werden hier feierlich und plakativ bekanntgegeben, die Erbauung von 320 000 Wohnungen in drei Jahren und nicht zuletzt: »Venceremos!« – wir werden siegen, nämlich die linken Chilenen der »Unidas popular« mit der geballten Faust. Außerdem steigen lässig die Kontrolleure der Deutschen Volkspolizei zu.
»Sie fahren anscheinend öfter durch die DDR?« frage ich meinen Abteilpartner.
»Sehr oft«, antwortet er freundlich, »von Berufs wegen!«
»Ach«, sage ich, »das ist aber interessant ...«
»... ja, doch«, sagt er, tatsächlich so mitteilsam, wie er von Anfang an aussah, »ich bin Mitinhaber eines Reisebüros und organisiere auch DDR-Reisen!«
Und das bringt mich sofort zu der wirklich ehrlichen Erkenntnis: »Das ist aber sogar hochinteressant!«
Wildpark. Marquardt. Satzkorn. Weiße Dampfschwaden von der Lok fliegen über die Schilder der Stationsnamen, der Zug riecht nach Osten, auch wenn er nach Westen fährt, wackelt manchmal ziemlich heftig, und die Vorschriften, man möge sich nicht aus den Fenstern lehnen, sind aus unerfindlichen Gründen in deutscher, französischer und italienischer Sprache abgefaßt, natürlich auch in russisch.
»Wie kommt man denn heute so in die DDR?« frage ich.
»In oder durch?«
»Nein, schon mal so richtig zu Besuch ...« sage ich.

»Das«, meint er bedeutungsvoll, aber auch sichtbar voller Hoffnung, einen Interessenten für seine Erfahrungen gefunden zu haben, »das läßt sich nicht so ohne weiteres mit einem Satz beantworten. Denn das ist eine richtige Wissenschaft ...!«
»Ja«, sage ich, »den Eindruck hat man ja auch schon als Außenstehender!«
»... aber unmöglich ist das natürlich überhaupt nicht mehr!« fügt er hinzu.
Das stimmt mich heiter. Vielleicht kennt der Mann tatsächlich ein paar Tricks, wie man nach Eberswalde kommen kann. Vielleicht würde er sie mir auch direkt sagen, wenn ich ihn direkt fragen würde; hier im Zug gibt es ja sicherlich keine »Wanzen«, keine Abhörgeräte ... aber sicher ist sicher, am besten versuch' ich's doch lieber hintenrum.
»Man möchte ja eigentlich manchmal ganz gern mal rüber«, sage ich bedauernd, »aber es ist doch mühsam, schon diese ganzen Formalitäten, das muß einem ja auf 'n Wecker fallen, oder meinen Sie etwa nicht?«
»Gott«, sagt er, »wenn Se drüben denen ihre sogenannten Rechtsnormen beachten, tut Ihnen keiner was!«
»Aber ich komm' doch gar nicht erst in die Verlegenheit, was nicht zu beachten ...?«
»Ja, was woll'n Se denn wissen?« fragt er interessiert.
»Alles!« sage ich. »Ich mein', wenn Sie jetzt nicht gerade Zeitung lesen wollten ...«
Natürlich nicht.
Und er weiß auch fast alles:
Er weiß beispielsweise – eine Anordnung, die seitens der DDR auch verständlich ist –, daß bei Einreisen in die DDR die Mitführung von Schußwaffen, Strengstoffen, Giften, Betäubungsmitteln und radioaktivem Material streng verboten ist. Daß man Hunde und Katzen nur mit einem besonderen amtstierärztlichen Zeugnis mitführen darf, wenn ich das richtig begreife, einem Zeugnis, welches man allerdings bei Goldhamstern oder Meerschweinchen nur dann benötigt, wenn mehr als vier Exemplare gleichzeitig auf die Reise gehen, wohingegen Schildkröten oder Krokodile ohne Dokumente reisen können und Brieftauben nur in Gruppen von mehr als zwanzig Papiere brauchen.
Lauter Schnurren, er ist kaum zu stoppen.
Aber auch ernsthaft:
Unbillige Strafen, sagt der Reisefachmann, womit er sicher hohe

Strafen meint, sollte man gleich an den nächsten Grenzstellen melden, da muß man ihnen nämlich ruhig mal auf die Finger klopfen.
Inzwischen Paßkontrolle der Vopo kurz hinter Wittenberge, wo der Zug stehengeblieben war und eine andere Lok bekommen hat, die nun nicht mehr qualmt.
Der für meine Begriffe richtig nette Polizist trägt eine Art Bauchladen mit Stempeln und Papieren. Eins von diesen grünlichen Papieren gibt er mir mit dem Paß zurück:
»Transitvisum zur einmaligen Reise durch das Hoheitsgebiet der Deutschen Demokratischen Republik auf der kürzesten Fahrtstrecke mit der Eisenbahn.«
»Was passiert eigentlich, wenn einer die Notbremse zieht?« frage ich vorwitzig.
»Großalarm!« antwortet er und grinst.
»Aha«, sage ich, »und was kostet das Visum?«
Da sagt er tatsächlich: »Das ist gebührenfrei. Gute Fahrt noch...!«
Meinem Mitreisenden, den er vielleicht kennt, hat er anscheinend auch noch zusätzlich zugelächelt.
»Seh'n Se«, sagt der Mann, zieht allerdings vorsichtshalber die Abteiltür zu, »manchmal sin' se ja richtige Menschen.«
Ich habe immer noch den Eindruck vom Glückstreffer in der Eisenbahn, vom Glückstreffer dieser Zufallsbekanntschaft, sehe mich halb schon in Eberswalde:
»Aber nun mal en détail«, sage ich, »wie kommt man in die DDR, wenn man keine Schildkröte ist?«
Er lacht sich halb krank. Erst dann fragt er: »Sie haben doch bestimmt irgendeinen in der DDR, der Sie einlädt? Kann ruhig 'n ganz entfernter Bekannter sein ... wenn der 'n Auto hat, oder sonst fahr'n Se eben mit der Bahn, da könn' Se ziemlich überall hin, bis auf 'n paar uninteressante Sperrbezirke ... ganz einfaches Prinzip im Grunde, wird meistens verwendet ...«
Das Prinzip allerdings kenne ich, und es funktioniert leider überhaupt nicht, soweit es mich betrifft, wie das Beispiel von Vetter Erich gezeigt hat. Ich könnte vielleicht noch irgendeinen anderen auftun, der mich pro forma einlädt, und ihm dann nicht erzählen, daß ich ja was Bestimmtes vorhabe: vielleicht geht's gut. Vielleicht aber auch nicht, was ich eher für wahrscheinlich halte, seit Erich da verrückt gespielt hat – und wenn was schief geht, kriegen wir beide bestimmt mehr Ärger, als die Sache letztlich doch wert ist.
»... und einfach so auf eigene Faust, als Autotourist, wie man so sagt ...?«

»Mit 'm eigenen Auto«, sagt er, »also, das ist immer noch etwas schwieriger, mit und erst recht ohne Einladung. Das heißt, eine Möglichkeit gibt's, da kommt's drauf an, wo Sie hin wollen ... über die Transitstrecken können Sie ruhig mal aussteigen und 'n kurzes Bier riskieren, Bier natürlich nur, wenn Sie nicht selbst fahren, oder Sie können sich vorher auch 'ne Übernachtung in einigen Städten buchen lassen ...«
»Aber eben nur in einigen?«
»Rostock, Stralsund, Saßnitz, Frankfurt/Oder, Dresden, Leipzig ...« sagt er auf wie ein Gedicht.
»Angenommen, ich würd' mal woanders aussteigen und ganz gezielt einen anquatschen ...?«
Er zuckt die Schultern. »Ihr Risiko. Kann gutgehen, kann ins Auge gehen. Lohnt sich normalerweise nicht, was wollen Sie denn in den Kaffs?«
»Es könnte ja sein«, sage ich, »ich meine, ich bin ja ganz bestimmt kein Spion oder so ... angenommen, ich müßte einfach mal einen was fragen ...?«
»Wo denn?« fragt er.
Und grinst auch noch, riecht zwar sicherlich nicht den ganzen Braten, aber doch den Duft.
»Nehmen wir mal an, in Eberswalde ...«, sage ich.
»... Eberswalde, Eberswalde ...« überlegt er. Dann aber Kopfschütteln: »Da kommen Sie auf die Tour gar nicht hin! Da geht eine einzige Transitstrecke halbwegs in der Nähe vorbei, von Berlin nach Pomellen, also nach Polen in die Stettiner Gegend ... aber das wären mir zuviel Kilometer, um da von der Transitstrecke runter und rein in die Stadt ...«
Stichwort Polen:
Transit, Pomellen, Stettin, Polen ...
Und da fällt mir urplötzlich einer ein, an den ich überhaupt noch nicht gedacht habe, seit ich hier in diesen Geschäften herumstochere:
Jerczy Lukasinski aus Warschau in Polen, genannt Jerry! »'tschuldigen Sie!« sage ich, als ich merke, daß er mich besorgt ansieht, denn das hat ja auch noch Zeit mit Jerry, bestimmt bis Hamburg. »Ich hab' nur mal gerade aus dem Fenster geguckt ...«
»Mecklenburg!« nickt er. »Schöne flache Landschaft ...«
Bevor er denken kann, ich habe kein Interesse mehr an ihm, und bevor er selbst flach wird und am Ende noch einschläft, frage ich ihn lieber weiter aus:

»Ich hab' mal was gehört, in einige Städte kann man auch touristische Einzelreisen buchen?«
»Doch, so an die zwanzig ...«
»Bestimmt Dresden, Leipzig, Rostock ...?«
»Sowieso«, sagt er, »aber auch Suhl im Thüringer Wald, weil's da so schön ist, oder beispielsweise Cottbus. Aber eben nicht ...«
»... nicht Eberswalde?«
Leider nein.
»Sie könnten sich allerdings« – und da grinst er endgültig wie ein Verschwörer – »einen Westberliner Ausweis zulegen, das müßte gehen. Dann könnten Sie nämlich ohne große Schwierigkeiten Tagesbesuchserlaubnisse kriegen, versteh'n Se?«
»... für Ostberlin?«
»Nee, auch für die DDR selber ...!«
»Ah ja ...«
»Denn von Westberlin nach Eberswalde und zurück, das müßte in einem Tag tatsächlich zu schaffen sein, vermutlich sogar mit dem dortigen Zug ...«
Bloß – jetzt, wo ich die Idee mit Jerry habe, läßt die Begeisterung für solche krummen Touren offenbar nach –, ob sich sowas auszahlt, selbst wenn es weniger Geld kosten sollte als alles andere?
Besser nicht.
Vielleicht besser doch nicht.
Die Strafpredigt ist nämlich schon längst geschrieben und gedruckt; sie steckt in meinem Handkoffer im Gepäcknetz, eben in den »Tips für Reisen in die DDR« – längst bevor ich hier kurzfristig die Idee hatte, die DDR-Stadt Eberswalde illegal zu besuchen:
Wenn jemand in der DDR Absichten verfolgt, heißt es da sinngemäß, die den dortigen Vorschriften zuwiderlaufen, und dadurch eventuell »Maßnahmen« auslöst – dann handelt dieser Jemand gegen die Interessen von Millionen Reisenden, die keine Absichten verfolgen, es seien denn humanitäre und so ...
»Ach«, sage ich also, »mit dem Westberliner Ausweis, das überleg' ich mir besser doch noch mal in Ruhe ...«
Schwanheide. Der DDR-Grenzübergang nach Westen für die kürzeste Fahrstrecke mit der Eisenbahn. Das Ostpersonal steigt aus, darunter ein bildhübsches Reichsbahn-Mädchen, das Westpersonal steigt ein. Der Lautsprecher klingt fast schon westlich: »Zum Schnellzug nach Hamburg bitte einsteigen ...!«
Dann Büchen, tatsächlich im Diesseits:
»Herzlich willkommen!« sagt der Lautsprecher hier, herzlich

willkommen in der Bundesrepublik. Für mich eigentlich überflüssig, denn ein Abenteuer im üblichen Sinn war die Fahrt durch die DDR nicht. Für viele andere allerdings, Rentner auf Besuch vielleicht, die jetzt schon vor Freude Herzklopfen haben, klingt die Stimme sicher so schön wie Musik.
Deutsche Paßkontrolle, diesmal westdeutsch vom Bundesgrenzschutz. Anschließend quält sich der Zug noch über die paar Kilometer Reststrecke bis Hamburg Hauptbahnhof.
»Wiedersehen!« sage ich, und wir geben uns die Hand. »Schönen Dank auch!« Wenn schon nicht für die Idee mit der Einreise nach Eberswalde, so doch für die Idee mit Jerry.
»Sie ...!« ruft er da, als ich schon halb auf dem Bahnsteig bin. Er fährt bis Altona. »Brauchen Sie denn Ihre Zeitungen nicht mehr?« – die Hefte, die ich gar nicht erst aufgeschlagen habe.
»Ach so, nein ...«
»Dann kann ich sie ja vielleicht mitnehmen und lesen ...?«
Aber gern.
So billig war nämlich bisher noch kaum eine Recherche im Fall Heckenrose, in Sachen Erwin Hagedorn und Eberswalde.
Und jetzt noch dreierlei, beschließe ich, ganz ungewohnt kriegerisch, der Sturmangriff sozusagen nach aller bisherigen Artillerievorbereitung, die oft mehr Sperrfeuer war, als daß sie Löcher in die Mauer gebrochen hätte. Wenn dann immer noch nichts Entscheidendes, immer noch kein wirklich wichtiges Beute-Material an Land gezogen ist – dann ist Schluß, dann erkläre ich mir sozusagen selber die bedingungslose Kapitulation:
Eben Jerry, erstens. Jerczy Lukasinski. Ich werde versuchen, ihn anzurufen, ihn irgendwo zu treffen und den Fall mit ihm zu besprechen.
Zweitens Kurt Hansen: er sollte jetzt vielleicht doch noch mal nach Eberswalde fahren, denn unter anderem könnte es auch nicht schaden, außer den »Detailen« der Geschichte ein paar Fotos von den Hauptpersonen zu kriegen.
Sowie schließlich, drittens, ein offizieller Antrag auf ein Interview, das ich gern mit einem maßgeblichen und vor allem auskunftsberechtigten Herrn der DDR-Justizadministration führen möchte.
Ein Vormittag am Telefon, eine Art Simultanspiel, um wieder vom Krieg wegzukommen:
Der größte Anfangserfolg ist die Tatsache, daß Jerczy Lukasinski sich unter seiner Nummer in Warschau – Direktwahl seit kurzem 007 22, ausgerechnet 007! – schon beim dritten Versuch meldet,

obgleich er sonst fast ständig im Ausland unterwegs ist, allerdings meist im sozialistischen Ausland.
»Ich hätte eigentlich Lust dich mal wiederzusehen«, sage ich, »du kommst nicht mal zufällig in die BRD?«
Ich habe zwar auch andere Möglichkeiten im Kopf, wie man ihn treffen könnte, sozusagen auf neutralem Terrain.
Aber er sagt völlig überraschend: »Nächsten Dienstag. Zufällig nächsten Dienstag. Wollen wir uns sehen?«
Ja, sicher doch, und wie gern!
»Aber wieso kommst du so schnell?«
»Wegen der Fußball-WM!« sagt er; tatsächlich, er sagt WM und nicht Weltmeisterschaft, denn er spricht als halber Schlesier ein geradezu weltläufig gutes Deutsch, noch besser als Kurt Hansen zum Beispiel. »Ich muß mich ja mal um unsere Jungen kümmern!«
Er ist nämlich Sportreporter – und er kümmert sich, verspricht er, irgendwann in diesen Tagen, die er hier ist, auch um mich. Ich soll aber bitte versuchen, daß ich gelegentlich zu Hause bin, wenn er mich telefonisch zu erreichen versucht!
Hansen in Kopenhagen zu erreichen ist normalerweise und auch heute kein Problem: er sagt fast spontan zu, er fährt nächsten Dienstag – warum immer dienstags? – nochmal über Hamburg und Westberlin rüber bis Eberswalde und vielleicht sogar Frankfurt/Oder, und auf dem Rückweg bringt er mir dann die Fotos eben vorbei.
»Du bist ein seltener Optimist...« sage ich skeptisch. Aber dann läuft zunächst auch meine dritte Aktion recht vielversprechend an: Ein ehemaliger Kollege von mir aus Hamburg kennt einen Journalisten-Kollegen aus Leipzig, ruft ihn auf meine Bitten und Kosten an und fragt ihn ohne Rücksicht auf eventuelle Abhörer, ob er behilflich sein kann, für mich einen Interview-Termin bei der Generalstaatsanwaltschaft der DDR zu arrangieren. Der Kollege aus Leipzig gibt sich hilfsbereit, fragt noch nach dem voraussichtlichen Gegenstand des Interviews, erfährt den Namen Hagedorn, der ihm nichts sagt, und meint, das ließe sich möglicherweise arrangieren. Ich soll ihm allerdings erstmal meine Personalien schicken, läßt er mir ausrichten. Dazu, im Brief beigelegt, einen ausführlichen Bericht über mein Anliegen, so ausführlich wie möglich. Er – der Leipziger – werde dann versuchen, die Sache so sehr wie möglich zu beschleunigen.
So oder so, ich bin gespannt. Auf Jerry und Kurt vor allem. Nun ist mir doch wieder so zumute, als hätte ich schwere Minen gelegt.

Die dritte Mine allerdings muß ich wohl sehr sorgfältig zusammenbauen.
»Sehr geehrter Herr Generalstaatsanwalt ...«
Da steht der Satz auf dem Konzept meines Interview-Antrags, der erste und vielleicht der einzige, der auf Anhieb stehenbleibt.
»Ich habe in der letzten Zeit alle erreichbaren Materialien zum neuen Strafgesetzbuch der DDR gesammelt, Ausschnitte aus Tageszeitungen in unser beider Staaten, Aufsätze und Artikel aus Fachzeitschriften der DDR und der BRD, alle erreichbaren Statistiken, die zu diesem gesamten umfangreichen Themenkomplex gehören, eben das StGB der DDR und seine Anwendung betreffend – weil ich die Absicht habe, die Monographie eines einzelnen Falles zu schreiben und bei dieser Gelegenheit wertneutral die rechtsphilosophischen Unterschiede der beiden Staaten herauszuarbeiten ...«
Ich stelle mir vor, mit welchen Gefühlen der sehr geehrte Herr Generalstaatsanwalt oder einer seiner Mitarbeiter diesen Satz liest, und ich kann mir die Fortsetzung nicht verkneifen, denn es ist schließlich immer noch ein Konzept:
»Bei meinen bisherigen vorbereitenden Studien habe ich – ebenfalls wertneutral – den Eindruck gewonnen, daß es auch auf juristischem Gebiet leider eine Art Sprachgrenze zwischen der DDR und der BRD gibt, daß, simpel gesagt, Mörder und Mörder bei Ihnen und uns zweierlei sind, allein schon deshalb, weil es bei Ihnen noch für besonders herausgestellte Delikte die Todesstrafe als Ahndungsmittel gibt und in der BRD nicht ...«
Damit ist die Konzept-Seite gefüllt, und ich zerreiße sie sorgfältig, denn so geht's ja nun nicht.
Statt dessen also:
»Sehr geehrter Herr Generalstaatsanwalt, ich darf mich Ihnen zunächst einmal vorstellen« – es folgt eine Aufzählung meiner journalistisch-kriminalistisch-juristischen Bemühungen – »und Sie im übrigen förmlich um ein Interview zu folgenden Fragen bitten:
Erstens: Ist es kriminalpolitisch und generalpräventiv sinnvoll, die Todesstrafe bei Mord unter bestimmten Umständen überhaupt noch zu verhängen (wenn nämlich die Tat ein Verbrechen gegen die Souveränität der Deutschen Demokratischen Republik, den Frieden, die Menschlichkeit oder die Menschenrechte oder ein Kriegsverbrechen war, aus Feindschaft gegen die Deutsche Demokratische Republik begangen wurde, wenn gemeingefährliche Mittel oder Methoden im Spiel waren, Furcht und Schrecken unter der

Bevölkerung ausgelöst werden sollte, wenn die Mordtat heimtückisch oder in besonders brutaler Weise begangen worden ist, wenn der jeweilige Täter mehrfach wegen schwerer Körperverletzung und ähnlich schweren Delikten vorbestraft gewesen ist oder wenn er mehrfach gemordet hat)?
Zweitens: Sind die aus den mir bekannten Unterlagen ersichtlich verhängten Todesurteile aus den oben angeführten Gründen tatsächlich vollstreckt worden ...?«
Und da zähle ich auf: Todesurteile 1969 gegen den NS-Verbrecher Josef Blöscher und 1971 gegen Hans Baumgartner, ebenfalls wegen Kriegsverbrechens, das Todesurteil gegen den gerade 18jährigen Raub- und Eifersuchtsmörder Peter Albrecht aus Magdeburg vom Februar 1974, das Todesurteil gegen Erwin Hagedorn aus Eberswalde ...?
Ein Versuchsballon, zugegeben, aus dem das Gas nur so strömt und der infolgedessen stinkt:
Also geht es auch nicht auf diese Weise, und das Papier wandert erneut in den Papierkorb.
Der dritte Ansatz: »... Ihr Stellvertreter Dr. Harri Harrland, sehr geehrter Herr Generalstaatsanwalt, hat im Jahre 1967 eine deutliche Zunahme der in der DDR verübten Fälle von Mord und Totschlag bekanntgegeben und gleichzeitig eine längere Periode nur sehr allmählicher Verminderung vor allem der Schwerkriminalität vorausgesagt. Meine hauptsächliche Frage lautet deshalb: Ist diese Voraussage eingetreten, und haben Sie sich veranlaßt gesehen, mit gesellschaftspolitischen Mitteln bis einschließlich der Todesstrafe gegen entsprechende Tendenzen vorzugehen ...?«
Am Ende, nachdem ich nun wirklich alle verfänglichen Fragen wieder zerrissen habe, frage ich schlicht, ob ich mit einem maßgeblichen Herrn der Generalstaatsanwaltschaft oder auch des Obersten DDR-Gerichts ein Gespräch über den Kriminalfall Erwin Hagedorn aus Eberswalde führen kann, und keine Silbe mehr in diesem Brief!
Sie sollen selbst entscheiden, was ich ohnehin nicht beeinflussen kann, und wenn sie überhaupt reden wollen, sollen sie zusehen, wie sie sich herausreden.
Ich füge einen letzten Satz hinzu, daß mich vor allem die Rolle der »bekanntlich« gerade in der DDR aufgeklärten Jugendpsychiatrie bei der Handhabung eines solchen Falles interessiert, und dann mit Gott!
Zuletzt die Reinschrift des Briefes.

Danach geht der Brief gemeinsam mit meinen persönlichen Unterlagen an den Mann in Leipzig, der ja versprochen hat, ihn noch schneller an die Generalstaatsanwaltschaft zu befördern als die DDR-Post.
Irgendwie, an ähnlichen Situationen aus dem »kapitalistischen« Lager orientiert, irgendwie müßten sie eigentlich reagieren, meine ich.

Das ist nun gerade ein Tag vor dem Termin, den ich mit Kurt Hansen ausgemacht habe – der Termin, zu dem er sich aus dem Westen melden muß, unter einer Nummer, unter der ich ihn zurückrufen kann, so als Sicherheitsvorkehrung für alle Fälle. Wenn er sich nicht meldet, werde ich vereinbarungsgemäß die Botschaft seines Landes in der Bundesrepublik benachrichtigen.
Es wird allerdings Samstagabend, bevor er sich meldet, gar nicht erst telefonisch, sondern höchstpersönlich in Hamburg, in meiner Wohnung.
»Ich hatte gleich ein Flugzeug in Tempelhof«, sagt er, »wäre zu knapp gewesen mit Telefonieren ...«
»Hast du Fotos?« frage ich herzlos.
»O je«, sagt er, »nun mal langsam, das war dich vielleicht ein Theater ...!«
Knapp drei Tage war er drüben, wieder vom Ostberliner Interhotel »Unter den Linden« als Standquartier aus, zweimal in Eberswalde und einmal in Frankfurt. Erschöpft sieht er aus und vielleicht auch ein bißchen wie einer, bei dem die Angst nachläßt.
»Ich war auch bei die Eltern Hagedorn zu Hause ...« sagt er und macht es sich gemütlich.
»Und?«
Aber er läßt sich Zeit, und er hat sicher sogar ein Anrecht darauf, es so zu erzählen, wie es ihm Spaß macht.
»Sie waren ganz freundlich, aber sie haben mich nichts gesagt ...«
»... ob Erwin tot ist?«
»Nichts!«
Aber die Mutter, erzählt er, hätte glatt zu weinen angefangen, als die Wohnungstür der Familie Hagedorn sich wieder hinter ihm schloß; er kriegt's gerade noch mit.
»Ja, und dann geh' ich Winkler, Specht und Louis ...«
»Und?«
»Nichts!«
Aber so ganz sinnlos sei das alles doch nicht gewesen, meint er

gleich darauf. Er erholt sich sichtlich. »Erwin Hagedorn war bei die Mitropa beschäftigt, ich glaube, eine staatliche Firma, und die Eltern waren bei die Eisenbahn in Eberswalde. Ich geh' also zu die Mitropa und zu diese Eisenbahn und auch zu alle Fotografen in Eberswalde ...«
»Und?« frage ich zum drittenmal geduldig.
Die Vopo habe damals doch offenbar sämtliche Bilder von Erwin Hagedorn kassiert, Negative und Positive, sagt er. Bei einem Betriebsausflug der Mitropa sei eine Gruppenaufnahme entstanden, und jeder Ausflugsteilnehmer habe einen Abzug bekommen.
»Alle weg!« sagt er.
»Gibt's denn wenigstens noch Einzelheiten der Geschichte ...?« frage ich.
»Wenig«, sagt er, »paß auf, entweder ich suche dich Fotos oder Detailen ...«
»... manchmal kriegste ja beides ...«
»Manchmal!« sagt er. Er geht am Ende, nachdem ihn fast alle höflich oder nicht ganz so höflich rausgeworfen haben, sobald er nach Erwin Hagedorn fragt, nochmals zu dem Mann, der ihm seinerzeit als erster wenigstens ein paar Auskünfte gegeben hat. Der Mann hat sich von seinem Schreck von damals sichtlich erholt, ist zwar nicht gerade begeistert, daß der Däne schon wieder auftaucht, gibt aber trotzdem wieder ein Bier aus.
Und sagt dann, noch bevor Kurt richtig den Mund aufmachen kann: »Bitte, jetzt ganz im Ernst! Fragen Sie mich alles, nur nicht über diese Geschichte! Ich stehe da nämlich auf dem Präsentierteller, und wenn ich Ihnen noch Informationen gebe und es kommt raus, komm' ich in Teufels Küche, das müssen Sie doch einsehen!«
Hansen sieht es ein, trinkt sein Bier in Ruhe zu Ende und plaudert währenddessen statt über einen Mehrfachmord im Konversationston über sozialistische Theorien. Zum Abschied sagt ihm der Mann immerhin, anscheinend zum Dank für sein Verständnis, über »die Sache« habe nach dem Verschwinden der Kinder Specht und Louis irgendwas in der Zeitung gestanden, im »Neuen Deutschland«, in der »Berliner Zeitung«, im »Morgen« oder – was seiner Ansicht nach am wahrscheinlichsten ist – im »Neuen Tag«, dessen Hauptredaktion sich in Frankfurt/Oder befindet. Dort, meint er, könne man ja vielleicht was nachlesen.
Eine neue Spur also, und die Zeit drängt, denn gelegentlich hat Kurt ja auch noch einen Job in Kopenhagen:
Er fährt am nächsten Tag nach Frankfurt, der Hauptstadt des Be-

zirks, zu dem auch Eberswalde gehört, und besucht die Druckerei »Neuer Tag« in der Fischerstraße in der sogenannten Gubener Vorstadt, gegenüber der Alten Oder und der Insel Ziegenwerder. Dort bittet er darum, ein paar Bände der Zeitung, die von der SED-Bezirksleitung herausgegeben wird, einsehen zu dürfen, vor allem der Jahrgang 1969.
Kurz darauf liegen die Bände tatsächlich schon vor ihm auf dem Tisch – und er kann sie trotzdem nicht durchblättern! Ein Mann kommt nämlich auf ihn zu, spricht ihn mit »Herr Hansen« an, obgleich Hansen sich bis dahin nicht vorgestellt hat – und teilt ihm mit, die Bände seien zur Zeit und auch noch auf lange Zeit ausgeliehen.
»Aber hier liegen sie doch!« sagt Hansen erstaunt.
Der Mann schüttelt den Kopf und legt die Hand auf die Bände: »Das sind nicht die, die Sie suchen! Diese hier sind falsch etikettiert, wir wollten das gerade ändern. Es tut mir leid, daß wir Ihnen nicht besser helfen können!«
Ende der Aktion Frankfurt.
Ende der Aktion Eberswalde.
»Also gut...« sage ich resignierend und vergesse den Mann vom Frankfurter »Neuen Tag« und im Grunde auch Kurt Hansen und seine Mission.
»Warte doch!« sagt Kurt Hansen.
»Ja, aber auf was?«
»Ich war doch auch noch bei diese Eisenbahn und gestern in Westberlin...«
Und da holt doch dieses Schlitzohr seine Brieftasche aus der Jacke und packt Fotokopien und Fotos aus, auch auf den Fotokopien sind Fotos, alles Leute, die ich nie gesehen habe, und sagt: »Bitte sehr!« Die Fotos auf den Fotokopien, erzählt er, sind die Bilder der ermordeten Kinder Henry Specht und Mario Louis, und die Fotokopien stammen aus der Zeitung »Neuer Tag«, die wird nämlich in Westberlin archiviert. »Die mußt du natürlich noch mit eine richtige Kamera besser kopieren!« sagt er wie ein Schulmeister.
Eins der Fotos zeigt den ermordeten Jungen Ronald Winkler.
Drei, vier andere Fotos liegen noch auf dem Tisch.
»Sag bloß, das ist...«
»Das ist Erwin Hagedorn!« sagt Kurt Hansen, immer noch unsäglich stolz. »Wenn ich schon nicht genau weiß, ob er tot ist... so sieht er aus!«
Nämlich tatsächlich ein bißchen wie Jürgen Bartsch...
»Wo... wo hast du die her...?«

»Von die Eisenbahn«, sagt er, »genau wie die Foto von Ronald Winkler!« Denn da hat er – und das ist unser erster wirklicher Glückstreffer – einen Mann gefunden, der die Bilder hatte und den die Volkspolizei offensichtlich übersehen hatte.
»Und der gibt dir die so einfach ...?«
Jetzt sieht er richtig bekümmert aus.
»Für Geld!« sagt er.
»Wieviel?«
»Fünftausend Deutsche Mark West ...«
Billig ist das ja nicht.
Ein Lieferant jedenfalls, der die Preise kennt.
»Aber du hast doch keine fünftausend Deutsche Mark West dabei gehabt ...?«
»Frage«, sagt er, »ist dich das die Bildern wert oder nicht?«
»Ja!« sage ich.
Letztlich uneingeschränkt ja.
»Dann«, sagt er, und dabei kramt er umständlich einen Zettel aus irgendeiner Tasche seines Anzugs, »hier, dann mußt du die fünftausend Mark auf diese Konto überweisen, aber wirklich, ich habe es fest versprochen, ich muß die Bildern sonst umgehend nach Eberswalde zurückschicken zu diesem Besitzer ...«
Ein Konto in Stuttgart.
»... denn da wohnt seine Freund«, sagt Kurt Hansen, »da kann er heran ...«
»Ich mach's gleich Montag ...« sage ich.
»Besser auf eine Umweg ...«
Kontenmäßig.
»Ja, sicher, bestimmt ...«
Und dann lachen wir, trotz der fünf Mille: ich zumindest war noch ein paar Minuten vorher wieder einmal so weit, alles aufzugeben – und jetzt sieht es ganz so aus, als hätten wir beide, Kurt und ich, in den letzten Tagen eine irrsinnig gute Planeten-Konstellation gehabt, daß das geklappt hat!
»Glaubst du an Astrologie?« frage ich.
»Nein«, sagt Kurt, »aber ich bin manchmal abergläubisch, und diesmal hatte der Taxi auf dem Weg zum Flughafen in Kopenhagen eine kaputte Reifen ...«
Daran muß es gelegen haben:
Nur einem kaputten Reifen verdanke ich es, daß ich jetzt die Bilder und Fotokopien sorgfältig in meinem Schreibtisch verschließen kann.

»Schließe sie aber besser in eine Bankfach!« warnt Kurt Hansen.
Auch das. Gleich nach Wunsch. Gleich am Montag.
»Es sind jetzt deine Bilder!« wiederholt er. »Du würdest bestimmt keine neuen kriegen ...!«
»Sei doch nicht so penetrant, Kurt!« sage ich. »Ich paß' wirklich auf! Außerdem habe ich einen amtlichen Antrag auf ein Interview in Ostberlin gestellt ...«
»Dann erst recht!« sagt er, die Sturheit in Person.

Ich kann mir nicht vorstellen, daß die »Gegenseite« so schnell reagiert, gleichgültig, in welcher Form. Immerhin, ich habe es Kurt versprechen müssen, und ich verbringe den halben Montag auf der Bank.
Und am Abend dann, nachdem die »Verschließungen«, Verschlüsselungen und Transaktionen – auch für Kurt – erledigt sind, klingelt's an der Tür.
Draußen steht ein graues Männchen, ein richtig graues Männchen, vielleicht gerade eins Komma sechzig groß, in einem grauen Anzug, unter dem sich ein etwas dunkleres graues Hemd zeigt.
»Guten Tag. Mein Name ist Bleck. Haben Sie vielleicht ein paar Minuten Zeit für die Sache aus Eberswalde ...?«
So richtig unbefangen. Die Sache läuft. »Aber natürlich!« sage ich, noch freundlicher als normalerweise üblich. »Bitte, kommen Sie rein ...«
»Bleck«, sagt er, kaum daß er sitzt, »mit e, damit niemand auf ›Blacky‹ kommt ...«
Ich bin so gespannt, daß ich fast vergesse, über seinen Scherz zu lachen.
»Die Sache ist die«, sagt er dann, »Sie haben ja den Antrag auf ein Interview mit dem Generalstaatsanwalt der DDR gestellt beziehungsweise stellen lassen. Das ist doch richtig, nicht wahr?«
Ich antworte: »Wollen Sie mir nicht mal sagen, wer Sie sind?«
»Bleck!« sagt er verwundert. »Sagte ich das nicht?«
»Hören Sie«, antworte ich, »Sie können mir ja auch Ihren Ausweis zeigen, da steht dann auch Bleck drin, Bleck mit e natürlich. Bloß, das interessiert mich lange nicht so sehr wie einiges andere ...«
»... ach so!« antwortet er, richtig verwundert. »Das meinen Sie ...!«
Er ist Kaufmann, sagt er, nichts anderes als Kaufmann für eine DDR-Firma (»natürlich ein VEB!«, ein volkseigener Betrieb), deren Interessen auch in die BRD reichen. »Aber das interessiert ja

hier nicht«, sagt er, »was ich hier mache, ist eigentlich nur ein Freundschaftsdienst ...«
»... für den Generalstaatsanwalt?«
»N... nicht direkt«, sagt er, »aber in der Richtung, bitte, halten wir uns doch nicht mit solchen Kleinigkeiten auf! Jedenfalls soll ich Ihnen sinngemäß übermitteln, daß gerade jetzt, im Zeitalter einer ... sagen wir, größeren Gesprächsbereitschaft auf beiden Seiten, Ihrer und unserer, seitens des Staatsratsvorsitzenden und des Vorsitzenden des Ministerrats der DDR kein Sinn darin gesehen wird, über zufällige Mordaffären zu sprechen ...«
Das bringt er alles raus, ohne Luft zu holen.
»Das heißt, mein Antrag auf ein Interview wird hiermit abgelehnt?«
»... ich sagte, es wird kein Sinn darin gesehen, seitens des Staatsratsvorsitzenden ...«
»Ich hatte nie die Absicht, mit dem Herrn Vorsitzenden zu reden«, entgegne ich, »ein Staatsanwalt bei der Generalstaatsanwaltschaft hätte es wirklich getan!«
»... es liefe doch auf dasselbe hinaus!« sagt er mit mildem Vorwurf.
»Und im übrigen, wir könnten doch sicher einen Weg finden, Sie überhaupt von diesem Ihrem ... Projekt abzubringen ...?«
»Nein!« sage ich.
»... natürlich sehen wir ein, daß die ... die Praxis von Veröffentlichungen allgemeiner Art in der BRD sich zwangsläufig aufgrund unserer unterschiedlichen Gesellschaftssysteme von der in der DDR unterscheidet ... sind natürlich auch weit davon entfernt, Ihnen vorzuwerfen, das Projekt überhaupt in Angriff genommen zu haben ...«
»Nein!« sage ich.
»... und würden, wenn ich bitte ausreden dürfte, natürlich auch die Abgeltung Ihrer bisherigen Ausgaben, die Sie ja sicherlich gehabt haben, großzügig und unbürokratisch ins Auge fassen, vielleicht sogar jetzt an Ort und Stelle ...«
»Auch nicht!« sage ich.
»... ja, dann ...«
»... dann erzählen Sie mir doch bitte, wieso die Gesprächsbereitschaft auf Ihrer Seite größer geworden sein sollte, wenn man nicht mal gemeinsam über einen offensichtlichen Fall von Triebverbrechen sprechen kann, der bestimmt beide Seiten und noch ein paar Seiten mehr interessieren dürfte ...?«
»Das ist aber eigentlich eine alberne Frage ...« wundert er sich.
»So ... und warum?«

»... weil wir die Erforschung unserer Triebverbrecher sehr gern ohne publizistische Hilfe aus der BRD zu Ende führen möchten, vielleicht!« sagte er.
»Oder was zu verbergen haben ... vielleicht eine Hinrichtung ...?«
»Ich weiß nichts von einer Hinrichtung!« entgegnet er steif.
»Aber ich!« behaupte ich.
»Daraus ersehe ich, daß Sie nicht nur über lückenhafte, sondern sogar über falsche Informationen verfügen!« sagt er.
»Ich habe alles!« behaupte ich, so glaubwürdig wie möglich. »Alles über diesen Fall, was es überhaupt gibt! Und ich werde alles veröffentlichen!«
»Erstens glaube ich Ihnen nicht ...«
»... Ihre Sache!« sage ich.
»... zweitens frage ich Sie zum letzten Mal, ob Sie sich unseren Vorschlag nicht doch noch mal überlegen möchten, bevor Sie ...«
»Nein!« sage ich.
Auch zum letzten Mal.
»Dann«, sagt Bleck, »muß ich Ihnen leider mitteilen, daß ich Sie für einen Dummkopf halte!«
»... offiziell mitteilen ...?«
»Offiziell und persönlich!« sagt er. »Es war mir leider kein Vergnügen ...«
Und er geht davon, still und grau, wie er gekommen ist, ein ehrbarer Kaufmann nach einem mißglückten angeblichen Freundschaftsdienst. Vielleicht war es ganz gut, überlege ich, als er weg ist, Hansens Rat zu befolgen und einiges an Texten und Fotos wegzuschließen.

Dienstagabend brechen sie mir das Auto auf, irgendwelche seltsamen Einbrecher, durch das Aufstellfenster vorn rechts. Das Auto stand nicht weit von meiner Wohnung an der Laternengarage. Die Einbrecher verhielten sich insofern seltsam, als sie nichts gestohlen haben außer einem Stapel Fotokopien in einer anderen, halbwegs belanglosen, für andere Leute völlig wertlosen Angelegenheit. Dabei lagen durchaus noch ein paar gut zu gebrauchende Gegenstände auf dem Rücksitz, die aber offenbar gar nicht erst angefaßt wurden. Ich melde den Vorfall auf der Polizeiwache in der Hamburger Oberstraße und kann mir jetzt schon ausrechnen, daß die Sache nur zwei Folgen haben wird: eine Rechnung über eine neue Fensterdichtung und eine Nachricht der Staatsanwaltschaft über die vorläufige Einstellung der Ermittlungen, da der oder die Täter nicht

festgestellt werden konnten. Daß der oder die Täter möglicherweise mit dem Besuch von Herrn Bleck am Abend zuvor zusammenhängen könnten, halte ich für möglich, wenn nicht für wahrscheinlich, kann es aber schlecht begründen. Also behalte ich diesen Aspekt für mich.
Und dann, am Donnerstag, ruft Jerczy Lukasinski an, der gute Jerry:
»Hallo!« sagt er. »Da bin ich ...«
»Wo denn?«
»In Stuttgart!« Denn da wird die polnische Nationalmannschaft mindestens zwei WM-Spiele austragen, gegen Argentinien und Italien.
»Willst du kommen, oder soll ich kommen?« frage ich.
»Also, wenn's dir nichts ausmacht ...«
Es ist der 13. Juni, Fronleichnam, der Beginn der Fußballweltmeisterschaft in der BRD, und Brasilien und Jugoslawien haben sich gerade null zu null getrennt. Polen spielt erst übermorgen, aber morgen tritt Deutschland – die BRD – gegen Chile an, und das bring mal alles unter einen Hut!
»Hast du Fernsehen im Hotel?« frage ich.
»Ja, aber, ich bitte dich ...«
»Dann könnten wir uns ja gemeinsam das Chile-Spiel ansehen ...?« schlage ich vor.
»Sehr gute Idee!« sagt Jerry. Fest gebucht. Alles andere nach dem Abpfiff. Es wird nach diesen ganzen Flügen mit Pan American auch mal wieder ganz hübsch sein, mit der Lufthansa nach Stuttgart zu fliegen. Und grundsätzlich finde ich es jetzt schon richtig nett vom Deutschen Fußballbund, daß er die WM für unser Land requiriert hat und mir dadurch vielleicht sehr hilft.

Torhüter Sepp Maier unterläuft in der siebten Spielminute einen chilenischen Eckball, und da hat der liebe Fußballgott seinen Daumen dazwischen gehabt, daß es nicht eins zu null für Chile steht!
»Mein lieber Mann«, sagt Jerry, »so könnt ihr aber nie Weltmeister werden! Habt ihr nicht noch einen anderen als diesen Maier?«
»Doch, ja«, sage ich, »Nigbur von Schalke vor allem.«
Das Spiel auf dem Fernsehschirm wird sinnigerweise aus Berlin übertragen. »Ich war ziemlich oft in Berlin!« sage ich, als der Ball gerade mal ein bißchen hin- und hertändelt. »Gerade in der letzten Zeit ...«

»Ach ja ...?« meint Jerry. Auf dem Bildschirm läuft der deutsche Spieler Uli Hoeneß gerade am rechten Flügel durch und läßt zwei Chilenen aussteigen, bleibt dann aber am dritten hängen, bevor er flanken kann.
»In Geschäften?« fragt Jerry.
Aber so kommen wir nicht weiter.
Denn gerade jetzt, nach einer Viertelstunde Spielzeit, nimmt sich Paul Breitner eine Vorlage von Franz Beckenbauer und erzielt aus annähernd dreißig Meter Distanz dreierlei: das erste Tor dieser WM, wie Jerry begeistert schreit, das Tor des Monats, wenn nicht des Jahres, und das Eins zu null für die Bundesrepublik!
Als der Jubel im Berliner Olympiastadion und im Hotel in Stuttgart verrauscht ist, sagt Jerry, ohne den Blick vom Fernseher zu wenden: »Ich hab' Zeit nachher!«
»Ich hab' Gott sei Dank noch 'n Zimmer gekriegt!« sage ich.
Also dann.
Gerd Müller, ständig umringt, die Chilenen kommen nur noch zu gelegentlichen Kontervorstößen aus der eigenen Hälfte heraus, kurz vor der Pause fast noch das Zwei zu null durch Vorstopper Cullmann, und Halbzeit.
»Komm«, sagt Jerry und umarmt mich, denn ich bin tatsächlich erst kurz vor dem Anpfiff angekommen, »laß' dich erst einmal ansehen ...«
Wie lange ist es her, daß wir uns zuletzt gesehen haben? Wie lange ist es wirklich her, daß wir uns zuletzt gesehen haben? Zwei Jahre, doch nicht länger: da war er mal in Hamburg und hat mich besucht. Denn richtige Freundschaft rostet ja nicht. Kennengelernt haben wir uns 1966 im Sommer, als ich mal in Bulgarien Urlaub machte, in Slatni Pjassazi, am Goldstrand nördlich von Varna, und nicht weit davon ist ein sogenanntes Internationales Journalistenheim, das ich mir studienhalber mal angesehen habe.
Dabei war er mir über den Weg gelaufen:
Deutsch sprach er fast so fließend wie ich, trank unendlich viel Wodka, hatte eine bildhübsche Schwester dabei, die ich ein paar Tage lang wenigstens aus der Nähe anhimmeln durfte, ist Sportreporter, auf jeden Fall Reporter, ein unsteter Wanderer gerade wie ich, kommt aus Oberschlesien, fühlt sich aber als Pole und hat ein geradezu schmerzliches Nationalgefühl, was gelegentlich auch zu sehr kritischen Bemerkungen über den Sozialismus führt.
Jerczy Lukasinski.
Schon am ersten Abend tranken wir Brüderschaft, im Hotel Me-

tropol am Goldstrand, hoch über dem Schwarzen Meer, und ich
nannte ihn Jerry, und er fand das prima.
»Gott schütze sie!« sagt er jetzt, denn er ist, wie er mir damals bei
sehr viel westlichem Alkohol gestanden hat, praktizierender Katholik.
»Wen?« frage ich, hier in Stuttgart.
»Na, die Bulgaren hier«, sagt er, »sie werden es schwer haben, mit
Holland, Schweden und Uruguay in einer Gruppe!«
Wiederanpfiff zur zweiten Halbzeit BRD gegen Chile, schnell erzählt:
Hoeneß scheitert, Vogts klärt, Beckenbauer schießt vorbei, deutscher Doppelpaß in der Abseitsfalle, Platzverweis für einen Chilenen, Hölzenbein kommt ins Spiel, die deutschen Flügelstürmer sind ein glatter Ausfall, und die Pflichtübung, wie der Reporter sagt, die Pflichtübung für die deutsche Elf ist zu Ende.
Es bleibt beim Eins zu null, als der Abpfiff kommt, zwei zu null Punkte für die Westdeutschen, ein mäßiger, aber zahlenmäßig ganz guter Start:
»Glückwunsch!« sagt Jerry. »Und nun komm, ich kenne hier eine sehr gute Gaststätte!«
Eine Kneipe, wie sich herausstellt, aber erstens nicht sehr voll und zweitens doch sehr gemütlich.
Man kann seine Geschichten auch schon vor ihrer Veröffentlichung nicht immer für sich behalten, das zeigt sich auch hier noch öfter, wenn die Geschichte überhaupt weitergehen soll:
»Also, Jerry ...«
Die Geschichte des Falles Heckenrose beziehungsweise Hagedorn.
»Ein ganz schöner Brocken!« sagt Jerry Lukasinski – doch ziemlich beeindruckt, wie ich erfreut registriere.
Man hat im Grunde sogar das Bedürfnis, seine Geschichten auch schon vor ihrer Veröffentlichung nicht ganz für sich zu behalten – und hier macht es zusätzlich Spaß, weil Jerry sofort begreift, was ich eigentlich von ihm will:
»Du brauchst noch Informationen, nicht wahr ...?«
»Dringend!« sage ich ehrlich.
Der Mann, der mir damals, im Journalistenheim bei Varna, mal zu ziemlich vorgerückter Stunde gesagt hat, ich soll ihn nie fragen, was er außer Sportreporter sonst noch macht, und der im ganzen Ostblock fast ständig unterwegs ist, besonders viel auch in der DDR, denkt angestrengt nach – fast einen halben Liter Bier lang. Achtundvierzig ist er inzwischen, drahtig und ausgezehrt wie seinerzeit

Emil Zatopek, die »tschechische Lokomotive«, und um sich von dieser Ähnlichkeit abzusetzen, hat er sich vor längerem einen mächtigen, geradezu britischen Zwirbel-Schnauz wachsen lassen.
»Angenommen, ich könnte was für dich tun«, sagt er bedächtig, »würdest du auch schreiben, wie das so im einzelnen gelaufen sein kann ...?«
»Eigentlich gern ...«
»Würdest du es ausreichend verschlüsseln?«
»Weiß Gott!«
»... dann werde ich versuchen, dir zu helfen!«
Er sieht in seinen Terminkalender, den nicht nur die Kapitalisten, sondern erst recht alle Sozialisten offenbar ständig bei sich tragen müssen, und sagt:
»Morgen ist also unser Match gegen Argentinien. Am Dienstag spielt ihr gegen Australien, Mittwoch sind wir gegen Haiti dran, in München. Wollen wir uns Donnerstag in München treffen?«
»Und in der Zwischenzeit ...?« frage ich.
»... zahlst du mir vielleicht die Spesen für eine kurze Reise in die DDR, ja ...?«
»Honorar auch!« sage ich, jetzt schon glücklich.
»Um so besser«, meint er, »ich wohne übrigens im Schwabinger Holiday Inn ...«
»... ich komm' schon irgendwo unter!« Außerdem, in München hat man in meinem Beruf immer was zu tun.

Dienstag sehe ich mir die Übertragung Australien gegen Deutschland an, drei zu null für die BRD, und Mittwoch schlägt Polen Haiti haushoch mit sieben zu null – nur, damit ich am Donnerstag mitreden kann. Lato, Szarmach, Deyna und vor allem Gadocha aus der polnischen Mannschaft sind über Nacht bekannte Leute in der Bundesrepublik, und weil sie vorher auch schon einen halbwegs glücklichen Sieg über Argentinien herausgeschossen haben, befinden sich sowohl Polen als auch die BRD bereits in der zweiten Finalrunde.
»Jetzt kriegen wir wahrscheinlich Krach miteinander«, sagt Jerczy Lukasinski in der »Old Munich Bar«, »ihr schlagt in Hamburg die DDR, und wir kriegen eine Packung gegen Italien ... damit sind wir dann in einer Gruppe ...«
»Hauptsache, sonst nicht!« sage ich.
»Natürlich nicht!« sagt er und lacht voller Verheißung.
»Und ...?« frage ich.

Er nickt. »Ja, ich war drüben. Sieht ganz gut aus. Kannst du dir einen Zweitpaß anfertigen lassen?«
»Natürlich, aber ich habe zwei ...«
»... einen falschen, meine ich?« fragt er.
»Du, ehrlich ...« sage ich erschrocken.
Denn darauf stehen auch in der Bundesrepublik zwei bis vier Jahre Freiheitsstrafe, und ob ich drüben sehr viele mildernde Umstände kriegen würde ...
»Wie lange würde es dauern«, fragt Jerry, »bis der falsche Paß fertig ist?«
»Theoretisch vielleicht eine Woche. Aber ...«
»Bis Samstag in einer Woche wäre er fertig?«
»Was«, frage ich endlich, »ist Sonnabend in einer Woche, und was und wohin soll ich mit einem falschen Paß, was ich nebenbei nicht tun werde ...?«
»Samstag in einer Woche ist erstmal der 29.«, sagt Jerry, »Peter und Paul, ausnahmsweise mal gar kein Fußball. Deswegen sollst du an dem Tag nach Ostberlin. Einen Mann treffen. Er wird dir jede Menge über deinen Fall Hagedorn erzählen können ...«
»Und du meinst ...?«
»Ich meine«, sagt er, »wenn sie dir aus der DDR schon einen Mann ins Haus geschickt haben, vermutlich vom Außenministerium, und wenn sie sich vielleicht die Mühe gemacht haben, dir das Auto zu knacken ... dann kann man eigentlich nicht vorsichtig genug sein ...«
Im Geist sehe ich einen Steckbrief mit meinem Foto: Da würde ja dann auch kein falscher Paß mehr helfen!
»Sieh mal, Jerry ... das eine ist ein Risiko und das andere auch. Angenommen, ich würde drüben auch noch mit einem falschen Paß erwischt werden, der Teufel ist ein Eichhörnchen, so was kann immer mal schiefgehen ... also, da wär' ich ja erst recht dran!«
»Allerdings!« gibt er zu.
»Also fahre ich doch ohne Rücksicht auf Verluste mit vollem Namen ...«
Widerwillig nickt er.
»Du fährst aber?« fragt er.
»Natürlich!« sage ich, im Augenblick sicher mutiger als später.
»Über Friedrichstraße?«
»Ja, mit der S-Bahn, wie gehabt ...«
»Madonna«, sagt er, »dann mach es so! Vielleicht sind ihre Kontrollen ja doch nicht narrensicher!«

Er fragt, ob ich das Café Budapest in Ostberlin kenne. Ich kenne es nicht. Karl-Marx-Allee? Ja, natürlich, vom Stadtplan her und von ganz früher. Er beschreibt es mir auf einem Bierdeckel, damit ich das Café Budapest nicht verfehlen kann. Und der Mann, den ich dort am übernächsten Samstagnachmittag um 14.45 Uhr treffen soll, sieht aus wie ein Fischadler. Er – Jerczy – hat mit ihm vereinbart, daß ich ihn nach der nächsten Buchhandlung frage.
Für den Fall, daß nämlich doch nicht alles nach Plan abläuft: »Die nächste große Buchhandlung ist ziemlich schräg gegenüber, wenn du tatsächlich den falschen Mann fragst ...«
»Wie sieht ein Fischadler aus?« frage ich.
»Er hat Krallen anstelle von Händen, was nicht heißt, daß er sich nicht die Fingernägel schneidet, haarlose Hände, ein Typ wie ein Stukaflieger, Haare nach hinten, diese ungeheuerliche Nase, und er trägt Zivil mit Schlips und Kragen und hat gelegentlich ein Fischadlerweibchen in der Nähe ...«
»So kann man ihn todsicher erkennen?«
»So kann man ihn nicht verfehlen!« sagt Jerry.
»Was macht der Mann?«
»Wirklich ein bedeutender Mann«, beteuert Jerry, »denk an die Verschlüsselung ... Major und so, kennt den Fall wie seine Tasche ...«
»Polizei?«
»Ja, sicher ...«
»Woher kennst du ihn?«
»Vielleicht später mal ...« sagt er gleichgültig und abweisend wie zu einem Fremden.
»Wie heißt er?« frage ich trotzdem.
»Da fragst du ihn am besten selbst, ob er dir das sagen möchte. Jedenfalls, die Verabredung ist ganz sicher ... und übrigens, ich hab' ihn kurz angesprochen, nimm ruhig etwas Kleingeld mit ...«
»Wieviel?«
»Geh nicht sofort zu hoch«, sagt er wie das Orakel von Tschenstochau, »und nimm nicht zuwenig mit. Alles weiß ich auch nicht, tut mir leid ...«
»Jerry«, sage ich eindringlich, »dir ist ja Gott sei Dank noch einiges heilig ... da ist ganz bestimmt kein böser Finger drin?«
»Bis auf das Risiko mit deinem Paß keiner!« antwortet er, fast beleidigt.
»Und warum tut der Mann das?«
»Ja«, sagt er, »da gibt es wohl mehrere Gründe. Erstens, weil ich

mit ihm gesprochen und ihn darum gebeten habe. Zweitens vielleicht, weil er weiß, daß die kapitalistische Polizei immer in der Zeitung steht, wenn sie mal Erfolg gehabt hat, und die sozialistische fast nie. Ist ja auch möglich, daß ihm einiges an dem Fall nicht gepaßt hat ...«
Möglich ist offenbar alles.
»Zum letzten Mal«, frage ich, »soll ich hinfahren?«
»Es ist die einzige Möglichkeit, die ich liefern kann ...«
Also gut.
Samstag in acht Tagen.
Noch neun oder zehn Tage.
Allmählich kann ich wirklich einen Koffer in Berlin lassen.

Manchmal geht alles schief, vor allem im Fußball. Die BRD verliert am 22. Juni, dem Samstag vor meinem Samstag, in Hamburg gegen die DDR sensationell mit null zu eins, und umgekehrt schlagen die Polen am nächsten Tag überraschend Italien mit zwei zu eins, durch Tore ihrer Stars Szarmach und Deyna und eine große Leistung von Gadocha. Alles umgekehrt also, wie Lukasinski es vorausgesagt hatte – aber im Endeffekt hatte er doch recht: Polen ist Sieger der Gruppe 4 in der ersten Finalrunde der WM, die BRD »nur« Gruppen-Zweiter hinter der DDR – und Polen und die BRD treffen in der zweiten Runde tatsächlich aufeinander, am 3. Juli im Frankfurter Waldstadion, wenn ich hoffentlich wieder aus dem Osten zurück bin!
Doch nicht deshalb ruft Jerry Lukasinski mich am Mittwoch vor dem bewußten Samstag an. Er ist völlig deprimiert, obgleich sowohl seine als auch »meine« Mannschaft an diesem Tag ihre Spiele gegen Schweden und Jugoslawien gewonnen haben und damit schon fast unter den letzten vier sind:
»Du, entschuldige«, sagt er mit Grabesstimme, »unser Freund will dich nun doch nicht treffen ...!«
Ich muß mich erst mal setzen.
»Kalte Füße ...?« frage ich.
»Muß wohl«, sagt er, »ich kann es mir nicht erklären. Er konnte es mir natürlich auch nicht erzählen ...«
»... am Telefon von drüben aus oder wie?«
»Ja. Es tut mir wirklich leid, aber ...«
Kein aber. Denn ich erhole mich erstaunlich schnell vom ersten Schreck und sage: »Ich fahre trotzdem nach Berlin!«
»Er will aber doch nicht ...!«

Gar kein aber.
»Hör zu, Jerry ... dieses Café Budapest, war das nur wegen uns arrangiert, wegen dem Treff mit mir ...?«
»Das ist eine Art ... wie sagt ihr? ... Stammkneipe von ihm ...«
»... er wird also in jedem Fall dort sein?«
»Ich glaube«, sagt Jerry, dem es sichtlich dämmert, denn schnurgerade Wege geht er bestimmt selbst nicht immer. »Da hat er immer zu tun, und nicht nur diesen Samstag ...«
»Weshalb?«
Er druckst herum:
»Also, garantieren kann ich die Tatsache, daß er da sein wird ... aber die Gründe, weshalb, die kann ich dir nicht garantieren ...«
»Du lügst doch wie gedruckt!«
»Na, gut«, antwortet er, »das hat irgendwie mit zarten Banden zu tun ...«
»Ist er verheiratet?«
»Weiß ich nicht«, sagt Jerry, »würde ich dir auch auf keinen Fall sagen, ganz bestimmt nicht in diesem Zusammenhang ...«
»Auf jeden Fall hat er eine Freundin?«
»Er hat«, bestätigt Jerry, »eine Freundin in der Hauptstadt der DDR, und er fährt so gut wie jeden Samstag nach Berlin und trifft sich mit ihr im Café Budapest, und das ist so eine Art Ritus, wenn du verstehst, was ich meine, damit fangen sie dann ihr Weekend an, und das ist nun absolut das letzte, was dich noch in diesem Fall interessieren kann ...«
Weiß ich nicht, denke ich, sage es aber nicht.
»Der Herr Fischadler und sein Weibchen. Sind Fischadler monogam?« frage ich statt dessen.
»Komm«, sagt er, »laß den Quatsch, komm endlich zur Sache ...«
»Sehr gern. Mußt du ihn zurückrufen?«
»Geht ja gar nicht!«
»Eben!« sage ich. »Und du hast ihm auch nicht definitiv gesagt, du würdest mich erreichen und mir seine Absage übermitteln ...?«
»Ich habe ihm gesagt«, erinnert er sich präzis, »ich würde versuchen, dich zu erreichen ... nicht mehr!«
»... also«, sage ich, »und du spielst jetzt mit, du hast mich nicht erreicht ... dieses Gespräch zwischen uns hat niemals stattgefunden!«
»Oh, Teufel!«
»Ich denke, es ist mein Risiko ...?«
»Mach's gut«, sagt er, »mach's so gut wie möglich ...«
»Soll ich dir hinterher irgendwie Bescheid sagen?«

»Bitte nicht!« sagt er, und es hört sich aus der Ferne wirklich so an, als sei ihm diese ganze Sache nicht geheuer. »Nächsten Mittwoch spielt Polen gegen die BRD, und das wird bestimmt fürchterlich. Ich muß jetzt auch mal arbeiten ... irgendwann sehen wir uns schon mal wieder ...«
Eine dumme Ausrede, denn was kann daran fürchterlich sein, selbst für einen Sportreporter mit geheimnisvollen Nebengeschäften, wenn eine von zwei Fußballmannschaften ein Spiel verliert? Aber das mit dem Wiedersehen ... so ähnlich hat das musikalisch auch schon Freddy Quinn zum Ausdruck gebracht, denke ich melancholisch, als der Sportreporter Jerczy Lukasinski, mein Freund Jerry, das Gespräch beendet hat.
Freundschaft.
Zwölfhundert Mark hat er bekommen, und die hat er zwar mehr als redlich verdient, aber ich muß sehen, wie ich mit der Gegenleistung weiterkomme.
Am nächsten Samstag, alles wie gehabt:
Das Flugzeug nach Berlin heißt »Düsendroschke« und schaukelt mächtig, so daß mir schon vor der Landung ganz mulmig ist.
Taxi zum Hotel Schweizerhof. Gepäck ins Zimmer und gleich wieder los. Zu Fuß zum Bahnhof Zoo im Westen. Die S-Bahn für ein paar Groschen. Und das Brandenburger Tor, dieses angebliche Symbol unserer gesamtdeutschen Tragödie, steht während der Hinfahrt auf der rechten Seite.
In die Schleuse treppabwärts für Besucher aus der BRD am Bahnhof Friedrichstraße im Osten, Richtung Kontrolle und Visum-Kauf, was man auch Eintritt zahlen nennt:
Ich habe an diesem Tag die Endziffer 119 auf meinem Kontrollzettel, und so lange wie diesmal habe ich noch nie in der miesen Empfangshalle gewartet. Schon der Kamerad mit den zwei Sternen auf der Schulterklappe, dem ich meinen Paß geben mußte, hat mich so komisch angesehen, ob ich's auch wirklich bin, und zu allem Überfluß hat er mir befohlen, die Brille abzunehmen, bloß weil ich zufällig eine andere trage als auf dem Paßbild. Jetzt stehe ich da, eingekeilt zwischen Müttern und Kindern und Persern und Palästinensern, habe die Taschen voll Zigaretten und habe zum ersten Mal eine Stinkwut auf die DDR.
Diese Deutsche Demokratische Republik läßt einen hier schmoren und verbietet einem sogar das Rauchen! Hundert Mark für eine einzige Zigarette.
Zweitausend Mark habe ich dabei, die Hosen gestrichen voll, und

zwar jetzt schon, und das blödsinnigste Kommandounternehmen vor mir, das ich jemals als Reporter gestartet habe, einschließlich eines illegalen Trips nach Leipzig vor ein paar Jahren.
Bloß, wenn's heute klappt, ist die Heckenrose wahrscheinlich so gut wie gelaufen ...
»Dreihundertsechzehn, vierundfünfzig, fünfundfünfzig, sechsundfünfzig zum Schalter sechs ...«
Nicht mal »bitte« können sie sich abkneifen!
»Hundertsiebzehn, hundertachtzehn, hundertzwanzig, hunderteinundzwanzig ...«
System ist da sowieso nicht drin, jedenfalls kein erkennbares, und wenn sie schon meine Nummer aussparen ...
Das ist das Blöde: wenn du bis hierhin gekommen bist, kannst du nicht mal mehr zurück!
Vierzig Minuten, fünfzig Minuten, eine Stunde, siebzig Minuten.
»Dreihundertsiebzehn bis -vierundzwanzig, siebenundfünfzig bis dreiundsechzig, zweihundertvierzehn, hundertneunzehn ...«
Ernsthaft?
Sogar anstandslos.
Visumgebühren, Paß zurück, Zwangsumtausch von zehn Mark am nächsten Schalter.
»Kann ich auch fünfzig haben?«
»Könn' Se kriegen ...«
»... ham Se 's nich' kleiner ...?«
»Nee!«
Dann nicht. In der DDR gibt es so nette Menschen, aber warum immer die am wenigsten netten am Bahnhof Friedrichstraße Dienst tun müssen, ist mir unbegreiflich.
»Druckerzeugnisse?« fragt der nächste Vopo.
»Nee!« sage ich.
»Devisen?«
Diese Frage ist neu. Und ich habe keine zwei Sekunden Zeit, um mir die Antwort zu überlegen. Außerdem stehe ich immer noch in der Schlange.
»... paar Mark ...« sage ich.
»Wieviel?«
»Hören Sie«, sage ich, »weiß ich nicht genau. Kann ich Ihnen das nicht hinter Ihrem Tresen sagen?«
»Ja!« sagt er.
Er blättert hinter dem Tresen meine Brieftasche durch, zählt bis zweitausend, macht mir einen Stempel auf eins dieser Papiere, die

man nie verlieren darf, wenn man jemals wieder aus Ostberlin rauskommen will, und sagt den menschenfreundlichen Satz: »Ham Se recht, daß Se das Geld nicht allen Leuten zeigen wollen! Könn' Se aber getrost alles bei uns ausgeben!«
Das ist genau der Punkt, an dem ich fast schallend gelacht hätte. Weil ich es mir gerade noch verkneifen kann, läßt er mich durch auf sein sozialistisches Territorium, und ich gehe los, um mir ein Taxi zu suchen. Aber ein Taxi ist weit und breit nicht zu sehen, dafür warten an die fünfzig Menschen am Taxistand geduldig wie eine Herde Schafe mit Handgepäck.
Ich also zum Schalter für S-Bahn-Karten innerhalb der Hauptstadt der DDR und so höflich wie möglich: »Einmal Alexanderplatz, bitte!«
»Kann ich nicht wechseln!« sagt die reife Mutter ungnädig angesichts meines druckfrischen östlichen Zehnmarkscheins.
Da ist es mir dann endgültig egal, und ich fahre schwarz bis zum Alex, sozusagen meine erste Straftat auf dem fremden Territorium. Denn bis jetzt habe ich, bei meinen bisherigen Besuchen, nichts getan, als halbwegs solide zu recherchieren und die Vorschriften genauestens einzuhalten.
Das wird sich jetzt ändern.
Zu Fuß am Hotel Stadt Berlin vorbei, kilometerweit die Karl-Marx-Allee entlang, noch über den Straußberger Platz hinaus, endlich links das Café Budapest.
Genau 14.55 Uhr, und leider ein bißchen über die ursprüngliche Zeit.
Aber ziemlich hinten rechts am Fenster, zur Straße hin, sitzt ein Paar am Tisch und trinkt Kaffee. Sie schwarzhaarig, sorgfältig frisiert, ziemlich üppige Figur, soweit man es erkennen kann, eine rundum erfreuliche Erscheinung. Und er, der Mann, sieht aus wie eine bedeutende Persönlichkeit, kurzgeschoren, mittelblond – und vor allem, genau wie beschrieben, mit einer Nase wie ein Fischadler.
Ich setze mich an den Nebentisch, warte, bis die Kellnerin kommt, bestelle ein Bier, nehme eine Zigarette und beuge mich zwanglos hinüber:
»Verzeihen Sie, wissen Sie vielleicht, wo hier die nächste Buchhandlung ist?«
»Ach ja...« sagt er, merkwürdig schlaff, offenbar gar nicht überrascht. »Ja, ich weiß es. Was wollten Sie denn kaufen?«
»Da soll's was über Heckenrosen geben...«, antworte ich.

Die junge Frau sieht mich an wie eine Schlange, aber der Mann nickt mit dem Kopf.
»Ja, ja«, sagt er, »gibt es ...«
Mein Bier kommt gerade jetzt, und ich hebe das Glas mit beiden Händen hoch, damit es nicht zittert.
Er spricht dann leise mit seiner Begleiterin, so leise, daß ich selbst auf die drei Meter Distanz nichts verstehe. Als er fertig ist, wendet er sich wieder an mich.
»Wir wollten sowieso gleich gehen. Wenn Sie genau eine halbe Stunde Zeit haben, kann ich Ihnen vielleicht helfen. Sie könnten vielleicht zehn Meter links vom Eingang auf der Straße warten ...«
»Nett von Ihnen!« sage ich, und er nickt nur. Sie schweigen beide, er rührt in seinem Rest Kaffee herum, trinkt ihn aus, winkt der Kellnerin, zahlt und geht mit der Frau davon. Ich bin so aufgeregt, daß ich nicht mal hinter ihr her sehe.
Zehn Meter und dreißig Minuten oder umgekehrt?
Bei aller Aufregung, ich habe tatsächlich das Gefühl, daß es diesmal klappt ...
Ich zahle nach einiger Zeit ebenfalls, gebe etwa vierzig Prozent Trinkgeld, und die Kellnerin bedankt sich wahrscheinlich nur deshalb so müde, weil sie die paar Groschen ja doch gleich ihrem Kollektiv abliefern muß.
»Wiedersehen!«
Aber sie schweigt und stellt sich wieder in die Ecke, aus der sie gekommen ist.
Er kommt dann von links langsam die Straße herunter, nach genau zehn Metern und dreißig Minuten, fährt einen Skoda oder irgendwas ähnliches, ich kenne mich da nicht aus, hat sich vor dem Anhalten schon vom Steuer nach rechts gebeugt und öffnet mir die vordere rechte Tür.
»So ...« sagt er, als wir ziemlich schnell zum Straußberger Platz fahren und dort irgendwo abbiegen.
»Schönen Dank, daß Sie gekommen sind!« sage ich, so arglos wie möglich.
Aber er fragt mich sofort: »Man hat Sie also wirklich nicht erreicht?«
Genau das habe ich befürchtet. Noch nicht ganz warm im Auto und schon die Frage auf Ehre und Gewissen.
»Doch!« sage ich, denn was hier gelaufen ist, kann ich nicht übersehen.
Und vermutlich war's richtig. Er nimmt nämlich nicht mal das Gas

weg, sondern stellt lediglich fest: »Sie sind also trotzdem gekommen ...!«
Ich sage nur: »Ja!«
»Und warum?«
»Weil ich ... es kam mir zu plötzlich, war schon alles arrangiert ... vor allem, ich weiß zwar schon einiges über die Geschichte, aber ich möchte alles so genau wie möglich schreiben, im Interesse der Sache ...«
Dabei kommt es mir vor, als würde er Nebenstraßen fahren. Er hält in einer tatsächlich sehr stillen Gegend an und sagt, nicht einmal unfreundlich: »Dann zeigen Sie mir erst mal Ihren Paß!«
»Bitte sehr ...«
Die schnellste Kontrolle, die ich bei der Vopo je erlebt habe, wenn er wirklich einer von der Vopo ist: kaum, daß er hineinschaut. Er gibt mir den Paß mit den Begleitpapieren zurück und sagt: »Kennen Sie die Anschrift der Eltern von Erwin Hagedorn?«
Das erste Mal, daß der Familienname fällt.
»Ja, ich kenne sie ...«
»Und?«
Ich sage sie ihm: diese Anschrift kenne ich nun wirklich aus dem Kopf.
»Gut«, meint er, »dann helfe ich Ihnen unter einer Bedingung ...«
Wir halten immer noch am Rand dieser Straße, die kaum eine ist.
»Was für eine?«
»Sie können machen, was Sie wollen. Aber die Anschrift der Eltern dürfen Sie niemals und nirgendwo jemals veröffentlichen ...«
»... ich habe selbst schon daran gedacht ...«
»... und Sie dürfen sie auch nie besuchen!«
»Das«, sage ich, »ist leider schon passiert. Ein Freund von mir, der auch kriminologische Studien betreibt, hat sich mit ihnen eine ganze Weile ...«
»... aber auf keinen Fall nochmal!«
»Okay«, sage ich, »nie wieder ...«
»... sonst fahre ich Sie nämlich jetzt ganz schnell zur nächsten U-Bahn, und Sie verschwinden wieder. Ist das klar?«
»Restlos ...«
»Ehrenwort?«
»Wirklich«, sage ich, »ich weiß zwar nicht, warum Sie da so drauf herumreiten ...«
»... weil ich manchmal Mensch bin!« behauptet er.
»... wenn ich Offizier wäre wie Sie vermutlich, ich würde Ihnen

glatt mein Ehrenwort als Offizier geben: Ehrenwort, keine Adresse von den Eltern Hagedorn, ausgenommen die frühere!«
Da lächelt er, hat also offenbar doch auch einen Sinn für gelinde Frechheiten im geeigneten Moment, und startet wieder.
»Wenn ich auch mal was fragen darf ...«
»Jetzt schon?« sagt er, immer noch lächelnd.
»Wo fahren wir eigentlich hin?«
»Nach Eberswalde natürlich, wohin sonst?« antwortet er, als sei es absolut selbstverständlich. »Ich habe ja nun nicht mehr mit Ihnen gerechnet, und deswegen habe ich Ihre sogenannten Buchhandlungsunterlagen ...«
»Ich hab' aber kein Visum für die DDR ...«
»Ach du Scheiße!« sagt er geringschätzig. »Glauben Sie, ich könnte Sie nicht sogar als meinen Großvater nach Eberswalde bringen?« Er wird wissen, auf was er sich da einläßt. Trotzdem, meine Angst war schon halbwegs verschwunden, und nun ist sie plötzlich wieder voll da.
»Die große Schräge«, sage ich, etwa so, wie ein Kind im Dunkeln singt, »die große Schräge brachte den Reisenden, der in Berlin Station gemacht hatte, von Südwest nach Nordost, vom Wannsee mitten über den Potsdamer Platz und die Leipziger Straße nach der Berliner Allee und in die Richtung Bernau ...«
»Was reden Sie da für Quatsch?« fragt er.
»... ja, und dann war er wieder im freien märkischen Lande und hatte die Richtung nördlich nach Eberswalde, und es kommt da viel flaches Gefilde, einiges Wasser, und von den Ortschaften niedere Häuser und manchmal ein alter Turm ...«
»Wir sind hier in der Gegend von Malchow«, sagt er, »'ne Berliner Allee gibt's schon lange nicht mehr, soweit ich weiß, und was Sie da mit Ihrem Wannsee und dem Potsdamer Platz wollen ...«
»... nichts!« sage ich. »Fiel mir nur so ein, irgendein berühmter alter Reisebericht aus der Mark Brandenburg ...«
»Aha!« sagt er. »Da bin ich aber froh, daß ich Ihnen demnächst wenigstens noch 'n paar alte Türme und Teiche zeigen kann!«
»Sie sind tatsächlich Major?« frage ich.
»Unter anderem ...« sagt er. »Könnten Sie sich nicht 'n bißchen abreagieren?«
»Wenn Sie tatsächlich wissen, was Sie jetzt machen ...« – gerade jetzt, als die Kontrollstelle zwischen Ostberlin und der DDR in Richtung Nordosten in Sicht kommt.
Darauf antwortet er nicht, kurbelt nur die Scheibe auf seiner Seite

herunter, fährt langsam auf den Posten zu und hält dabei halb den Kopf aus dem Fenster. Jetzt passiert etwas Merkwürdiges: Dieser Schutzmann draußen erkennt ihn offensichtlich, salutiert plötzlich, und er kann wieder Gas geben! Wir sind tatsächlich in der Deutschen Demokratischen Republik, wovon ich so lange geträumt habe, und nicht mehr nur in ihrer abgeschirmten Hauptstadt!
»Na«, sagt er, »war's schlimm?«
Ich antworte mühsam: »Sind Sie ganz sicher, daß Sie nicht Generalfeldmarschall sind?«
»Major!« sagt er eigensinnig.
»... vielleicht Politkommissar bei der Deutschen Volkspolizei...?«
»Hören Sie auf!« sagt er lachend. »Sie können mich löchern, wie Sie wollen, ich find's unfair, und deswegen sag' ich Ihnen doch nichts!«
»... raus geht's dann später genauso glatt?«
Nun lächelt er nicht mehr, sondern sagt, fast klingt es ein bißchen verärgert:
»Ich weiß meistens genau, was ich mir erlauben kann, kapiert?«
»... 'tschuldigung ...!«
»Ach, kommen Sie!« sagt er. »Ich nehme trotzdem eine Zigarette von Ihnen!«
Feuer auch, und als sie brennt, nickt er.
Aber er kann erzählen, was er will: etwas erleichtert wirkt er auch! Er fährt ein paar Minuten wieder schweigend durch die Gegend, tatsächlich auf Bernau zu, wie die Schilder zeigen, kreuzt zweimal eine Art Autobahn und bietet mir, kaum, daß wir die Kippen ausgedrückt haben, auch eine von seinen Zigaretten an, die man sogar ganz gut rauchen kann.
»Sie haben recht gute Papiere!« sagt er, sobald er sich entschlossen hat, wieder zu sprechen.
»Den Paß ...?«
»Sowieso!« sagt er. »Aber den mein' ich nicht, Sie wissen genau, was ich meine! Glauben Sie, ich laß' mich so ohne weiteres mit jedem ein, der aus Hamburg kommt oder überhaupt aus der BRD oder aus dem kapitalistischen Ausland?«
Einer der längsten Sätze, die er bisher gesprochen hat, und er spricht außerdem auch sofort weiter:
»Ohne unseren Freund Lukas – Lukasinski, mein' ich – wären Sie ja nun ganz bestimmt nicht hier in meinem Auto ...«
»... Gott segne ihn!« sage ich schlicht.
»... bloß, für die nächste Zeit, wenn wir das hier hinter uns haben,

würde ich an Ihrer Stelle nicht wieder ganz so schnell in die DDR kommen!«
»Ihretwegen oder meinetwegen?«
»Ihretwegen und meinetwegen«, antwortet er, »besser ist immer besser ...«
»Ostberlin auch?«
»Die Hauptstadt der DDR auch!« sagt er mit mildem Tadel.
»'tschuldigung ...«
»Macht nichts!« sagt er. Und gleich darauf: »Obgleich, Berlin würde wahrscheinlich doch nicht ganz so gefährlich sein ...«
»Sie kennen Jerry ... Lukasinski schon länger ...?« frage ich irgendwann vorsichtig.
»Hab' ich vergessen, wie lange ...« antwortet er.
»Aber Sie reden ... reden ziemlich offen miteinander ...?«
»Muß ja wohl«, sagt er, »sehen Sie ja!«
»Ich meine«, sage ich, »Sie haben ja vielleicht auch über ... darüber gesprochen, daß ich Ihnen hier immerhin Ihre wertvolle Zeit ...?«
»Über Honorar?« meint er.
Ich bin heilfroh, daß das Stichwort jetzt endlich von ihm gekommen ist!
»Ja, über Honorar, sozusagen Ihre Aufwandsentschädigung ...«
»Da hört man ja ziemlich abenteuerliche Dinge aus dem Westen«, sagt er, »Geschichten werden bei Ihnen richtig verkauft, nicht ...?«
»Sagen wir, gehandelt«, antworte ich, »außerdem, wenn's bei Ihnen sowieso keine Geschichten gibt, ich meine, in der Zeitung, dann brauchen sie ja hier auch nicht gehandelt zu werden!«
»Hat was für sich!« gibt er zu. »Wie hoch sind denn da so die Preise?«
»Hat nachgelassen«, antworte ich, und das stimmt sogar, »war schon mal schlimmer ...«
»Eine Million für Christine Keeler aus London?«
»Lieber Herr«, sage ich, »Sie glauben gar nicht, wie oft ich mich mit diesem Unfug schon herumgeschlagen habe, ganz egal, ob's mal irgendwann gestimmt hat oder nicht, da wär' aber heute auch nicht mehr 'n Bruchteil drin ...«
»Ja, und wieviel hatten Sie sich hier vorgestellt?«
Ich hätte normalerweise glatt zwei Mille gesagt, aber ich erinnere mich an Jerry: Geh am Anfang nicht so hoch ran, aus taktischen Gründen!
»Fünfhundert!« sage ich.
»Tausend!« sagt er.

Ich stöhne noch etwas über die schlechten Zeiten: »Was glauben Sie, was mich dieser Hagedorn schon gekostet hat, vor allem an Spesen ...!«
Aber er wiederholt sich nur: »Tausend in bar!«
»Okay, tausend in bar!« sage ich. »Bloß, ich muß Ihnen fairerweise eins sagen, ich glaube, das ist für Sie noch wichtiger als für mich, vielleicht sogar gefährlich ... die haben mir da am Bahnhof Friedrichstraße meinen Barbestand in die Papiere gestempelt ...«
»Hab' ich gesehen«, sagt er, »deshalb weiß ich ja auch, was Sie bei sich haben!«
»Und?« frage ich. »Wenn ich nun später wieder ausreise und die mich nun fragen, wo ich die Hälfte davon gelassen habe ...?«
»Man wird Sie nicht fragen!« entscheidet er.
Basta. Entweder er ist Zauberkünstler oder eben doch Macker im MfS, im Ministerium für Staatssicherheit, oder er kennt einfach nur die Spielregeln besser als ich, zwangsläufig:
Ich blättere ihm jedenfalls noch während der Fahrt, irgendwo hinter Bernau, zehn blaue Scheine hin, gute kapitalistische Hunderter, und er steckt sie achtlos oben in die Jackett-Tasche links außen.
»Danke!« sagt er.
»Bitte, bitte ...«
Denn bis jetzt hat er auch wirklich noch alle Ursache, sich zu bedanken.
»Was kaufen Sie sich denn dafür?«
»Geht Sie das denn was an?« fragt er grinsend.
Es geht mich tatsächlich nichts an.
Ich muß zugeben, daß ich ihn auf eine seltsame Weise bewundere, noch ehe er die eigentlichen Wunder, die ich von ihm erwarte, vollbracht hat. Alles hat bisher in einem Ausmaß geklappt, wie ich es nie für möglich gehalten hätte, und ich bin sicher, daß er auch den Rest schafft.
Auf der anderen Seite, zugeben könnte ich auch noch einiges mehr: Daß ich nämlich – so undramatisch an diesem Nachmittag alles vonstatten geht – beispielsweise die Befürchtung habe, meinen Magen nicht mehr allzu sicher unter Kontrolle zu haben. Und daß ich mehr Angst habe als je zuvor in der ganzen Zeit, seit ich Reporter bin.
Als es den Berg nach Eberswalde hinuntergeht, nachdem wir gut und zügig über die Strecke gekommen sind, überfällt mich ein nervöses Lachen.
Er reißt vor Schreck fast das Steuer herum und fährt immerhin einen

Schlenker. Sie sind einiges gewohnt, die Brüder drüben, aber wenn jemand lacht, ist es ihnen noch immer nicht geheuer.
»Was lachen Sie so albern?«
»Genosse«, sage ich, weil ich keinen anderen Namen oder Titel von ihm kenne, »ich denke darüber nach, daß ich hier ohne Visum durch Ihr Land fahre, gleich ein paar Gesetze verletzt habe, daß ich mich der aktiven Korruption schuldig gemacht habe und in Kürze hier wegen Erregung öffentlichen Ärgernisses oder Sachbeschädigung verhaftet werde...«
Er sieht mich verständnislos an, sieht kaum auf die Straße, die Gott sei Dank leer ist.
»... weil ich gleich kotzen muß«, sage ich, »oder weil ich mir vor Angst in die Hosen scheiße!«
Pause.
Und dann lacht er mit.
»Okay, wie Sie immer sagen. Vielleicht werden wir ja auch zusammen festgenommen...«
Er ist ein Klasse-Typ, ich weiß es jetzt ohne Einschränkung. Auch den Tausender kann ich ihm nicht verübeln. Der Klasse-Typ schmeißt mich an einer stillen Straßenecke aus dem Wagen, schon ziemlich im Stadtzentrum von Eberswalde, erklärt mir, daß ich einmal links und einmal rechts gehen muß und dann das vierte Haus links, zweite Etage, sagt mir vorsichtshalber, für den Fall, daß ich restlos vernagelt bin, seine Adresse. Ich habe sie sofort wieder vergessen, denn ich bin sicher, daß ich das Haus und die Etage auch ohne Straße und Hausnummer finde.
»Da hätte ich keine Angst...« sagt er; ich muß den letzten Teil offenbar laut vor mich hin gesagt haben.
»Wieso?«
»Manchmal versteht sich auch in der Deutschen Demokratischen Republik was von selbst!« sagt er lässig und brummt ab.
Fünf Minuten später stehe ich in der zweiten Etage vor einer Wohnungstür, die nur angelehnt ist, mit dem Namensschild »Wrobel«. Sein Auto habe ich vor dem Haus nicht gesehen. Ich klopfe vorsichtig an, und er ruft von innen, ich soll reinkommen.
Im Flur kommt er mir entgegen.
»Hier links...«
Eine Art Wohnküche mit einem Ausguß, einem Schrank aus Omas Erbmasse, vier Stühlen und einem Tisch, auf dem alle Schätze Arabiens liegen, nämlich ein Stapel Akten. Ein Stapel Akten, bestimmt drei Kilo, und was kann das anderes sein als der Fall Hagedorn?

»Das sind die wesentlichen Berichte zum Fall Hagedorn!« sagt er, völlig überflüssigerweise. Dann endlich ein paar Regieanweisungen:
»Es ist jetzt« – er sieht auf die Uhr – »16.35 Uhr. Sie haben bis genau 20 Uhr Zeit, das Zeug *zu lesen,* mehr bitte nicht ...«
»Nein, nein«, sage ich, »ich muß ja noch zurück nach ... in Ihre Hauptstadt ...«
»... ich meine, Sie haben kein Tonband irgendwo dabei, und Sie werden sich bitteschön auch keine Notizen machen. Alles klar?«
Ja, es ist alles klar. Er hat den dreifachen Salto geschafft, und er ist nicht so dumm, um nicht zu wissen, wieviel mehr dieses Kunststück wert sein könnte.
»Ich laß Sie dann allein. Das heißt, soll ich Ihnen ein Brot bringen?«
Jetzt und essen! »Danke, nein ...«
»Kaffee, Tee, Bier?«
Tee, bitte. Bier wäre mir viel lieber, aber manchmal entdecke ich Reste von Vernunft. Als er zurückkommt und den Tee bringt, eine ganze Kanne voll mit Tasse, Zucker und Milch dabei, habe ich bereits die ersten drei Seiten des Abschlußberichts der Deutschen Volkspolizei in der Mordsache Hagedorn gelesen. Er verzieht sich, vorerst endgültig, und ich versuche, drei Kilo Akten, gut fotokopierte Akten, sozusagen mit den Augen zu fotografieren.
Es ist ein Polizeifoto dabei, Erwin Hagedorn sieht Jürgen Bartsch tatsächlich ziemlich ähnlich. Die Sache lenkt mich fünf Minuten lang ab: so lange brauche ich, um zu beschließen, das Foto nicht zu klauen.
Einmal muß ich auf die Toilette, kurz vor 18 Uhr, ich gehe auf den Flur und rufe leise: »Herr Wrobel ...?«
Niemand antwortet, ich bin offenbar allein in der Wohnung. Die erste Tür, die ich öffne, führt in ein Schlafzimmer mit Möbeln aus hell gebeiztem Holz, die Betten seltsamerweise nicht bezogen. Hinter der zweiten Tür liegt dann die Toilette, keine Seife, keine Handtücher, eine offenbar seit längerem nicht benutzte Dusche.
19 Uhr. Allein mit mindestens drei Leichen in einer fremden, wenigstens zur Zeit nicht benutzten Wohnung, Leichen auf Papier, von hinten beschrieben, von vorn und von der Seite. Henry Specht hießen sie zu Lebzeiten, Mario Louis und Ronald Winkler, seltsam unsozialistische Namen. Anklage nach Paragraph 112 des sozialistischen Strafgesetzbuchs, 211 – den Mordparagraphen des Strafgesetzbuchs der BRD – von hinten gelesen. Diskussion um die Zurechnungsfähigkeit des dreifachen Mörders Erwin Hagedorn,

Gutachten zweier wissenschaftlicher Herren namens Ochernal und Szewczyk: alles, was recht ist, ich halte mich ja nun wirklich an die Abmachungen, aber den Namen Szewczyk notiere ich mir dann doch auf einem Papierfetzen und stecke ihn in den rechten Strumpf. Was ich im Kopf behalten kann, ist letztlich die Tatsache, daß irgendein Witzbold in der Redaktion des DDR-Strafgesetzbuchs auch den Paragraphen über die Zurechnungsunfähigkeit einfach umgedreht hat: In der BRD ist es der berühmte 51, hier heißt er 15. Sie haben ihrem jugendlichen Mörder diesen 15 aber nicht zugebilligt, steht in den Akten, sie haben ihn tatsächlich zum Tode verurteilt!
Sie haben Erwin Hagedorn auch in zweiter Instanz zum Tode verurteilt – und das ist das Ende, und zwar der Akte.
Um 19.50 Uhr höre ich, wie sich draußen der Wohnungsschlüssel dreht, und wenn ich jetzt verhaftet werde, ist es mir auch egal. Wenn ich auch nur noch eine einzige Akte lesen müßte, würde ich vor Erschöpfung vom Stuhl fallen.
Ich werde nicht verhaftet, und Herr Wrobel, oder wie immer er heißt, kommt ins Zimmer, sieht sich um und sagt geradezu vorwurfsvoll: »Sie haben ja Ihren Tee nicht getrunken!«
»Danke, ich hatte keinen Durst.«
»Gut gelaufen?« fragt er.
»Ich ... ich glaub', ja ...«
»Keine Notizen?«
Alles ganz freundlich.
Aber ich bin so kaputt, daß ich wahrheitsgetreu sage: »Einen einzigen Namen ...«
Er sieht mich nachdenklich an, grinst dann und sagt fragend: »Tschefftschik?«
»Ess, zet ... ja, stimmt ...«
»Bekannter Mann von der Charité in Berlin«, sagt er, »geben Sie ihn besser her, den kann Ihnen drüben bei Ihnen jeder buchstabieren ...«
Also gut, auch das noch. Er verbrennt den winzigen Zettel mit demselben Streichholz, mit dem er uns zwei Zigaretten anzündet.
»Soll ich Ihnen nicht doch noch schnell was zu essen machen?«
»Hier wohnt doch keiner ...« sage ich.
»Nachgesehen?«
»Nur pinkeln ...«
»Doch«, sagt er, »hier wohnt einer. Nämlich ich. Ich bin nur manchmal nicht da!«

20.15 Uhr. Er trägt die Akten aus dem Zimmer und verstaut sie irgendwo, hoffentlich im Tresor oder zwischen doppelten Böden.
»Also los jetzt. Sie gehen aus dem Haus und immer rechts rum, bis Sie mich treffen ...«
Gerade noch, daß er ins Treppenhaus horcht, ob jemand herumgeistert. Und im Grunde sogar seltsam, diesen Alleskönner unter den Offizieren oder Agenten bei einer so lächerlichen Vorsichtsmaßnahme zu beobachten. Natürlich klappt es auch diesmal: Auf der Straße, die parallel zur Rückfront des von ihm bewohnten Hauses verlaufen muß, kommt er mir mit dem Auto entgegen und läßt mich einsteigen. Es beginnt soeben zu dämmern, keiner von den paar Leuten auf der Straße scheint auf die Szene zu achten, irgend jemand trifft jemanden und steigt in dessen Auto, na und ...?
»Sie sehen müde aus«, sagt er, als wir aus der Stadt heraus sind.
»War 'n bißchen einsam ...« antworte ich, tatsächlich sehr müde plötzlich.
Er nickt verständnisvoll, und wir fahren ohne ein weiteres Wort die halbe Strecke zurück nach Ostberlin. Dann erst, als ich mich wenigstens etwas erholt habe, fällt mir ein, daß es doch noch ein paar Fragen gibt, die nicht mal von diesen Akten beantwortet worden sind.
»Herr Wrobel«, sage ich, »ein paar Kleinigkeiten müssen Sie mir allerdings noch ...«
»Ich heiße nicht Wrobel!« widerspricht er.
»In diesen ganzen Protokollen«, sage ich, »taucht nicht ein einziges Mal der Name Jürgen Bartsch auf ...«
»Warum auch?« fragt er.
»Weil die Fälle sich ja doch verdammt ähnlich sind«, sage ich, »und weil ich immer noch glaube, daß der Hagedorn den Bartsch von irgendwoher gekannt hat ...«
»So als Vorbild?«
Er schüttelt den Kopf.
»Also, das kann ich Ihnen verbindlich sagen«, antwortet er, »zum Zeitpunkt seiner Ergreifung hat Hagedorn noch nie was von Bartsch gehört. Später natürlich, da hat er offensichtlich einiges mitgekriegt ...«
Schade um die Pointe, aber schließlich ist das ja hier kein Kriminalroman.
»Nächster Punkt«, frage ich, »Hagedorn und dieser seltsame Name Heckenrose sind ja nun doch wohl ein und dieselbe Person?«
Heckenrose, überlegt er, was ist das noch? Sagt ihm im Moment gar

nichts... ach doch, sagt er, ja doch, hat er mal gehört, den Namen, muß wohl tatsächlich so ein ... ein Dings sein, ein ...
»Ein Synonym ...?«
»Genau«, sagt er, »manchmal fallen einem doch die albernsten Sachen nicht ein!«
Aber dann noch das Wichtigste. Das Allerwichtigste. »Ist dieser Hagedorn denn nun tatsächlich tot oder nicht?«
»Das möchte ich auch wissen!« behauptet er, und diesmal glaube ich ihm kein Wort. »Können Sie mich nicht was Leichteres fragen?«
Doch, ich kann. Allerdings mit der direkten Art, die er hoffentlich immer noch zu schätzen weiß:
»Warum haben Sie das Ding mit mir gedreht?«
Denn auf diese Weise, überlege ich, könnten wir der Sache vielleicht auch noch näher kommen.
»Meinen Sie, wegen Ihrer Westmark?«
»Eigentlich nicht ...« überlege ich.
»Doch, auch!« sagt er. »Aber das war nicht der einzige Grund. Ich hab' Ihnen doch schon gesagt, daß Sie gute Papiere hatten ...«
»Sonst noch?«
»Ich hatte eben meine Gründe!« wiederholt er stur wie noch nie an diesem Tag.
»Politische ...?« frage ich vorsichtig.
»Halbwegs.« Trotzdem, ich habe den Eindruck, daß er bei diesem Thema gar nicht so abweisend ist, wie er sich gibt.
»Möchten Sie nach drüben?«
Da lacht er fast dröhnend, endlich mal richtig von Herzen: »Nee, bestimmt nicht! Ich find' die DDR ganz prima, ich leiste mir höchstens den Luxus, manchmal etwas anders über einiges zu denken als andere ... na ja, Genossen ...«
»Hören Sie«, sage ich, »ich will ehrlich nur eins wissen. Wieso Sie sich dieses riskante Hagedorn-Ding geleistet haben und sonst gar nichts!«
»Nehmen wir mal an, er ist tot ...«
»Bitte!«
»Wer hat ihn dann wohl auf dem Gewissen?« fragt er.
»Das wär' dann wohl das Oberste Gericht der DDR«, vermute ich, »so hab ich's vorhin gelesen ...«
»Eben nicht!« sagt er. »Und jetzt versprech' ich Ihnen eins. Ich muß mir das erst nochmal überlegen, ob ich Ihnen da noch so einiges sagen kann, da wird's nämlich auch für mich politisch ... ich mein', da muß ich mal so 'n bißchen Gewissenserforschung anstellen ...«

»Nochmal Café Budapest?« frage ich.
Er zündet sich eine neue Zigarette an, eine von seinen eigenen, raucht richtig Kette, und im Schein des Feuerzeugs sehe ich, wie er dabei den Kopf schüttelt. »Wenn, schreibe ich Ihnen ...«
»Sie wissen ja gar nicht, wo ich ...«
»Doch!« sagt er und leiert meine Adresse einschließlich Telefonnummer herunter.
Zum letzten Mal jetzt, denn ich muß es wissen, und wir sind gleich am Kontrollpunkt:
»Ist Erwin Hagedorn tot oder nicht?«
»Offiziell weiß ich's wirklich nicht«, sagt er, »aber ich glaube ja ...«
»Ganz ehrlich ...?«
»Hab' ich Sie bisher belogen?«
»Ist er tot?«
Da gebraucht er meine Worte: »Ganz ehrlich. Die Deutsche Volkspolizei hat in diesem Fall nie eine Vollzugsmeldung bekommen. Und es wird so viel geredet, auch bei uns und nicht nur in Eberswalde, ich kann Ihnen keine Auskünfte geben, die ich nicht hundertprozentig vertreten kann!«
Also schön, Erwin Hagedorn ist zu neunundneunzig Prozent tot, und zu einem Prozent lebt er noch. Immerhin, die Prozentzahl steigt rapide.
»Wie ich Sie heute kennengelernt habe, müßte es für Sie doch eine Kleinigkeit sein ...?«
Er nimmt für einen Moment die Hände vom Steuer und macht eine geradezu hilflose Geste; kein Gegenverkehr, und der Wagen bleibt in der Spur.
»Man soll sich eben doch nicht mit euch Kapitalisten einlassen ...«
»Wie lange würden Sie brauchen?«
»Sie nerven mich ...«
»Weiß ich!«
»Also gut!« sagt er. »Ehrenwort. Ich schreibe Ihnen, ob ja oder nein und im Zweifelsfall auch warum!«
Dann kommt die Kontrolle in der Lindenberger Gegend, der Genosse Major hält wieder seinen Kopf aus dem Fenster, und er wird tatsächlich wieder mit ebensolchen militärischen Ehren zur Weiterfahrt gebeten wie heute nachmittag.
Ob er heute auch noch zum drittenmal hier durchfährt? überlege ich. Oder ob er bei der üppigen Schwarzhaarigen bleibt, die mir hoffentlich nicht mehr böse ist, daß ich ihr den Nachmittag vermasselt habe?

»Da ist übrigens noch eine komische Sache passiert«, sagt der Genosse Major plötzlich im Plauderton, auf dem allerletzten Teil der Strecke, schon in der Stadt Richtung Bahnhof Friedrichstraße, »bei irgendeiner Vorführung zur Vernehmung wollte plötzlich einer auf Erwin zu und ihm ein Messer in den Bauch stechen und ihn umbringen. War so ähnlich wie ... wie ...«
Ich weiß nicht, was er meint.
»Na, sag schon, wie bei Kennedy ...«
»Oswald!«
»Genau! Bloß, da haben wir dann eben doch die besseren Sicherungsvorkehrungen, der ist gar nicht erst an Erwin rangekommen. Ist dann auch nicht groß bestraft worden, so mit Bewährung und anschließend Betreuung durch sein Kollektiv, das hat sich ganz gut bewährt bei uns ...«
Den Oswald-Mörder Jack Ruby in Amerika hätten sie immerhin unter Umständen hingerichtet, wenn er nicht vorher normal verblichen wäre.
»Netter Zug von der DDR-Justiz!«
»Was hätten sie denn machen sollen?« fragt er. »Passiert war ja nun de facto nichts, und manchmal muß man eben auch pragmatisch sein können, auch wenn das da bei uns so halbwegs als Schimpfwort gilt. Es war damals bei der Bevölkerung in Eberswalde tatsächlich der Teufel los, obwohl die Sache mit dem Messer eigentlich in Frankfurt/Oder passiert ist. Jedenfalls wär' möglicherweise dann doch einiges passiert, wenn die diesen verhinderten Rächer in dieser Situation auch noch eingesperrt hätten ...«
»Wie hieß der Mann?«
Er sieht mich schräg an.
»Seit wann wollen Sie denn die Namen erwähnen, die richtigen Namen, mein' ich, außer Hagedorn und den paar, die sowieso jeder kennt ...?«
»Ja, natürlich«, sage ich, ehrlich beschämt, »war mir auch nur so rausgerutscht ...!«
Auf dem halben Weg zwischen Unter den Linden und dem Bahnhof hält er an, gibt mir die Hand und läßt mich raus. »Dann also alles Gute ...«, sagt er.
»Alles Gute auch. Schönen Dank nochmal!«
»Auf Wiedersehen« sagt keiner von uns beiden.
Die Grenzkontrolleure sind müde, prüfen kaum noch, nur ein uniformiertes Mädchen sieht den Stempel über die zweitausend Mark und fragt: »Haben Sie die noch bei sich?«

Diese Kleinigkeit habe ich glatt vergessen, und ich kriege einen Heidenschreck.
»... paar Mark ausgegeben ...« sage ich.
»DDR-Währung?« fragt sie.
Auch das noch. Irgendwo dahinten, noch vor dem Beginn der Abfertigung, steht eine Sammelbüchse fürs Rote Kreuz. Aber wenn ich nun, sozusagen unter Aufsicht, die gut vierzig Ostmark in die Büchse stecke, die ich noch bei mir habe, dann nehmen sie mich wohl doch auseinander.
»Keine DDR-Währung!« sage ich fröhlich.
»Bitte!« sagt sie und gibt den Weg frei zum Fahrkartenschalter, wo man wieder mit Westgeld bezahlen muß.
Zwei Minuten später fährt die Bahn in Richtung Westkreuz ab. Und als sie linkerhand am Wachtturm vorbeifährt und Westberliner Gebiet erreicht, zittern mir immer noch die Knie. Denn das war knapp, sehr knapp: wegen vier vergessener Zehnmarkscheine eingesperrt zu werden, das hätte ich mir nie verziehen!
Gerade jetzt, wo endlich alles gelaufen ist, wie ich glaube ...
Am Bahnhof Zoo steige ich aus, heimgekehrt wie von einer Expedition, und ich kann nicht anders, ich grinse dem diensttuenden Angestellten der Deutschen Reichsbahn ins Gesicht. Ich gehe die zehn Minuten bis zum Schweizerhof zu Fuß, nehme Persumbran, was angeblich den Herzschlag regelt, und bestelle mir Tee, um ihn wieder zu erhöhen. Ich schreibe fast die ganze Nacht lang und den ganzen nächsten Tag über alles auf, was ich über Hagedorn-Hekkenrose gehört und vor allem gelesen habe, und anschließend erst spüre ich, wie müde ich wirklich bin und wie hysterisch.
Deshalb eine Nacht lang mit Valium und Whisky tief und fest geschlafen und dann erst, morgens mit Pan American 607 (»Langer Lulatsch«), zurück nach Hamburg.
Und nun?
Nun sortiere ich den Stoff, finde ihn tatsächlich so gut, wie ich es mir vor Monaten gewünscht und erhofft hatte, und stelle gleichzeitig fest, daß mir immer noch der alles entscheidende Schluß fehlt: Ist Erwin Hagedorn tot oder nicht?
Oder daß mir sogar zwei entscheidende Fakten fehlen: Wenn Erwin Hagedorn tot ist – wer hat ihn dann tatsächlich auf dem Gewissen?
Manchmal ist es bei einer Geschichte nicht gut, wenn man zuviel weiß oder sogar alles.
Aber diese Geschichte geht mir nicht aus der Maschine, sage ich mir in meiner Hysterie, bevor ich nicht auch die allerletzte Bestätigung

habe, das allerletzte von hundert Prozent – bevor ich es nicht schriftlich habe, was sie mit diesem jugendlichen Triebverbrecher tatsächlich angestellt haben!
Nachdem ich in Berlin die deutschen und polnischen Siege über Schweden und Jugoslawien nur knapp am Rande mitgekriegt hatte, weil ich meine Seiten zum Fall Heckenrose-Hagedorn füllen mußte, hocke ich mich jetzt drei Tage lang vor den Fernseher:
Die »Wasserschlacht von Frankfurt«, endlich Polen gegen Deutschland, worauf Jerry sich so gespitzt hatte, endet mit dem glücklichsten aller deutschen Siege, einem fast zufälligen eins zu null. Im Spiel um den dritten Platz schlägt Polen dann Brasilien seinerseits eins zu null, und das freut mich für den inzwischen spurlos verschwundenen Jerry. Beim Endspiel Deutschland gegen Holland denke ich trotz aller Dramatik mehrfach an ihn, und als die Deutschen dann tatsächlich Weltmeister sind, möchte ich Jerry sehr gern anrufen, damit wir uns gegenseitig gratulieren können.
Irgendwann, hat er gesagt ...
Eine Woche lang macht sich die Hamburger Fachbuchhandlung Dr. Götze jetzt die Mühe, alles zu beschaffen, was es an Text und vor allem Kartenmaterial über Stadt und Kreis Eberswalde und über den DDR-Bezirk Frankfurt/Oder im Westen überhaupt nur zu beschaffen gibt – bis hin zu alten Meßtischblättern aus der »großdeutschen« Zeit im Maßstab 1:25 000.
Zwischendurch treibe ich meine Telefonrechnung in die Höhe und bei dieser Gelegenheit mehr »Ehemalige« aus Eberswalde auf, als ich geglaubt hätte. Sie sollen mir die »Farbe« liefern, die ja nun einmal dazu gehört:
Sie sind sich erstaunlich einig, und sie schwärmen von ihrer Stadt und der Umgebung wie allenfalls noch die naturbewußten Kalifornier vom Lake Tahoe. Ich bin allerdings ziemlich skeptisch, als ich die Bilanz ziehe: Zwar habe ich mich selbst seinerzeit mehr auf den Genossen Wrobel konzentriert als auf die Stadt, aber nach dem, was ich gesehen habe, möchte ich doch eher der Stadtbeschreibung von Kurt Hansen glauben, die ja eigentlich nicht ganz so rosig gewesen ist.

Die Angst und ihre Auswirkungen nach meinem Eberswalde-Trip lassen allmählich nach, und meine Reiselust in Sachen Hagedorn kehrt zurück.
Inzwischen weiß ich nämlich auch, wer Szewczyk ist, der Mann, der sich »Tschefftschik« spricht, was mich immer an den Kölner

Bundesligatrainer »Tschik« Czajkovski erinnert – tatsächlich ein ziemlich bekannter Name auch in der internationalen Psychiatrie. Ich habe mittlerweile sowieso eine Art Wochenkarte bei Pan American zwischen Hamburg und Berlin, und an mir kann's eigentlich nicht liegen, wenn die in den roten Zahlen stecken:
Warum, überlege ich, soll ich den Herrn Szewczyk nicht mal besuchen?
Durch das amtlich geöffnete Schlupfloch in der Mauer, die sorgsam gesicherte Grenzkontrolle an »meinem« Übergang Bahnhof Friedrichstraße, reise ich – hoffentlich – das letzte Mal in die Hauptstadt der DDR ein und frage mich bei freundlichen Passanten zur Charité durch. Ich habe gehört, es ist nicht weit, und man kann da ganz gut zu Fuß hinkommen.
Am Charité-Haupteingang frage ich die diensttuende ältere Dame so selbstverständlich wie möglich: »Wo ist denn die Nervenklinik, bitteschön?«
Sie erklärt es mir, und es ist noch ein gutes Stück zu Fuß durch das Krankenhausgelände.
Dann der Pförtner der Nervenklinik, der gerade versucht, eine Art elektrischen Schalter zu reparieren: »Kann ich bitte Herrn Dr. Szewczyk sprechen?«
»Weiß ich nicht«, sagt er, greift aber zum Telefon, »wie ist denn Ihr Name?«
Ich nenne ihn, zwangsläufig, obgleich er Szewczyk mit Sicherheit überhaupt nichts sagen wird.
»Ja, gut«, sagt er in den Hörer, nimmt seinen Schalter wieder in die Hand und sagt gerade noch: »Sie möchten mal 'n Moment hier warten!«
Fünf Minuten später kommt Szewczyk tatsächlich zum Eingang und sieht mich fragend an – auf Anhieb ein netter, etwas stämmiger, kultivierter Mann vielleicht an die fünfzig, im weißen Kittel, ein leiser Mann.
»Sie wollten mich sprechen?« fragt er leise.
»Ja ...« sage ich.
»Worüber denn?«
»Eigentlich über Ihre gutachtliche Tätigkeit im Mordfall Hagedorn ...«
Er schüttelt den Kopf, wird offenbar sogar blaß und sagt: »Sie kommen doch aus der BRD?«
Ich versuche noch einen deplacierten Scherz: »Daß man das immer noch sofort sieht ...«

»Gehen Sie bitte sofort!« sagt er, es klingt noch sehr höflich, aber auch sehr entschieden.
»Fünf Minuten ...?« schlage ich vor.
Nein, keine einzige!
»Als Arzt«, sagt er, schon im Abdrehen, »darf ich Ihnen nicht mal sagen, welche Fälle mit welchen Namen hier überhaupt jemals behandelt worden sind!«
»Ja, dann ... schönen Dank auch ...!«
Er ist aber schon so weit weg, daß er es bestimmt nicht mehr hören kann.
Wieder im Westen, am nächsten Tag, begebe ich mich freiwillig zum Verfassungsschutz. Natürlich gehe ich nicht unmittelbar zum Verfassungsschutz, sondern besuche einen vertrauenswürdigen Beamten in seiner Wohnung.
»Ich habe ein paar Fragen über die DDR ...«
»Kriminologischer Art?« fragt er, weil er mich kennt.
Ich nicke. »Ich habe da einen Fall von drüben, sogar mit ziemlich viel Material inzwischen. Aber es ist zum Verzweifeln: ich komm' nicht hinter die Pointe ...!«
»Nämlich?« fragt er.
»Die Todesstrafe«, sage ich, »wird die Todesstrafe drüben in der Praxis nicht nur verhängt, sondern gelegentlich auch angewendet?«
»Selten«, antwortet er, »aber ein paar Fälle gibt's. Vor allem sogenannte Kriegsverbrecher. Da haben sie sogar wenig Hemmungen, sich öffentlich über diese Bewältigung ihrer großdeutschen Vergangenheit zu äußern ...«
»... aber ob sie tatsächlich auch einen jugendlichen Triebmörder ...?«
Er ist skeptisch und will es trotzdem nicht ganz ausschließen:
»Schlecht vorstellbar«, überlegt er, »obgleich denen einiges zuzutrauen ist, wenn's ihnen an die Substanz geht. Sie haben ziemliche Schwierigkeiten, gerade mit Sexualverbrechen und Jugendkriminalität, und irgendeinem Gericht könnte mal der Kragen geplatzt sein. Das heißt, nicht irgendeinem, sondern dem Obersten Gericht ...«
»Dann mal ganz präzise«, frage ich, »haben Sie jemals was von einem Mordfall Erwin Hagedorn aus Eberswalde gehört?«
Drei Sätze noch zur Erklärung, was er überhaupt gehört haben könnte.
Er schüttelt den Kopf, geht aber aus dem Zimmer, um »mal kurz zu telefonieren«. Es dauert fast eine Stunde.
»Der Fall ist hierzulande offiziell nicht bekannt!« sagt er dann.

»Unsere Ämter haben kein einziges Stück Papier!« Und wenn er das so steif und fest behauptet, stimmt es auch, darauf nehme ich Gift.
»Aber ...« sagt er.
»Ja ...?«
»Es gibt ja noch andere Dienste bei uns. Ich meine nicht BND oder MAD, sondern die lieben Freunde ...«
»Die Alliierten?«
Er nickt. »Die haben ein Dossier. Aber Genaues wissen sie auch nicht ...«
»Engländer, Amis, Franzosen?«
»Franzosen nicht«, sagt er, »außerdem, sind Sie nicht ganz so neugierig ...!«
»Ist Hagedorn denn tot?« frage ich, immer noch die wichtigste aller Fragen.
»Der Mann, mit dem ich gesprochen habe«, sagt er bedächtig, »wollte es von mir wissen. Inzwischen wissen wir wenigstens, daß wir beide nichts wissen ...«
»Ist der Fall denn überhaupt interessant für Sie?«
Er denkt nicht lange nach. »Wenigstens nachrichtlich würde es uns schon interessieren ... glauben Sie, daß man an Ihren Wrobel rankönnte ...?«
»Er heißt nicht Wrobel«, sage ich, »und Sie können auch nicht ran, weil ich's ihm fest zugesagt habe. Aber nur, mal grundsätzlich, was könnte der denn gewesen sein?«
»Kripo«, vermutet er, »Offizier auch. Wenn Sie sagen, er war bei der Ausfahrt in die DDR bekannt, und die Vopos haben ihn gegrüßt ... ich nehm' an, er hatte dienstlich mit dem Fall zu tun ...«
»Also kein Ministerium für Staatssicherheit?«
»Möglich ist bei denen alles«, sagt er, »und jetzt erzählen Sie mir mal endlich mehr als drei Sätze!«
Vertrauen gegen Vertrauen. Er erzählt mir gelegentlich ja auch ein paar Machenschaften – und ich erzähle ihm also die komplette Geschichte, einfach, weil ich nicht weiterkomme und außerdem weiß, daß ich mich auf ihn verlassen kann. Er kann gut zuhören; das erste, was mir an ihm gefiel.
»Und?« frage ich zum Schluß.
Er hat Bedenken. »Wenn ich mir da mal Ihren Kopf zerbrechen darf ... man könnte einiges machen, wie Sie gesagt haben. Aber es könnte Wochen dauern, je nachdem. Außerdem, für ganz strikte Geheimhaltung könnte ich nicht mehr garantieren ...«
»Also warten wir besser noch ab?«

»Besser wär's ...« sagt er. »Da ist übrigens noch ein Punkt, nach dem, was Sie erzählt haben ...«
»Nämlich?«
»Ihr ... Informant hat sinngemäß gesagt, für eine eventuelle Hinrichtung dieses Jungen sei letztendlich nicht das Oberste Gericht verantwortlich zu machen?«
»So etwa, ja ...«
»Das könnte bedeuten«, überlegt er, »daß die Geschichte tatsächlich politisch brisanter ist, als es auf den ersten Blick den Anschein hat ...«
Aber diesen Satz muß er näher erklären.
»Gern«, sagt er, »gegen Entscheidungen des Obersten Gerichts ist drüben eigentlich nur noch ein politisches Kraut gewachsen. Verstehen Sie, was ich damit meine?«
Ich ahne es, wenigstens in Umrissen.
»... das würde auch erklären«, fährt er fort, »warum die Brüder diese ungewöhnliche Geheimniskrämerei betreiben, abgesehen davon, daß ihnen die Sache peinlich sein muß ...«
»Ja, ja ...« sage ich und schöpfe neue Hoffnung.
»... warum einer, der eigentlich linientreu ist, sich auf der anderen Seite mit Ihnen einläßt ...«
Ganz habe ich es immer noch nicht begriffen, worauf er hinaus will.
»Mein lieber Mann«, sagt er plötzlich, steht auf und geht im Zimmer herum, »da würde ich Ihnen aber raten, noch vorsichtiger zu sein als sonst!«
»Ich hab's ja ziemlich hinter mir ...«
»Sie meine ich ja auch gar nicht!« sagt er ernst. Er unterbricht seine Wanderung und geht zu seinem üppigen Bücherregal, er ist nämlich ein belesener Verfassungsschützer.
»Hier«, sagt er und nimmt ein Buch heraus, »lesen Sie mal!«
»Das ganze Buch?« frage ich entsetzt. 720 Seiten, die ich vor längerem sowieso schon mal gelesen habe.
»Nur das Vorwort!« sagt er.
Und in diesem Vorwort heißt es, wie ich gehorsam lese: »Man wollte nicht, daß dieses Buch erscheint ... Ich wurde autorisiert, über diese Erlebnisse zu berichten. Das habe ich getan und dabei jede denkbare Methode benutzt, die geeignet erschien, Unschuldige zu schützen ... In der Tat ist es unmöglich, mit den völlig verschlüsselten Tatsachen auch nur einem einzigen Menschen zu schaden, und zwar wegen der vielen Veränderungen, die ich vorgenommen habe ...«

»Kapiert?« fragt er.
Ausgerechnet der rotweißblaue Stoff, aus dem die auf holzfreies Papier gedruckten Träume Simmels sind.
»Sie sollten das mindestens genauso verschlüsseln!« sagt er nachdrücklich.
»Quatsch!« sage ich. »Ich hab' ja in manchem überhaupt nichts gegen Simmel, vor allem nichts gegen seine Einkünfte. Aber erstens schreibe ich keinen Roman, sondern, wenn überhaupt, einen Bericht. Und zweitens habe ich immer eher einen Knüller weggeschmissen, ein paarmal auch einen ganzen Stoff, bevor ich einen Menschen in die Pfanne gehauen habe, es sei denn, er hätte es verdient gehabt! Drittens sind Sie nicht der erste, der mich hier löchert, und ich bin es langsam leid, mir dauernd Sprüche über gutes journalistisches Benehmen anzuhören!«
»Dann mach' ich besser wohl gar nicht erst den Versuch, Sie ein bißchen auszuquetschen?« fragt er.
»Danke!« sage ich.
»Auch nicht über das graue Männchen und die verschwundenen Unterlagen, obwohl Sie da doch geschädigt sind?«
»Über gar nichts!« sage ich. »Und bilden Sie sich auch gar nicht erst ein, Sie hätten vom BKA oder so auch nur einen einzigen richtigen Namen zu hören gekriegt!«
»Aber Ihr Stoff hört sich gut an«, sagt er ungerührt, eher sogar leicht verträumt, weil es immerhin inzwischen auf Mitternacht zugeht, »gut vom eigentlichen Kriminalfall her, aber auch von den... den Sentimentalitäten ringsum. Vielleicht sollten Sie sich doch irgendwo ein Vorbild nehmen...«
»Nochmals«, sage ich, »ich halte mich an die Tatbestände. Ich hab' die Leichen nicht so dutzendfach auf Lager...«
»... immerhin einige...«
»... ich habe im Grunde lauter Schwule und bisher kein einziges Mädchen in der Geschichte...«
»... das kommt manchmal schneller, als man denkt!« behauptet er.
»Ach, geben Sie's auf! Ich habe weder brennende Autos noch durchstartende Flugzeuge und auch keine ermordeten Reporter und keine Star-Agenten im Frack!«
»Falls meine Theorie auch nur annähernd stimmt«, sagt er bedächtig, »die Theorie mit dem politischen Kraut gegen das höchstrichterliche Todesurteil, wenn Sie sich erinnern... dann hätten Sie am Ende doch mehr als dusselige Weiber und Agenten aus dem Requisitenfonds...«

»Liebende Mädchen«, korrigiere ich, »keine dusseligen Weiber! Da kennen Sie Ihren Simmel schlecht ...«
»Dann hätten Sie nämlich unter Umständen Walter Ulbricht persönlich«, sagt er, ohne sich von seinem Gedankengang abbringen zu lassen, »wie gesagt, wenn meine Theorie irgendwo stimmt!«
»Mindestens!« antworte ich ironisch. Einfach so, ganz spontan ...
Kein Gedanke daran, daß dieses einzelne Wort eines Tages den Kern der Geschichte treffen könnte:
Mindestens.
Mindestens Walter Ulbricht.

Jedenfalls kommt der Brief, mit dem ich inzwischen eigentlich schon nicht mehr gerechnet hatte, doch noch – mit der Morgenpost am 27. Juli. Er ist immerhin mehrere Schreibmaschinenseiten lang, allein von daher schon eine ziemliche Arbeit, und er trägt den Poststempel Frankfurt/Oder und natürlich keine Unterschrift, nicht einmal die Tippfehler sind handschriftlich korrigiert.
Der Brief hat auch keine Anrede, trägt allerdings ein für meine Begriffe ziemlich albernes, weil zunächst reichlich pathetisches Motto vor sich her:
»Zwischen uns sei Wahrheit! Goethe.«
Und nicht nur das, sondern auch noch Orest – der kategorische Imperativ, mit dem der griechische Muttermörder seine Schwester Iphigenie beehrt –, ein bißchen viel für einen Triebverbrecher ohne eigentlich einen Hauch von Tragik.
Aber der kommt dann tatsächlich doch noch, denn der Brief ist eine Sensation, je länger ich ihn lese, und keine kleine:
Wrobel oder nicht Wrobel, der Verfasser, hat tatsächlich sein politisches Gewissen erforscht und der »Wahrheit zwischen uns« eine Chance gegeben – einer irren Wahrheit, einer grotesken und streckenweise entsetzlichen Wahrheit in einem billigen blauen Briefumschlag. Das wäre ein Fang gewesen für die Zensur, wenn sie den erwischt hätte! – ein Fang und außerdem der Ansatzpunkt einer bestimmt sehr aufwendigen Jagd nach dem Mann, der solche Sachen aus der DDR herausbringt!
Ab jetzt ist der Fall Erwin Hagedorn für mich viel mehr als »nur« ein Kriminalfall mit mehreren Toten, ab sofort ist er, und das meine ich wörtlich, eine menschliche und politische Tragödie.
Und es hat sich, für den Reporter, mehr als gelohnt, fast ein halbes Jahr in dieser Sache herumzustochern.
Am 28. Juli, einem Sonntag, einen Tag nach dem Eintreffen des

Briefes, lege ich meine wesentlichen Unterlagen säuberlich nebeneinander auf den Schreibtisch. Den Brief selbst, meine umfänglichen Gedächtnisprotokolle aus den Akten Hagedorn, Kurt Hansens Berichte, einen Stapel zusammengehefteter Notizen mit Einfällen, Gedankenfetzen und Details zum Fall und zu der Recherche. Und um 8.45 Uhr beginne ich endgültig mit der Niederschrift der Geschichte, wobei ich mich immer wieder über Passagen ärgere, die den Mehrfachmordfall Erwin Hagedorn und seine »Bewältigung« als »Geheimprozeß«, »Nacht-und-Nebel-Aktion« und »möglichen Justizmord« klassifizieren.

Aber es soll ein Bericht werden, der nur das verschlüsselt, was Menschen und Existenzen gefährdet, was Schatten wirft auf irgendwelche Bürger von Eberswalde, Frankfurt oder Berlin. Und deshalb, eben, müssen auch jene Leute auftreten, die den Gesamtfall Erwin Hagedorn so negativ beeinflußt haben und es inzwischen bereuen.

Kein DDR-feindliches Buch, keine staatsfeindliche Hetze, wofür ich mir am Ende noch nach Paragraph 106 ihres Strafgesetzbuchs eine Freiheitsstrafe von fünf Jahren einhandeln könnte, allenfalls ein trauriges – ein trauriges Buch über die traurige Wahrheit:

In memoriam Erwin Hagedorn ...

In memoriam seinen Opfern und jener Stadt, in der der Tod in seiner schlimmsten Form diese Opfer fand.

Zweiter Teil

ERWIN HAGEDORN

Die Stadt Eberswalde liegt 13 bis 53 Meter über dem Meeresspiegel, und auch ihre sehr waldreiche Umgebung ist ziemlich hügelig, was sich im Verlauf dieser Geschichte manchmal als etwas störend erwies. Die Stadt liegt südlich des Oder-Havel-Kanals, das heißt unmittelbar am Berlin-Stettiner Großschiffahrtsweg für Schiffe bis zu 600 Tonnen; sie liegt streng nordöstlich von Berlin und ziemlich genau fünfzig Kilometer vom Zentrum der ehemaligen Reichshauptstadt entfernt, was im Verlauf des Falles ebenfalls mitunter eine Rolle spielte. Eberswalde, Kreisstadt im relativ dünn besiedelten DDR-Bezirk Frankfurt an der Oder, gilt als Straßen- und Eisenbahn-Knotenpunkt – und in dem Ausmaß, in dem kaum etwas in der Gegend ohne Bedeutung für den Fall Hagedorn blieb, ist an manchen Stellen der Geschichte auch diese Tatsache von Belang. Die Einwohnerzahl von Eberswalde ist von gut 30000 im Jahre 1961 auf heute annähernd 80000 gewachsen, was allerdings nicht zuletzt durch die Zusammenlegung mit der benachbarten 15000-Einwohner-Stadt Finow zu einer Großgemeinde bewerkstelligt wurde; bei den 80000 Menschen, die bei der letzten Volkszählung vor zwei Jahren zusammenkamen, ist offenbar außerdem auch die Bevölkerung des Landkreises Eberswalde mit berücksichtigt worden. Erstaunlich ist es im übrigen, was und wer sich alles an Prominenz und halber Prominenz im Laufe der Jahre in Eberswalde angesiedelt hatte: die Liste der Namen reicht von der Schriftstellerin Ina Seidel bis zum Bruder des derzeitigen obersten westdeutschen Verfassungsschützers Dr. Nollau.
Westdeutsche Touristik-Fachleute finden Eberswalde heute »eher langweilig«, ihre ostdeutschen Kollegen beschreiben am liebsten die Umgebung der Stadt – die Region, die bis vor zwei Generationen als eines der klassischen Erholungsgebiete Berlins galt, in dem sich unter anderem der Ex-Reichskanzler von Bethmann-Hollweg seinen Landsitz ausbaute. Immerhin ist parallel zu der sprunghaft angewachsenen Bevölkerung in Eberswalde-Finow heute aber auch eine ziemlich bedeutende Industrie entstanden: Die einzigen aufrichtigen Bewunderer der Stadt Eberswalde finden sich deshalb wohl hauptsächlich unter den Leuten, die hier geboren wurden und aufgewachsen sind. Leute etwa wie die Familie Hagedorn, die heute zwar offiziell nicht mehr in Eberswalde wohnt, aber möglichst jedes Wochenende in der Stadt verbringt und dann in einer »Datscha«, einer ziemlich gemütlichen Wohnlaube am Stadtrand, wohnt.
Es ist mit Eberswalde noch nicht so weit wie mit der ebenfalls im Bezirk Frankfurt gelegenen »industriellen Kunststadt« Eisenhüt-

tenstadt gekommen, in der jährlich an die 62 Prozent der DDR-Roheisenproduktion ausgestoßen wird und wo sogar das größte Tanzrestaurant »Aktivist« heißt. Trotzdem hat sich die Eberswalder Industrie heute schon in einem Ausmaß entwickelt, das sich früher kaum ahnen ließ – mit allen Vor- und Nachteilen für das Gemeinwesen:
Sie wird beherrscht vom VEB Kranbau, einem volkseigenen Betrieb, der sich rühmen kann, die größte Fabrik für Baukräne in Europa zu sein. Außerdem gibt es Guß- und Walzwerke, Stahlwerke für die Produktion von Präzisionsrohren, chemische Spezialbetriebe, die nicht zur Luftverbesserung beitragen, und nicht zuletzt ein großes Ausbesserungswerk der Deutschen Reichsbahn. Das Werk heißt »VEB 8. Mai«, trägt also das Datum des sogenannten Befreiungstages anno 1945 als Namen, und es ist einer der indirekten Schauplätze des Falles Erwin Hagedorn.
Neben neuer sozialistischer Industrie stößt man in diesem Landstrich der östlichen Mark Brandenburg zwischen der Schorfheide, dem Jagdrevier der Feudalherren bis hin zu Hermann Göring, und dem Oderbruch, der »kontinentalsten Klimazone« Mitteleuropas, aber auch auf Zeugnisse einer bewegten Vergangenheit. Das Schiffshebewerk Niederfinow, der größte Schiffsfahrstuhl der Erde, und der berühmte gotische Backsteinbau des Klosters Chorin, zu dessen aufrichtigen Bewunderern auch Kurt Hansen aus Kopenhagen zählte, bekommen im DDR-Reiseführer ebenso ihre Sterne wie die »Pionierrepublik Wilhelm Pieck« bei Altenhof am nahegelegenen Werbellinsee und die Forsthochschule mit dem ihr angeschlossenen Botanischen Garten und dem Wildpark. Wieder ein Stichwort, der Vollständigkeit halber: das ist schon ganz in der Nähe der Stelle, an der es – unter anderem – geschah.
Jedenfalls hat sich hier, alles in allem, im alten Eberswalder Urstromtal, durch das die Gletscher der Eiszeit abwanderten, ein »reizvolles und noch keineswegs überlaufenes Erholungsgebiet« erhalten – wobei allerdings zu sagen ist, daß die Russen in den letzten Jahren das Ihre dazu beigetragen haben, die Gegend »urtümlich« und reichlich menschenleer zu belassen: Die Rote Armee unterhält im Eberswalder Forstgebiet drei große Kasernen und vor allem einen Flugplatz mit unterirdischen Rollbahnen und Kasematten mitten im Wald, von dem aus ein Luftverkehr betrieben wird wie – im zivilen Bereich – allenfalls noch auf westeuropäischen Großflughäfen. Alle zwei Minuten schießt plötzlich eine MIG oder auch eine größere Maschine durch die Baumwipfel, und aus diesem

Grund haben die Russen ein riesiges bewaldetes Areal abgesperrt und, abschreckend vor allem für ortsunkundige Besucher aus dem In- und Ausland, unter höchst ärgerliche Kontrolle gestellt. Militärische Kontrollen können zwar nie so dicht sein, daß sie Morde verhindern. Der Mörder in dieser Geschichte war auch alles andere als ein ortsunkundiger Mensch. Das Militär aber kann das Gesicht einer Stadt verändern, und das können alle bezeugen, die Eberswalde früher kannten und heute kennen:
Grau und traurig wirkt diese Stadt heute, wie ein Feldstein in smaragdgrüner Fassung – ein bißchen verfallen, vor allem in den Vororten trist und architektonisch eintönig, alles in allem eine unerlöste Landschaft zwischen Garnison, Industrie, Natur und Historie. Es wird viel gebaut in Eberswalde-Finow, aber selten etwas renoviert. Und den Menschen, meinte Kurt Hansen, ist es beispielsweise hoch anzurechnen, daß sie sich in der ziemlich lustlosen Monotonie ihres Daseins ihre Freundlichkeit eigentlich doch noch ein bißchen bewahrt haben.
Hansens Besuche wurden, von kleinen Zwischenfällen abgesehen, von den Leuten in Eberswalde offenbar als willkommene Abwechslungen zur Kenntnis genommen. Sogar diejenigen, die es für besser hielten, daß so manche Geschichten besser für immer in Eberswalde begraben bleiben sollten – wie die toten Kinder von Eberswalde –, sogar diese meist ziemlich linientreuen Zeit-Genossen haben ihn zwar gelegentlich zu stoppen, aber niemals in die falschen Richtungen zu schicken versucht.
Die Leute von Eberswalde, berichtete schon vor Jahrzehnten ein deutscher Reiseschriftsteller, haben eine eigene Art von Sprachwitz, vom Berlinischen beeinflußt, aber wenn es geht, noch schlagfertiger. Als eine typische Eberswalder Anekdote wird beispielsweise die Geschichte von dem Mann erzählt, der im dichten Regen vor dem Rathaus vor eines der ersten Autos lief, die es überhaupt in Deutschland gab, unsanft in den Dreck geschleudert wurde und noch während des Falles scheinbar angsterfüllt rief: »Ich wollte Sie wirklich nicht umrennen!«
Er hätte Bruno Listig heißen können, dieser Mann, Listig wie einer der Hauptzeugen dieser Geschichte; ein Name, der sich an sich nur sehr selten in deutschen Telefonbüchern finden läßt.
Aber die Zeiten ändern sich: Hansens Auto wurde nie umgerannt, wohl aber wegen Falschparkens aufgeschrieben. Dies geschah in der Stadt selbst, und auf die ist der Däne nicht sehr gut zu sprechen. Gegen die Umgebung aber, vor allem die unmittelbar südliche,

bevor es den Berg hinunter zur Stadt geht, hätte auch der Tourist nichts einwenden können:
Da könntest du dich noch erholen, meinte er, dich richtig auslatschen, nachdem du am Vorabend ein stimmungsvolles Konzert im Kloster Chorin gehört hast, richtig mit dir allein sein. In Spechthausen etwa, bei den paar Häusern an der Fernstraße 2, gibt es den schönen Punkt, wo das Flüßchen Schwärze in das Flüßchen Nonnenfließ mündet oder, genau gesagt, umgekehrt. Wenn du Glück hast, darfst du auch zusehen, wie hier noch echtes, handgeschöpftes Büttenpapier hergestellt wird. Und später trinkst du in diesem Revier ein Bier in dem immer noch romantischen Ausflugslokal, das die Zeiten überdauert hat, und vom Forsthaus Nonnenfließ gehst du gerade eine gute Stunde bis zum nächsten, dem Forsthaus Schwärze, nur über Waldwege.
Immer wieder bleibst du stehen an den schmalen kleinen Seen und Flüssen, die eher Bäche heißen sollten, hörst irgendwo hinten die Eisenbahn pfeifen wie vor fünfzig Jahren, oder erkennen kannst du sie allenfalls gelegentlich daran, daß mitten aus dem Wald Dampf aufsteigt – und immer bist du ergriffen über soviel Natur: mitten in Deutschland, daß es das noch gibt!
Nur, nachdem Kurt Hansen sich im Eberswalder Revier nach den Schauplätzen des Falles Erwin Hagedorn umgetan hatte und Stunden um Stunden auch abseits der Wege durch das Unterholz gestolpert war, hatte es ihm die Stimmung dann doch leicht verschattet:
Immer wieder nämlich bleibst du stehen und erinnerst dich auch daran, daß es gerade hier so sinnlos sein kann, um Hilfe zu rufen, weil es doch niemand hört – daß es gerade hier soviel Schlimmes gegeben hat ...
Kriminalistisch oder gar kriminalpolitisch trat die Region Eberswalde-Finow bis vor einigen Jahren eigentlich nur durch den mysteriösen Verlust ihres berühmten Goldschatzes aus der Bronzezeit, aus dem zweiten Jahrtausend vor Christi, in Erscheinung:
Der 1913 gefundene Schatz, einer der bedeutendsten vorgeschichtlichen Funde Deutschlands, bestand aus reich verzierten Trinkschalen, Schmuckstücken und ganzen Barren, und er ging auf eine Weise, die niemals restlos geklärt wurde, im Chaos von 1945 im Berliner Zoo-Bunker verloren.
Dann aber passierte nichts, was die Chronik für besonders berichtenswert gehalten hätte – nichts bis zu den Ereignissen des frühen Sommers 1969. Und es ist vielleicht nur noch von Interesse, daß in

den Kreis der Verdächtigen, die den Goldschatz vermutlich gestohlen hatten, auch die Russen einbezogen worden waren – und daß man ihnen jetzt, zu Beginn des Falles Hagedorn, ebenfalls wieder nicht über den Weg traute:
Am 31. Mai 1969, einem Sonnabend mit schon fast hochsommerlichem Wetter, verließen die Kinder Henry Specht und Mario Louis die Wohnung ihrer Eltern in Eberswalde-Westend, eben in der grauen Siedlung am grünen Stadtrand, und strampelten mit ihren Fahrrädern davon.
Und damit begann diese erschütternde Geschichte, von der sich Eberswalde, wenn nicht der ganze Staat DDR, heute mit gutem Grund distanzieren möchte, von der niemand mehr etwas wissen möchte – die Geschichte, bei der sich die Strafverfolgungsbehörden nicht gerade mit großem Ruhm bekleckerten, sondern eher schon die Psychiater und Psychologen. Die Geschichte, die selbst in der gut zensierten und gesellschaftspolitisch so optimistischen Tandaradei-Presse der DDR anfänglich nicht ganz verschwiegen werden konnte.

»Wer kann Angaben machen?« fragte die Schriftleitung der Zeitung »Neuer Tag«, des Organs der Bezirksleitung Frankfurt/Oder der Sozialistischen Einheitspartei Deutschlands, am Donnerstag, dem 12. Juni 1969.
Die Frage stand neben der Rubrik »Wie wird das Wetter?« (nämlich heiter und trocken, Tageshöchsttemperaturen um 25 Grad Celsius, tiefste Nachtwerte um 11 Grad, schwacher bis mäßiger Wind um Nord) und der 65. Fortsetzung des Romans »Nachts kamen die Barbaren« von Thomas Nicolaou.
Unter der etwa in Zwei-Cicero-Schriftgröße gesetzten Frage standen die Fotos von Henry Specht, blond und hübsch, und Mario Louis, dunkel und offensichtlich ebenso hübsch.
»Seit dem 31. Mai 1969 gegen 14 Uhr werden die Kinder Specht, Henry, geb. 9. 2. 1960, und Louis, Mario, geb. 25. 8. 1960, aus Eberswalde vermißt. Sie haben die Wohnung der Eltern unter Mitnahme ihrer Fahrräder verlassen und wurden danach nicht wieder gesehen.
Henry ist etwa 140 cm groß, schlank, hat mittelblondes, kurzgeschnittenes, ungescheiteltes Haar, hinter beiden Ohren auffällige Operationsnarben. Er ist mit kurzer graugrüner Rauhlederhose, dunkelblauem Silastikpully, blauem Pullover mit spitzem Ausschnitt, schwarzen Socken und zerschlissenen Schuhen bekleidet.

Er hat das Herrenfahrrad Marke ›Elite-Diamant‹, Größe 26, Nummer 601 411, mit weißer Bereifung bei sich.
Mario ist etwa 135 cm groß, untersetzt, volles Gesicht, dunkelblondes Haar ohne Scheitel. Bekleidet ist er mit einer schwarzen Trainingshose, rotem Pullover, blauer Strickjacke und braunen Halbschuhen. Er hat bei sich ein Herrenfahrrad Marke ›Mifa‹, Größe 24 mit 26er Rädern, Nummer 4 436 889.
Die Bevölkerung wird um Mitfahndung gebeten.
Sachdienliche Hinweise können allen Dienststellen oder Angehörigen der Deutschen Volkspolizei gegeben werden. Auf Wunsch werden diese vertraulich behandelt.«
»Der Bundestag schützt Nazi-Verbrecher«, berichtete der »Neue Tag« außerdem noch an diesem Tag, hinzu kamen noch eine ausführliche Reportage über den 2. Frauenkongreß in der DDR, Artikel über das bevorstehende Pressefest, den 25. Jahrestag der Nazi-Massaker von Oradour (»Aber der Henker lebt!«) und die Berufung eines erst 18jährigen Fußballtalentes in die DDR-Nationalmannschaft gegen Chile. Bürgermeister Schlöricke von Eberswalde rief, was in der Gegend üblich ist, einmal mehr seine Mitbürger zu Wachsamkeit und Optimismus auf.
Was nicht üblich ist, war auf jeden Fall die Fahndungsmeldung nach den verschwundenen Kindern. Sie fand in dem Blatt auch nie mehr eine Fortsetzung, trotz allem, was sich in den Tagen, Wochen, Monaten und Jahren danach ereignete. Und sie enthielt, auch wenn man sie dreimal las, kein einziges menschlich gefärbtes Wort über die Ereignisse, die sich zwischen dem 31. Mai und diesem 12. Juni bereits zugetragen hatten.
Die Familien Louis und Specht wohnten im Hause Triftstraße 61 in Eberswalde-Westend, in derselben Mietsmaschine, deren Wohnungen von einer AWG, einer Arbeiterwohnungsbaugenossenschaft, vergeben werden, und sie benutzten denselben Aufgang. Neben ihrem eintönigen Sechs-Schornsteine-Silo gab es mehr Garagen als Autos, vor dem Haus ein paar Peitschenlampen und gegenüber einige mühsam in den brandenburgischen Sand gepflanzte Strauchreihen.
Die Familien Louis und Specht wohnen heute noch dort, Louis in der zweiten, Specht in der dritten Etage, und Vater Specht vor allem genießt als guter SED-Genosse immer noch einen guten Ruf, weil er außerdem auch noch das ist, was man einen »respektablen Burschen« oder auch »prima Kerl« nennt.
Die Kinder dieser Familien, Henry und Mario, waren im selben

Jahr geboren worden und zusammen aufgewachsen, und sie waren die besten Freunde von der Welt. Dieser etwas schwärmerische Ausdruck stammt von ihnen selbst, und er paßt genau zu der Karl-May-Romantik, die sich bei ihnen bis zu einer rituellen »Blutsbrüderschaft« nach dem Vorbild von Old Shatterhand und Winnetou ausgewachsen hatte: Der blonde Henry war natürlich Shatterhand, der dunkle, zierlichere Mario Winnetou persönlich.
Seit die Jungen Fahrräder hatten, sozusagen beritten waren, zogen sie weit über ihre bisherigen »Jagdgründe« im kinderreichen Westend hinaus, kilometerweit. Und seitdem hatte es zu Hause gelegentlich auch schon mal Ärger gegeben, weil Henry und Mario zu spät gekommen waren: Wer von den Erwachsenen, sagten sie sich, sieht schon ein, daß man manchmal nicht auf die Minute genau von seinem Kriegspfad zurück zum Abendessen sein kann? Und warum wollen sie uns ständig einreden, die wirklichen Abenteuer, die wir bewältigen müßten, bestünden nicht in unserer Phantasie, sondern in der rauhen Wirklichkeit?
Die Kinder waren bockig, wenn sie gefragt wurden, wo denn nun eigentlich die Schauplätze ihrer täglichen Umtriebe seien. Ihre Höhlen, Savannen und Prärien waren ihre Sache, und da waren sie – Einigkeit macht stark – von bemerkenswerter Sturheit.
So wurden die Eltern Louis und Specht zwar unruhig, als Henry und Mario am Abend des 31. Mai 1969 länger als je zuvor ausblieben. Aber sie wußten nur, daß Old Shatterhand und Winnetou seit Mittag vermutlich wieder irgendwo in den riesigen Wäldern südlich von Eberswalde tätig gewesen waren, seit dem Mittagessen, das sie förmlich heruntergeschlungen hatten – daß sie irgendwo beim Wildpark oder bei Spechthausen herumstrolchten. Sie hatten nicht die geringste Ahnung, wo sie mit einer Suche hätten beginnen sollen. Auch die Eltern der beiden Kinder verstanden und verstehen sich seit Jahren sehr gut, sind aber bis zum heutigen Tag beim förmlichen »Sie« geblieben. An diesem Abend hockten sie stundenlang zusammen, trennten sich nur kurz, um in ihren Wohnungen ein tristes Abendessen einzunehmen, und gingen etwa gegen 22 Uhr zur Polizei.
Dort tröstete man sie: Neunjährige Jungen, die sich vorzugsweise in den Wäldern aufhalten, könnten schon mal auf die Idee kommen, wie die Pfadfinder draußen zu übernachten. Wenn sie am Morgen richtig durchgefroren wären, hätten sie sicher nichts Eiligeres zu tun, als sofort reumütig nach Hause zurückzukommen.
Die Jungen kamen aber nicht, und deshalb wurde am Morgen des

1. Juni dann doch die erste Suchaktion gestartet. Die Wohnsiedlung, in der Specht und Louis zu Hause sind, grenzt ziemlich dicht an ein großes Waldgebiet, und außerdem gibt es da noch die ebenfalls von Wald umstandene sogenannte Drehnitz-Wiese, ein ideales Kinderspielgebiet und sicherlich das Schönste am ganzen Westend. Diese Reviere wurden von Einheiten der Volkspolizei im Abstand von eineinhalb Metern mit einer Suchkette durchkämmt, ohne daß auch nur ein verlorenes Taschentuch gefunden worden wäre.
In den folgenden Tagen wurde die Suche auf weitere Waldstücke ausgedehnt, und auch dabei fand man nicht einmal den bei solchen Aktionen in der BRD fälligen Wermutbruder. Die Eltern der verschwundenen Kinder bekamen vom Arzt Beruhigungsmittel verschrieben, damit sie wenigstens ein paar Stunden zum Schlafen kamen, und in Eberswalde, vor allem im Westend, machte sich zum ersten Male eine ziemliche Unruhe breit.
Größere Betriebe wie die Mitropa, der VEB Kranbau oder das Bahnausbesserungswerk »8. Mai« stellten Suchkommandos aus Freiwilligen zusammen, und freiwillig bot auch der russische Standortkommandant seine Hilfe an – allerdings insofern nicht ganz freiwillig, als er damit Konfrontationen zwischen seinen Leuten und der Bevölkerung vermeiden wollte. Leute, die die Russen nicht leiden konnten, verbreiteten nämlich systematisch das Gerücht, ein russischer Soldat habe die beiden Kinder entführt und ermordet. Daraufhin kam es in mehreren Gaststätten zu Szenen, die fast bis zu Schlägereien oder gar bewaffneten Auseinandersetzungen führten und jeweils von der russischen Militärpolizei und der Vopo gemeinsam geschlichtet werden mußten. In solchen Fällen verzichteten aber sowohl die Russen als auch die Volkspolizisten klugerweise auf jede Anzeige.
Die Russen suchten in den folgenden Tagen in Bataillonsstärke die Forste ab, und über den Forsten kreisten, solange es tagsüber hell blieb, ihre Hubschrauber. Die Volkspolizei, die ebenso wie die Polizei in der BRD auch genug anderes zu tun hat, zog daraufhin ihre Mannschaften nach und nach von der Suche zurück, und der Leiter der Eberswalder Kripo gab schließlich nur noch dem Drängen der Eltern nach, die Fahndung in der Lokalpresse wenigstens unter »ferner liefen« zu veröffentlichen.
Das geschah, wie gesagt, am 12. Juni, und man hätte sich die Mühe fast sparen können.
Zwei Tage später, am 14. Juni, ging ein Forstarbeiter, ein Holzfäller, zufällig von einer Arbeitsstelle zur anderen durch die Jagen 117

und 118 im Forstgebiet der nördlichen Barnimer Heide, per Luftlinie nur ein paar Kilometer südwestlich von Eberswalde. Es ist die beschriebene Gegend zwischen dem Schwärze-See und seinen hübschen kleinen Ausläufern, dem auch heute noch öffentlich zugänglichen Ausflugsgebiet im weiteren Stadtbereich, und der Bahnstrecke von Eberswalde nach Berlin. Hier wird nichts abgeholzt, sondern ausschließlich sinnvoll geforstet, denn die Stadtväter wissen, was eine gute Luft wert ist.
Unterwegs stieg dem Holzfäller ein Geruch wie von einem toten Reh in die Nase:
Er kam aus einem Gebüsch ziemlich dicht am Bahndamm, und der Mann fragte sich noch, ob die Rehe neuerdings auch von den Eisenbahnzügen überfahren würden.
Immerhin, er machte sich die Mühe, kletterte durchs Gestrüpp und sah nach, weil er glaubte, er könne vielleicht ein brauchbares Gehörn finden.
Statt dessen jedoch fand der Mann ein totes Kind – einen Jungen, halb unter grünem und braunem Laub versteckt, auf einer Lichtung, die kaum größer als ein Zimmer war und an eine natürliche Höhle erinnerte. Das Kind war bereits zur Hälfte verwest.
Da lag Mario Louis, der erste, den sie fanden. Er lag dort, vollständig bekleidet, in Rückenlage, und er lag offensichtlich schon längere Zeit an dieser Stelle, auch wenn man die sommerliche Hitze in Betracht zog.
Trotz der fortgeschrittenen Fäulnis der Leiche erkannte bereits der Holzfäller, der gar nicht besonders dicht an sie heranging, die Todesursache: Der Junge war an einem tiefen Halsschnitt verblutet, der etwa von einem Ohr bis über den Kehlkopf reichte.
Der Mann stolperte, so schnell er konnte, quer durch das Unterholz davon in die Richtung, in der seine Kollegen arbeiteten. Er fand zwei, und sie mußten erst ihre Motorsäge abstellen, um zu erfahren, warum er ein so graues Gesicht hatte.
Dann aber waren es, kurz darauf, drei Männer, die, zunächst stumm vor Grauen, die Leiche besichtigten – diesmal aus noch kürzerer Distanz.
»Keine Spuren zertreten!« warnte einer.
»Hier liegt noch ein Fahrrad...!« würgte einer der drei, der es an der Leiche nicht mehr ausgehalten hatte und ein paar Schritte abseits gegangen war, wo er sich im Gebüsch erbrach.
Aber dann sahen sie sich alle drei an, nickten sich zu und ließen vernünftigerweise alles so, wie sie es vorgefunden hatten. Sie kann-

ten sich aus und rannten zum Forsthaus Schwärze, wo, wie sie wußten, das nächste Telefon stand.

Eine halbe Stunde später kam die Volkspolizei, schneller ging es nicht, auch wenn die Fundstelle des toten Jungen nur fünf Kilometer von seiner Wohnung entfernt war. Die Volkspolizisten kamen vom Bahndamm, mußten dichtes, manchmal fast dschungelartiges Unterholz durchdringen und einen flachen Abhang hinunter zu der Lichtung überqueren. Und auch sie mußten eine Minute des Entsetzens überwinden, ehe sie sich an die Spurensicherung machen konnten.

Eine halbe Stunde später kam wieder die Volkspolizei, diesmal in Stärke einer Hundertschaft. Sie hatte andere Aufgaben und durchkämmte die angrenzenden Jagen 119, 143, 144 und 145. Und auch ihnen blieb der Schock nicht erspart: Fünfhundert Meter von Mario Louis entfernt fanden sie Henry Specht.

Genau gesagt, sie fanden zunächst den Rumpf von Henry Specht, ebenfalls halb unter Laub versteckt. Der Kopf lag, ganz unter Laub, einen halben Meter vom Rumpf entfernt. Und der Rumpf lag auf dem Bauch.

Hundert Meter von Henrys Überresten entfernt wurde schließlich auch noch sein Fahrrad gefunden, angerostet wie das von Mario, achtlos ins Gebüsch geworfen. Die Kriminalisten diskutierten, mit überbetonter Sachlichkeit, eine erste Theorie:

Mario Louis war von dem unbekannten Mörder dort getötet worden, wo man ihn jetzt gefunden hatte; aus irgendeinem noch unbekannten Grund hatte er sich nicht gewehrt oder nicht wehren können.

Henry Specht dagegen, größer und kräftiger, hatte sich gewehrt, hatte versucht, zu entkommen, und war noch die hundert Meter von dem Platz, an dem jetzt sein Fahrrad gefunden worden war, bis zu der Stelle gerannt, an der man jetzt seine Leiche entdeckt hatte. Er war, so, wie es aussah, offenbar erst zusammengebrochen, als es dem Mörder nicht nur gelungen war, ihn einzuholen, sondern auch den Halsschnitt anzubringen – denselben Schnitt wie bei Mario Louis, nur breiter und so tief, daß später der Kopf ganz abfiel.

»So müßte es gewesen sein ...« sagte der amtierende Kriminalpolizeichef von Eberswalde nachdenklich.

Und der inzwischen aus Frankfurt/Oder eingetroffene Staatsanwalt – einer von den vernünftigen, die nicht immer gleich aus Übereifer alle Spuren zertrampeln – nickte. Als er sich etwas genauer umsah, fiel ihm auf, daß Henry zwar nicht auf einer Lichtung lag, aber doch

unmittelbar am Rand einer Lichtung. »Ob das eine Bedeutung hat?« überlegte er.
Der Kripochef hob die Schultern. »Ich weiß nur, daß es so aussieht, als hätten wir hier einen astreinen sadistischen Homophilen. Und wenn ich an die Wiederholungsgefahr denke ... mein lieber Mann!«

Nach dem vorläufigen Ende der Spurensicherung, als es trotz der Sommerzeit bereits zu dunkeln begann, wurden die Überreste der toten Kinder Henry und Mario in die Leichenhalle des größten Krankenhauses von Eberswalde gebracht. Das nahm durch die Beschaffenheit des Geländes einige Zeit in Anspruch, denn mit einem Kompaß war hier nicht viel zu machen, und man konnte hier in der Gegend des kleinen Schwärze-Sees außer der Bahnlinie allenfalls eine Hochspannungsleitung als Orientierungshilfe benutzen. Immerhin gab es, was die Leichen betraf, so viele sichere Indizien zu ihrer Identifizierung, daß es den Eltern Specht und Louis erspart bleiben konnte, ihre toten Kinder in ihrem grausigen Zustand noch einmal ansehen zu müssen.
Obduzenten aus der Gerichtsmedizin der Ostberliner Charité waren inzwischen bereits unterwegs, und noch in der folgenden Nacht wurde die Leichenöffnung bei beiden Kindern vorgenommen. Dabei ergab sich eine merkwürdige, zunächst allerdings wohl nicht eingehend gewürdigte Tatsache: Außer den tödlichen Verletzungen am Halse und einem tiefen Bruststich bei Mario Louis gab es an den Leichen noch kleine Wunden, die man, wären sie isoliert gewesen, mit einem simplen Pflaster hätte behandeln können! Es sah tatsächlich so aus, als habe der Mörder nicht tiefer stechen können – oder aber, und das war das entscheidende Indiz, als habe er nicht tiefer stechen wollen.
In dieser Nacht hatte die Polizei immerhin schon Verstärkungen aus Berlin, Leipzig und Dresden angefordert – sogenannte Morduntersuchungskommissionen, im Branchenjargon MUKs genannt, ausgesprochen »Mucks«, spezielle, besonders ausgerüstete und mit überdurchschnittlich fähigen Beamten besetzte Aufklärungsgruppen. Um sie unterbringen zu können, wurden zum ersten Mal in diesem Fall Touristen in den örtlichen Hotels höflich, aber bestimmt gebeten, ihre Zimmer zu räumen.
In der Stadt und den angrenzenden Gemeinden sprach sich die Nachricht von der Auffindung der Leichen auch ohne Presse wie ein Lauffeuer herum. Die Russen erteilten ihren Truppen vorüber-

gehend Ausgehverbot, weil wieder das Gerede aufkam, der bestialische Mörder könne nur ein Russe sein. Unter der Bevölkerung breitete sich panische Angst aus. In den Tagen und Wochen nach dem 14. Juni konnte man auf den Straßen und Spielplätzen von Eberswalde kaum ein Kind, Junge oder Mädchen, ohne Begleitung eines Erwachsenen sehen. Die Kinder wurden zum Kindergarten und zur Schule gebracht und auch wieder abgeholt. Mütter verabredeten sich gruppenweise zur Beaufsichtigung von Spielplätzen, und Ausflüge in die Wälder wurden den Kindern unter Androhung von Prügelstrafe verboten.
Auch jetzt noch ließ die uniformierte Volkspolizei nahezu sämtliche Leute ungeschoren, die, nüchtern oder angeheitert, »Hetzreden« in den Kneipen hielten. Nur in einem Fall wurde ein Mann vorübergehend festgenommen und später verwarnt, der in einer Gaststätte etwa wörtlich folgendes von sich gegeben hatte:
»Da habt ihr das Gerede vom sozialistischen Staat, in dem Verbrechen nicht mehr möglich sind! Könnte es in irgendeinem Staat der Erde einen Teufel geben, der zwei Kindern den Hals so langsam abschneidet, daß er stundenlang zusehen kann, wie sie verbluten, wie die Lebenskraft ganz langsam von ihren kleinen Körpern ausgepumpt wird? Ich sage euch, wir werden belogen von der Volkskammer und sämtlichen Scheiß-Funktionären, wenn sie nur das Maul aufmachen!«
Der Mann bekam seine Verwarnung natürlich insofern völlig zu Recht, als es in anderen Staaten der Erde leider genügend ähnlich schlimme oder noch schlimmere Verbrechen gibt. Im übrigen aber verfügte der angetrunkene Volksfeind, aus welchen Quellen auch immer, doch über eine gewisse Detailkenntnis des Doppelmordes Specht-Louis. Die Sache mit dem Halsabschneiden war nämlich bis zu diesem Moment von der Volkspolizei ziemlich geheim behandelt worden.

»Es muß eine undichte Stelle geben!« grübelte deshalb Vopo-Hauptmann Bergschneider im Eberswalder Polizeihaus. Er hatte den Auftrag, den ersten vorläufigen zusammenfassenden Bericht über den Doppelmord zu schreiben, adressiert an die Bezirksstaatsanwaltschaft Frankfurt/Oder beim Bezirksgericht Frankfurt/Oder, Abteilung I, zu Händen von Staatsanwalt Dr. Kuschel.
»Ich würd' es dem Genossen Staatsanwalt nicht gerade auf die Nase binden!« sagte Leutnant Ludwig.
»Du meinst, einfach so …?«

»Natürlich. Unterschlagen, wenn du willst!«
Ludwig stand, wie er wußte, kurz vor seiner Beförderung zum Oberleutnant und war daran interessiert, die Sache wenn schon nicht aufzuklären, so doch auf jeden Fall nicht höherzuspielen, als sie es ohnehin schon war.
»Alsdann ...«, sagte Bergschneider und begann zu schreiben, vor lauter Geheimhaltung verzichtete er sogar auf die Mithilfe einer Stenotypistin.
»Im Ergebnis der Tatortuntersuchungen und der gerichtsmedizinischen Obduktionen konnten trotz der fortgeschrittenen Leichenfäule letztlich folgende Befunde erhoben werden:
1. Die Leiche von Mario Louis wurde, wie gesagt, mit geordneter vollständiger Bekleidung in Rückenlage aufgefunden. Sie wies eine Stichverletzung in der Brust und eine tiefe Schnittverletzung an der linken Halsseite auf. Der Tod war auf Verbluten infolge des Halsschnittes zurückzuführen. Da das Fahrrad unmittelbar neben dem toten Kind lag, ist anzunehmen, daß Mario Louis keine Zeit oder Möglichkeit zur Gegenwehr oder Flucht gefunden hat, wie bereits früher ausführlich ausgeführt ist.
2. Die Leiche von Henry Specht wurde in der bekannten Bauchlage mit abgetrenntem Kopf aufgefunden ...«
An dieser Stelle legte Bergschneider, im Protokoll typographisch deutlich sichtbar, offenbar eine Pause ein. Es ging ihm möglicherweise durch den Kopf, ob es für das bereits verwendete Wort »Leichenfäule« nicht eine andere Vokabel gab.
Aber anscheinend gab oder gibt es keine andere, bei der ostdeutschen Vopo ebensowenig wie bei der westdeutschen Kripo, und Bergschneider schrieb weiter:
»Der Brustbereich (bei Henry Specht) wies mehrere Stichverletzungen auf. Die infolge Leichenfäule erklärbare vollständige Abtrennung des Kopfes und damit einhergehende Vernichtung eindeutiger Spuren ließen hier lediglich die Annahme, allerdings die sehr begründete Annahme eines tiefen Halsschnittes zu. Auffällig war bei der sonst geordneten Bekleidung die geöffnete Hosenklappe. Das Fahrrad wurde in der weiteren Umgebung gefunden, was, wie ebenfalls bereits mitgeteilt wurde, im Zusammenhang mit den übrigen Spuren die Annahme einer heftigen Gegenwehr beziehungsweise Flucht wahrscheinlich werden läßt ...«
Leutnant Ludwig sah Bergschneider über die Schulter und sagte: »Spuren ist gut ...«
»Wieso?«

»Von wegen übrige Spuren ... im Grunde gibt's doch überhaupt keine ...«
Bergschneider dachte nach und kam zu dem Entschluß, daß das Wort Spuren tatsächlich wohl besser durch Indizien zu ersetzen sei. Aber er tat es doch nicht, weil er sich über Ludwig ärgerte, und über Ludwig ärgerte er sich vor allem, weil er sich über seine Abkommandierung zum Abfassen des Berichts nicht so laut ärgern konnte.
»Schreib du doch die Geschichte!« sagte er wütend, aber Ludwig lachte nur.
»Ich halt' das alles für dummes Zeug«, sagte er seinem Vorgesetzten, »den Kerl hier kriegen wir erst, wenn er sein nächstes Ding gedreht hat. Und darauf wette ich, darauf müssen wir nicht lange warten ...«
Bergschneider sagte nur noch: »Hau ab und werde Mensch!«
Dann schrieb er weiter: »Ebenfalls auf Grund der fortgeschrittenen Leichenfäule konnte als Todeszeit der Tag des Vermißtseins beider Kinder (der 31. Mai) angenommen werden. Die Spurensituationen, zum Beispiel die Blutspuren und andere, ließen zwingend den Schluß zu, daß die Opfer an ihren jeweiligen Auffindungsorten auch getötet wurden ...«
Und diesmal, beschloß er, war der Beweis erbracht, daß es eben doch echte Spuren gab und nicht nur Folgerungen und Indizien!
»Als Tatwerkzeug kommt, nach der Art der Stichverletzungen zu urteilen, ein relativ breites, einschneidiges Messer in Betracht. Es könnte ein Messer sein, wie es Schlachter beim Zerteilen von Muskelfleisch benutzen, oder auch ein sogenanntes Fahrtenmesser ...«
Nun aber ganz ehrlich: »Weitere Spuren, insbesondere solche, die der zielgerichteten Täterermittlung dienlich sein könnten, wurden nicht gefunden.
Für das Tatmotiv gibt es außer der geöffneten Hosenklappe bei Henry Specht keine Hinweise.
Wenn auch vorrangig an ein sexuelles Motiv zu denken ist, müssen jedoch zwangsläufig zunächst auch andere Beweggründe des unbekannten Täters, Beseitigung der Kinder aus verschiedenen möglichen Gründen, Racheabsichten und andere, berücksichtigt werden ...«
Die geöffnete Hosenklappe war zu diesem Zeitpunkt tatsächlich das einzige handfeste Indiz, das auf einen sadistisch geprägten Lustmörder etwa vom Kaliber Jürgen Bartsch hinwies.
Keine Spur, nur ein Indiz:
Trotzdem hätte man vielleicht eine Menge damit anfangen können,

wenn irgendeiner der zahlreichen Ermittlungsbeamten in Eberswalde den Fall Jürgen Bartsch mehr als nur vom Hörensagen gekannt hätte.

Die Eltern Specht und Louis in der Triftstraße, wenngleich nicht ganz so herzlich befreundet wie ihre Kinder, faßten in den für sie besonders schlimmen ersten Tagen nach der Entdeckung des Mordes einen Entschluß, den sie dann auch aufrechterhielten: Unsere Jungen, sagten sie sich, sind zusammen aufgewachsen, und sie haben gemeinsam sterben müssen. Sie sollen deshalb auch zusammen, in ein und demselben Grab, beerdigt werden.

Die Leichen wurden von der Staatsanwaltschaft zur Beerdigung freigegeben, als auch schon die ersten von auswärts geholten Polizisten wieder abrückten. Die Beamten rechneten allerdings damit, daß sie nicht zum letzten Mal in Eberswalde gewesen sein würden, und einige sagten ihren dortigen Kollegen mit einem seltsamen Unterton in der Stimme: »Auf Wiedersehen!«

Die Beerdigung von Henry Specht und Mario Louis fand dann in der letzten Juniwoche auf dem Eberswalder Waldfriedhof statt, dem mit Abstand größten Friedhof im Stadtgebiet, und Hunderte von Menschen gaben den toten Kindern das letzte Geleit. Auch mehrere höhere russische Offiziere drückten den schluchzenden Eltern am offenen Grab stumm die Hand – unfähig wie die anderen, Trost zu spenden, und außerdem noch längst nicht befreit von dem Verdacht, es könne vielleicht doch einer ihrer Soldaten der Täter gewesen sein. Ein paar »Abgänge« haben nämlich auch die Russen fast immer, wie jede Armee der Welt, und wenn einer von ihnen nachts mal nicht in die Kaserne kommt, weiß man nie, was er in den Stunden davor getan hat – ob er Kinder getötet hat, regelrecht fahnenflüchtig geworden ist oder nur mit einem Mädchen zusammengewesen ist.

Natürlich befand sich auch der Bürgermeister von Eberswalde auf dem Friedhof, und eigentlich erwarteten viele Trauergäste, daß er eine Ansprache halten würde. Aber der Bürgermeister vergaß angesichts des schlimmen Geschehens seine sonst allgemein bekannte Beredsamkeit und hielt sich die ganze Zeit über still im Hintergrund – ein Ehrengast, der ausnahmsweise nichts von der ihm zustehenden Ehre wissen wollte.

Und da Henry Specht und Mario Louis zwar bereits auf die Jugendweihe, nicht aber auf die Konfirmation beziehungsweise Kommunion vorbereitet werden sollten, sprach kein Geistlicher

irgendeiner Konfession am Grab, sondern das SED-Mitglied Kröger, sozusagen ein Staatspriester aus Welterfahrung. Mit Kröger war das dann so eine Sache, die nachträglich dem Verhalten des Bürgermeisters recht zu geben schien:
Noch eine Stunde zuvor hatte Kröger bei einem anderen Begräbnis auf demselben Friedhof herzergreifende Worte gefunden, und es ist als sicher anzunehmen, daß er auch für diese Beerdigung nach dem Doppelmord die richtigen Formulierungen wählte. Nur, er wußte schon wenig später selbst überhaupt nicht mehr, was er am Grabe von Henry und Mario gesagt hatte – wie im übrigen die gesamte Trauergemeinde, sofern sie befragt werden konnte. Kröger erinnerte sich eigentlich nur noch daran, daß er sich am Morgen dieses Tages Bekannten anvertraut hatte:
»Das wird die allerschlimmste Sache, die ich bisher machen mußte!«
Der Waldfriedhof von Eberswalde, auf dem diese »allerschlimmste Sache« stattfand, grenzt fast unmittelbar an ein großes russisches Kasernengelände, einen der drei größten Militärkomplexe in diesem Revier, und dies war und ist seit Jahr und Tag ein Stein des Anstoßes für das reichlich getrübte Verhältnis zwischen den deutschen Bürgern und den Soldaten der Roten Armee des sowjetischen Brudervolks. Immer wieder nämlich ist es hier, auf dem Waldfriedhof, beobachtet worden, daß die Worte eines Sprechers am Grabe von fröhlicher Marschmusik exerzierender Truppenteile gestört wurden, und es hat in diesem Zusammenhang schon bei anderen Gelegenheiten offene Auseinandersetzungen zwischen Leidtragenden und Rotarmisten gegeben, von Wortgeplänkeln bis hin zu mühsam geschlichteten Schlägereien. Die »verdammten Russen«, pflegen die Eberswalder dann verbittert zu sagen, nehmen im allgemeinen überhaupt keine Rücksicht darauf, ob da wenige Meter von ihnen entfernt jemand zur letzten Ruhe gebettet wird. Während des doppelten Kinderbegräbnisses jedoch hatten die russischen Kommandeure, wie sie in der Stadt ausstreuen ließen, auf ihrem Gelände nicht nur das Abspielen von Musik, sondern sogar den üblichen Betrieb auf dem Kasernenhof untersagt.
Die Eltern Specht und Louis hatten im übrigen vorgesehen, ihren Kindern nicht nur ein gemeinsames Grab, sondern auch eine große gemeinsame Todesanzeige als letzte Geste zu widmen. Dabei stießen sie allerdings offenbar auf den Widerstand der örtlichen SED-Funktionäre oder auch der Volkspolizei: soweit zu ermitteln war, ist über den Tod von Henry Specht und Mario Louis weder eine große noch eine kleine Anzeige erschienen, sondern anschei-

nend – und sicher nicht aus Gründen der Kostenersparnis – gar keine. Am Tag der Beerdigung leistete sich die Zeitung »Neuer Tag« sogar, wenn auch sicher unfreiwillig, einen besonders makabren Scherz: Auf der dafür vorgesehenen Seite standen untereinander die Todesanzeigen von sechs verstorbenen Bürgern aus dem Bezirk Frankfurt/Oder, irgendwelchen x-beliebigen Bürgern unterschiedlichen Alters – und darüber hatte ein Metteur in der Zeitungssetzerei eine Lücke mit einer sogenannten Füll-Anzeige kaschiert. Es war eine Lotto-Anzeige, und sie lautete schlicht: »6 aus 49.«

Den Grabstein indessen, sozusagen das Mahnmal an die düstersten Stunden von Eberswalde, ließen sich die Eltern nicht nehmen. Das halbe Westend spendete für diesen Stein, und schon wenige Wochen später kam er auf das Grab, auf das auf diesem Friedhof einzige Doppelgrab für Kinder. Es ist ein Stein aus künstlichem schwarzem Marmor, die Flächen glatt, die Konturen rauh, gutbürgerlich mit weißgoldener Schrift. Die Namen der Kinder stehen auf diesem Stein, ihre Geburtsdaten und ihr gemeinsames Sterbedatum. Außerdem noch der Satz: »Kurz war euer Leben und tragisch der Tod.«

Das Grab gehörte, wie Kurt Hansen berichtete, von Anfang an zu den gepflegtesten Gräbern auf dem Waldfriedhof, und es wurde von Anfang an von zwei Familien gemeinsam bepflanzt und gehegt.

Die Akten des zweifachen Mordfalls Specht-Louis wurden in der zweiten Jahreshälfte 1969 nach Berlin geschickt, in die Nervenklinik der Charité. Dort setzte sich der damalige Dozent Dr. Dr. Hans Szewczyk, ein in unzähligen Kriminalfällen erfahrener psychiatrischer Gutachter, auf Wunsch der Staatsanwaltschaft tage- und nächtelang mit der Aufgabe auseinander, eine sogenannte Täterhypothese aufzustellen:

Gab es irgend etwas in den Berichten und Protokollen, aus dem bisher nicht erkannte Rückschlüsse auf die Persönlichkeit des Mörders gezogen werden konnten?

Konnte es nicht sein, daß ein unvoreingenommener, nicht »betriebsblinder« Fachmann, der dazu noch Seelenforscher war, Auffälligkeiten entdeckte, die den besten Kriminalisten der DDR bisher verborgen geblieben waren?

Szewczyk erstattete schließlich ein ziemlich umfangreiches Gutachten – das erste Gutachten seines Lebens über einen Menschen, von dem er nicht einmal mit absoluter Sicherheit wußte, ob er

männlichen oder weiblichen Geschlechts war. Darin kam er aber immerhin zu einer halbwegs konkreten Aussage: Es müsse sich eigentlich, meinte er, um eine noch ziemlich jugendliche männliche Person handeln, die vermutlich in geordneten, mit hoher Wahrscheinlichkeit nicht asozialen Verhältnissen lebte.
Die Erkenntnisse des Arztes reichten aber nicht aus, um neue Ermittlungswege zu erschließen. Und so wurden die zwar ziemlich dicken, aber nicht sehr gehaltvollen Akten gegen Jahresende zu Routine-Akten, was bedeutete, daß sie niemand mehr so recht ansehen mochte.
Man konnte fast vermuten, der Mörder von Eberswalde sei selbst gestorben – oder aber durch seine eigenen Taten doch so geschockt worden, daß er jetzt von weiteren Verbrechen absah. In der Stadt kamen die Kinder von 1970 an jedenfalls auch wieder allein auf die Straße, und wann immer davon geredet wurde, daß neue Attacken auf Kinder erfolgt seien, lösten sich die »Nachrichten« am Ende in pure Gerüchte auf.
Tatsächlich passierte – scheinbar – nichts ähnlich Verbrecherisches in der östlichen Mark Brandenburg bis zum 9. Oktober 1971.
Von diesem Tag an allerdings, an dem die Touristen, die das Schiffshebewerk und das Kloster Chorin besichtigen wollten, fast gewaltsam und für Wochen und Monate aus ihren Hotelzimmern verscheucht wurden, war in und um Eberswalde endgültig der Teufel los. Von diesem Tag an wurde von der grauen Kreisstadt aus die größte Polizei- und Fahndungsaktion gestartet und gesteuert, die jemals auf dem Territorium der gesamten Deutschen Demokratischen Republik gelaufen war. In Zusammenhang mit ihr wurden zweimal aufgrund von Hinweisen auch die Transitstrecken von und nach Westberlin teilweise abgesperrt und Reisende und Autos doppelt gründlich untersucht, was dann prompt zu den in solchen Fällen üblichen Protesten von westlicher Seite führte. Immerhin waren die Hinweise falsch, und die DDR-Behörden gaben auch, wie damals üblich, keinerlei Erklärungen für ihre »Störungen des Berlin-Verkehrs«.

Am 9. Oktober 1971, genau zwei Jahre, vier Monate, eine Woche und zwei Tage nach dem Verschwinden von Henry Specht und Mario Louis, verschwand aus Eberswalde, ebenfalls aus dem Stadtteil Westend, der zwölfjährige Schüler Ronald Winkler. Wieder war es Abend, als die erste, noch reichlich verschwommene Nachricht kam:

Kinder aus dem Westend berichteten ihren Eltern, ein anderes Kind habe ihnen erzählt, ein wiederum anderes Kind sei von einem Mann verfolgt worden und dann nicht mehr zum Spielplatz Drehnitzwiese zurückgekehrt. Die Eltern, die diese Geschichte zunächst hörten, waren ihr nachgegangen und hatten sie wenigstens insoweit aufgeklärt, als sie wußten, wer das verfolgte Kind war – eben der für sein Alter ziemlich klein geratene Ronald.
Eine Frau sagte zu ihrem Mann: »Geh da gleich hin, das erinnert mich an die Sachen von vor zwei Jahren, das fing damals so ähnlich an, das muß man sofort melden!«
Mehrere Frauen und Männer, Mütter und Väter, trafen jedenfalls fast gleichzeitig bei der Familie Winkler ein: Wildparkstraße 18, allenfalls zweihundert Meter von der Triftstraße und vom Haus der Familien Specht-Louis entfernt, keine fünf Minuten. Auch die Häuser ähnelten einander so, daß es nur einen Unterschied gab: das Haus, in dem die Familie Winkler wohnte, hatte eine Etage mehr.
Der Schlosser Winkler, tagsüber im Eisenbahnwerk »8. Mai« beschäftigt, dankte den Leuten und sagte, er wisse Bescheid. Er schien nicht gerade von panischer Angst erfüllt zu sein, war aber doch etwas blaß um die Nase. Immerhin lag »sein« Haus noch dichter am Wald – hier am Wald der Drehnitzwiese – als das von Louis und Specht.
Winkler hatte sozusagen bereits aus erster Hand erfahren, daß irgend etwas im Zusammenhang mit seinem Sohn nicht ganz geheuer zu sein schien. Eine Etage über den Winklers wohnt nämlich die Familie Fuhrmann, und deren ebenfalls zwölfjähriger Sohn war am Nachmittag dieses Tages mit Ronald zum Spielen gegangen. Frank Fuhrmann war nach Einbruch der Dunkelheit zu Hause erschienen, wirkte jedoch seltsam bedrückt.
»Nun sag schon, was hast du?«
Als er zu erzählen anfing, wurde Vater Winkler hinzugezogen. Frank berichtete: Es werde ja nun leider immer früher dunkel zu dieser Jahreszeit, und so sei es auch schon dunkel gewesen, als ein Mann auf die Drehnitzwiese kam. Der Mann habe sie von dort zu verjagen versucht und sei dann hinter Ronald hergelaufen. Die meisten anderen Jungen, berichtete Frank, die an diesem Nachmittag auf der Wiese und unter den angrenzenden Bäumen gespielt hatten, seien zu dieser Zeit bereits nach Hause gegangen.
Inzwischen war die Sache mit Ronald wirklich beunruhigend, denn es ging auf 21 Uhr zu, und so lange war Ronald auch nicht annä-

hernd jemals ausgeblieben. Aus der Unruhe der Eltern wurden ernsthafte Sorge und schließlich nackte Angst:
Vater Winkler lief zunächst allein über die Drehnitzwiese, und als er nichts entdeckte, bat er Nachbarn, ihm bei der Suche zu helfen. Mit Fackeln und Sturmlaternen suchten dann zwei Dutzend Einwohner von Westend das Gelände ab, und erst, als auch das zu nichts führte, wurde noch vor Mitternacht die Volkspolizei benachrichtigt.
Die kam dann auch sehr schnell, mit allen verfügbaren Beamten: der Schock der Morde von 1969 wirkte offenbar doch noch nach, und es wurde wirklich keine einzige Minute verschenkt.
Aber es war längst zu spät, um noch helfen zu können:
Erst fanden die Vopos Blut, deutliche Blutspuren in einer Bodenvertiefung, die vor Jahren einmal eine kleine private Sand- und Kiesgrube gewesen sein mochte und nicht wieder zugeschüttet worden war.
Und Minuten später fanden sie Ronald, vielleicht fünfzig Meter weiter über einen Weg hinweg auf einer kleinen Lichtung – tot, mit durchschnittenem Hals, noch nicht ganz ausgekühlt und völlig ausgeblutet!
Trotz sofortiger Absperrung des Geländes konnte niemand verhindern, daß die Mutter Ronald Winklers einen Blick auf ihr totes Kind warf, das buchstäblich in seinem eigenen Blut schwamm und durch einen Scheinwerfer scharf aus der Dunkelheit herausgehoben wurde: Die Frau bekam einen Schreikrampf und mußte mit der Ambulanz sofort ins Krankenhaus gebracht werden.
Ronalds Leiche lag etwa in der Mitte der Lichtung an einem Baum, nahezu angelehnt an seinen aus der Erde wachsenden Wurzelballen. Er war also halb im Stehen gestorben und verblutet, und der Mörder hatte nach dem Halsschnitt nichts mehr mit dem Körper des Jungen angestellt, höchstens zugesehen, wie das Kind verblutete, soweit das in der Dunkelheit überhaupt möglich war. Spuren allerdings hatte der Mörder, soweit sich das auf den ersten Blick erkennen ließ, nicht hinterlassen.
In dieser Nacht vom 9. zum 10. Oktober kam dann im Westend kaum noch jemand zum Schlafen:
Im Bereich der Drehnitzwiese brummten die ganze Nacht die Generatoren, die die Scheinwerfer speisten, Autos fuhren ab, Kommandos wurden gegeben, Polizisten, die das Gelände absperren sollten, mußten mit erregten Bürgern diskutieren.
Und Vernehmungen wurden durchgeführt, zahllose Vernehmun-

gen schon in dieser ersten Nacht. Vor allem die Kinder wurden gefragt, zum großen Teil aus dem Tiefschlaf geholt – und eigentlich, glaubte die Polizei, müßte sie bis zum Morgengrauen den Mörder schon ermittelt haben. Denn als erstes ermittelte sie immerhin Frank Fuhrmann.
Sie weckte den Jungen, der als letzter mit Ronald Winkler gespielt hatte – und sie konnte eigentlich davon ausgehen, daß er der erste und bisher einzige Zeuge war, der den Mörder gesehen und vielleicht sogar mit ihm gesprochen hatte:
Leider war Frank Fuhrmann zunächst ziemlich verstockt, als zwei Beamte ihn ausfragen wollten, und sie mußten erst eine Kollegin holen, um ihn zum Sprechen zu bringen.
Dann kam es aber schnell heraus, warum er sich so verstockt gab und so tat, als sei er immer noch verschlafen. Frank Fuhrmann mußte nämlich erst ein kleines Delikt zugeben, das er – noch gemeinsam mit Ronny – begangen hatte!
»Da, der Holzstapel auf der Wiese ...« sagte er zögernd.
Holzstapel?
Auf der Drehnitzwiese, erinnerten sich die Beamten, lag ein Haufen Bretter, rohe, grob zurechtgeschnittene Bohlen, mit denen Schuppen und Fachwerkhäuser repariert wurden.
»... da habt ihr gespielt?«
»Ja«, gab er zu, »und das war ja verboten. Aber die meisten Kinder waren schon weg, und wir haben das öfter gemacht, weil es Spaß macht, wenn die Bretter ein bißchen rutschen ...«
»... ist ja auch nicht so schlimm!« sagten die Beamten tröstend, was Frank sehr erleichterte. Wertvoll waren die Bretter tatsächlich nicht, und weil sie ganz kurz waren, konnten sie eigentlich auch spielenden Kindern nicht besonders gefährlich werden. Immerhin lagen die Bretter schon viel zu lange auf der Drehnitzwiese herum, und solche Schlampereien sind nie gut.
Die Beamtin fragte: »Dann kam ein Mann, der euch angesprochen hat?«
»Angesprochen is' gut!« sagte Frank. »Ganz schön angepfiffen hat er uns, was wir da machen, wir sollen sofort abhauen!«
»... von den Brettern?«
»Ja!«
»Seid ihr dann abgehauen?«
»Und wie!« sagte Frank. »Es hätt' ja sein können, er hätte was zu sagen gehabt!«
»Wie seid ihr abgehauen?«

»Ich rechts raus, mach' 'n Bogen zurück zu den Häusern, Ronny geradeaus in die Büsche, hinter dem is' er dann her, hab' ich noch mitgekriegt ...«

An dieser Stelle wurde es den Beamten nicht nur klar, daß sie tatsächlich einen lebenden Zeugen hatten, sondern sie begriffen auch, daß es hier um Haaresbreite offenbar wieder zu einem Doppelmord hätte kommen können.

»Frank, erzähl uns doch mal, wie der Mann aussah ...«

Da dachte er länger nach und zuckte die Schultern. »Es war doch schon dunkel. So ganz normal groß, mehr kann ich da nicht sagen ...«

»Was hatte er für eine Stimme?«

»Laut gebrüllt hat er ja nicht, aber wir hatten ganz schön Schiß ...«

»Eine helle oder eine dunkle Stimme?«

»Weiß ich doch nicht ...«

Und dabei blieb es, in allen Details. Frank Fuhrmann, der einem grausamen Tod gerade noch entkommen war, wurde in den folgenden Tagen noch von anderen Beamten befragt, von anderen weiblichen Angehörigen der Kripo und auch von Kinderpsychologen.

Am Ende aber stand es fest: aus diesem Jungen ist nichts rauszuholen, einfach, weil er aus der Angst der Situation heraus tatsächlich nichts beobachtet hat! Und niemand kann sich, selbst bei analytischer oder hypnotischer Befragung – der Frank Fuhrmann übrigens nicht unterzogen wurde – an etwas erinnern, das er auch nicht eine einzige Sekunde lang bewußt erlebt hat.

Am Tag nach der Ermordung von Ronald Winkler machten die Beamten der Volkspolizei, wenn sie den Mörder schon nicht faßten, wenigstens einige bemerkenswerte Entdeckungen und Beobachtungen am Tatort und in der näheren Umgebung. Danach schien es endgültig festzustehen, daß der Mörder Ronald Winkler schon in der kleinen Grube eingeholt und auf ihn eingestochen hatte.

Außerdem war nicht auszuschließen, daß zwischen dieser »Einholstelle« und den ersten Messerstichen und der Mordstelle noch mehrere Zwischenstationen lagen, bei denen der Mörder, nachdem er das Kind erst einmal eingeholt hatte, stehengeblieben war.

Auf jeden Fall hatte er dem Jungen sowohl an der »Einhol-« als auch an der Mordstelle Verletzungen zugefügt, die zunächst nicht tödlich oder auch nur lebensgefährlich waren, sondern »nur« schmerzhaft. Und dies war, neben dem Halsschnitt am Ende der

Tat, für die Beamten, die schon vor zwei Jahren dabeigewesen waren, die sichere Bestätigung: Es handelte sich eindeutig um denselben Mörder, der 1969 Henry Specht und Mario Louis umgebracht hatte – denn auch bei ihnen hatte er zunächst nur »geritzt«, aber bis auf einen einzigen Stich (bei Mario Louis) nicht schwer verletzt! Der eigentliche Mord an Ronald Winkler war dann erst auf der kleinen Lichtung passiert. Und es war das dritte Mal, konstatierten die Vopos, daß das Stichwort »Lichtung« auftauchte. In diesem Punkt glaubten sie also nicht mehr an einen Zufall.
Parallel dazu stellten die Ärzte an der Leiche fest, daß Ronald Winkler durch einen besonders kraftvoll geführten Messerstich von oben durch die Schädeldecke schwer verletzt worden – und daß er erst dann durch den bereits bekannten Halsschnitt endgültig getötet worden war, der durch Verbluten unmittelbar zum Tode führt. Dieser Schnitt, wieder – wie bei Henry Specht – von einem Ohr zum anderen durchgezogen, führt nach Ansicht der Gerichtsmediziner allerdings auch zu sofortiger Bewußtlosigkeit. Und im Zusammenhang mit einer so grauenhaften Situation wie hier, den letzten Minuten eines tödlich verletzten Kindes, war das eine nahezu gnädige Erkenntnis.
Alle diese Tatsachen wurden wieder, von Anfang an, wie Staatsgeheimnisse erster Ordnung behandelt. Sie brachten den sofort wieder aus Frankfurt an der Oder angereisten Staatsanwalt und die Kriminalbeamten der Deutschen Volkspolizei immerhin auf ein paar naheliegende Überlegungen – eine erste Theorie, wie sich das mörderische Geschehen diesmal abgespielt haben könnte:
Der Mörder hatte sich Ronald Winkler als Opfer ausgesucht, weil der andere Junge instinktiv in die Nähe der rettenden Häuser gelaufen war.
Er hatte ihn eingeholt, als Ronald an der kleinen Grube gestolpert war, und schon dort hatte er ihn zum ersten Mal mit dem Messer verletzt. Dann aber hatte sich dieser ebenso blutrünstige wie vorsichtige Mörder offenbar gestört gefühlt, mindestens einmal, wenn nicht mehrfach – durch zufällig vorübergehende Passanten, durch Geräusche, deren Herkunft er in der Dunkelheit nicht genau orten konnte, durch irgendein optisches oder akustisches Ereignis außerhalb des von ihm beabsichtigten Mordgeschehens.
Der heftige Kopfstich vor allem schien darauf hinzudeuten, daß noch auf der Mord-Lichtung eine solche Störung eingetreten sein konnte – und daß der Täter mit dieser Verletzung, die noch schneller anzubringen ist als der Halsschnitt, sein Opfer sehr plötzlich

zum Schweigen bringen wollte. Daß das Opfer nicht vorher um Hilfe geschrien hatte, lag vermutlich daran, daß der Täter es mit dem Messer und Drohungen völlig eingeschüchtert hatte.
Das Ergebnis dieser Überlegungen und Indizien war umfangreich, aber es war eher deprimierend als erfreulich. Denn sobald sie das Ergebnis der Obduktion der kleinen Leiche in den Einzelheiten kannten, mußten die in Eberswalde versammelten Kriminalisten zu einer Erkenntnis kommen, die für die weiteren Ermittlungen alarmierend war:
Hier hatten sie es auf gar keinen Fall mehr mit einem »blindwütigen« Lustmörder zu tun, der sich durch nichts mehr ablenken ließ, wenn ihn der »Blutrausch« einmal gepackt hatte – hier war vielmehr ein Täter am Werk, der sich offenbar während des gesamten Ablaufs seiner Tat unter Kontrolle hatte!
Im großen Mordwald Specht-Louis war das noch nicht so deutlich geworden. Hier aber hatte, wie die Volkspolizei sich eingestehen mußte, der Mörder ein Kind geradezu unter den Augen seiner Freunde, ja sogar seiner Eltern, fangen, entführen und töten können.

Ronald Winkler wurde, nachdem die Staatsanwaltschaft seine Leiche freigegeben hatte, mit ähnlich großer Anteilnahme der Bevölkerung wie seinerzeit bei Henry Specht und Mario Louis auf dem Waldfriedhof begraben. Ein endloser Trauerzug, zum großen Teil wildfremde Leute, ging hinter dem Sarg her zum Grab, trotz des strömenden Regens, und auch diesmal blieben die Russen ruhig, die ja, streng genommen, immer noch unter Verdacht standen.
Russische Offiziere waren diesmal nicht erschienen, weil sich ihre Soldaten ja auch nicht an der Suchaktion beteiligt hatten und außerdem gerade Herbstmanöver stattfanden. Vielleicht aber waren zu dieser Beerdigung des dritten Eberswalder Mordopfers sogar noch mehr Leute als damals gekommen, und das war nicht gerade im Sinne der Staats- und Polizeiorgane, die schon zu diesem Zeitpunkt den Fall so »niedrig« wie überhaupt möglich halten wollten.
Das hatte auch einen konkreten Grund, über den es nachträglich einige heftige Debatten zwischen Polizisten und Staatsanwälten gab:
In den ersten Fahndungstagen im Fall Winkler hatte die Volkspolizei nämlich auch Lautsprecherwagen eingesetzt, um die Fahndung nach dem Mörder zu unterstützen, eine in westlichen Ländern durchaus übliche, in sozialistischen Staaten allerdings nur in sehr

seltenen Ausnahmefällen angewendete Maßnahme, um die Unterstützung der Bevölkerung zu erreichen. Die Wagen waren, auf eigene Initiative der Polizei, unablässig durch die Straßen gefahren – und dadurch wußte am Ende auch der allerletzte Bürger vom Westend und den benachbarten Stadtteilen von Eberswalde Bescheid darüber, daß hier wieder etwas Schreckliches passiert sein mußte. Außerdem war Ronald, was ebenfalls bekanntgegeben worden war, ein Einzelkind gewesen, was die Leute immer besonders rührt.
Einzelheiten allerdings, die über die Personenbeschreibung des toten Kindes und die Frage hinausgingen, wer es vielleicht noch lebend mit anderen Personen gesehen hatte, wurden nicht bekanntgegeben – und eigentlich war das der Grund dafür, daß in der Stadt wilde, später exzessive Gerüchte zu wuchern begannen.
Das Hauptquartier für die Ermittlungsarbeit war schon am 10. Oktober, am Tag nach dem Winkler-Mord, in die SED-Zentrale von Eberswalde verlegt worden, in ein Haus, das sich von den anderen Häusern im Stadtgebiet vor allem durch die üppigen Radar- und Antennenwälder auf dem Dach unterschied und immer noch unterscheidet. Und, wie gesagt, die bereits einschlägig erfahrenen »Mucks«, die Morduntersuchungskommissionen aus Berlin, Leipzig, Dresden und aus anderen Städten, rückten wieder an – und diesmal, sagten ihre Mitglieder, fast alles qualifizierte Polizeioffiziere, diesmal hatten sie alle das Gefühl, sie würden die Kreisstadt Eberswalde erst nach der Ergreifung des unheimlichen Dreifach-Killers wieder verlassen.
Zweihundert Sichtbare standen gegen einen Unsichtbaren, auf der »sichtbaren« Seite die nach Tausenden zählenden Hilfstruppen nicht mitgerechnet. Der »Oberkommandierende« dieser Armee war der Frankfurter Staatsanwalt Dr. Kuschel, und zum »kommandierenden General« wurde der Chef der Kripo von Eberswalde bestimmt, ein exzellenter Praktiker mit Erfahrungen gerade im Bereich dieses Falles.
Wichtig war in diesem Zusammenhang aber vor allem der »I-A-Offizier« und damit der Führer des »Kriegstagebuchs« – denn niemand, so sah man ein, konnte von seiner Detailarbeit aus ständig die Gesamtsituation überblicken. Zu diesem »I-A« wählte man dann den Kriminalmajor Herbert Grieschat – und das »Tagebuch«, das er führte, verzeichnet von Anfang an unzählige »Feindbewegungen«, aber nur wenige Scharmützel. Erst nach vielen Seiten konnte konkret notiert werden: »Das bemerkenswerteste Ergebnis der Spu-

rensuche (im Fall Winkler) war die Sicherung zahlreicher Textilfasern, die sowohl an der Bekleidung des Opfers als auch an den Zweigen des Strauchwerks am Tatort gefunden wurden. Diese Fasern, die untereinander artgleich waren und nicht von der Bekleidung des Opfers stammten, waren entsprechend der Spurensituation mit Sicherheit der Täterbekleidung zuzuordnen.
Außerordentlich wertvoll für die Ermittlungsarbeit scheint der gutachterliche Nachweis, daß diese Textilfasern nicht in der DDR und den anderen sozialistischen Staaten hergestellt oder verarbeitet werden, sondern zum Produktionssortiment des kapitalistischen Auslandes gehören!«
Einer der vielen Majore in Eberswalde sagte damals zum anderen: »Jetzt haben wir ihn!«
»Nämlich?« fragte der andere.
»Jetzt wissen wir, wonach wir suchen. Nach einem Mann, der regelmäßig Kontakt zum Westen hat, wahrscheinlich zur Bundesrepublik, und der von dort Geschenke bekommt ...«
»Ich wär' da nicht ganz so optimistisch!« sagte der andere kühl. Er war an diesem Tag etwas müde, denn er hatte schon ein Dutzend Zeugen und Hinweisgeber vernehmen müssen.
Der Skeptiker indessen behielt recht: Inzwischen gab es, die Mordsachen Specht-Louis und Winkler zusammengefaßt, rund 1300 Hinweise und Spuren und mehrere tausend Einzelpersonen, die als Hinweisgeber, Zeugen oder gar Verdächtige registriert werden mußten. Und dabei half es gar nicht, daß der »I-A« Herbert Grieschat bei jeder Gelegenheit in sein »Tagebuch« schrieb: »Es sei besonders hervorgehoben, daß die Volkspolizei bei diesem Einsatz die größte Unterstützung der Bevölkerung sowie von der Kreisleitung der SED, dem Rat der Stadt und sämtlichen ortsansässigen volkseigenen Betrieben erfährt!«
Das war Schaumschlägerei, die offensichtlich sein mußte, und darüber waren sich alle Beteiligten klar. Die eigentliche Unterstützung jedenfalls mußte von anderer, berufenerer Seite kommen, und sie kam dann von zwei Seiten:
Einmal leisteten die DDR-Kriminaltechniker ein Meisterstück. Die Textilfasern am Tatort und an der Bekleidung von Ronalds Leiche gehörten zu einem tatsächlich aus dem »Produktionssortiment des kapitalistischen Auslands« stammenden sogenannten Webpelz, und dieser Webpelz war mit hoher Wahrscheinlichkeit als »Futter« in einer Lederjacke verarbeitet gewesen. Es kam also jetzt vorrangig drauf an, alle Familien im Raum Eberswalde daraufhin zu überprü-

fen, ob sie Verwandte im »Westen« hatten – gutsituierte Verwandte, die in der Lage waren, so vergleichsweise nicht gerade billige Geschenksendungen wie Lederjacken mit Webpelz in die DDR zu schicken. Diese Aufgabe allerdings war für die Polizei, die ja schließlich noch eine Menge anderer Dinge zu erledigen und eine Unzahl anderer Spuren zu verfolgen hatte, von vornherein kaum zu erfüllen.
Zum anderen aber kam die Hilfe, vom Staatsanwalt gerufen, sozusagen im weißen Kittel. Der Staatsanwalt hatte eine Idee, und das war und ist dann schon so gut wie ein Beschluß. Die »weiße Hilfe« kam an dem Tag, an dem in Eberswalde Ronald Winkler beerdigt wurde – nach Lage der Dinge Gott sei Dank in einem Einzelgrab, weil sein Freund gerade noch entkommen war.
Es kamen Leute von der Ostberliner Charité nach Eberswalde, dem berühmtesten und traditionsreichsten Krankenhaus auf dem Territorium der Hauptstadt der DDR, wenn schon nicht gerade dem modernsten, und sie fluchten erst einmal gottserbärmlich, weil sie nicht vorankamen.
Es sind zwar über die Fernverkehrsstraße 2 über Lindenberg und Biesenthal nur an die fünfzig Kilometer bis nach Eberswalde, aber bei Bernau und Melchow überquert die Straße zweimal die Bahnlinie, und wer jemals in der DDR vor einem Bahnübergang halten mußte, weiß, was sie litten. In einem Fall, bei Melchow – nicht zu verwechseln mit Malchow noch auf Berliner Gebiet, wo sie auch vorbeikamen –, warteten sie mit ihrer gesamten Expedition zwanzig Minuten, bis der Dampfzug vorbei und die Straße endlich wieder frei war.
So dauerte es fast zwei Stunden, bis die Ostberliner im Eberswalder Parteihaus eintrafen, im Hauptquartier der Fahndungsaktion, wo sie bereits sehnlichst erwartet wurden. Es waren Psychiater und Psychologen, ausgesuchte Leute, in Gerichtssachen und Gutachterproblemen bewandert, praktisch von einem Tag zum anderen nach Eberswalde beordert – mit dem Dozenten Dr. Dr. Hans Szewczyk an der Spitze. Szewczyk war Leiter der Gerichtspsychiatrie-Abteilung der Nervenklinik der Charité, und so ganz genau konnten sie sich allesamt nicht vorstellen, was die Kriminalisten hier von ihnen wollten. Selbst Szewczyk, der ja schon einmal ein ungewöhnliches Gutachten in dieser Mordaffäre gemacht hatte, war einigermaßen gespannt, was da auf ihn und seine Leute zukommen würde.
Sehr schnell aber wurden sie dann von Dr. Kuschel, dem Leitenden

Mordstaatsanwalt aus Frankfurt/Oder, mit einem Gedankengang vertraut gemacht, der ihnen allen ziemlich kühn erschien:
Kuschel gab zu, daß es in diesen Herbsttagen 1971 trotz aller polizeilichen Bemühungen im Dreifach-Mordfall Eberswalde überhaupt nicht mehr weiterging. Er habe deshalb seine Idee, von Fachleuten eine Täter-Hypothese erstellen zu lassen, weiterentwickelt – sich sozusagen zu einem ungewöhnlichen Schritt entschlossen, der, soweit er wisse, bis zu diesem Zeitpunkt allenfalls in Amerika gelegentlich unternommen worden sei. Jedenfalls erteile er hiermit den Auftrag, eine Kommission aus Psychiatern und Psychologen zusammenzustellen, deren erste und einzige Aufgabe es zunächst sein sollte, endlich eine wirklich brauchbare Fährte hin zum Täter zu eröffnen.
Das war weit mehr, als Szewczyk sich vorgestellt hatte, von seinen Mitarbeitern nicht zu reden.
»Sie verlangen da etwas ziemlich Ungewöhnliches«, sagte er verbindlich, »ich möchte nicht gerade ›Unmögliches‹ sagen, aber wir haben diesen Weg ja schon einmal ohne sichtbaren Erfolg beschritten ...«
Kuschel nickte. »Inzwischen haben wir einen weiteren Mord und erheblich umfangreichere Erkenntnisse. Außerdem bitten wir Sie Ihrerseits um einen viel größeren Aufwand an qualifiziertem Personal ...«
Und diesmal werde er, entsprechend dem größeren Aufwand, härter fragen. Er drohte es förmlich an, wenn auch lächelnd. Diesmal werde er nicht nur fragen, wie der Täter den Tatumständen entsprechend beschaffen sein könnte, sondern er sei an Einzelheiten interessiert, sehr richtig und wohlverstanden, an Einzelheiten!
Wie sieht der Mann aus? werde jetzt die an den Expertenkreis gestellte zentrale Frage lauten. Ist der Knabenmörder von Eberswalde, der unheimliche Killer vom Schwärzewald und von der Drehnitzwiese, überhaupt ein Mann, wenn auch ein homophiler? Wie alt ist er? Welche Motive hat er, wenn man davon ausgeht, daß das Motiv Lustmord etwas allzu simpel formuliert erscheint? Und wird es gelingen, ihn zu fassen, bevor er ein weiteres Kind »fachgerecht« mit einem Halsschnitt schlachtet?
Die Bildung der Kommission war damit bereits beschlossen, niemand hätte sich ernsthaft sträuben können, denn die Staatsanwaltschaft hat in der DDR erheblich umfangreichere Befugnisse als etwa in der BRD.
Einer der Männer, denen die Leitung dieses »Aufklärungskollek-

tivs« anvertraut wurde, war der Dozent und Mitherausgeber der angesehenen DDR-Zeitschrift »Kriminalistik und forensische Wissenschaften« Medizinalrat Dr. Manfred Ochernal; er war der Praktiker, wie Kuschel betonte, denn er war sowohl ärztlicher als auch Vollzugs-Direktor der als besonders human geltenden Strafvollzugsanstalt Waldheim.

Neben Ochernal wurde der Obermedizinalrat Dr. Barylla in die Leitung berufen, Chef der großen Bezirksnervenklinik Eberswalde am nordöstlichen Stadtrand, am Rande des Eberswalder Forstes. Und der dritte – oder genauer gesagt erste – Mann in der Leitung dieser tatsächlich bisher einmaligen Kommission war Szewczyk, eben Dr. Dr. Hans Szewczyk von der Charité, ein graumelierter Grandseigneur nahezu westlichen oder wenigstens tschechischen Zuschnitts.

Alle drei Wissenschaftler hatten, noch bevor die Kommission ihre Arbeit aufnahm, die besten Leute aus ihren Stäben mitgebracht, so daß zeitweise bis zu zwanzig Psychiater und Psychologen versammelt waren. Allein von der Charité waren für die Dauer der »Ermittlungen« in Eberswalde vier Fachleute von allen anderen Aufgaben freigestellt worden.

Von Anfang an gab es zwar keine ausgesprochenen Spannungen, aber doch Meinungsverschiedenheiten und eine ziemlich massive Frozzelei unter den Experten. Quer durch die Fraktionen wurde zunächst die Meinung vertreten, als Arzt und Wissenschaftler habe man schließlich die Aufgabe, Menschen zu helfen, nicht aber, sie zu fangen. Diesen Einwand räumte Dr. Kuschel damit aus, daß er darauf hinwies, die Vermeidung weiterer Kindermorde, sofern sie erreicht werden könne, sei schließlich auch eine ziemlich aktive Hilfe für die bedrohten Kinder.

Schwieriger waren noch die etwas vorlauten Bemerkungen aus Szewczyks Team aus der Welt zu schaffen: »Wenn wir den Typ jemals fangen, kommt er ja doch auf jeden Fall zu uns nach Ostberlin zur Begutachtung!«

Hier mußten die Chefs selbst eingreifen:

Baryllas Team kam zwar für eine eventuelle spätere Begutachtung tatsächlich nicht in Frage, war wohl auch nicht sonderlich interessiert – aber zumindest Ochernals Leute hatten eine solide Chance, ihrerseits das »Phantom« stationär beobachten zu können, sofern man ihm überhaupt jemals auf die Spur kommen würde. Ochernal war nämlich nicht nur Dozent, sondern auch Oberstleunant im DDR-Ministerium des Inneren.

Der 21. Mitarbeiter innerhalb der Kommission sollte dann der Computer sein, mit dem die Charité normalerweise arbeitete, der Computer, der in der Ostberliner Universität stand.
»Aber das dürfte nicht gehen«, mußte Szewczyk einwenden, »ich sehe da wenig Chancen ...«
»Warum nicht?« fragte Kuschel erstaunt.
»Nun ja«, sagte der »Tscheff«, wie ihn seine Truppe nannte, »für die Auswertung unserer eigenen Gutachten reicht er aus. Ich nehme jedoch an, daß wir hier noch einige Unterlagen mehr zu bearbeiten haben werden?«
»Darauf können Sie sich verlassen!« sagte der Staatsanwalt.
»Trotzdem ...«
»Trotzdem«, beharrte Szewczyk, »spielt hier der Zeitfaktor in doppelter Hinsicht eine Rolle. Der Uni-Computer hat eine Menge anderer wichtiger Dinge zu bewältigen, das kann nicht einfach liegen bleiben ...«
»... die andere Hinsicht ...?« fragte Kuschel, schon auf dem Sprung, wieder ein Machtwort zu sprechen.
»Er ist zu langsam, schließlich haben wir ihn ja nicht eingekauft, und schließlich sind wir auch nicht diejenigen, die vergessen haben, daß es inzwischen neuere und bessere Modelle gibt«, entschuldigte sich Szewczyk.
»Soviel zum neuen ökonomischen System der Planung und Leitung ...!« sagte ein Polizeioffizier ironisch.
»Weltniveau ...!« assistierte ihm ein Kollege.
»Wollen wir hier arbeiten«, fragte Dr. Kuschel scharf, »und zwar mit den Mitteln arbeiten, die uns zur Verfügung stehen, oder wollen wir uns über die Entwicklung der elektronischen Datenverarbeitung in der DDR unterhalten?«
Die beiden Polizisten entschuldigten sich, wenngleich nur mit Blicken, und ein dritter Polizist machte dann einen brauchbaren und vernünftigen Vorschlag:
»Im Ministerium für Inneres steht, soviel ich weiß, ein sehr leistungsfähiger Computer. Ich könnte mich dafür verwenden, daß wir ihn für unsere Tätigkeit benutzen könnten ...«
Immerhin ist das Innenministerium, ebenso wie in der BRD, die oberste Aufsichtsbehörde für die Polizei, und der Offizier – ein Major – hatte einen guten Draht zur ministeriellen Datenverarbeitung. Kuschel gab seine Zustimmung, die Kollegen im Ministerium konnten schlecht nein sagen, und so wurden alle in der Charité bereits ausgewerteten Gutachten ins Innenministerium umgelagert.

Dort schlugen die Programmierer allerdings die Hände über dem Kopf zusammen:
Das gesamte Material war nach völlig anderen Methoden, als sie hier angewendet wurden, aufgeschlüsselt worden – und das Personal im Ministerium mußte mehrere Nachtschichten machen, bevor es überhaupt daran denken konnte, mit der eigentlichen Arbeit zu beginnen.
Die eigentliche Arbeit: das war die Überprüfung sämtlicher Charité-Fälle, in denen die Stichworte Pädophilie, Homosexualität oder Sadomasochismus auftauchten. Kuschel hatte sich die Sache, in seiner verständlichen Ungeduld, sogar noch weitergehend vorgestellt: nach seinen Vorstellungen sollten auch andere psychiatrische Anstalten ihr Material zur Verfügung stellen, und außerdem sollten – hier noch mit Hilfe der Volkspolizei – Scheidungsakten, Unterlagen der Jugendhilfe, einschlägige Strafakten und vergleichbare Unterlagen aus der gesamten DDR ausgewertet werden.
Erneut mußten ihm die EDV-Experten und die »Psychos« widersprechen:
»Das ist unmöglich, Genosse Staatsanwalt! Das sind Hunderte von Tonnen, das würde Jahre dauern, sie allein aufzuschlüsseln!«
»Dann wenigstens das Material aus dem Bezirk Frankfurt!« schränkte der Staatsanwalt ein.
Doch nicht einmal das ließ sich ermöglichen. Es gab einfach Schwierigkeiten, von denen sich der aktive Staatsanwalt keine Vorstellung gemacht hatte, und er war nahe daran, die ganze Kommission zu entlassen.
Als es dann aber ganz kritisch wurde, setzten sich die an ihrer Ehre gepackten Kommissionschefs sozusagen unter acht Augen mit Kuschel zusammen und brachten ihm bei, daß der Computer ja nun schließlich nicht der Weisheit allerletzter Schluß sei. Immerhin seien die hier versammelten Gerichtspsychiater und -psychologen Jahre und Jahrzehnte darauf geschult worden, Akten unter den Gesichtspunkten ihrer Wissenschaft zu lesen, und sie – nämlich die Herren Szewczyk, Ochernal und Barylla – könnten sich sehr gut vorstellen, daß sie da der Volkspolizei manchen brauchbaren Tip geben könnten.
Am Ende der Unterredung war der Staatsanwalt mit den Vorschlägen der Psychiater und Psychologen einverstanden. Und so begann dann endlich zwischen dem 15. und 18. Oktober die praktische Arbeit – »endlich, endlich!« wie Kuschel sagte.
Zwanzig Wissenschaftler und ein Computer, die in einem regel-

rechten Pendelverkehr über die mühsame Strecke zwischen Eberswalde und Berlin in ständiger Verbindung standen, werteten Akten aus, Zivil- und Strafakten, und sie nahmen sich natürlich auch nochmals die zahllosen bisher von der Vopo angelegten Spurenakten vor.
Fünf Gruppen von Personen wurden vor allem überprüft, zum großen Teil schon zum dritten oder vierten Mal, aber eben doch unter neuen Gesichtspunkten:
1. wegen Sexualverbrechen vorbestrafte Personen, deren Handlungen homosexuell-pädophile oder sadistische Neigungen erkennen ließen;
2. geistesgestörte Personen, die in den offenen und geschlossenen Häusern der in der Nähe liegenden psychiatrischen Einrichtung (von Barylla) untergebracht oder in der psychiatrischen Ambulanz behandelt wurden;
3. bestimmte, mit den Tatumständen in Zusammenhang zu bringende Berufsgruppen, wie zum Beispiel Fleischer, Jäger, Forstarbeiter und andere;
4. alleinwohnende oder zur Tatzeit alleinstehend gewesene männliche Personen des gesamten Ortsteils Eberswalde-Westend sowie solche männliche Personen, die sich entweder zur Tatzeit 1969 oder zur Tatzeit 1971 nachweisbar vorübergehend in Eberswalde aufgehalten hatten;
und schließlich
5. alle männlichen Jugendlichen und Erwachsenen aus Eberswalde, bei denen es einen wenn auch nur den allergeringsten Hinweis auf sadistische Neigungen gab – sei es auch nur der vage, niemals verfolgte und jetzt erst angezeigte Verdacht, jemals einen Dackel verprügelt zu haben.
Drei Tonnen Papier, schätzte einer der Auswerter, mußten bei dieser aufwendigen Überprüfung durchforstet werden. Und es sah so aus, als sei das immer noch nicht genug:
Szewczyk sagte eines Abends, bei der täglichen Lagebesprechung im Konferenzraum, zum Staatsanwalt: »Sie kennen doch sicher den Fall Bartsch in der BRD?«
Kuschel kannte ihn, wenn auch, wie die meisten anderen, nur aus Zeitungsberichten. Er wußte immerhin, daß Jürgen Bartsch vier Knaben auf vergleichbare Weise wie der »Eberswalder« getötet hatte, und er war sofort sehr interessiert.
»Ich habe mich an Professor Bresser in Köln gewandt«, sagte Szewczyk, »einen der Hauptgutachter in diesem Fall Bartsch. Ich

habe ihn kollegial bitten lassen, mir ausführlichere Unterlagen zur Verfügung zu stellen. Es ist offenbar aus rechtlichen Erwägungen nicht ohne weiteres möglich!«
»Sie hätten sich gleich an mich wenden sollen!« antwortete der Staatsanwalt.
Irgend jemand aus seinem Stab telefonierte noch am selben Abend mit dem Ministerium für Staatssicherheit. Zwei Tage später besaß die Gutachterkommission von Eberswalde bereits umfangreiche Unterlagen über den Fall Jürgen Bartsch – Gerichtsakten, Gutachten, stapelweise umfängliche Prozeßberichte. Agenten, mit sonst ganz anderen Aufgaben, hatten das Material in Westdeutschland beschafft, offenbar mit Hilfe nicht zu knapper Schmiergelder, und nach Westberlin geflogen. Am Grenzübergang Heinrich-Heine-Straße hatte die Volkspolizei zu jenem Zeitpunkt längst Anweisung, einen bestimmten Wagen mit Westberliner Kennzeichen ohne Kontrolle durchzulassen.
Die Gutachterkommission in Eberswalde arbeitete die Bartsch-Akten Satz für Satz durch, und das Ergebnis dieser Tätigkeit war mehr als nur eine intellektuelle Befriedigung:
Es war, letztendlich, eine Bestätigung dafür, daß man offenbar in allererster Linie nach einem jungen, einem sehr jungen Mann suchen sollte – eben einem Mann, einem Jugendlichen wie Jürgen Bartsch aus Langenberg im Rheinland!
»Da paßt doch alles!« sagte Ochernal befriedigt.
Denn die verblüffenden Parallelen zwischen den Tatbeständen der beiden Fälle ließen, meinte er, zwingend den Schluß zu, daß es auch zwischen den Persönlichkeiten der Täter Parallelen gab beziehungsweise geben mußte!
Daß der Eberswalder Täter ein Mann war, ergab sich aus den wenn auch spärlichen Zeugenaussagen ohnehin mit absoluter Sicherheit. Daß er ein junger, wenn nicht sehr junger Mann war, konnte man auch schon vor diesem ersten Vergleich mit dem Fall Bartsch voraussetzen: seine Opfer waren nach den Aussagen von Eltern und Schulkameraden allesamt ziemlich schnelle Sprinter, und der Täter mußte sehr gut laufen können, um sie einzuholen. Und daß es sich – woran es seltsamerweise immer wieder Zweifel gegeben hatte – bei allen drei Mordtaten um ein und denselben Täter handelte, stand nun wirklich nicht mehr in Frage, nachdem das abschließende Obduktionsergebnis im Fall Winkler zum Vergleich herangezogen werden konnte:
Die Art der Tötungen, die Halsschnitte, stimmte so genau überein,

daß die Länge der Schnitte fast mit dem Zentimetermaß nachzumessen war!

Außer Ochernal aber war eigentlich niemand so recht zufrieden, bei den »Psychos« nicht und nicht bei den »Bullen«. Immer mehr näherte sich der Tag, an dem die drei Tonnen Papier ohne Ergebnis »verheizt« sein würden: Potentielle Täter wurden in ausreichender Zahl »ermittelt« und natürlich auch vernommen. Aber es war kein extrem Jugendlicher unter ihnen, und in den Vernehmungen stellte es sich ausnahmslos heraus, daß sämtliche Verdächtigen entweder ein lückenloses Alibi hatten oder auf sonstige Weise ausgeschieden werden mußten.

Trotzdem, Spurenakten wurden auch von diesen Personen angelegt. Eine dieser Spurenakten, beispielsweise, trug als Aufschrift den Namen Walter Dörenberg, und innerhalb des Hefters wird in dürren Worten folgender Sachverhalt geschildert:

Dörenberg war Installateur, Junggeselle und außerdem der Jüngste aller Überprüften, und allein deshalb war er schon ziemlich verdächtig. Er war darüber hinaus ein sogenannter Einzelgänger, was ihn noch verdächtiger machte, und schließlich hielt er sich in seiner Freizeit am liebsten im Walde auf, vor allem im Sommer und im frühen Herbst. Dörenberg war nämlich ein begeisterter Pilzsammler, und deshalb trug er auch ständig ein scharfes Messer mit sich herum.

Dieses Messer wurde bei ihm beschlagnahmt und zur kriminaltechnischen Untersuchung nach Berlin geschickt, sein Besitzer wurde erst dann wieder auf freien Fuß gesetzt, als die Untersuchungen ergeben hatten, daß dem Messer allenfalls Pilzsporen, aber keine Blutspuren anhafteten.

Höchst verdächtig waren im übrigen auch, nach wie vor, sämtliche Schlachter im Umkreis von Eberswalde, und wenn manche von ihnen jetzt nochmals verhört wurden, so wurden sie nun gleich dreimal durch die Mangel gedreht. Noch aus einem anderen Grunde waren die Schlachter außerdem allmählich von Herzen böse auf die Vopo: Sie hatten oft tagelang nicht mehr genug Arbeitsgeräte, weil die Beamten ihre Messer immer wieder vorübergehend konfiszierten und zur Untersuchung auf Menschenblut in ihre Laboratorien schickten – ohne jedes Ergebnis.

Neue Spurenakten – Pilzsammler, Schlachter, geistig Verwirrte und andere – gab es jedenfalls in diesem Fall inzwischen schon wieder kiloweise, und man beschäftigte sich, indem man sie in drei Grup-

pen gliederte: in relativ stark verdächtige, eventuell als Täter in Frage kommende und nicht ganz aus den Augen zu lassende Personen.
In den wenigen stillen Stunden nach Feierabend allerdings, wenn wirklich niemand mehr imstande war zu arbeiten, mußten sich die erschöpften Bosse der MUKs, ihre Mitarbeiter und auch die hinzugezogenen Gutachter eingestehen, daß sie im Grunde alle diese Akten, also auch die der ersten Gruppe, schadlos in den Ofen hätten werfen können.
Zu diesem Zeitpunkt liefen die Aktionen der Deutschen Volkspolizei und der Gutachterkommission immerhin noch einigermaßen parallel – und zu diesem Zeitpunkt hatten sie auch, wenn sie schon nicht zur Ergreifung des Knabenmörders führten, unter anderem ein verblüffendes Ergebnis:
Die Kriminalitätsziffer im Kreis Eberswalde stieg geradezu beängstigend an, weil im Zuge der aufwendigen Ermittlungen zahlreiche Straftaten bekannt wurden, nach denen sonst kaum ein Hahn gekräht hätte. Eben weil man in diesen Tagen schon vordringlich nach Jugendlichen fahndete, gingen zahlreiche Jugendliche, die sich zum Teil zu Diebesbanden zusammengeschlossen hatten, der Volkspolizei ins Netz; sie hatten zwar meist keine großen Werte, aber doch ziemlich häufig geklaut. Gott sei Dank wurden diese Straftaten dann auch gleich aufgeklärt, so daß Eberswalde gerade noch um den Ruf herumkam, vorübergehend die kriminellste Stadt in der gesamten DDR zu sein.
Unruhe und Nervosität aber bestimmten die Atmosphäre der Stadt in jenem Herbst 1971, es herrschte die nackte Angst, und es war beklemmend, zu beobachten, in welchem Ausmaß sich gerade auf diesem Gebiet der polizeilichen Mörderjagd das Ausmaß »westlicher Infiltration« bemerkbar machte:
Die Menschen trauten der Volkspolizei allmählich gar nichts mehr zu – und sie forderten in ihren erregten Diskussionen, die meist in der Kneipe stattfanden, nicht etwa einen kriminalistischen Meister aus Moskau an, sondern sie waren mit dem letzten Rest ihrer Hoffnung ausgesprochen kapitalistisch orientiert.
Ein G-Man vom amerikanischen FBI sei in der Stadt eingetroffen, hieß es unter den Leuten, um die Volkspolizei bei ihrer Arbeit zu unterstützen. Ein schwedischer Meisterdetektiv sei mit dem Hubschrauber in Eberswalde gelandet, um den Mörder zu fangen, lautete ein anderes Gerücht; irgend jemand im Kreis hatte offenbar einmal die Memoiren des Kripochefs Söderblom gelesen und dabei

übersehen, daß der Schwede seit Jahrzehnten aus dem Geschäft war. Schließlich behauptete eine Gruppe von Menschen allen Ernstes, James Bond sei keine von dem Autor Ian Fleming erfundene Figur, sondern man habe ihn in den letzten Tagen mehrfach und leibhaftig in diesem Teil der DDR gesehen.
»Das geht nicht mehr so weiter!« sagte der Dozent Dr. Szewczyk, der profilierteste Helfer der Polizei, wenn immer solche Gerüchte auf den täglichen Konferenztisch gekippt wurden.
Er war immerhin derjenige, dem es als erstem aufgefallen war, wie sehr sich hier alles im Kreise drehte, wieviel kostbare Zeit verschwendet wurde, weil die Zusammenarbeit mit dem Computer nicht recht klappte, viel zuviel »mit der Hand gelesen« werden mußte – und wieviel neues, im Grunde sinnloses Papier neue und ebenso sinnlose Arbeit verursachte.

Inzwischen war es Ende Oktober geworden, alles in allem die bitterste Zeit innerhalb der gesamten Ermittlungsarbeit in den Fällen Specht, Louis und Winkler. Seit der Ermordung von Ronald Winkler waren wieder drei Wochen vergangen, und die Stimmung der Mörderjäger wurde immer gereizter. Die riesige Polizeiaktion mit mehr als hundert Kriminalisten drohte ins Leere zu verpuffen, getreu der alten Kriminalisten-Weisheit, daß jeder Tag dem Täter einen neuen, schließlich kaum noch einzuholenden Vorsprung bringt – und sie wäre vermutlich verpufft, wenn Szewczyk nicht doch noch eine neue Idee ausgebrütet und sie auch durchgesetzt hätte, was gar nicht so einfach war.
Szewczyk suchte also zunächst Verbündete. Und der erste, mit dem er sprach, war Barylla, der Praktiker aus Eberswalde.
»Ich habe das Gefühl«, sagte Szewczyk, »wir sollten diese ganzen hochinteressanten Akten mal vergessen und statt dessen vor die Tür gehen ...«
»Es muß nämlich noch mehr Opfer dieses Täters geben«, grübelte Szewczyk, »nicht nur potentielle Opfer, sondern solche, die tatsächlich attackiert worden sind. Wenn ich nochmal an unser Bartsch-Material denke: Sie erinnern sich doch auch, wie viele Knaben dieser Bartsch angesprochen oder sogar fast schon vor seine seltsame Höhle geschleppt hatte ...«
»Ja, ja ...« meinte Barylla nachdenklich.
»Überlegen Sie doch mal«, sagte Szewczyk, »was wir jetzt tun, ist eine fachbezogene Auswertung möglicher Täter. Wenn wir jetzt den Spieß umkehren würden ...?«

»Faszinierend!« sagte Barylla, dem sehr schnell klar wurde, was Szewczyk wollte.
»... wenn wir uns auf die fachbezogene Auswertung von Aussagen möglicher Opfer konzentrieren würden ...?«
Barylla nickte, immer noch begeistert: einen wichtigen »Komplicen« hatte Szewczyk sicher. Seine eigene Mannschaft konnte er sehr viel einfacher überzeugen, und nachdem es auch Barylla gelungen war, seine Mitarbeiter für den Plan zu gewinnen, nahmen sie sich gemeinsam den Psychiater, Dozenten und Oberstleutnant aus Waldheim vor, ihren Kollegen Manfred Ochernal. Der zögerte ein paar Minuten länger, sah dann aber ebenfalls ein, daß neue Wege – der Weg über die Straßen – nützlich sein könnten.
Noch am selben Abend, als dann alle MUK-Chefs, die Staatsanwaltschaft, die Ärzte und die Psychologen zur Lagebesprechung zusammensaßen, trugen Szewczyk und Barylla die Idee vor, die wenigstens vorübergehend zu einer Trennung zwischen polizeilicher und wissenschaftlicher Arbeit führte:
»Wir müssen sämtliche Schulkinder zwischen sechs und fünfzehn Jahren im Kreis Eberswalde befragen!«
Die Volkspolizisten und auch der Staatsanwalt gaben zu bedenken, daß ohnehin bis dahin schon so gut wie jeder dritte Bürger der Stadt, erwachsen oder nicht erwachsen, in irgendeiner Form angesprochen beziehungsweise befragt worden war.
Ochernal nickte und sagte: »Wir wollen das alles ja auch nicht mit Krampf wiederholen. Wir wollen nur die Kinder befragen, im Zweifelsfall allerdings nochmals befragen. Auf jeden Fall sollte die Sache noch methodischer durchgeführt werden als bisher!«
»Gut«, sagten die »Bullen«, wie auch in der DDR die Polizisten genannt werden, »wir werden ab morgen das nötige Personal zur Verfügung stellen!«
Sie sagten es allerdings, bevor sich der Staatsanwalt geäußert hatte. Und Dr. Kuschel, der Vertreter der Staatsanwaltschaft, hatte denn auch viel schwerwiegendere Einwände:
»Wir haben am 14. November, in zwei Wochen, die Wahlen zur Volkskammer und zu den Bezirkstagen. Ich möchte nicht, daß unsere Arbeit, vor allem diese neue Aktion, noch mehr Wirbel als bisher in der wahlberechtigten Bevölkerung auslöst. Sie kennen die abstrusen Gerüchte, die in Umlauf sind, ich möchte die Stimmung gerade jetzt nicht noch zusätzlich anheizen ...«
Die Gerüchte vom FBI und von Söderblom und von James Bond, dem Leibhaftigen.

»Um hier also wenigstens in einem Teilbereich Ruhe zu schaffen«, sagte der Staatsanwalt zu den Psychiatern und Psychologen, »nehme ich deshalb die etwas voreilige Zusage der Deutschen Volkspolizei zurück, Ihnen Mannschaften zur Verfügung zu stellen!«
Darauf wollten sich mehrere gleichzeitig zu Wort melden, und am Ende setzte sich einer aus der Truppe von Szewczyk, vermutlich der mit der lautesten Stimme, durch:
»Hören Sie doch mal zu, Herr Kuschel«, sagte er laut, »wir sind uns alle doch sicherlich einig, daß kein sadistisch geprägter Triebtäter am Anfang seiner Laufbahn einen Doppelmord verübt und dann seinen Trieb derart gründlich in die Ecke stellen kann, daß er fast zweieinhalb Jahre bis zum nächsten Mord warten kann?«
»Ja, und?« fragte Kuschel. »Sind wir nicht allen Gerüchten über verklemmte Triebtäter nachgegangen?«
»Auch den Gerüchten über kindliche Prügeleien?«
»Darin sehe ich wenig Sinn!« sagte Kuschel. Aber außer ihm hatten plötzlich alle das Gefühl, daß hier endlich eine Maßnahme besprochen wurde, die etwas erfolgversprechender schien als alle bisherigen.
»Wir haben sehr konkrete Vorstellungen über das Phantom, das wir suchen. Es muß einen Rhythmus haben. Müssen wir nicht davon ausgehen, daß in der Zwischenzeit, zwischen den Morden, auch was gewesen sein muß?« bohrte der Psychiater aus Ostberlin, ein gewisser Dr. Hebebrand.
»Ja, aber da gibt es doch ebenfalls höchstens Gerüchte!« sagte Kuschel, in diesem Punkt überraschend hartnäckig.
»Da bin ich nicht restlos sicher«, sagte Hebebrand, »keiner von uns kann einen hundertprozentigen Überblick über das vorliegende Ermittlungsergebnis haben. Aber ich wage denn doch zu bezweifeln, daß entsprechenden Gerüchten wirklich in allen Fällen ...«
»... also meinetwegen«, gab Kuschel zu, »vielleicht wirklich noch ein paar Schlägereien, die im allerweitesten Sinn als Tötungsversuch zu werten wären, im Grunde doch so läppische Ereignisse, daß es gar nicht der Rede wert war, ihnen nachzugehen, daß sie deshalb vielleicht erst gar nicht bekanntgeworden sind ...«
Szewczyk sagte nachdenklich: »Ich bin immer noch nicht ganz mit dem Gedanken fertig, warum der Täter seine Opfer auf so merkwürdige Weise geritzt oder gestichelt hat, bevor er ernst machte ...«
Jetzt platzte Hebebrand pampig dazwischen: »Also, Genosse Staatsanwalt, was ist Ihnen wichtiger, die ohnehin reibungslosen

Wahlen zur Volkskammer noch reibungsloser ablaufen zu lassen – oder diese Schlägereien beziehungsweise Mordversuche nach Möglichkeit doch noch sichtbar zu machen?«
»Sie sollten gelegentlich Ihre politische Einstellung überprüfen lassen!« antwortete der Genosse Staatsanwalt, allerdings seinerseits ohne nennenswerten politischen Nachdruck.
»Mach' ich!« sagte Dr. Hebebrand. »Obgleich Sie da nicht unbedingt bei mir anfangen müßten ...«
Er nämlich trug das Parteiabzeichen der SED schon seit längerem am Rock.
Barylla war nun an der Reihe, ein richtig gut abgekartetes Spiel:
»Wenn wir diese Knaben nämlich sinngemäß nicht mehr fragen, ob sie was gesehen, sondern ob sie was erlebt haben ...«
»Gut!« entschied Kuschel. »Ich will es nicht gewesen sein, wir werden diese Befragungen machen, meinethalben auch noch diese Befragungen ...«
»*Wir* machen sie!« sagte Szewczyk nachdrücklich.
Das Echo kam von Ochernal: »Jawohl, wir ...!«
Beide mußten grinsen, als sie das verständnislose Gesicht von Kuschel sahen.
Szewczyk, der Gewichtigste aller Gutachter, sagte: »Wir machen die Befragungen selbst, Psychiater und Psychologen. Wir lehnen ausnahmsweise jede Verantwortung für Erfolg oder Mißerfolg ab, wenn auch nur ein einziger Polizeibeamter daran teilnimmt!«
Die »Bullen« schluckten, vor allem die »Oberbullen«, und der Staatsanwalt wollte aufbrausen, schüttelte dann aber resignierend den Kopf:
»Machen Sie doch, was Sie wollen ...!«
So taten sie endlich den letzten und wichtigsten Schritt zur Ergreifung des Phantoms:
Die Wissenschaftler gingen in alle Schulen im Kreis Eberswalde und fragten gruppenweise alle männlichen Schüler zwischen sechs und fünfzehn Jahren, ob sie in den Jahren zuvor irgendwelche unheimlichen Erlebnisse gehabt hätten – Erlebnisse mit einem Mann, einem Messer, einem Mitschnacker. Am Ende dieser in möglichst kleinen Gruppen durchgeführten Gespräche sagte der jeweilige Befrager:
»Natürlich kann es sein, daß euch später noch was einfällt. Dann schreibt uns einen Zettel, und natürlich könnt ihr dann auch noch einzeln mit uns sprechen, wenn ihr meint, daß es nötig sei!«
Eine allerletzte Woche hindurch ereignete sich nichts. Dann kam der Zettel.

»Ich hab' da was von einem Freund gehört, den ich aber nur unter Zusicherung strengster Diskretion in die Pfanne hauen kann!«
Weiß der Kuckuck, woher der Zwölfjährige, der den Zettel geschrieben hatte, seine Ausdrücke hernahm!
Sie nahmen sich den Jungen natürlich sofort vor, aber immer noch ohne große Hoffnung. Die Leute von der Charité waren ausgerechnet an diesem Tag nicht in Eberswalde, und die anderen waren damals ohnehin schon darauf fixiert, daß ohne die Berliner Wundertäter nichts laufen könne. Immerhin nannte der Junge »unter Zusicherung strengster Diskretion« den Namen seines gleichaltrigen Freundes, der ihm etwa zwei Jahre zuvor unter dem Siegel der Verschwiegenheit was von »Messerspielen« und »Mutproben« in einer Ecke am Rande der sogenannten Drehnitzwiese erzählt haben sollte. Die Drehnitzwiese gehörte, wie gesagt, zum weiteren Tatort im Fall Ronald Winkler.
Trotzdem glaubte niemand in dem überheizten Raum, in dem sich einige zufällig anwesende Mitglieder der Kommission den Knaben vornahmen, daß sie jetzt endlich und tatsächlich den Anfang des Fadens in die Hand bekommen haben könnten. Eine Spur unter vielen, eine halbwegs heiße Spur unter täglich durchschnittlich drei heißen Spuren.
»Bloß, es hilft nichts«, sagten die Psychologen, »wir brauchen deinem Freund deinen Namen ja nicht zu sagen, aber du mußt uns den seinigen sagen, damit wir ihn noch ein bißchen genauer fragen können!«
»Er heißt Willi Mertens und ist so alt wie ich!« sagte der Zwölfjährige mit erfreulicher kriminalistischer Einsicht ohne ein weiteres Widerwort.
Der Vater von Willi Mertens, der nicht gerade Alkoholiker von Beruf war, sondern Techniker, allerdings so manchen über den Durst trank, war nur halb nüchtern, als sie zu ihm kamen. Er hatte gegen eine Befragung von Willi nichts einzuwenden, und Willi, der zufällig zu Hause war, fand die ganze Sache auch nicht so tragisch.
»Ja«, sagte er, »das stimmt. Der Junge wollte mit mir ringen, aber so nun auch nicht, wie Sie vielleicht denken. So besonders angefaßt hat er mich bestimmt nicht!«
»War da denn nicht was mit einem Messer?« fragten die Psychologen.
»Doch, schon, aber das war nichts Besonderes ... das ist ihm nur aus Versehen aus der Tasche gefallen, als wir kämpften ...«
»Und wann war das?«

»Oooch«, sagte Willi, ohne sich besonders präzis festzulegen, »das ist bestimmt schon 'n paar Monate oder paar Jahre her ...«
Sie verließen ihn und waren nicht gerade um eine Hoffnung ärmer, aber auch um keinen Deut reicher, wie sie glaubten. Reicher – und zwar nach Lage der Dinge unendlich erfolgreicher – wurden sie erst 48 Stunden später, und es war sicher nur ein Zufall, daß zu diesem Zeitpunkt auch die Szewczyk-Mannschaft von der Charité wieder in Eberswalde war:
Willi Mertens kam von sich aus.
»Ich hab' den Jungen heute gesehen!« sagte er, als sei das die natürlichste Sache der Welt.
»Du ... du hast was ...?«
»Na ja, der Junge, nach dem Sie mich neulich gefragt haben. Ich bin vorbeigegangen, und er stand am Fenster und guckte raus!«
»Wo denn?«
»Werbelliner Straße 4!« sagte er prompt.
Und von nun an, gleich, nachdem Willi Mertens wieder nach Hause gebracht worden war, liefen die Aktionen der Gutachter und der Deutschen Volkspolizei wieder absolut parallel.
Der Führungsstab der versammelten MUKs wurde einberufen, und einer der Offiziere sagte: »Moment mal, Werbelliner Straße 4, da war mal was ...«
Er kriegte in Windeseile auch raus, daß da mal eine Überprüfung gewesen war, diskreter Art, vor etwa zehn Tagen. Etwas enttäuscht sagte er allerdings, die Überprüfung sei auch nur erfolgt, um nichts anbrennen zu lassen: es sei einer von den zahllosen anonymen Hinweisen gewesen, dazu noch ein besonders verrückter, verfaßt offensichtlich von einem lyrischen Spinner, der eine Heckenrose für den Täter gehalten habe.
Das war nun gar nicht zum Lachen, sondern viel eher zum Weinen: Die vereinigten Gutachter sahen ihre Felle davonschwimmen, und die Vopo-Offiziere freuten sich höchstens darüber, daß die »Konkurrenz« einen Schlag ins Wasser getan hatte, anscheinend wenigstens.
Zwei Hinweise indessen, ein verrückter und ein ernstzunehmender aus Kindermund, machten bei nüchterner Betrachtung aus der ominösen »Spur Heckenrose« doch eine der bisher allerbesten Spuren – denn zwei Hinweise aus völlig verschiedenen Richtungen auf einen Punkt oder eine Person, das hatte es bisher noch nicht gegeben.
Da war es einfach besser, daß die »Bullen« wieder einschritten und

das Feld nicht länger den Ärzten und Wissenschaftlern überließen. Zwei von ihnen wurden mit einem Auto losgeschickt. Ihr erstes Ermittlungsergebnis war die Feststellung, daß hinter dem betreffenden Fenster eine Familie Hagedorn wohnte. Sie klingelten, und als zweites stellten sie fest, daß von der Familie Hagedorn nur der jugendliche Sohn Erwin zu Hause war.
»Können wir mal reinkommen?«
»Bitte, gern!« sagte Erwin zuvorkommend.
Gleich anschließend, nachdem er den beiden Beamten noch einen Stuhl angeboten hatte, fragte er: »Kommen Sie wegen den toten Kindern?«
Das war fast schon ein Schock: die Beamten sahen sich an, sahen Erwin Hagedorn an, wußten sekundenlang kaum, was sie sagen sollten. Dabei war Erwin Hagedorn wirklich ein richtig freundlicher, nicht sehr großer, leicht grobknochiger und eigentlich ganz sympathischer Junge von damals 18 Jahren – ein Junge, an dem nur eins seltsam war: er benahm sich von dem Moment an, in dem ihm die beiden Besucher gesagt hatten, sie seien von der Deutschen Volkspolizei, etwas zu auffällig.
»Wie kommen Sie denn auf die toten Kinder?«
»Ach«, sagte der Junge freundlich, »was anderes tut die Volkspolizei doch kaum noch ...«
Aber da sagte der erste Beamte zu seinem Kollegen: »Ich glaube, wir fragen ihn, ob er uns nicht mal begleiten will ...«
»Aber selbstverständlich!« sagte Erwin.
»Da können wir nämlich viel besser reden!« sagte der zweite Beamte.
»Völlig klar«, stimmte Erwin zu, »ich bin ja schließlich Kandidat für die Sozialistische Einheitspartei, und ich kenne meine Pflichten in unserer Gesellschaft!«
So fuhren sie gleich anschließend zu dritt in dem nicht mehr ganz neuen Wartburg-Wagen zur Polizei, und Erwin Hagedorn – Kandidat hin, Kandidat her – saß für alle Fälle zur Vorsicht vorn auf dem Beifahrersitz.
»Auf der Polizei kann ich euch allerdings auch nicht mehr sagen!« meinte er unterwegs.
Ansonsten schwieg er.
Auf der Polizei fragte er noch dreimal, halbwegs vorwurfsvoll: »Ich weiß wirklich nicht, was ihr wollt, Genossen!«
Aber dann packte er aus, es kam so plötzlich wie eine Sturzflut: »Ja, gut, ich war's ...!«

Und nur eine Stunde nach ihrer Ankunft hatten sie von Erwin Hagedorn das Geständnis, daß er Henry Specht, Mario Louis und Ronald Winkler ermordet und außerdem – »so über den Daumen gepeilt!« – mindestens acht weitere Jungen zu töten versucht hatte. Das Geständnis war nur während der ersten Sätze dadurch unterbrochen worden, daß Erwin noch nach den passenden Worten suchen mußte. Nach diesen ersten Sätzen jedoch war es fließend und geradezu mit Freude vorgetragen worden, mit immer deutlicherer Freude, geradezu masochistisch – und es war sehr schlimm, wie man an den Gesichtern der Vopos ablesen konnte.
»Zigarette?«
»Nein, danke...«
Das hatte fast den Anschein, als störe es ihn nur in seinen Erzählungen vom Quälen und Sterben. Der Junge mit den kurz geschnittenen dunklen Haaren, gerade halb über die Ohren und in den Nacken reichend, hockte auf seinem Stuhl und redete mit Händen und Füßen. Staatsanwalt und Kriminalbeamte waren von Anfang an auf seltsame Weise beeindruckt: sie hatten hier zwar ihre schlimmste, gleichzeitig aber auch eine ihrer einfachsten Vernehmungen.
Henry Specht und Mario Louis hatte er schon ziemlich frühzeitig, noch im Westend-Bereich, beobachtet und war dann eine Weile auf dem Fahrrad »hinterhergeschlichen«, ohne daß die Kinder ihn beachtet oder überhaupt nur bemerkt hätten.
Töten wollte er zwar, wie schon so oft, wie auch bei einer anderen, besonders grotesken Gelegenheit, als er einen blonden Jungen im Winter auf Schneeschuhen durch den Wald verfolgt hatte.
Aber alles was recht ist, wie er meinte: er wollte jetzt endlich »richtig« töten, jedoch bestimmt nicht beide Kinder! Im Gegenteil, die ganze Zeit über während der Verfolgung hatte er krampfhaft darüber nachgedacht, wie er die beiden Jungen (»Henry und Mario«) trennen könnte.
»Ich hatte es vor allem auf den größeren Blonden abgesehen«, sagte Erwin, mit einem bittenden Lächeln, als wolle er sich dafür Verständnis einhandeln, »ich stand nun mal auf blond...«
»Mario Louis war ja auch nicht blond«, bemerkte ein Vernehmungsbeamter, »und ganz so blond war Ronald Winkler später dann ja auch nicht...?«
»Vielleicht...« sagte Erwin, »wenn ich erstmal weitererzählen kann... ich komm' da bestimmt noch auf diesen Punkt zurück...«
»Ja, gern!« sagte der Vopo.

Am Ende seiner Verfolgung merkte Erwin Hagedorn, daß die beiden ein ganz bestimmtes Ziel hatten, im dichten Forst Schwärze, jene Lichtung in Zimmergröße, die durch die Zweige der Bäume, die sich oben ineinander verflochten, wie eine natürliche Höhle wirkte, ganz in der Nähe des Bahndamms, ein ideales Nest für Trapper, Indianer und Prospektoren. Die beiden kleinen Anhänger von Karl May – keiner wußte, wie sie an die angeblich systemfeindlichen und deshalb in der DDR nicht neu aufgelegten Bücher gekommen waren – hatten sicher lange gesucht, bis sie diese Höhle gefunden hatten.
»Sie haben sie also in dieser Höhle beobachtet?«
»... auf der Lichtung!« korrigierte Erwin.
»Gut, ja. Und dann?«
»Dann habe ich mir überlegt, wie ich die beiden nun aufnehme, denn sie waren ja zu zweit ...«
Von diesem Moment seiner Vernehmung an sagte Erwin Hagedorn immer »aufnehmen«, wenn es darum ging, daß er Kinder fangen und töten wollte.
»Sie gingen auf die Lichtung?«
»Ja ...«
»Hier war's ja Zufall, daß es gerade eine Lichtung war. Aber sonst auch ...?«
Er lächelte wieder. »Das ist ein Kapitel für sich, das müßte ich Ihnen in Ruhe erklären, wollen wir es nicht auch erst einmal ausklammern ...?«
»Einverstanden!«
Denn der Kunde ist König, gerade bei der Kripo, die nach ihren Kunden oft sehr lange suchen muß.
Erwin Hagedorn, jedenfalls, nahm Henry und Mario auf, indem er einfach ins Freie trat, zu den erstaunlich arglosen Kindern ging und eine Weile, richtig von Junge zu Junge, mit ihnen redete. Er erzählte ihnen, er kenne in der Nähe einen schicken Hochsitz, von dem aus man auch bei Tage phantastisch die Tiere beobachten könne. Außerdem schmeichelte er geschickt der Eitelkeit der jüngeren Kinder: Sie seien wirklich erst neun? Kaum zu glauben, sie seien ja doch wohl schon ganz schön stark!
»Sind wir auch!« sagten die Jungen stolz.
Henry und Mario hatten also nach einiger Zeit nichts gegen einen Ringkampf unter Jungen einzuwenden: wenn es zu ungleich werden würde, müßten eben zwei gegen einen kämpfen, zwei Kleinere gegen den Größeren. So groß jedenfalls war Erwin ja nun auch

wieder nicht, für seine damals knapp sechzehneinhalb Jahre war er sogar ziemlich klein.
Während des Ringkampfes aber hatte Erwin plötzlich ein Fahrtenmesser in der Hand und stach es, völlig überraschend, Mario Louis in die Brust – tief, aber mit Bedacht nicht zu tief!
Mario sackte stöhnend zusammen.
»Es kann auch sein, daß er kurz schrie...« überlegte Erwin Hagedorn, um Genauigkeit bemüht, in der Vernehmung.
Henry Specht jedenfalls stand in jener Situation im Forst Schwärze stumm daneben, völlig hilflos und vor Schreck wie gelähmt.
»Au verflucht!« sagte Erwin – heuchlerisch, könnte man sagen, halb zu Henry und halb zu dem verletzten Mario. »Das ist ja ein verfluchter Mist, daß mir das passieren mußte, komm her, laß mal ganz schnell sehen...!«
Er untersuchte die Brustwunde, und Henry kniete, schon wieder halb von seiner Ehrenhaftigkeit überzeugt, neben ihm. Dann sagte Erwin tröstend: »Soviel Ahnung hab' ich auch davon, das tut sicher weh, aber daran stirbst du nicht! Wir müssen nur sofort Hilfe holen, Henry und ich, und du darfst dich solange nicht bewegen, Mario!«
Henry sagte: »Aber warum kann ich denn nicht bei Mario warten?«
»Ach Quatsch!« sagte Erwin, »Du bist doch derjenige, der hier den Weg kennt, ich finde den Platz doch nie im Leben wieder!«
So gelang es ihm tatsächlich, bei dem verletzten Mario und dem verstörten Henry den Eindruck zu erwecken, das Messer sei ihm während des Ringkampfes aus der Tasche geraten, und das Ganze sei nur ein ärgerlicher, böser Zufall gewesen.
»Ja, macht schnell...« stöhnte Mario.
Erwin und Henry nahmen ihre Fahrräder, wollten davonfahren, so schnell und solange sie konnten, mußten die Räder allerdings schon nach wenigen Metern durch das Unterholz schieben.
Und Erwin hätte jetzt schon – aus seiner völlig verbogenen Sicht, wie er freudig eingestand – glücklich sein können: denn er hatte genau das erreicht, was er wollte!
Mario war vorerst nicht tot, sondern nur bewegungsunfähig und verletzt. Die Jungen waren also auf diese Weise tatsächlich isoliert.
»Natürlich mußte ich mir jetzt zunächst Henry vornehmen!« sagte Erwin.
Kleine Pause.
Und etwas zögernder: »Da erst ist mir, glaube ich, die Idee gekommen, ich könnte es ja eigentlich auch mit beiden machen...«
Trotzdem, sagte Erwin, war er nervös.

Er wollte mit Henry ursprünglich viel weiter weg von Mario, und dann ging es, für ihn selbst überraschend, viel zu schnell: Nach allenfalls fünfhundert Metern quer durch die Büsche ließ er plötzlich, am Ende mit seiner Selbstbeherrschung, sein Fahrrad fallen und versuchte, auf Henry einzustechen.
Henry ließ aber ebenfalls sein Fahrrad fallen und rannte davon, so schnell er konnte.
»Ich hatte den Eindruck«, erinnerte sich der präzise Erwin, »daß er nur deshalb nicht schrie, weil er seine Luft zum Laufen brauchte!«

Ausgerechnet an dieser ersten wirklich wichtigen Stelle kam ein Anruf, der von der weiblichen Vopo-Angestellten durchgestellt werden mußte und dann wieder aus dem Vernehmungsraum ins Vorzimmer zurückverlegt wurde, ein Anruf der russischen Standortkommandantur für den Leiter der Ermittlungen.
»Wir haben gehört«, sagte ein Oberst der Roten Armee in fast fließendem Deutsch, »Sie haben den Knabenmörder vom Forst Schwärze und von der Drehnitzwiese im Westend gefangen?«
»Es hat den Anschein«, sagte Staatsanwalt Dr. Kuschel vorsichtig, »er hat ein Geständnis abgelegt, wir müssen es allerdings noch gründlich überprüfen, bevor wir Endgültiges sagen können ...«
»Geständnis ist aber schon sehr gut!« sagte der Russe. »Es ist doch ein Bürger der DDR und kein Soldat der Roten Armee?«
»Natürlich nicht«, antwortete Kuschel halbherzig, »zum Glück nicht! Es ist ein junger Mann, ein noch sehr junger Mann aus dem Westend ...«
»Werden Sie die Nachricht verbreiten?«
»Vorerst halten wir das bestimmt noch nicht für zweckmäßig!« meinte Kuschel.
»Aber wir haben schließlich ein Anrecht darauf, daß es öffentlich bekannt wird ...«
»Ja ...?« sagte Kuschel.
»Sie wissen doch selbst, was Ihre Bürger immer vermutet haben!«
»Ja, schon«, antwortete der Staatsanwalt, »aber wenn wir wenigstens noch ein paar Tage Zeit ...«
»... außerdem haben wir Ihnen mehrfach geholfen!« sagte der Oberst stur. Sogar mit Hubschraubern und gelegentlich schwerem Material.
»... der allerletzte Beweis fehlt noch!« sagte Kuschel geradezu verzweifelt.
»Wir werden einen Truppenbefehl herausgeben«, entschied der

Russe, »nur für Soldaten der Roten Armee. Nur in unseren Truppenunterkünften ...«
»Ich kann Sie nicht daran hindern!« antwortete Kuschel, dessen Verärgerung allmählich ein für ihn selbst gefährliches Ausmaß erreichte. »Auf jeden Fall wird es durch Ihre Maßnahme dann doch allgemein bekannt!«
»Aber ist doch nicht schlimm! Letzter Beweis, was ist das? Sie haben den Mörder gefangen, Sie haben einen großen Erfolg ...«
»Ja, ja«, entgegnete der Staatsanwalt bitter, »auf diese Weise kommt endlich auch das Gerücht aus der Welt, wir hätten die Leichen damals mit Tauchern aus dem Werbellinsee geholt ...«
Der Werbellinsee ist mit rund fünfzig Meter Wassertiefe – nach dem Schweriner See – der zweittiefste See in der gesamten DDR, und zumindest auf der einen Uferseite, bei Altenhof, spielen ständig über tausend »Junge Pioniere« ihre Geländespiele: schon allein deshalb könnte man hier keine geheime Aktion durchführen. Aber obgleich Hunderte von Menschen mitgekriegt hatten, wie die drei toten Kinder gefunden worden waren, hieß es bei der unaufgeklärten Bevölkerung gelegentlich immer noch, die Knaben Henry Specht, Mario Louis und Ronald Winkler seien gefesselt und mit Steinen an den Füßen beschwert bei lebendigem Leibe in den See geworfen und erst später wieder herausgefischt worden.
Gerade diese Version wurde in den Kneipen in Eberswalde den Russen angelastet, denn: »wer könnte sonst schon auf eine solche Sauerei kommen?«
Der sowjetische Oberst, der nun wußte, daß mit an Sicherheit grenzender Wahrscheinlichkeit kein russischer Soldat an der Sache beteiligt war, nahm Kuschels bitteren Gedanken für bare Münze und sagte erfreut: »Das ist ein guter Gedanke, Genosse Staatsanwalt! Schließlich sollten die Bürger von Eberswalde wissen, daß kein Soldat der Roten Armee diese Bestialitäten verübt hat. Ich habe dann nur noch ein kleines Problem anzumelden ... Wir müssen Kopien von allen Protokollen bekommen. Als Beleg für unsere Mitarbeit bei der Aufklärung. Außerdem ist es wissenschaftlich sehr interessant, auch für unsere eigene Forschung der Kriminalität ...«
Für den KGB, dachte Kuschel zornig. Die sammeln ja alles.
»Selbstverständlich!« sagte er, denn die Sowjetunion hat immer recht. »Wenn Sie uns nur noch etwas Zeit lassen würden, das Kopieren dauert ja auch ...«
»Ich verlasse mich ganz auf Sie!« erwiderte der Oberst.

Es mochte sein, räumte Erwin Hagedorn gleich anschließend ein, daß Henry Specht inzwischen doch nicht mehr ganz so überrascht und ahnungslos war wie vorher. Der erste Stich ritzte ihm indessen nur die Haut.
»Ja, im Brustbereich«, sagte der vernehmende Beamte hinterrücks, »aber das war ja wirklich nur Zufall, nicht wahr ...?«
»Nicht so ganz«, gab Erwin zu, »es war eigentlich schon das, was ich wollte. Erst wollte ich sie quälen, dann erst töten!«
Henry rannte, jetzt doch laut schreiend, davon, auf eine Lichtung zu, an deren Rand ein großer Holzschlag war, und der schnellere Erwin holte ihn mehrfach ein und »ritzte« ihn. Er hätte ihn auch hier schon endgültig überwältigen und töten können, und es wäre sicher »besser« für den Täter gewesen: Es hätten nämlich auch schon an diesem Tage Holzfäller ganz in der Nähe sein können, und Erwin hätte eigentlich immer damit rechnen müssen, auf frischer Tat mit dem Kind ertappt zu werden.
»Aber so war es immer«, sagte Erwin Hagedorn in diesem ersten umfassenden Geständnis, »Sie haben mich ja auch schon nach diesen Lichtungen gefragt, ich glaube, ich muß Ihnen das doch jetzt schon erzählen ...«
Die Beamten waren einverstanden. Um so mehr, als die Sache mit den Lichtungen einer der ersten Gedanken gewesen war, die sie selbst gehabt hatten.
»Ich hatte mir das auch schon immer in meiner Phantasie vorgestellt«, sagte Erwin, »ein bißchen Spiel mit der Gefahr mußte eigentlich immer dabei sein, aber niemals wollte ich die Gefahr unterschätzen ...«
»Eine Lichtung ist aber doch etwas größer«, wandte ein Beamter ein, »hier bei Henry war es doch eigentlich nur eine kleine freie Stelle, wo zufällig keine Bäume gewachsen waren ...?«
»War groß genug!« sagte Erwin bestimmt.
»Bei Ronald war sie aber noch kleiner ...?«
»War auch groß genug!«
»Ja, aber wo Mario lag, das war ja nun wirklich keine Lichtung mehr ...«
»Für mich war das ebenfalls eine Lichtung!« sagte Erwin Hagedorn, zum ersten Mal fast störrisch. »Verstehen Sie denn nicht, wie wichtig das war?«
Niemals, erläuterte er den Beamten, hätte er mitten auf einer Lichtung gemordet, es sei denn, es wäre völlig finster gewesen wie im dritten und letzten Fall. Niemals hätte er auch in seinen Phantasien

mitten im »Freien« gemordet, sondern immer nur am Rand einer Lichtung. Dort war es »um so schöner«, und darauf kam es letzten Endes an.
Und so griff er sich Henry endgültig am Rand der Lichtung, ganz knapp, bevor Henry den Rand erreichte – und schnitt ihm die Kehle durch!
»Der Blutstrom ...« sagte er fast verträumt, »es war genauso, wie ich mir das immer vorgestellt hatte vorher ... ja, genau das ... es war überhaupt das Zweitschönste von allem ...«
Zwischenfrage des vernehmenden Volkspolizisten, in dieser Situation so sachlich wie überhaupt noch möglich:
»Was wäre das Allerschönste gewesen?«
»Ich hab's ja nicht getan ...« sagte Erwin leise.
»Aber was ...?«
»Nun ja«, sagte Erwin, »ich möchte ja endlich die Wahrheit sagen ... ich hätte ihm gern noch die Genitalien abgeschnitten, ihm und den beiden anderen natürlich auch ...«
Er sagte tatsächlich Genitalien.
»Und warum hast du es nicht getan?«
Er schüttelte den Kopf.
»... ich sage es Ihnen ja, ich hätte es vielleicht eines Tages gemacht, aber es war so, als müßte ich mir das ... immer noch aufsparen, ja aufsparen ... und in diesem Fall, bei Henry Specht, wußte ich ja nicht, ob nicht doch wer in der Gegend war, und außerdem konnte ich nicht wissen, was inzwischen mit dem anderen war, mit Mario. So habe ich bei Henry dann nur noch auf das ganze Blut gewartet ...«
Auf das Ende des Blutstroms aus dem durchschnittenen Hals des Jungen.
Ein Beamter fragte: »Außer warten hast du tatsächlich nichts getan?«
»Was meinen Sie denn?« fragte Erwin.
»Überleg' doch mal ...«
Denn das war ein Punkt, wo für die Polizisten ein gewisser Ehrgeiz ins Spiel kam. Eine Situation, in der ihnen nicht nur ein schauerliches Geständnis frei Haus geliefert wurde, sondern wo sie Gelegenheit hatten, es gleich zu untermauern, wenigstens in einer wichtigen Detailfrage.
Endlich fiel es ihm ein:
»Meinen Sie vielleicht, daß ich ihm die Hose aufgemacht habe ...?«
Genau das meinten sie: »Das hast du also getan?«
»Na sicher«, sagte Erwin verwundert, »wenn ich Ihnen schon ge-

sagt habe, daß ich ihn unten verstümmeln wollte, mußte ich es ja wohl, oder ...?«
»Ja, ja ...« sagte der vernehmende Vopo und sah seine Kameraden bedeutungsvoll an:
Denn die Sache mit der geöffneten Hosenklappe, die konnten eigentlich wirklich nur die Polizisten und der Mörder wissen!
»Ja, ja ...« wiederholte Erwin, der das nun auch begriff.
Er erzählte weiter: »Also, es fand nichts mehr statt, wie Sie wissen, und ich bin dann gleich mit meinem Fahrrad wieder zu dem anderen ...«
Der andere – Mario – lebte noch, stöhnte, jammerte, war aber offenbar nicht mehr ganz bei Bewußtsein. Er fragte Erwin Hagedorn »halb im Tran«, ob er Hilfe gefunden hätte, und das war – so Erwin Hagedorn – der letzte Moment, in dem er überhaupt noch »halbwegs mit Verstand« reagierte.
»Ich habe ihn gestichelt, das heißt geritzt, und er hat nichts mehr gemerkt. Ich hatte allerdings dabei einen Samenabgang, und vielleicht habe ich ihm deshalb den Hals nicht ganz durchtrennt. Also, das kann ich Ihnen jetzt nicht mehr mit allerletzter Gewißheit sagen ...«
Zwischenfrage von der anderen Seite des Schreibtisches, zugleich die letzte der ersten Detailvernehmung zum Doppelmord: »Wer hat dem ersten Jungen, den Sie getötet haben, eigentlich den Kopf abgeschnitten?«
»Henry?« fragte Erwin. »Was soll denn das schon wieder ...?«
»Waren Sie es?«
»Wenn ihm jemand den Kopf abgeschnitten hätte«, sagte Erwin Hagedorn belehrend, »wer anders als ich könnte es dann schon gewesen sein? Aber das ist Unsinn! Ich würde Ihnen Ihren Verdacht gern bestätigen. Aber Sie wissen bestimmt besser als ich, daß dafür viel eher andere Gründe – ich meine, wenn der Kopf tatsächlich neben der Leiche gelegen haben sollte – verantwortlich zu machen wären!«
Von den ersten bis zu den letzten Worten seines Geständnisses hielt dieser Sexualmörder von Eberswalde eine solche gewählte, geradezu gestochene Ausdrucksweise durch.
»Er ist ein Monstrum!« stöhnten alle, die unmittelbar mit ihm zu tun hatten, gleich in der ersten Vernehmungspause.
Und der Staatsanwalt Kuschel sagte, durch seine Tätigkeit psychiatrisch vorbelastet: »Er müßte eigentlich hochgradig hysterisch sein!«

»Aber er führt doch überhaupt keinen Tanz auf?« fragte ein Volkspolizist.
»Er ist sozusagen im klinischen Sinn hysterisch«, sagte Kuschel zur Verdeutlichung, »ein hochabnormer, mindestens schwer neurotischer Hysteriker. Diese unheimliche Distanz zu seinen Opfern, wir werden das bestimmt auch noch bei Winkler sehen ... und er spielt immer, spielt ganz dick unterstrichen, hat ein unheimliches Geltungsbedürfnis, das haben wir ja selbst gesehen ...«
»... eigentlich«, sagte daraufhin der Vopo, »müßten ja dann alle Schauspieler hysterisch sein?«
Kuschel nickte nachdenklich und antwortete: »Da haben Sie möglicherweise was ziemlich Kluges von sich gegeben!«
Sie wollten Erwin Hagedorn gerade wieder vorführen lassen und bei der folgenden Vernehmung unter anderem auch darauf achten, ob dieser gepflegte, aber eigentlich unauffällige Junge tatsächlich diese Züge hatte. Doch da kam ein Wachhabender und sagte: »Da ist ein Herr Hagedorn, der will dringend einen sprechen. Der Vater von diesem, diesem ... benimmt sich ziemlich pampig. Soll ich ihn warten lassen?«
»Nein, nein, Moment mal ...«
Kuschel entschied, aus taktischen Gründen wolle er im Augenblick noch nicht selbst mit dem Vater reden. Einer seiner Mitarbeiter, Friedrich Lympe, selbst Staatsanwalt, nahm ihm den Job ab.
»Ich bin der Vater von Erwin Hagedorn!« sagte der stämmige, ziemlich große Günter Hagedorn sofort aggressiv. »Ich höre, Sie haben meinen Sohn von zu Hause abgeholt. Darf ich vielleicht wissen, was das zu bedeuten hat?«
»Genosse Hagedorn«, sagte Lympe vorsichtig, denn der Mann hatte das Parteiabzeichen an der Jacke, »das ist möglicherweise eine schlimme Geschichte ...«
»Unmöglich!« sagte Hagedorn.
»Doch, doch«, meinte Lympe, »gerüchtweise haben Sie wohl noch nichts gehört ...?«
»Ich habe gehört«, sagte der Mann mit eiskalter Wut, mit fast erstickter Stimme, »Sie verdächtigen irrsinnigerweise meinen Sohn, er habe irgend etwas mit diesen Knabenmorden zu tun. Können Sie mir sagen, wie Sie dazu kommen?«
»Irrsinnigerweise«, sagte Lympe, nun ziemlich bestimmt, »hat Ihr Sohn Erwin in den letzten zwei Stunden ein volles Geständnis abgelegt, selbst der Mörder zu sein!«
Da schrie Hagedorn plötzlich: »Das gibt es nicht! Der ist doch sonst

nicht verrückt! Ich will sofort mit ihm sprechen! Der ist doch wohl entweder selbst verrückt geworden, oder bei Ihnen tickt's nicht mehr richtig ...!«
Das war schon nicht mehr mutig, das war eine Frechheit.
Friedrich Lympe überhörte sie und sagte: »Sie können Ihren Sohn jetzt nicht sprechen!«
»Dann werde ich mich mit der Kreisleitung in Verbindung setzen!« drohte Günter Hagedorn – mit der Kreisleitung der SED natürlich.
»Tun Sie, was Sie nicht lassen können«, antwortete Lympe, »dann sind Sie wenigstens beschäftigt, ich kann's Ihnen ja nachfühlen. Und vergessen Sie nicht, Ihrer Frau die Sache möglichst schonend beizubringen ...«
»Sie ...!« sagte Hagedorn. »Sie ... Sie ...«
Er stürmte aus dem Zimmer.
Seine Stimme hatte ihm offenbar den Dienst aufgekündigt.
»War's schlimm?« fragte Kuschel.
»Es ging«, sagte Lympe, »er ist Genosse, und jetzt ist er schon unterwegs zur Partei ...«
»Scheiße!« sagte Kuschel, ganz gegen seine Gewohnheit. »Dann müssen wir ja wohl bald Auskünfte geben ...«
Lympe schlug vor: »Vielleicht machen wir erst mal weiter, damit wir auch welche haben ...?«
Erwin Hagedorn kam wieder ins Vernehmungszimmer, richtig fröhlich, daß es endlich weiterging, und Kuschel fragte ihn böse: »Ihnen macht das ja wenigstens noch Spaß, nicht?«
»Spaß ist vielleicht nicht das richtige Wort«, erwiderte Erwin, ehrlich, »aber ich müßte lügen, wenn ich sagen würde, es ist mir unangenehm ...«
»Das erklären Sie aber bitte mal näher!« sagte der Staatsanwalt.
»Später!« entschied Erwin.
»Warum später?«
»Weil ...« sagte er. »Weil ... ach, ich weiß es selber nicht ...«
Kuschel und Lympe sahen sich an, die beiden Vernehmungsoffiziere der Deutschen Volkspolizei wurden sichtlich nervös, und Kuschel sagte: »Also gut. Wir kämen dann ja wohl zu dem dritten Mord!«
»Das fing mit meinen doofen Eltern an!« sagte Erwin prompt, und so ging's ja nun nicht:
»Was heißt hier doof?« fragte ein Polizist.
»Ich habe eine ganze Menge gegen sie«, antwortete Erwin bereit-

willig, »Sie werden es sicher noch öfter hören. Von mir aus gesehen bin ich nämlich noch lange nicht der Alleinschuldige ...«
Und dann erzählte er, als ob er gewußt hätte, daß der SED-Genosse Günter Hagedorn gerade dagewesen war:
Der Mord an Ronald Winkler begann aus seiner verbogenen Sicht ausgerechnet damit, daß seine für ihn viel zu properen und gesellschaftlich viel zu aktiven Eltern als Ehrengäste zu einer SED-Versammlung geladen waren, wo sie als verdiente Aktivisten ausgezeichnet werden sollten.
»Du kommst doch mit, Erwin?« fragte der Vater.
Aber es war eine Frage, von der Günter Hagedorn ohnehin wußte, wie sie beantwortet werden würde:
»Ach, ich glaube, ich bleibe lieber zu Hause!« sagte der Sohn, der zwar im allgemeinen seine sogenannte gesellschaftspolitische Pflicht tat, aber auch keinen einzigen Streich mehr.
»Na gut!« meinte der Vater resignierend, und der Mutter war es letztlich sowieso egal.
Der Vater ging mit Schlips und Kragen, die Mutter mit einem hübschen Kleid, mit dem man sich zur Entgegennahme der Auszeichnung auf der Bühne sehen lassen konnte. Erwin indessen wartete gerade noch, bis sie weit genug weg waren, und begab sich dann auf direktem Weg zur Drehnitzwiese.
Es war schon so gut wie finster. Ein letzter Streifen Licht am Horizont, gerade noch, daß man erkennen konnte, wer ein Junge und wer ein Mädchen war.
Mädchen aber waren gar nicht mehr da, und Jungen auch nur noch zwei.
Die beiden auf dem Holzstapel:
»Wieder«, sagte Erwin, »stand ich vor der Notwendigkeit, sie zu isolieren, bevor ich einen von ihnen aufnehmen konnte!«
»Oder vor der Notwendigkeit, wieder einen Doppelmord zu begehen ...?«
»Nein, nein«, wehrte Erwin ab, »das war wirklich nicht so drängend!«
Dafür gestand er etwas anderes: »Ich hatte da ja in der Nähe meine Folterecke, und da hatte ich schon immer Jungen gequält, aber so, daß sie es nicht merkten, daß es absichtlich weh tat. Mehr so Mutproben, wenn Sie verstehen ...«
Die Beamten nickten: Aus der »Folterecke« war schließlich der entscheidende Hinweis gekommen, der zu Erwin Hagedorns Entdeckung geführt hatte.

»Aber bitteschön, die beiden Jungen an der Drehnitzwiese, Ronald Winkler und der andere, dessen Namen ich natürlich nicht weiß ...«
Sie waren sofort abgehauen, als er, scheinbar eine Amts- oder Respektsperson, sie zur Rede stellte, und er war hinter Ronald hergelaufen, obgleich er eigentlich lieber den anderen »aufgenommen« hätte.
»Warum?«
»Weil der mir in dem Zwielicht mehr wie mein eigentlicher Typ vorkam!« sagte Erwin, und die Vopos nickten, denn er hatte tatsächlich recht.
Sonst war im übrigen alles fast genauso verlaufen, wie die Polizisten es sich schon bei der ersten Spurensicherung zusammengereimt hatten:
Erwin hatte Ronald erst geritzt und ihm zugeflüstert, er solle bloß nicht schreien, dann wäre es sofort ganz aus. Bevor er ihn aber weiter verletzen konnte, war in der Nähe jemand mit einer Zigarette vorbeigegangen, und Erwin hatte Ronald tiefer ins Gebüsch gezerrt.
»Immer war da was, was mich störte«, beklagte er sich, »ich räume allerdings ein, daß ich es mir nur eingebildet habe. Die erste kleine Kuhle wäre ja schon so schön für mich gewesen ...«
»... wieder wie eine Lichtung, nicht ...?«
»... ja genau, und selbst auf der richtigen Lichtung habe ich noch geglaubt, es ist einer in der Nähe ...«
Deshalb also, tatsächlich, der Schädelstich.
»Da fiel er halb an diese Wurzelböschung, und ich wußte nicht genau, ob ich ihn tödlich verletzt hatte ...«
Und deshalb schnitt er dem Kind ohne weiteres Zögern jetzt die Kehle durch – weil er fürchtete, ein schon toter Mensch würde nicht mehr so heftig bluten, wie er es sich wünschte. So sagte er es, und so stimmte es auch mit den objektiven Gegebenheiten am Tatort überein.
»Aber der Blutstrom kam jetzt ...«
Wie verzückt klang diese Aussage.
»Hast du geleuchtet, um das Blut zu sehen?«
»Nein, wieso?«
»Es war aber doch stockfinster ...?«
»Ja schon, aber ...«
»Hast du die Hände ins Blut gehalten?«
Erwin Hagedorn dachte über diese Frage etwas länger nach, schüttelte aber dann den Kopf. »Ich glaube nicht, ich will es eigentlich

nicht völlig ausschließen ... kann mich allerdings überhaupt nicht erinnern ... das heißt, doch, ich hätte mir ja dann anschließend gründlich die Hände waschen müssen, und das habe ich mit Sicherheit nicht getan!«
Und wieso dann trotzdem dieser enorme Lustgewinn, wurde er gefragt, von dem er mehrfach sprach, auch in diesem Fall Winkler? »Ich habe neben dem Jungen gestanden und habe mir einfach vorgestellt, wie das Blut aus ihm herausströmt!« sagte Erwin.
Er erzählte, nachdem er einmal so recht wieder im Fluß war, auch noch die diversen anderen Versuche, Jungen zu isolieren, aufzunehmen und zwecks Tötung zu entführen. Die Beamten zählten insgesamt acht Versuche. Diese Zahl stimmte mit seiner früheren Aussage überein. Er hatte offensichtlich ein hervorragendes Gedächtnis.
»Du trinkst nicht sehr viel Alkohol?«
»Der Genosse meint«, korrigierte Kuschel, »Sie trinken nicht ...« – Betonung auf Sie.
»Aber ich bitte Sie«, sagte Erwin, »Im Grunde wäre es mir viel lieber, Sie würden mich duzen. Alkohol, nein, wenn's ganz hoch kam, drei Bier die Woche, und nicht mal die haben mir besonders geschmeckt ...«
Nach der Vernehmung über den dritten Mord wurde Erwin wieder abgeführt und bedankte sich artig, weiß der Himmel, wofür.
»Wenn man bedenkt, daß dieser Ronald Winkler eigentlich nur ein Ersatzopfer war ...« sagte einer der Vernehmungsbeamten deprimiert.
»Wär's dir lieber gewesen, wenn der andere umgebracht worden wär'?« fragte sein Kollege.
»Ich kann das alles noch gar nicht fassen!« sagte der erste. »Dieses Würstchen ...!«

Staatsanwalt und Volkspolizei waren von Amts wegen natürlich verpflichtet, den Geständnissen des Erwin Hagedorn nicht bedingungslos zu glauben, sondern seine Aussagen durch möglichst viele sogenannte objektive Beweise zu untermauern.
»Aber natürlich!« sagte Erwin am nächsten Tag. »Da will ich Ihnen aber gern helfen!«
So wurde eine Durchsuchung der Wohnung Hagedorn in der Werbellinstraße vorbereitet: die Eltern wurden gebeten, sich vorübergehend nicht zu Hause aufzuhalten, und sie gingen auch rechtzeitig weg. Anne Hagedorn, die Mutter, glaubte immer noch

an einen bösen Traum, und Günter Hagedorn sagte immer noch grollend: »Die werden das alles noch fürchterlich bereuen!« Bei der SED hatte er allerdings nichts ausrichten können, nachdem ein erstes längeres Gespräch zwischen Partei und Polizei stattgefunden hatte.
Jetzt fuhr der Wagen der Volkspolizei in die Werbellinstraße, gefolgt von einem zweiten – und die Beamten dachten, sie müßten gleich durch die Hölle:
Denn trotz aller Geheimhaltung hatte sich die Nachricht von der bevorstehenden Vorführung des dreifachen Mörders im ganzen Westend ausgebreitet wie ein Buschfeuer, und Hunderte von Menschen standen auf der Straße, als die Polizisten mit Erwin aus dem Wagen stiegen.
Aber die Hölle fiel aus:
Seltsamerweise brüllten die Menschen nicht, wie sie es bei ähnlichen Gelegenheiten beispielsweise in der Bundesrepublik bestimmt getan hätten, sie schrien nicht, man solle ihn lynchen, schrien nicht und spuckten den Mörder auch nicht an ...
Sie stöhnten nur, und das war fast noch schlimmer.
Schlimm war es aber nur für die Volkspolizisten, nicht jedoch für Erwin Hagedorn:
Er schritt, sorgfältig gekämmt, aufrechten Hauptes durch die Menge, das etwas grobe Gesicht durch ein Lächeln verschönt, ging so langsam wie möglich durch die Menge und sah so vielen Menschen wie möglich tief, wenn auch zwangsläufig nur kurz, in die entsetzten Augen.
Das Stöhnen, das wie ein Wellengang durch die Leute lief, empfand er offensichtlich als rauschenden Beifall, und das kurze Stück Weg zwischen Wagen und Haus schien ihm eine Welt zu bedeuten, die er bis vor ganz kurzer Zeit höchstens in seiner Phantasie zu kennen geglaubt hatte:
Erwin Hagedorn, der große, hysterische, endlich entdeckte Schauspieler ...
Er ging durch den tristen, aber für Westend-Verhältnisse noch recht gepflegten Vorgarten, den die Polizei von Menschen freihalten konnte, und als er in die Haustür unter dem hochgezogenen Erker trat, drehte er den Kopf noch einmal zurück und hätte den Leuten sicherlich zugewinkt, wenn er nicht an zwei Polizisten gefesselt gewesen wäre:
»Sieh' dir das an!« sagte der Zuschauer Bruno Listig, der erste, der seine Worte wiederfand, zu seinem Nachbarn. »Sowas von Frech-

heit, also, das kann sich ein normaler Mensch doch überhaupt nicht vorstellen!«

Für das Westend jedenfalls war diese Episode im November 1971 eine Schau, die sicher noch den Enkeln und Urenkeln erzählt werden wird.

Gleich nach Betreten des Hauses und der Wohnung legte Erwin Hagedorn allerdings seine maskenhafte Verzückung ab, und nur Minuten später zeigte er den Beamten der Volkspolizei die Stelle im Garten, wo er sein Mord-Messer vergraben hatte:

Tatsächlich wurde ein breites, einschneidiges Messer, ein Fahrtenmesser, nur leicht angerostet, zwischen den welken Blumengräsern aus der weichen Gartenerde gebuddelt!

Merkwürdig war, daß die Spitze der Klinge fehlte. Und auf die Frage, warum sie abgebrochen war und wo sie sich jetzt befinden könnte, stockte erstaunlicherweise sogar der Mörder, obgleich er doch sonst geradezu zwanghaft geständnisfreudig war.

»Das ... also, das weiß ich wirklich nicht ...« sagte er, »Sie wissen doch, ich sag' Ihnen alles, aber in diesem Fall ...«

»Überleg' mal gründlich!«

Aber es half nichts. Irgendwie schien Erwin zu spüren, daß es hier um viel mehr ging als um das Stückchen Stahl einer Messerklinge. Irgendwie schien er zu begreifen, obgleich er noch gar keinen Anwalt hatte, daß hier ein Angelpunkt für seine spätere Verteidigung vor Gericht berührt wurde.

»Du hast das Messer doch nur bei Ronald Winkler gebraucht?« fragte ein Vopo.

»Ich glaube, ja ...« antwortete Erwin vorsichtig.

»Schneiden kann man ja noch ganz gut damit. Aber auch zustechen ...?«

Er zuckte die Schultern.

»Wir meinen, ob du dich erinnerst, daß die Klinge vielleicht schon vorher abgebrochen war?«

»Ist das denn so wichtig?«

Da heuchelte, im Gegenzug, die Polizei Gleichgültigkeit und blieb trotzdem bei der Sache:

»Es ist doch nur deshalb, damit wir in der Arbeit weitermachen können ...«

Das schien Erwin zu überzeugen. Er tat so, als überlege er sich die Geschichte nochmal in allen Phasen – und dann fiel es ihm scheinbar wieder ein: Die Klingenspitze war ihm beim Mord an Ronald Winkler abgebrochen, beim Schädelstich, und er hatte sie anschlie-

ßend an den Schädelstich und den Mord so lange gesucht, bis er sie gefunden hatte.
»Du hast sie wirklich gefunden?«
»Ja, Ehrenwort ...«
»Es war aber doch dunkel. Muß ja doch wohl ein ziemlicher Zufall gewesen sein ...?«
»Ein bißchen habe ich schon suchen müssen ...« gab er zu.
»Und warum hast du so lange gesucht?«
»Aber das ist doch ganz natürlich!« antwortete Erwin spontan, und damit verließ er endgültig die Positionen seiner künftigen Verteidigung. »Sie hätten das Kind ja doch bald gefunden, und bei der Spurensicherung hätten Sie vielleicht auch das Stück Klinge gefunden, und das hätte doch sehr leicht zu meiner Entlarvung führen können ...«
Er lächelte leicht, aber niemand lächelte zurück. Es war, was der Täter momentan wirklich nicht durchschaute, ein ungewöhnlich spannender Augenblick:
»Wo ist die Klinge abgeblieben?«
»Ich habe sie weggeworfen, irgendwo bei der Drehnitzwiese ...«
Die Beamten sahen sich an: eigentlich müßte man jetzt noch die ganze Wiese absuchen. Aber Erwin sah es und schüttelte den Kopf, als könne er Gedanken lesen:
»Das lassen Sie mal, die finden Sie bestimmt nicht mehr, da habe ich selbst nicht mehr den allergeringsten Anhaltspunkt!«
Aber er saß schon in der Falle, auch ohne die Auffindung der Klinge. Denn die Tatsache, die er da nach einigem Zögern zugegeben hatte, daß er nach dem Mord mit erstaunlicher Umsicht Spuren zu beseitigen versucht hatte – diese Tatsache konnte eines Tages, im Prozeß gegen Erwin Hagedorn, eine ungeheure Rolle spielen. Dann nämlich, wenn es darum gehen sollte, ob der Mörder eine »Meise« hatte oder nicht.
Erwin Hagedorn, ausnahmsweise einmal nicht auf der Höhe der Situation, ging freiwillig und ahnungslos sogar noch tiefer in die Falle:
»Von wegen Messerklinge«, sagte er fröhlich, »ich habe natürlich auch sonst noch versucht, mich zu schützen. Ich habe immer meine Kleider überprüft, obgleich die ja von meinem Beruf her ruhig ein bißchen blutig sein konnten, das werden Sie mich ja bestimmt auch noch fragen, und so habe ich dann nach dem Mord an dem dritten Jungen auch ein ziemlich blutiges Taschentuch entdeckt. Das wäre meiner Mutter allerdings vermutlich aufgefallen ...«

»Was hast du damit gemacht?«
»Verbrannt habe ich es«, sagte er, »Sie glauben gar nicht, wie schwer es ist, ein Taschentuch zu verbrennen!«
»Ja, ja ...« bestätigten die Vopos. Der Berichterstatter schrieb im Geist schon die entsprechenden Passagen, und er beschloß, daß er sie so ausführlich schreiben würde, wie es überhaupt möglich war.
»Du hast doch auch eine Lederjacke mit Pelz am Kragen, nicht?«
»Ja, habe ich. Moment mal ...«
Er holte sie aus dem Kleiderschrank. Eine schicke Knautschlederjacke mit Webpelzkragen aus dem kapitalistischen Ausland. Genau das Modell, das die Spuren im Mordfall Winkler hinterlassen haben konnte.
»Habe ich damit etwa Spuren hinterlassen?« fragte Erwin neugierig.
Er bekam keine direkte Antwort, die Jacke wurde sorgsam asserviert. Immerhin sahen sich die Polizisten nachdenklich an.
»Ach ja ...« meinte einer.
»Ja, bitte ...?«
»Wir hatten das noch nicht ganz genau geklärt ... bist du bei ... bei Ronald Winkler eigentlich aus der kleinen Grube direkt über den Weg auf die Lichtung gegangen, oder hast du ...?«
»Ich habe!« sagte Erwin stolz.
»... noch mehrfach Pause gemacht unterwegs?«
»Habe ich das denn nicht schon erzählt?«
»Ich weiß es nicht mehr!« sagte der Beamte, der ihn ausfragte, ehrlich. Denn dieses sprudelnde Geständnis, bei dem die Motivierungen möglichst immer gleich mitgeliefert wurden, konnte auch den routiniertesten Vernehmungsfachmann gelegentlich aus dem Konzept bringen.
»Ich habe noch zwei- oder dreimal unterwegs Pause machen müssen!« erklärte Erwin.
Ein anderer Beamter fragte: »Und woher hast du die schöne Jacke?«
Er zögerte, denn das hatte nicht unmittelbar mit seinen »schönen«, selbst in der Erinnerung noch schönen Morden zu tun.
»Von Verwandten aus dem Rheinland ...«
»Enge Verwandte?«
»Ach, die haben sie mal geschickt ... die Mutter meines Vaters wohnt da, meine Oma ...«
Damit gaben sie sich erstmal zufrieden. Sie suchten die Wohnung systematisch nach eventuellen weiteren Spuren ab, obgleich Erwin mehrfach versicherte, es könne eigentlich keine mehr geben. Tatsächlich wurde auch nichts mehr gefunden, was wirklich wichtig

war. Und als sie wieder zur Polizei zurückfuhren, hatte sich draußen der größte Teil der Menge zum Glück verlaufen.
Die Lederjacke, das Messer mit der abgebrochenen Klinge und ein weiteres verrostetes Messer, das von spielenden Kindern in ihrem Drehnitz-Revier gefunden und bei der Polizei abgeliefert worden war, wurden per Eilkurier nach Berlin geschickt. Die Kriminaltechniker dort machten Überstunden, und als sie ihren Bericht in Rekordzeit fertig hatten, war auch der objektive Beweis erbracht, daß Erwin Hagedorn und niemand anderes der dreifache Mörder von Eberswalde war:
Erstens, das von den Kindern gefundene Messer hatte zwar augenscheinlich nichts mit den drei Knabenmorden zu tun gehabt.
Zweitens aber, an dem abgebrochenen Messer ließ sich einwandfrei Menschenblut nachweisen, angeblich sogar Blut einer männlichen Person.
Und drittens, die Lederjacke war ein geradezu klassischer Beweis – dicht genug, um Erwin Hagedorn sogar dann zu überführen, wenn er bis zu diesem Zeitpunkt nicht ausgepackt, sondern alles abgestritten hätte!
Da waren die Fasern, die am Strauchwerk in der Umgebung des Tatortes Winkler gefunden worden waren: Sie stammten einwandfrei von Erwins Lederjacken-Kragen, und es war ja auch bestätigt worden, daß die Jacke aus dem kapitalistischen Ausland in die DDR gekommen war.
Es gab aber auch noch andere Fasern, die jetzt erst entdeckt wurden – rote Fasern vom roten Trainingsanzug des toten Ronald Winkler, und sie hafteten Erwins Lederjacke in so ausreichend großer Zahl an, daß bei ihrer präzisen Bestimmung nicht der geringste Zweifel möglich war!
Auf die nicht mehr aufzufindenden Reste des verbrannten Taschentuchs konnte man also leicht verzichten. Erwin Hagedorn wurde nun ins Polizeihauptquartier von Frankfurt/Oder gebracht, in die Straße Halbe Stadt, Nummer 9, nicht weit vom Lenné-Park, und damit hatte es wenigstens Staatsanwalt Dr. Kuschel nicht mehr allzu weit, wenn er bei den weiteren Befragungen dabei sein wollte. Er hatte hier zwar den Fall seines Lebens, aber er hatte immerhin auch noch ein paar andere Fälle zu bearbeiten.
Der Genosse Major Grieschat, eben jener »I-A-Offizier« der Mörderjagd, schrieb am Ende eines zunächst umfassenden Abschlußberichts, der die Fakten der Fälle enthielt:
»Der beschuldigte Erwin Hagedorn schilderte nicht nur von sich

aus eine Vielzahl von beweiserheblichen Details der Verbrechen, sondern sie stimmten absolut mit den erhobenen Tatbefunden überein und sprachen letztlich, ebenso absolut, für den Wahrheitsgehalt seiner Aussagen!«
Es war Ende November, die Wahlen zur Volkskammer waren auch im Raum Eberswalde glatt, reibungslos und hundertprozentig über die Bühne gegangen, und jetzt endlich fanden auch die wochenlangen Befragungen der Nachbarn Hagedorns ein Ende. Jetzt endlich wurden die ersten Morduntersuchungskommissionen, diesmal endgültig, aus Eberswalde abgezogen, und mehrere Mädchen in der Stadt weinten dabei bittere Tränen.

Es wurden allerdings noch längst nicht alle Polizeitruppen aus Eberswalde abgezogen, sondern zwei komplette MUKs blieben vor Ort. Dabei waren auch der Hauptmann Bergschneider und der inzwischen tatsächlich zum Oberleutnant beförderte Genosse Ludwig, die, wie schon zuvor, ein gemeinsames Vernehmungsteam bildeten.
Sie fingen die Sache jetzt sozusagen von vorn an, mit Geburt und Elternhaus und frühkindlichen Prägungen – durchaus mit Begriffen also, die heutzutage längst auch in den Sprachschatz der Polizei Eingang gefunden haben, der westdeutschen wie der ostdeutschen. Und Erwin Hagedorn spielte so eifrig mit wie von Anfang an: Bei all den Vernehmungen, die jetzt hauptsächlich in Frankfurt stattfanden, waren die Beamten manchmal eher erschöpft als er selbst, obwohl sie sich abwechseln konnten und Erwin immer auf sich allein gestellt blieb.
»Es kommt mir manchmal vor wie bei den Nazi-Verbrechern«, sagte eines Abends, früh im November, der Hauptmann Bergschneider, der gelegentlich bei der Aufklärung von NS-Straftaten eingesetzt gewesen war, »ewig haben sie alles für sich behalten, aber wenn man sie hat, sprudeln und sprudeln sie, als wollten sie es endlich loswerden, als hätten sie seit ewig auf den Moment gewartet...«
»Is' wirklich 'n komischer Vogel!« sagte Ludwig gähnend hinter seinem Bier.
»Und weißte«, fragte Bergschneider, »worüber ich mir von Tag zu Tag mehr Gedanken mache?«
»Nee...?«
»Warum wir nicht eher auf diesen Typen verfallen sind!« antwortete Bergschneider.

Ein Monstrum taucht plötzlich auf, philosophierte er, mitten aus seinem bisherigen, kaum durch winzige Haarrisse gestörten staatspolitischen Wohlverhalten. Ein Monstrum, das noch ein Kind ist, auch wenn es nach den Gesetzen der Arbeiter- und Bauernrepublik seit wenigen Monaten erwachsen ist. Ein Kind von staatsbewußten Bürgern, und aufgefallen, meinte Bergschneider, war es bisher allenfalls dadurch, daß es besonders unauffällig war.
Es war eigentlich das erste Mal, daß sie sich – nachdem der auch für die Mordspezialisten ungeheure erste Schock vorbei war – auf solche Weise über den Fall unterhielten.
Ludwig zündete sich an einer aufgerauchten Zigarette die nächste an.
»Es ist schon komisch. Ich seh' das allerdings etwas praktischer...«
Wie denn? wollte der Hauptmann wissen.
»... weil so ziemlich alle Kriterien, nach denen wir die Leute durchleuchtet haben, auf ihn zutreffen. Homosexuelle Pädophile haben wir gesucht, Leute mit dem Hang zum Sadismus, Fleischer und Jäger, na schön, er ist nun mal Koch ...«
»Und was willst du damit sagen?«
»... daß man eine Sache falsch sehen kann, hab' ich mal irgendwo gelesen«, antwortete Ludwig, »wenn es einem an der kollektiven Weisheit mangelt ...«
»Denk' an dein Schandmaul!« sagte Bergschneider.
Und Ludwig grinste: »Da stand nämlich auch, daß bei manchen Leuten der gesunde Menschenverstand aufhört, wenn einer das Parteibuch lange genug in der Tasche mit sich herumschleppt!«
»Willste da am Ende noch 'ne Aktennotiz drüber schreiben?«
»Quatsch!« sagte Ludwig. »Der Sohn ist schließlich der Mörder, und bloß weil der Alte sich mal 'n bißchen verrückt aufgeführt hat, will ich ihm ja nicht gleich Gift in den Kaffee tun!«
So beschlossen sie gemeinsam, zumindest den »Alten«, den Vater Hagedorn, in Ruhe zu lassen. Und sie unterschlugen immerhin den für Vater Hagedorn im Zweifelsfall nicht ungefährlichen Verdacht, daß die Jagd nach seinem Sohn Erwin nicht zuletzt deshalb so lange gedauert habe, weil man einem Aktivisten und verdienten Parteimitglied wie Günter Hagedorn ein solches Monstrum von Sohn einfach nie zugetraut hätte.
Sie taten es nicht nur aus Menschenfreundlichkeit.
Die Sache hatte nämlich auch eine Kehrseite, und die hatte der gerissene Ludwig ebenfalls schnell erkannt. Die Volkspolizei hätte Selbstkritik üben müssen, und selbst dann, wenn die Staatsanwalt-

schaft noch gnädig mit ihr gewesen wäre: vor Gericht wäre ein solcher Fehler, den Sohn eines geachteten Parteimitglieds unbehelligt gelassen zu haben, mit Sicherheit und mit scharfen Worten zur Sprache gekommen.

»Außerdem darf man zu unseren Gunsten niemals vergessen«, beruhigte sich der gewissenhafte Bergschneider, »wie gut sich dieser Junge verstellen kann!«

Der Junge war – womit die Vernehmungen zur Vorgeschichte anfingen – in den ersten Tagen des Jahres 1953 geboren worden, und er war und blieb das einzige Kind seiner Eltern. Diesen Eltern spürte man jetzt fast parallel zum Sohne nach, eben weil der Sohn sie gleich zu Anfang seiner Vernehmungen geradezu als »mitschuldig« bezeichnet hatte – und man befragte dabei sowohl Erwin selbst als auch alle erreichbaren anderen Zeugen.

Es waren besonders strebsame Eltern, diktierte Erwin sinngemäß ins Tonband und ins Protokoll, gesellschaftlich gesehen, und sie hatten immer eine Menge zu tun, eben gesellschaftlich. Auf diese Weise war ihnen alles Mögliche wichtiger als die Pädagogik in den eigenen vier Wänden – und auf diese Weise, sagte Erwin offenherzig, lernte er schon sehr früh, sich zu verstellen. Wenn er nämlich »äußerlich« unauffällig blieb und scheinbar »artig« war, ließ man ihn in Ruhe, und er konnte tun und lassen, was er wollte.

Erwins Vater hatte sich zu einer für seine Herkunft sehr achtbaren Position hochgearbeitet, auf den Posten eines Bibliothekars beim Reichsbahnausbesserungswerk »8. Mai« in Eberswalde. Die Mutter, ebenfalls dort beschäftigt, arbeitete und studierte seit längerem, um den Titel eines sogenannten Ingenieur-Ökonomen zu erwerben.

Sexuell schien das Leben seiner Eltern allerdings ähnlich interessant gewesen zu sein wie das der Schildkröten, wenn man Erwins Ausführungen folgen wollte, und ähnlich interessant und aufschlußreich für ihn war wohl auch seine sexuelle Aufklärung verlaufen, als er in die entsprechenden Jahre kam. Vater Hagedorn sollte im übrigen, was der Sohn mit einer für seine achtzehn Jahre geradezu erstaunlichen »Weisheit« vermutete, eine Art Ausgleich für die nicht sehr üppige Sexualität daheim durch einen möglichst häufigen »scharfen Skat« in der ungemütlichen »Gemütlichen Ecke« gesucht haben.

Dann kamen die »vertraulichen Zeugen«, die das Bild dieser familiären Gemeinschaft ergänzten:

»Im Grunde hätte er sich da auch gleich eine Freundin halten können«, sagte einer von ihnen, »viel teurer wär' das nämlich auch nicht gewesen ...«

»Wie meinen Sie das?« wurde er gefragt.

»Das meine ich so«, sagte der Zeuge, »eines Abends soll er glatt 230 Mark verspielt haben, und anschließend hat er sich fast auf den Kopf gestellt, damit er das so kaschierte, daß seine Frau es nicht gemerkt hat ...«

»Hhmmm ...!« sagte der Vernehmungsoffizier, machte sich dann aber doch eine Notiz für die Akten.

»Muß das denn alles in die Akten?« fragte zwei Tage später der Hauptmann Bergschneider, als er solche und andere Einzelheiten las.

»Ich finde auch«, sagte der Major Wildermuth, »daß uns das nicht interessiert!«

»Ja, so gewiß nicht ...« meinte Bergschneider.

»... sondern ...?« fragte der anwesende Staatsanwalt Friedrich Lympe.

»Das ist ...« überlegte Bergschneider, »das kommt mir so ... so schnoddrig vor, auch in den Formulierungen ... so richtig, als würden wir uns selber in die schnoddrigen Randereignisse flüchten ...«

»Quatsch!« sagte Major Wildermuth. »Ich seh' das viel direkter. Und ich frage Sie, Genosse Staatsanwalt, warum wir uns hier beispielsweise für Spielschulden interessieren statt für Halsschnitte?«

»Weil es auch Ihre Arbeit ist!« sagte Lympe, der Wildermuth nicht sehr schätzte, zunächst ziemlich grob.

»Das ist keine Antwort!« erwiderte der Major. Er konnte sich einiges leisten, weil er seinerseits einen ziemlichen Einfluß in der Partei hatte.

Lympe lenkte also halbwegs ein: »Irgendwann müssen wir doch eine Anklage schreiben und dem Gericht ein klares Bild vermitteln, auch von den Randereignissen ...«

»Ich dachte immer, dafür gibt's Gutachter!« maulte Wildermuth.

»Gutachter sind Gehilfen des Gerichts und sonst gar nichts!« belehrte ihn Lympe. »Abgesehen davon, daß es offiziell noch gar keine gibt ...«

»Aber daß qualifizierte Kollektive wie wir ...«

»Komm«, sagte Bergschneider, obgleich er ausgerechnet Wildermuth vorsätzlich nicht duzte, »bleib' auf dem Teppich, Genosse Major, bitte ...!«

Die anderen Genossen, Kollegen und Offiziere halfen ihm; Lympe war nämlich ein netter Kerl, und dies war eine Routinebesprechung und kein Seminar über Taktik:
»Der alte Hagedorn spinnt übrigens immer noch«, sagte jemand, der gerade von Eberswalde nach Frankfurt zurückgekommen war, »der läuft immer noch durch die Gegend und behauptet, sein lieber Junge wär's bestimmt nicht gewesen ...«
»Die Mutter?« fragte Lympe dankbar.
»Muß angeblich mit einem Nervenschock im Krankenhaus momentan stationär behandelt werden!«
Ludwig, der Anne Hagedorn noch kurz zuvor gesprochen hatte, staunte: »Aber das ist doch eine richtige Maschine! Die ist doch stabil wie 'ne Marketenderin! Mir hat sie gesagt, sie wird auf jeden Fall weiter studieren, das wär' ja wohl das Beste, was sie noch für Erwin tun könnte ...«
»Und wie geht's mit Erwin weiter?« drängte Lympe.
»Wie, jetzt ...?«
»Damals!« sagte er geduldig. »Irgendwann muß es ja mal angefangen haben mit ihm!«

Als der Knabe Erwin 14 wurde – und damit auch nach DDR-Recht strafmündig –, absolvierte er im dunklen Anzug seine Jugendweihe und erhielt das übliche Buch »Weltall, Erde, Mensch« und den üblichen Handschlag des Festredners. Bis dahin, berichteten die amtlichen Rechercheure, war anscheinend oder scheinbar noch nichts aufgefallen oder gar passiert.
Just zu jener Zeit allerdings geschah die Sache, über die sich bei der Aufklärung des Falles niemand so recht ein deutliches Bild machen konnte:
Etwa mit 14 gab es zwischen Erwin Hagedorn und einem anderen Jungen eine so heftige Prügelei, daß die Deutsche Volkspolizei eingeschaltet wurde – eine Prügelei, bei der angeblich ein paar sadistische Tendenzen zutage getreten waren, die wichtiger erschienen als ein paar veilchenblaue Augen. Trotzdem nahm die Volkspolizei aber den Vorgang nicht zu den Akten, und so konnte er jetzt auch nicht mehr daraufhin untersucht werden, ob er tatsächlich wesentlich für Erwins weitere Entwicklung gewesen war.
Nach der Volksschule kam er jedenfalls als Kochlehrling in die Mitropa-Gaststätte am Eberswalder Hauptbahnhof. Mitropa, die ursprünglich für ganz Deutschland gegründete »Mitteleuropäische Schlafwagen- und Speisewagen Aktiengesellschaft«, gibt es seit

1950 nur noch in der Deutschen Demokratischen Republik, und sie betreibt heute dort nicht nur den Service in Zügen, sondern verdient auch mit Raststätten und Restaurants an Verkehrsknotenpunkten ihr Geld, am liebsten Devisen.

»Spar' dir deine unqualifizierten gesellschaftsschädigenden Bemerkungen!« sagte Major Wildermuth, der auch Parteifunktionär war, zum augenblicklichen Berichterstatter Bergschneider.

»Wart's ab!« sagte der aber ungerührt, und er grinste sogar. Denn das, was jetzt kam, hatten sie alle mehrfach am eigenen Leibe erlebt: Die Mitropa-Gaststätte am Eberswalder Hauptbahnhof wird jedenfalls nicht nur von Feinschmeckern, sondern auch von »normalen« Konsumenten ziemlich verteufelt. Sauber dürfte sie zwar sein, aber die meisten Gäste würden vermutlich lieber vier als – wie bislang – drei Ostmark für ein Kotelett mit Kartoffeln und Rotkohl bezahlen, wenn es dafür frischer und weniger vermanscht wäre. Trotzdem, es gibt nur wenige Auswahlmöglichkeiten an Gaststätten in der Gegend, für Lehrlinge, aber auch für Gäste, und deswegen ist selbst in dieser Bahnhofs-Selbstbedienungs-Mitropa meist kaum ein Tisch zu kriegen.

»Vielleicht liegt das aber auch daran, daß ein Bier nur 40 Pfennig kostet und ein Korn auch ...«

Dieser Laden jedenfalls, auf dessen ziemlich kleiner Karte kaum Speisen über fünf Mark zu finden sind, dafür aber um so mehr Kohlgerichte, war Erwin Hagedorns erster Eindruck vom Berufsleben.

»Ich hab' ein paar Kollegen von ihm gesprochen«, sagte Bergschneider, »die wollen sich doch allen Ernstes daran erinnern, daß Erwin in seiner ersten Lehrzeit am liebsten Fleisch zu Gulasch verarbeitet hat ... also ehrlich, Leute gibt's ...«

»Wird das etwa noch spannender?« sagte der miese Wildermuth.

»Ehrenwort!« versprach Bergschneider.

Und dann teilte er mit, daß man seiner Ansicht nach diesem Erwin Hagedorn wenigstens eine Tatsache nicht als schwerwiegend ankreiden könne – daß er sich nämlich in diesem Mitropa-Laden als Kochlehrling nicht gerade durch besondere Leistungen hervortat.

»Aber dann ging es beruflich mit ihm bergauf, und dann wurde es leider auch ziemlich schlimm ...«

Erwin kam als Eleve in die »bessere« Mitropa an der Autobahn Berlin–Stettin, Auffahrt Niederfinow, und dort suchte und fand er einen Spezialjob, der ihm nachweislich Spaß machte: Er schlachtete frische Aale zur Verarbeitung blau oder grün.

»Wißt ihr, wie das geht?«
Niemand wußte es, und Bergschneider erklärte es:
»Man schlägt sie auf den Kopf, muß später sehen, daß die tiefsitzende Galle nicht verletzt wird und den ganzen Fisch unbrauchbar macht, und vor allem muß man darauf achten, daß die Tiere richtig ausbluten. Und das geht nur durch einen gekonnten Halsschnitt von einem Kiemen zum anderen!«
Niemand behauptete vom Zeitpunkt dieser Erklärung an, irgend etwas im Zusammenhang mit Erwin Hagedorn sei langweilig oder bedeutungslos. Die weiteren Berichte, in der ganzen Stadt, vor allem natürlich im Westend zusammengetragen, besagten folgendes: Abends war Erwin in diesen seinen letzten Jahren, aber auch schon als Kind, meist allein zu Hause gewesen, und es war meist auch schon niemand mehr da, wenn er nach Feierabend in der Werbellinstraße eintraf. Die Eltern Günter und Anne, beide Jahrgang 1933, führten ein immer ausgeprägteres gesellschaftliches Leben, und es hatte meist mit der SED zu tun, die es ihnen mit mehreren Ehrenämtern dankte.
Nun hatte Erwin aber immerhin ein eigenes Zimmer in dem für Westend-Verhältnisse gut gepflegten Haus, und er war technisch sehr interessiert. Er machte Tonbandaufnahmen, und das war manchmal ziemlich laut. So kriegten die Nachbarn zwangsläufig mit, daß er nicht etwa Aufnahmen von Gershwin oder Tschaikowski abhörte oder umkopierte, sondern merkwürdige Geräusche, die sich anhörten wie die Schreie von gequälten Tieren. Tatsächlich aber waren es Imitationen und keine Aufnahmen von wirklichen Tierquälereien, Erwins Stimme, die die Todesschreie der Kaninchen allerdings am Ende besser hervorbringen konnte als die Kaninchen selbst.
Es sah also ganz so aus, als sei Erwin parallel zu seiner Pubertät in die seelische Katastrophe geschlittert. Aus der Spielerei mit den Tierschreien – das hatte er selbst schon gesagt – entwickelten sich eines Tages die ersten Lustvorstellungen, daß es angenehm sein könnte, außer Aalen gelegentlich auch Kinder zu töten. Außerdem wurde dem Jungen offenbar auch von Tag zu Tag klarer, daß er eine unüberwindbare homophil-pädophile Veranlagung hatte – und daß er sie bereits, von seinen Trieben gejagt, derart öffentlich gezeigt hatte, daß die Jungen vom Westend darüber sprachen: Dieser Erwin ist schwul, dem geht man besser aus dem Weg.
Damals wurde das Einzelkind Erwin Hagedorn endgültig zum Einzelgänger, und die Zeit muß für ihn entsetzlich gewesen sein.

Seine Verstellungskünste entwickelten sich gerade in dieser Zeit bis hin zur Schauspielerei, und er sah zugleich ein, daß alle Verstellung ihre Grenzen hatte, wenn es wirklich »ernst« wurde:
Im Westend, beispielsweise, gibt es ein Tanzlokal, und Erwin ging mit 17 Jahren eines Abends mit ein paar Gleichaltrigen hin, sogar halbwegs freiwillig. Es wurde jedoch ein Fiasko, denn der Junge, der gar nicht so häßlich war, forderte nicht ein einziges Mal ein Mädchen auf, obgleich die Mädchen ziemlich in der Überzahl waren. Als die Kapelle einen Tusch intonierte und das Ereignis »Damenwahl« ankündigte, warf Erwin in panischer Angst viel zuviel Geld für seine Zeche auf den Tisch, rannte aus dem Saal und wurde nie mehr dort gesehen.
Es gab da auch eine Arbeitskollegin bei der Mitropa, die sich für den schüchternen Erwin weit mehr interessierte als er für sie. Ihr gelang es sogar, wie sie mutig zugab, dem Jungen einen richtigen Kuß abzutrotzen – und sie wunderte sich, daß nicht mehr daraus wurde, nicht an diesem Abend und überhaupt nie mehr.
Es muß, soweit sich das noch datieren ließ, die Zeit gewesen sein, in der der Mordträumer Erwin Hagedorn tatsächlich zum Mörder wurde, gleich beim erstenmal zum Doppelmörder sogar. Und da er über seine Taten nachweislich immer die Wahrheit gesagt hatte, glaubte ihm sogar die Vopo folgende Episode:
Als nach der Auffindung der Leichen von Henry Specht und Mario Louis ganz Eberswalde über das Verbrechen diskutierte, hielt sich auch das Mitropa-Personal mit deftigen Bemerkungen nicht zurück. Erwin tötete während einer solchen Debatte einen Aal, ganz ohne die sonst erlebte Lust, und er sagte voller Ekel und Abscheu: »Wenn ich diese Bestie jemals zu fassen kriegte, die würde ich sofort erstechen!«
Es muß wirklich ein Anfall abgrundtiefen Abscheus vor sich selbst gewesen sein, allerdings nur ausnahmsweise.
Denn Erwin Hagedorn beendete zwischen den Morden Specht-Louis und Winkler seine Kochlehre, gerade noch mit drei minus, und er wurde Kandidat für die Sozialistische Einheitspartei; beide Ereignisse wurden auch in der Lokalpresse etwa im Mai oder Anfang Juni 1971 gewürdigt.
Aber da hatte er den Kampf gegen den Trieb doch wohl schon längst aufgegeben, und er produzierte nichts mehr als die notwendige Camouflage – einen Seiltanz, wenn man will, zwischen dem groben Sadismus seiner Taten und dem viel subtileren Masochismus, sich eines Tages offenbaren zu müssen, zu dürfen und zu können.

Er hatte sich sogar, wie er einmal plötzlich erzählte, mehrfach bei den Suchaktionen nach den verschwundenen Kindern beteiligt – und er behauptete, er wäre auch mitgegangen, wenn die Kette an der richtigen Stelle eingesetzt worden wäre.
Ziemlich subtil war auch die Rache, die Erwin in jenen Monaten und Jahren an der Gesellschaft nahm, die er gelegentlich für sein Dasein als Mörder mitverantwortlich machte. Die griffigste Episode, die von der Volkspolizei aus seinem Vorleben gekramt wurde, hatte sich im Eberswalder »Ratskeller« abgespielt, einem für brandenburgische Verhältnisse noch halbwegs passablen Restaurant. Dort hatte er sich mit dem Genossen Betriebsleiter angelegt, und es war ihm gelungen, dem erheblich älteren Mann Ärger zu machen.
»Ich möchte einen Schoppen Weißwein«, sagte er zunächst zu dem jungen Kellner, der gerade Dienst tat.
»Gern«, sagte der junge Mann.
Erwin jedoch hielt ihn am Ärmel zurück, als er den Wein holen wollte, und fragte ihn: »Wie viele Schoppen gehen denn so auf eine Flasche?«
»Das weiß ich nicht«, antwortete der Kellner, »ich bin nämlich hier nur Aushilfe.«
»Wenn das so ist«, sprach Erwin – und er sagte, es sei einer der schönsten Augenblicke seines Lebens gewesen –, »dann möchte ich sofort das Gästebuch haben und den Betriebsleiter sprechen.«
Der Leiter kam, denn das ist seine gesellschaftliche Pflicht in solchen Situationen, und er brachte das Buch gleich mit. In diesen Büchern steht selten ein Satz, der nicht hundertprozentig positiv ist, und es gibt eine Menge Standardformeln für die Zufriedenheit der Genossen, Kollektive und Kombinate: »Wir freuten uns – wie immer!« oder »Das Kulinarische war wieder ganz hervorragend.« Erwin Hagedorn jedoch, dieser mörderische Gernegroß, schrieb in das Buch: »Ich war mit der Bedienung überhaupt nicht zufrieden.« Nachdem es geschrieben war, gab es nichts mehr zu radieren. Und der Betriebsleiter hatte stunden- und tagelang zu tun: Erstens mußte er, gegenüber von Erwin Hagedorns Eintragung, auf der linken Seite seines blauen Buches mit der Aufschrift »Der Kunde hat das Wort!« ausführlich erklären, durch welch läppischen Vorfall es zu dieser Eintragung gekommen war. Zweitens mußte er bei der nächsten Kontrolle noch mündlich erklären, daß seine Soll-Erfüllung trotz des bösen Satzes allgemein nicht gefährdet war.

»Und was macht ihr nun noch?«
Abschiedsabend für die letzten MUKs von auswärts, den Rest konnte die örtliche Volkspolizei von Eberswalde erledigen, allenfalls noch durch ein paar Frankfurter Kollegen unterstützt.
»Wir werden ihn endgültig zum Filmstar machen«, sagte ein Leutnant der Eberswalder Kriminalpolizei.
Alle Aussagen von Erwin Hagedorn waren protokolliert und außerdem auf Tonband festgehalten. Jetzt, in der zweiten Novemberhälfte 1971, fand die Rekonstruktion der Taten an den Originalschauplätzen statt, wenn immer das Wetter es zuließ. Alle Szenen wurden zu einem Lehr- und Schauerstück für künftige Kriminalisten-Generationen auf Film gebannt.
Es war, die zynische Bemerkung des Eberswalder Leutnants mal außen vor, in der Tat eine Art endgültiger Durchbruch des schauspielerischen Talents:
Ein großartiger Mime, dieser Erwin! Unvorstellbar mehr denn je, daß er nicht früher entdeckt worden war, nicht als Schauspieler und nicht als Mörder! Unvorstellbar auch, wie er sich von Szene zu Szene steigerte, seine darstellerischen Mittel ohne jede Scham gebrauchte, manchmal sogar Charme zeigte, wie er gelegentlich die Brutalität des Filmschurken und manchmal auch die überzogene Hysterie des Charakterkomikers an den Tag legte! – wenn es nur nicht immer noch um diese blutigen, tödlichen Ereignisse gegangen wäre!
»Anfangen müssen wir ja in der Folterecke!« ordnete er an.
Zum Glück für die »Dreharbeiten« war das Wetter nie so einwandfrei, daß die Vopo Schwierigkeiten mit den Absperrungen gehabt hätte.
Denn diese ominöse »Folterecke« an der Drehnitzwiese war nicht weit von den nächsten Häusern entfernt und mußte sogar teilweise wieder nachgebaut werden – ein nach drei Seiten geschlossenes finsteres Kabuff, in dem Erwin vor seinen Morden die Kinder »spielerisch gequält« hatte, so quasi aus Versehen in die Hoden getreten oder ihnen beim Ringkampf fast die Ohren abgerissen hatte. Im übrigen war die Folterecke auch ein weiterer Beweis dafür, wie sehr und wie gern Erwin Hagedorn ständig mit der berechenbaren Gefahr gespielt hatte: Selbst nach den ersten Morden hatte er seine »harmlosen« Sadismen dort nicht aufgegeben.
Dann weiter in die Gegend am Bahndamm, hinter dem kleinen Schwärze-See, das ganze Team, ausgerüstet mit geeigneten Schaufenster-Puppen:

Stunden um Stunden demonstrierte Erwin, wie er Henry und Mario umgebracht hatte, und wenn er auch nur den kleinsten Fehler im Arrangement bemerkte, schritt er sofort ein.
»Wir bringen dir gleich zwei Stühle!« sagte einer von den Kameraleuten in Uniform.
»Warum?« fragte Erwin.
»Einen für den Hauptdarsteller und einen für den Regisseur!« erwiderte der Mann böse.
Schließlich brachten sie auch noch die Einstellungen zum Mord an Ronald Winkler halbwegs störungsfrei in den Kasten. »Feierabend!« sagte danach der Kommandeur des Film-Teams, und alle Beteiligten waren erleichtert, der »Hauptdarsteller« wieder einmal ausgenommen.
Daß die Sache mit der Filmerei aber offenbar auch einen gefährlichen Hintergrund gehabt hatte, erfuhr eine Bürgerin der Stadt noch am selben Abend:
Einer der Polizisten, die bei den »Dreharbeiten« dabeigewesen waren, hatte sich diese Dame während der wochenlangen Ermittlungen in Eberswalde als sogenanntes Bratkartoffelverhältnis zugelegt. Und nachdem die Arbeit beendet war, erzählte er der nicht mehr ganz jungen Frau:
»Du glaubst gar nicht, wie oft einer von uns drauf und dran war, die Pistole zu ziehen und den arroganten Kerl einfach über den Haufen zu knallen!«

Arrogant oder nur ungewöhnlich gewissenhaft, das war eine der Fragen, die im Mittelpunkt einer diskreten Unterredung zwischen der Staatsanwaltschaft und den Gutachtern aus Berlin und Waldheim gestanden haben sollen, zwischen Staatsanwalt Dr. Kuschel und Dozent Dr. Dr. Szewczyk von der Charité-Nervenklinik vor allem.
Die Unterredung fand ebenfalls in der zweiten Novemberhälfte statt, und sie hätte offiziell allenfalls informatorischen Charakter gehabt. Gutachten-Aufträge in Sachen Hagedorn waren nämlich noch nicht erteilt worden, der bisherige Auftrag – die Mord-Ermittlung durch die Wissenschaft – war erfreulich positiv gelöst worden, und es ging eigentlich nur um eine erste, naturgemäß noch Vor-Abklärung:
Ist dieser mörderische Knabe Hagedorn bei aller Gefühlskälte voll zurechnungsfähig – oder ist er mit einiger Wahrscheinlichkeit so hochabnorm, daß man ihn am besten gleich in die Gummizelle

stecken sollte, bei gleichzeitiger Einstellung des gesamten aufwendigen Verfahrens?
Staatsanwalt Lympe, einer der wenigen, die von diesem Gespräch wußten und wenigstens teilweise dabeigewesen waren, sagte anschließend seinen Freunden unter den Volkspolizisten:
»Soviel ich gehört habe, ist den Herren Szewczyk und Ochernal, die uns ja erfreulicherweise immer noch zur Hand gehen, eine dauernde krankhafte Störung der Geistestätigkeit bisher noch nicht aufgefallen. Vielleicht fällt sie ihnen aber später noch auf, das kann man ja nie wissen ...«
Volkspolizist Bergschneider fragte: »Weiß die Staatsanwaltschaft denn schon in etwa, wie sie in diesem Fall vorgehen wird?«
»Sicher mit der ganzen zulässigen Strenge des Gesetzes!« antwortete Lympe diplomatisch.
»Ist das den Ärzten auch mitgeteilt worden?«
Lympe lächelte. »Erwin Hagedorn hat ja nun zwei Morde als Jugendlicher begangen, nicht wahr?«
Immer kommt er von hinten durch die kalte Küche, dachte Bergschneider, als er nickte.
»Sie kennen sicher auch den Paragraphen 16 StGB?«
»N ... n... ja...« sagte Bergschneider zögernd.
»Die persönliche Schuldfähigkeit eines Jugendlichen ist in jedem Verfahren ausdrücklich festzustellen«, sagte Lympe deshalb, »und sie liegt vor, wenn der Jugendliche fähig war, bei seiner Tat einzusehen, welche Regeln des gesellschaftlichen Zusammenlebens er im Zweifelsfall verletzt ...«
»Ja, eben«, meinte Bergschneider, »das stellen ja wohl die Gutachter fest, oder ...?«
»Das Gericht stellt es fest«, sagte Lympe wahrheitsgemäß, »wobei es natürlich nicht an den Stellungnahmen der Gutachter vorbeigehen sollte. Mit anderen Worten, die Staatsanwaltschaft wird den Teufel tun, sich von den Ärzten jetzt schon in die Karten gucken zu lassen. Warum sollte man Leute auf dumme Gedanken bringen, wenn es nicht nötig ist? Warum sollte man ihnen – das meine ich ausdrücklich nicht als Affront gegen den von mir sehr geschätzten Herrn Szewczyk – die Unbefangenheit nehmen, die sie für ihre Arbeit brauchen?«
Es war keine sehr tiefschürfende Unterhaltung, eher ein lockeres, unverbindliches Geplänkel über Strategie und Taktik im Strafprozeß, vor der Hauptverhandlung, die noch längst nicht anstand. Als Friedrich Lympe sah, wie beeindruckt die Polizisten trotzdem wa-

ren, gab er immerhin noch eine Art Ehrenerklärung für Szewczyk und seinen Berufsstand ab:
»Im übrigen«, sagte er, »würde ich nie einem Gutachter von vornherein unterstellen, daß er sich bei der Darstellung seiner Untersuchungsergebnisse von einem zu erwartenden Urteil beeinflussen lassen würde!«
Verbindlich wurde es dann am nächsten Tag:
Szewczyk und Ochernal, die sich das »Phantom« die ganze Zeit über sicher nicht ohne Grund angesehen hatten, erhielten offiziell den Auftrag, Erwin Hagedorn zu untersuchen und später dem Gericht Rede und Antwort zu stehen.
»Und bitte keine Zeit verlieren!« hieß die Devise, die ihnen mit auf den Weg gegeben wurde – auf den Weg, der sie zunächst einmal wieder in ihre Institute und Anstalten führte, wo eine Menge liegengebliebener Arbeit erledigt werden mußte.

Anschließend war es tatsächlich so eilig, daß kaum auf die Feiertage Rücksicht genommen wurde, gerade noch, daß die von jetzt an wieder dominierenden Gutachter über Weihnachten etwas Luft holen konnten:
Ein Auto fuhr vor, ein geschlossener Wagen, der in der BRD »Grüne Minna« genannt wird und an sich mehreren Gefangenen Platz bietet. Das Auto fuhr, mit Erwin Hagedorn als einzigem Insassen außer der Wachmannschaft, gleich nach Weihnachten 1971 zum Hintereingang der Nervenklinik der Charité in Berlin: das hatte den Vorteil, daß der Eberswalder Mörder schon nach ein paar Schritten in den Räumen war, die man vorsorglich für seine Begutachtung reserviert hatte, und nicht erst kilometerweit vom Haupteingang der Klinik quer durch die Gänge des riesenhaften Gebäudes geschleppt werden mußte.
Das Auto kam morgens schon ziemlich früh, und es kam aus dem Polizeigefängnishof im Präsidium Keibelstraße, nur ein paar Meter Luftlinie vom früheren berühmten Präsidium Alexanderplatz entfernt: dort hatte Erwin Hagedorn, nachdem er bereits am Tag zuvor von Frankfurt/Oder nach Berlin kutschiert worden war, seine erste Nacht in Berlin verbracht.
Er wirkte also gut ausgeschlafen, und er betrat die Räume der Charité so neugierig und gleichzeitig vorsichtig wie eine Katze, die auf unbekanntes Terrain kommt: Man hatte ernsthaft den Eindruck, er würde am liebsten jeden Tisch und jeden Sessel in allen Räumen einzeln inspizieren.

Jedenfalls sagten die Vopos, die ihn begleiteten, er werde die künftigen Nächte zwischen den fast täglich terminierten Begutachtungen außer Haus verbringen, nämlich in der Haftanstalt Rummelsburg, ein Stückchen weiter östlich, aber immer noch auf dem Territorium der Hauptstadt der DDR. Und Szewczyk und seine Leute nickten: so etwa war es ja verabredet worden, und wo der Proband nun genau schlief, interessierte sie nicht besonders.
Der Proband selbst allerdings, Erwin Hagedorn, hatte zu diesem Zeitpunkt seinen ersten großen Ärger seit der Festnahme schon hinter sich:
»Fein«, hatte er dem Leiter der Vollzugsanstalt Frankfurt/Oder gesagt, »wenn ich nun untersucht werde, dann kann ich ja endlich mal wieder schön im Krankenhaus schlafen!«
Die Antwort war ein Schock für ihn gewesen: »In der Charité wird gerade umgebaut, das dauert zwei Jahre, Sie werden nur tagsüber im Krankenhaus sein!«
»Ja, wieso das denn?«
»Weil die für Sie nötigen Sicherungsvorkehrungen nicht zu treffen wären!«
Basta.
»Ja, aber, ich habe doch ... habe ich jemals den Versuch gemacht, abzuhauen ...?«
»Herr Hagedorn«, hatte der Strafvollzugsmensch gesagt und damit die Unterredung beendet, »gerade bei Ihnen werden wir auch nicht das geringste Risiko eingehen, und wenn Sie das nicht einsehen, kann ich Ihnen nicht helfen!«
Helfen, helfen.
Noch bevor Erwin Hagedorn zur Strecke gebracht worden war, waren die offiziell als Gutachter bestellten Dozenten Szewczyk und Ochernal übereingekommen, im Einverständnis mit der Staatsanwaltschaft ihre Untersuchungen parallel durchzuführen, eben in der Berliner Nervenklinik. Eine Weile diskutierten die Herren Wissenschaftler jetzt noch die Frage, ob sie zwei Gutachten erstellen sollten, jeder für sich und von jedem einzelverantwortlich unterzeichnet. Noch vor dem Beginn der ersten Testung aber hatten sie sich für eine praktikablere – und auch schnellere – Lösung entschieden: Sie würden, teilten sie ihren Mitarbeitern mit, ein gemeinsames Gutachten erarbeiten und es auch, für beide vollverantwortlich, gemeinsam unterschreiben.
Szewczyks und Ochernals Entschluß war nicht unbedingt sensationell, aber auch nicht gerade alltäglich:

Er entsprach wieder dieser nun doch schon fast verdächtigen Eile, den Mordfall Hagedorn zwar noch im Rahmen der gesetzlichen Vorschriften, aber eben doch mit der höchstzulässigen Geschwindigkeit über die Bühne zu bringen; von psychotherapeutischer Hilfe konnte da schon im Ansatz nicht mehr die Rede sein.
Und Dr. Manfred Ochernal schlug also seine Zelte wenigstens tageweise in Berlin auf, nachdem Erwin eingetroffen war. Anschließend bemühte er sich redlich, sich dem lockeren Ton im »Hause Szewczyk« anzupassen.
Dieser Ton läuft gelegentlich auf einen nachtschwarzen Humor hinaus. Psychiater nämlich – und auch die ihnen attachierten Psychologen – haben eigentlich ständig mit »kaputten Typen« zu tun, und heilig ist ihnen so gut wie nichts.
Heilig war ihnen ganz gewiß auch Erwin Hagedorn nicht. Nur, er brachte einen zusätzlichen Effekt mit in die Klinik:
Das wird ein Psycho-Krimi, sagten sie sich, wie selbst wir ihn höchstens alle zehn oder zwanzig Jahre erleben!
Aus der Perspektive von Erwin Hagedorn sah dieses interessante Zwischenspiel etwa so aus:
Einige Wochen lang gab es jeden Morgen eine neue nette Begrüßung zwischen dem Charité-Personal und dem Eberswalder »Star-Mörder« und jeden Abend auch einen neuen netten Abschied. Erwin schaffte es – mit Hilfe seiner schauspielerischen Fähigkeiten, vielleicht aber auch instinktiv aus dem Gefühl heraus, wenigstens tagsüber endlich einmal wieder geborgen und bei netten Menschen zu sein – etwa in der Mitte der Begutachtungszeit, die Begrüßungen und Verabschiedungen annähernd herzlich zu gestalten.
So herzlich, daß Ochernal eines Abends seinen Kollegen Szewczyk fragte: »Sie denken nicht daran, ihn doch noch zu adoptieren?«
»Nein, nein!« sagte Szewczyk.
Und es war sein voller Ernst.

An seinem ersten Tag in der klinischen Geborgenheit gab Erwin zunächst seinen Namen, sein Alter und seine Kinderkrankheiten zu Protokoll, und dann begann ein Psychologe mit einer grundlegenden allgemeinen Testung.
Erwin, der Krimi-Held, den das Leben selbst erfunden hatte, war zunächst nicht ganz einverstanden mit solchen Maßnahmen, mit denen man sich an ihn herantasten mußte:
»Kann ich denn nicht erzählen, wie ich das mit Henry und Mario gemacht habe? Das ist doch viel interessanter für uns alle ...«

»Doch, doch«, sagte der Psychologe, »das hier muß aber auch sein!«
Er wollte es tagelang nicht einsehen, und man mußte ihn immer wieder stoppen, wenn er »ausuferte« und doch wieder auf seine Morde zu sprechen kam.
Plötzlich aber hatte er von einer Sekunde zur anderen begriffen, daß auch die »langweiligen« Tests dazu beitragen konnten, das ihm selbst immer noch fremde Rätsel seiner verunglückten Seele zu lösen. Jetzt merkte er sich sogar die Namen der Tests und gebrauchte sie geschickt wie ein Fachmann oder wenigstens wie ein Papagei: Rorschach, Hesse-Wartegg, MMPI, HAWIE, thematischer Apperzeptions-, Picture-Frustration-Test und wie sie alle hießen. Auch einen Test, bei dem er einige Angaben zu Bildern machen mußte, zu Porträts, die ihm der Reihe nach vorgelegt wurden: »Bitteschön, Herr Hagedorn ...«
Eins der Porträts zeigte einen weinenden Knaben, und eine der Angaben, die Erwin machen sollte, bezog sich auf das Alter des abgebildeten Kindes. Als richtig – beziehungsweise als innerhalb der sogenannten Normvariante liegend – gilt im allgemeinen die Antwort, der weinende Junge sei elf bis dreizehn Jahre alt. Tatsächlich war er – beziehungsweise ist er – zwölf, aber sein Gesicht ist so fotografiert worden, daß »normale« Testpersonen im allgemeinen sagen, der Junge sei sechs oder aber auch sechzehn Jahre alt.
Erwin sah sich das Bild des Knaben nur eine Sekunde an und sagte: »Der ist zwölf!«
Wahrlich ein Volltreffer.
Der Psychologe sah ihn erstaunt an und sagte: »Da liegen wir aber goldrichtig!«
Noch erstaunter war Erwin:
»Darin«, meinte er, »sollte ich ja wohl einige Erfahrungen haben!«
Erwin Hagedorn, der »erfahrene« Knaben-Kenner, der »Fall unter den Fällen«, wurde in den folgenden Tagen buchstäblich jeder erreichbaren Untersuchungsmethode unterzogen. Er wurde auch hirnelektrisch untersucht, mit dem sogenannten Sechzehnfach-Schreiber, darüber hinaus auch hirnuntersucht mit der sogenannten Luftkammerfüllung. Er wurde internistisch, andrologisch und schließlich genetisch untersucht: seine X- und Y-Chromosomen standen jedoch im rechten Verhältnis zueinander, und es gab weder hier noch an anderer Stelle einen ungewöhnlichen Befund.
»Trotzdem«, sagte der Szewczyk-Psychologe Bille, »kann er einem ja leid tun!«

Oder gerade deshalb. Denn wenn es Auffälligkeiten gegeben hätte, wären sie nach Lage der Dinge für Erwin Hagedorn nur nützlich gewesen.
Bei der Luftkammerfüllung litten sie fast alle mit ihm, soweit waren sie schon miteinander: das ist eine sehr schmerzhafte Tortur, die unbedingt stationär vorgenommen werden muß. Die Neurologen in der Charité wollten es machen: »In dieser Verfassung läuft er uns ganz bestimmt nicht weg!«
Aber niemand bei der Staatsanwaltschaft wollte die Verantwortung übernehmen, und so lief die Prozedur im Krankenhaus der Polizei ab. Und so tapfer Erwin auch war, viel tapferer als andere Mörder, die sich in solchen Situationen nur allzu leicht besonders wehleidig geben: Drei Tage lag er nach der Kammerfüllung und den sich anschließenden Röntgenaufnahmen benommen im Bett, vor Schmerzen wimmernd, wenn auch nicht schreiend.
Er wäre diesmal wirklich davongelaufen, wenn er es gekonnt hätte – eben vor Schmerzen.
Am vierten Tag bestand er selbst wieder darauf, wie üblich, zur weiteren Untersuchung in die Charité-Nervenklinik gebracht zu werden.
Und an diesem vierten Tag vergaß er endgültig den Schmerz, der ihm dumpf immer noch im Hinterkopf saß:
Der Psycho-Krimi näherte sich dem Höhepunkt der Handlung, die Zeit der Explorationen begann, der Gutachten-Fall Hagedorn bekam die höheren Weihen durch Szewczyk und Ochernal selbst, unterstützt allenfalls durch ihren allerengsten Stab.
Und Erwin erzählte. Packte aus, blieb keine Antwort schuldig, ersparte den Meistern kein Detail, bestimmte vorübergehend selbst das Tempo der psychiatrischen Vernehmung.
Drei Kategorien von Verbrechen: Gedanken, Worte und Taten.
Die geträumten Morde: Das waren die schönsten und schlimmsten. Erwin Hagedorn hatte sie Nacht für Nacht geträumt und manchmal sogar tags in der Sonne.
Die versuchten Morde: Das waren die unerfreulichsten. Wenn er einen Jungen schon angesprochen oder, wie er es nannte, »aufgenommen« und isoliert hatte, wenn dann plötzlich Leute kamen, zufällige Passanten oder andere Kinder, wenn er das Opfer ohne einen einzigen Ritzer laufen lassen mußte.
Die vollendeten Morde: Die zweitschönsten für den Täter, die schlimmsten für die Polizei und jetzt auch für die Gutachter.
Kühl und trotzdem voller Verständnis fragte Szewczyk: »Haben Sie

bei den Mordversuchen manchmal das Gefühl gehabt, Ihnen fehle jetzt der Mut zur Vollendung, haben Sie vielleicht deshalb den einen oder anderen Jungen wieder laufen lassen?«
Erwin dachte nach. »Zwei- oder dreimal. Das kennen Sie doch sicher, daß man etwas sehr gern tun möchte und plötzlich doch keine Lust mehr hat ...?«
Ja, das kannten sie, sagten sie.
»Wären Sie in der Lage, Herr Hagedorn, Ihre Onanie-Phantasien schriftlich zu fixieren?«
»Aber gern«, sagte Erwin, »bloß, da muß ich Sie fast warnen, das ist schlimmer als das, was passiert ist ...!«
»Wir können es uns vorstellen!« sagten sie.
Gleich »nach Feierabend« erledigte er es, in der Zelle in Rummelsburg, und auf diese Weise schob er den Feierabend bis in die Nacht hinaus. Ehrlich war er dabei geradezu bis zur Selbstvernichtung, denn er mußte ja weiß Gott damit rechnen, daß sie das Material eines Tages gegen ihn verwenden würden.
»Ich hätte immer weiter gemordet«, betonte er wieder und wieder, »vielleicht wären die Abstände zwischen den Morden auch immer kürzer geworden. Ich schließe das daraus, daß ich manchmal selbst nicht mehr genau wußte, hast du das nun getan, oder hast du das nur geträumt ...?«
»Na«, fragte er, als er seine Werke abgeliefert hatte und die Gutachter sie zum erstenmal überflogen hatten, »wie finden Sie's?«
»Schrecklich!« sagte Ochernal.
Szewczyk sagte, sehr viel kühler: »Aufschlußreich!«
Erwin begann sofort wieder zu erklären: »Ich habe ja doch eigentlich nur auf blond und schön gestanden, gerade in meinen Phantasien nur die blondesten und schönsten Knaben aufgenommen, und insofern muß ich leider auch sagen ...«
»... das kennen wir ja nun schon, Herr Hagedorn!« sagte Szewczyk milde, allerdings auch mit leichter, bei ihm ungewohnter Ungeduld.
»... muß ich leider auch sagen«, sagte Erwin unbeirrt, »daß die Tötungen von Mario Louis und Ronald Winkler eigentlich mehr so ... so etwas wie Betriebsunfälle waren als geglückte Triebbefriedigungen ...«
Eben selbst schon halb wie ein Fachmann. Oder wie ein Papagei ...
Szewczyk nahm diese Sprache auf und fragte: »Mal ganz ehrlich, Herr Hagedorn ... hier unsere Unterhaltungen ...«
»... Explorationen ...?« unterbrach Erwin.

»... ja, ja, gut, hier unsere Explorationen selbst, bekommen sie für Sie nicht allmählich den Charakter suchtbefriedigender Trips ...?«
»Ja, schon ...« sagte Erwin nachdenklich und wieder mal »ganz ehrlich«.
Er geriet hier immerhin an eine seiner wenigen Grenzen, konnte sich nicht so recht äußern, selbst wenn er die Bedeutung des Wortes »Trip« verstanden hatte, und die wirklichen Fachleute mußten ihre Diagnose selbst stellen:
Hier, bei ihnen, konnte der junge Mörder zu seiner großen Freude noch deutlicher werden als bei allen bisherigen Vernehmungen, alles auspacken über Herkunft, Jugend, Verbrechen und vor allem seine Sehnsüchte. Hier erlebte er es, daß seine Seele sozusagen von ihnen, den Psycho-Chirurgen, gründlich kürettiert wurde – allerdings, um im Bilde und bei der Wahrheit zu bleiben, mehr aus diagnostischen als aus therapeutischen Gründen.
Und er arbeitete freudig mit: Immer antwortete er spontan oder nach kurzer, sehr präziser Überlegung. Er antwortete meist druckreif und fast immer unter Beendigung des einmal angefangenen Satzes.
Die Sekretärinnen allerdings, die das Stenogramm aufnahmen, konnten manchmal kaum folgen, obgleich Szewczyk für diesen Job seine besten Kräfte abgestellt hatte:
Immer wieder mußten sie, oft zum Ärger des Untersuchungsführers, unterbrechen: »... Herr Hagedorn, ich habe es nicht mitbekommen, wie war das?«
»Das war folgendermaßen ...« sagte Erwin in solchen Situationen und erklärte es geduldig ein zweites Mal.
Wenn die Diktate abgeschrieben worden waren, überprüfte er sie von Mal zu Mal, und er hatte oft auch eine Menge zu korrigieren. Dabei entschuldigte er sich, richtig nett, meinte jedoch, er sei »der Sache« eine solche Gründlichkeit schuldig.
Und manchmal packte er auch neue Fakten aus, noch zusätzlich zu den doch schon sehr gründlichen Angaben bei den Vernehmungen und Recherchen der Volkspolizei:
Die Sache mit den Schneeschuhen, ja, die war zwar schon mal zur Sprache gekommen, wenn auch kurz, aber die einzelnen Umstände dieser grotesken Jagd durch den Eberswalder Winterwald wurden jetzt erst wieder lebendig.
Ein Überfall auf einen Jungen, der fast zum Mord geführt hätte, war bisher total vergessen worden. Nachdem Erwin diesen Vorgang den Ärzten bestätigt hatte, bat er darum, die Angelegenheit der Vopo

mitzuteilen und überprüfen zu lassen: Tatsächlich, die Angelegenheit stimmte hundertprozentig!
»Ich weiß nicht, wie ich es anders sagen soll«, meinte Erwin irgendwann in diesem Zusammenhang um die Jahreswende 71/72, »es war wie ein Karussell, das sich immer schneller drehte. Natürlich, ich meine meinen Trieb, diese Kinder aufzunehmen. Sie werden bestimmt schon vermutet haben, daß es reiner Zufall ist, daß ich nicht schon mindestens zwölf Jungen totgemacht hatte ...«
»Das mit dem Karussell müßten Sie uns noch etwas näher erläutern!« bat der Arzt, der gerade mit ihm beschäftigt war.
»Gern«, sagte Erwin, willig wie immer, »nur, Herr Doktor, ich hätte da vorher noch eine Bitte, die mir sehr am Herzen liegt ...«
»Ja?«
»Wenn Sie mich ... Sie und alle Ihre Kollegen hier ... also, ich meine, wenn es Ihnen nichts ausmachen würde und Sie mich duzten ...?«
Diese Szene, die sich in ähnlicher Form schon bei Erwins polizeilichen Vernehmungen abgespielt hatte, war neu für die Herren Gutachter; die Vopo hatte ihr Erlebnis dieser Art nicht in die Akten geschrieben. Trotzdem entschied das Charité-Kollegium, das über Erwin gutachten sollte, man würde allgemein auf seinen Wunsch eingehen.
Am nächsten Morgen also – Erwin hatte seine Bitte genau zu Feierabend eingebracht – fragte der Explorateur:
»Also, Erwin, du wolltest mir noch die Sache mit dem Karussell erzählen ...«
Erwin, hochbeglückt, erzählte:
»Ach, ich meine, ich bin da triebmäßig immer Karussell gefahren. Mein Revier war ja in erster Linie die Drehnitzwiese, und ich bin da manchmal, wenn es so drängend wurde, immer schneller kreiste ... ich bin da manchmal Abend für Abend losgezogen, um sie aufzunehmen. Aber sie waren so selten allein, und ich hätte sie doch immer erst isolieren müssen, um sie töten zu können, und dazu fiel mir dann meist nicht viel ein ...«
»Außer bei Henry und Mario!« sagte der Arzt.
»Ja, gerade da ... aber es lief doch auch immer wieder auf die Blonden hinaus, es war manchmal wie verrückt, es gibt doch wirklich so viele Blonde, und ich habe immer nur so wenig Blonde getroffen ...«
Arzt und Proband dachten ein paar Sekunden nach, die Sekretärin holte hörbar Luft, und anschließend sagte Erwin:

»Ich habe ja auch Judo gelernt, wollte ich dazu noch sagen, ich glaube, das gehört an diese Stelle. Ich habe Judo gelernt, weil ich damit den Jungen imponieren wollte, und auch, wenn ich ganz ehrlich bin, weil ich so gern den körperlichen Kontakt überhaupt haben wollte ...«
Das gehöre in der Tat hierher, meinte der Arzt. Er ließ sich trotzdem noch nicht ganz von dem »Karussell« abbringen: »Drehte sich das immer noch so schnell, nachdem du Henry und Mario getötet hattest?«
»Auf gar keinen Fall!« sagte Erwin spontan. »Danach hatte ich fast vier Monate Ruhe! Oder, so kann man das auch sagen, das Karussell drehte sich vier Monate viel langsamer ...«
»Wenn ich dich recht verstehe«, sagte der Arzt, der von Berufs wegen öfter zu häßlichen Worten greifen muß, um eine Sache zu verdeutlichen, »ich meine, diese Erinnerung an die beiden Morde war für dich vier Monate lang sowas wie eine ... na, ich meine, eine ausreichende Wichsvorlage ...?«
»Was sagen Sie da?« staunte Erwin.
Er dachte kurz nach; er war, was selten genug passierte, ein bißchen aus der Fassung gebracht.
»Im Prinzip haben Sie ja völlig recht, Herr Doktor«, sagte er schließlich, »aber nun mal ganz ehrlich, müssen Sie denn da solche Vokabeln gebrauchen?«

Dozent Dr. Dr. Hans Szewczyk, als der Leiter der Gerichtspsychiatrischen Abteilung unter anderem auch stellvertretender Direktor der Charité-Nervenklinik, trieb sein Team während der Begutachtung von Erwin Hagedorn gelegentlich zu »äußerster Beeilung« an – fast unziemlich, wie einige Leute aus dem Team meinten, mit Sicherheit aber nicht derart unziemlich, daß irgendein Aspekt der Begutachtung vorsätzlich oder auch nur fahrlässig vernachlässigt worden wäre.
Man darf annehmen, daß die Staatsanwaltschaft Szewczyk um diese Eile gebeten hatte: der »Dampf« kam bestimmt nicht von ungefähr. Aber der eigentliche Chefgutachter des Falles Hagedorn riskierte nichts, was seinem fast legendären Ruf als besonders gewissenhafter Seelenforscher hätte gefährlich werden können:
Mehrfach wurden natürlich auch die Eltern Günter und Anne Hagedorn – kurzfristig und eilig, aber nicht überstürzt, wie ein paar Nörgler meinten – aus Eberswalde in die Berliner Charité bestellt und gründlich ausgefragt, einzeln und auch gemeinsam.

Und dann sorgte meist der »Tscheff« selbst dafür, daß dabei einiges herauskam:
Das Ehepaar erzählte, einzeln und auch gemeinsam, nach präziser Vorrede doch eine Menge über die frühkindliche und auch spätere Entwicklung des zum Mörder gewordenen Sohnes – ungeschminkt und offenbar ebenfalls bemüht, das unfaßliche Rätsel zu lösen.
Günter und Anne Hagedorn sagten auch Dinge aus, die ihnen peinlich sein mußten, und es war verblüffend, wie sie im wesentlichen alles bestätigten, was ihr munterer Erwin bereits in den Explorationen von sich gegeben hatte:
Es mochte wohl stimmen, sagten beide gemeinsam, daß die Erziehung von Erwin einige Mängel aufgewiesen habe; Erwin wäre durch ihre zahlreichen gesellschaftlichen Verpflichtungen gewiß sehr viel allein gewesen, und sie beide würden sich jetzt fragen, ob manches hätte verhindert werden können, wenn sie mehr Zeit für ihn investiert hätten.
Ja, es stimme auch, sagte die Mutter, sie habe ihren Sohn so gut wie nie küssen können.
»Aber das war seltsam«, meinte sie, »das muß wohl an meiner eigenen Erziehung liegen ...«
Sie konnte nämlich im Zweifelsfall überhaupt keinen Menschen küssen, aus welchen geheimnisvollen allergischen oder auch hygienischen Gründen immer; das wurde allerdings dann nicht mehr so genau untersucht.
Es stimmte, was man zum Teil schon mit eigenen Augen gesehen hatte: Bei den Hagedorns in Eberswalde hätte man vom Fußboden essen können, so sauber war es zu jeder Tages- und Nachtzeit. Das Essen wurde – natürlich – zwar vom Tisch aus eingenommen, aber es wurde täglich zelebriert wie eine Weihnachtsgans, auch in solchen Fällen, in denen es nur Pellkartoffeln mit Hering gab.
Es stimmte auch, daß die Mutter ihrem Sohn eines Tages – mutmaßlich nach dem Winkler-Mord – viel Blut aus der Wäsche gewaschen hatte. Aber dafür hatte Erwin, von Beruf Koch und Aalschlächter, ja wahrhaftig eine einleuchtende Entschuldigung.
Und schließlich stimmte auch, fast in allen Einzelheiten, eine bis dahin immer umstrittene Urlaubsszene aus dem Sommer 1971 an der Ostsee. Diese Szene, in den polizeilichen Vernehmungen nur angeklungen, hatte zwischenzeitlich böses Blut gemacht: Die Eltern Hagedorn, hatte es geheißen, hätten zumindest in der letzten Zeit vor der Ergreifung ihres Sohnes eine Menge von seinem mörderischen Doppelleben gewußt oder wenigstens geahnt.

Das aber war nicht wahr, wie sich jetzt mit an Sicherheit grenzender Wahrscheinlichkeit herausstellte:
Die Familie Hagedorn hatte zwar, wie meist, ihren Urlaub an der Ostsee verbracht, und Erwin war mehr denn je den kleinen Jungen am Strand nachgelaufen, nicht etwa den etwas größeren Mädchen. Es war immerhin auch, wie man inzwischen wußte, die Zeit des größten Triebdrucks bei Erwin gewesen, die Zeit vor der Ermordung von Ronald Winkler, mehr als zwei Jahre nach der Tötung von Henry Specht und Mario Louis. Aber Vater Hagedorn, der seinen Erwin »wegen der kleinen Jungs« zur Rede stellte, konnte damals höchstens an eine sexuelle Fehlentwicklung denken, auf keinen Fall an ein fürchterliches Doppelleben, wie Erwin es ja tatsächlich geführt hatte.
Günter Hagedorn hatte von Erwin, dem sonst so folgsamen Sohn, auch zum ersten Mal eine grob aufsässige Antwort bekommen: »Das mit den Jungs, das geht dich überhaupt nichts an!«
»Haben Sie das denn einfach hingenommen?« fragte man den Vater in der Charité.
Er antwortete ziemlich leise: »Ich mußte es ja schlucken. Ich hatte da ja schon grundsätzlich den Eindruck, daß da vielleicht was falsch war mit unserer Erziehung. Und ich dachte, vielleicht liegt es auch daran, daß er früher so unsportlich war und von den anderen Jungen einfach nicht akzeptiert wird ...«
»Haben Sie ihn nie direkt gefragt, ob er Probleme mit seiner Sexualität hatte?«
»Doch, muß ich zugeben. Ich ahnte schon, daß er so 'ne Art Homo war. Ich habe ihn auch noch nach der Ostsee gefragt, ob wir nicht mal zusammen zu einem Arzt gehen sollten. Aber er hat gesagt, bitte sehr, ich soll ihn in Ruhe lassen ...«
Die Mutter, ebenso Rand- und Schlüsselfigur für die »Psychos«, sagte nur, ihrer Ansicht nach müsse ein solcher junger Mann nicht unbedingt vor seinem einundzwanzigsten Geburtstag mit einer Frau sexuell verkehren.
»Meinen Sie denn nicht auch«, wurde sie gefragt, »daß es schlimmere Dinge geben könnte?«
»Also, ich weiß nicht ...« sagte sie, in dieser Situation sichtlich verunsichert.
Es war offenkundig: Der Mutter waren die Probleme ihres Jungen offenbar bis zum Tag der jetzigen Befragung verborgen geblieben. Die Fachleute in der Charité stellten sachlich fest:
»Es ist ja wohl ziemlich klar, warum der Junge nicht zu einem Arzt

gehen wollte. Denn wenn der Arzt auch nur ein bißchen an der Oberfläche gekratzt hätte – dann wäre es ja aus gewesen, dann wäre sein Geständnisdrang durchgebrochen, dann hätte er sich ja auch gleich bei der Volkspolizei melden können!«
Natürlich waren sie sich, zumindest in der ersten Phase der Begutachtung, nicht immer so einig. Aber im allgemeinen zählten sie, von dem »Alten«, wie der »Tscheff« auch genannt wurde, beeindruckt, beeinflußt und überzeugt, getreulich zwei und zwei zusammen, zwanzig plus zwanzig und zweihundert plus zweihundert. Unendlich viele Indizien gab es dafür, daß Erwin Hagedorn ein Sadist reinsten Wassers war, wie er Gott sei Dank nur selten in einem Jahrhundert vorkommt.
In den Diskussionen klang jene gewagte und umstrittene Theorie an, die der Kölner Dozent (und jetzige Professor) Paul Bresser im Zusammenhang mit dem Prozeß gegen Jürgen Bartsch in der BRD ein paar Jahre vorher in Form einer Frage entwickelt hatte.
Muß hinter den sadistischen Aktionen von Menschen immer ein sexueller Mechanismus stecken – oder kann man Sadismus und Sexualität, eben auch hier bei Erwin, gelegentlich voneinander trennen?
»Ich will nach Hause!« sagte an dieser Stelle des Konsiliums der Psychiater Dr. Hebebrand.
»Wieso das denn?« fragte Szewczyk erstaunt.
»Weil ich das für schieren Blödsinn halte!« antwortete er.
»Nun mal langsam!« sagte Szewczyk. Aus welchen Gründen immer, er schien seinen westdeutschen Kollegen verteidigen zu wollen. Er kramte auf seinem Schreibtisch herum, bis er das, was er suchte, gefunden hatte:
»Hier. Das sagt Bresser über Bartsch, aber das könnte auch über Erwin Hagedorn gesagt werden. Gerade weil es sich um einen so jungen Menschen handelt, möchte sich immer wieder die Hoffnung durchsetzen, es wäre doch noch ein Weg zur Besserung zu finden. Andererseits ist gerade die Tatsache, daß sich hier bei diesem jungen Menschen schon eine so extreme Ausgestaltung der Triebabnormität findet, ein gewichtiges Argument gegen die hoffnungsfreudige Beurteilung.«
»Daß Schmalz so süß sein kann ...« sagte Hebebrand.
Der Psychologe Bille aber zeigte sich interessiert: »Kann ich nicht mal diese ganzen Bartsch-Akten haben?«
»Sicher, hier ...« sagte Szewczyk.
Hebebrand hatte inzwischen jedoch ganz andere Dinge im Hin-

terkopf: »Warum haben Sie jetzt ernsthaft diesen Bresser zitiert, Tscheff?«

»Nehmen Sie an, aus stilistischen Gründen«, sagte Szewczyk diplomatisch.

»Bestimmt nicht im Sinne einer Vorentscheidung für Erwin Hagedorn ...?«

»Doch jetzt noch nicht«, erwiderte Szewczyk tadelnd. Denn sie alle wußten, daß man bei dem freundlichen, intelligenten, immer hilfsbereiten Erwin Hagedorn bisher zwar keinerlei Anzeichen für eine klassische Geisteskrankheit entdeckt hatte – daß man aber immer noch die Möglichkeit hatte, die schmale Brücke zu betreten, die das DDR-Strafrecht auch dem psychopathischen, also nicht unbedingt geisteskranken Täter gebaut hat: Bei einer »schwerwiegenden abnormen Entwicklung« der Persönlichkeit eines Straftäters »mit Krankheitswert« kann – kann! – seine strafrechtliche Verantwortlichkeit als erheblich gemindert angesehen werden!

Ein Konsilium jagte das andere: der Krimi hatte seinen Höhepunkt überschritten, und irgendwann mußte man gemeinsam die Schlußfolgerungen ausarbeiten.

Szewczyk griff das Thema wieder auf:

»Vergessen Sie angesichts dieser scheinbar so sympathischen Persönlichkeit von Herrn Hagedorn nie, daß wir ihn nicht freihändig exkulpieren können! Denken Sie immer daran, daß der Gesetzgeber ausdrücklich vorschreibt, es müsse sich um eine persönliche Fehlentwicklung mit Krankheitswert handeln, mit Krankheitswert, wohlgemerkt!«

Der Psychologe Wegener antwortete: »Da haben es unsere Kollegen in der BRD allerdings sehr viel einfacher ...«

»... und wieso, wenn ich fragen darf ...?«

»... weil ich«, sagte Wegener, »von Bille aus den Bartsch-Akten gehört habe, daß die da ihren sogenannten juristischen Krankheitsbegriff haben, und das ist verdammt handlicher als unsere Krücke mit dem Krankheitswert!«

»Können Sie das liebenswürdigerweise etwas deutlicher erklären?«

»Sehr gern«, sagte Wegener, »also ich zumindest geh' immer noch davon aus, daß wir Erwin Hagedorn in irgendeiner Form eine Art Meise bescheinigen könnten. Und wenn ich nun höre, daß die da drüben die Möglichkeit haben, auch eine anormal starke geschlechtliche Triebhaftigkeit als krankhafte Störung der Geistes-

tätigkeit zu werten ... mein lieber Mann, das könnte uns aber ganz gewaltig weiterhelfen ...«
»Sie sind ja direkt Experte ...« sagte Hebebrand ironisch.
Szewczyk blieb ernst: »Wir haben uns an die Gesetze unseres Staates zu halten und auf ihrer Grundlage ein gerechtes Gutachten zu erstatten!«
Damit war allerdings auch dem allerletzten klar, daß sich Erwins Sterne nun doch dem Horizont zuneigten.
Natürlich blieben diese Vorgespräche, die ja offiziell noch nichts entschieden, streng innerhalb des schwarzroten Ziegelgebäudes der Nervenklinik beziehungsweise im Keller des Gebäudes, in dem sich das meistens abspielte.
Einig waren sich Ober- und Untergutachter von Anfang an eigentlich nur in dem Punkt, daß ihr klassischer Sadist auch sehr starke hysterische Züge aufwies. Wenn Staatsanwalt Kuschel in Frankfurt/Oder es gehört hätte, wäre er sicher stolz darauf gewesen, es als erster erkannt zu haben:
Dieser Erwin Hagedorn hatte nicht nur nach seiner Entlarvung »geschauspielert«, sondern im Grunde schon während seiner Verbrechen! Er hatte gemordet, wie ein Kind Puppen schlachtet – mit großem Ernst, aber ohne sensationelle sexuelle Befriedigung, vom einen oder anderen Samenabgang mal abgesehen. Seine Befriedigung hatte er offensichtlich viel mehr durch die starken Reize am Rande des Geschehens gehabt – etwa bei seinem ständigen Spiel mit der Gefahr, bei seinem mörderischen Treiben am Rand der Lichtungen.
Der alte Karl Jaspers wurde zu Hilfe genommen, und selbst er bestätigte in seiner nicht mehr ganz taufrischen »Allgemeinen Psychopathologie«:
»Will man den hysterischen Typus irgendwie schärfer fassen, kommt man immer wieder auf einen Grundzug ... immer mehr erleben zu wollen, als überhaupt Erlebnisfähigkeit vorhanden ist ... sozusagen im eigenen Theater zu leben, in dem ein Schauspiel das andere ablöst ... die hysterische Persönlichkeit überläßt sich erst gar nicht dem normalen Geschehen ...«
»Aber das ist doch weiß Gott nur eine Randerscheinung«, sagte Dr. Hebebrand aus der Runde, und die übrigen, Szewczyk eingeschlossen, widersprachen nicht. »Das sind Phänomene, die in ihrer Bedeutung meilenweit hinter den sadistischen zurückstehen! Ich würde wirklich meinen, daß wir uns darauf konzentrieren sollten und uns um Himmels willen nicht verzetteln!«

Kurt Hansen (mit Kindern auf der Drehnitzwiese).

Erwin Hagedorn mit etwa vierzehn Jahren.

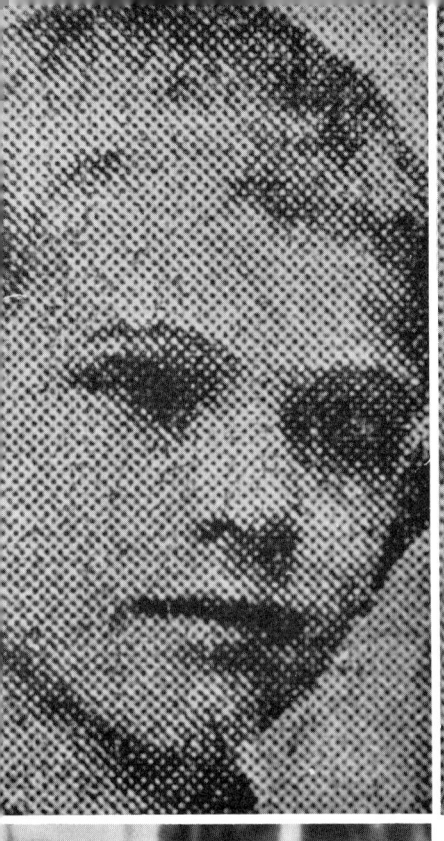

Links oben: *Henry Specht*
Links unten: *Ronald Winkler.*
Rechts oben: *Mario Louis.*

Links oben: *Das Doppelgrab Specht-Louis.*
Links unten: *Das Grab von Ronald Winkler.*
Oben: *Wohnhaus Hagedorn, Werbelliner Straße 4.*

Oben: *Wohnblock Mordopfer Winkler.*
Unten: *Wohnblock Mordopfer Specht-Louis.*

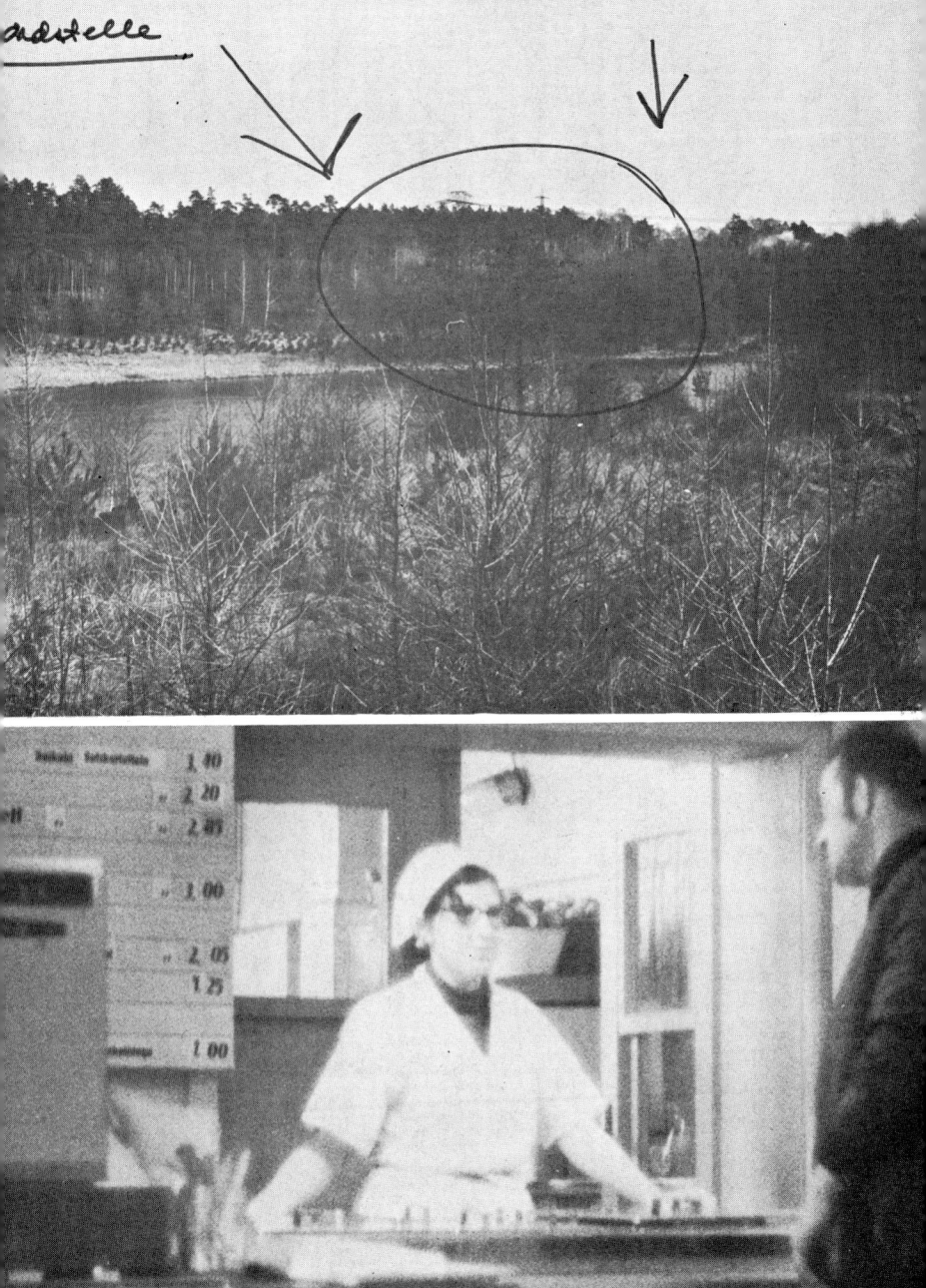

Oben: *In diesem Waldstück wurden Henry Specht und Mario Louis ermordet. In der Mitte liegt der Schwärze-See, rechts im Hintergrund der Eisenbahndamm und eine Hochspannungsleitung.*
Unten: *Mitropa-Gaststätte im Hauptbahnhof Eberswalde.*

Reichsbahn-Ausbesserungswerk »VEB 8. Mai«.

DDR-Generalstaatsanwalt Streit.

Jürgen Bartsch im Alter von etwa vierzehn Jahren.

Erwin Hagedorn im Alter von etwa vierzehn Jahren.

Oben: *Walter Ulbricht im Herbst 1971.*
Unten: *Erich Honecker, der Erste Sekretär des Zentralkomitees der SED, gratuliert am 30. 6. 1971 Walter Ulbricht zum 78. Geburtstag.*

Im Anschluß an dieses Gespräch gingen die Psychologen Bille und Wegener zu Fuß von der Charité zum Bahnhof Friedrichstraße, am alten Gestapo-Bunker vorbei und am »Saal der Tränen«, wo sich westdeutsche Besucher von ihren ostdeutschen Gastgebern wieder verabschieden müssen.
»Wie weit bist du denn mit deinen Bartsch-Akten«, fragte Wegener, »was hast du eigentlich damit vor?«
»Abwarten!« sagte Bille, entschieden, aber überhaupt nicht unfreundlich.
»Sag' mal ...« meinte Wegener vorsichtig, »mal was anderes ... bis vorgestern war ich ja auch noch der Meinung, du kannst diesen Hagedorn nicht ohne kugelsichere Weste ins Gericht schicken ...«
»... und nun ...?« fragte Bille.
Ja, und nun:
Nun, meinte Wegener, sei auch er zu der Überzeugung gekommen, daß man Hagedorn nicht unbedingt den 16 und schon gar nicht den 15 StGB geben müsse – den Paragraphen von der totalen Zurechnungsunfähigkeit, der vermutlich das absolut undramatische Ende des ganzen spektakulären Falles bedeutet hätte.
»Schon ganz schön spannend, nicht ...?« sagte Bille. »Komm, ich will deine Meinung hören ...«
Aber Bille zierte sich. »In meiner Eigenschaft als Angehöriger der psychologischen Hilfstruppe kann ich das sowieso nicht entscheiden, das entscheiden ja nun die Psychiater ...«
»Los, spuck' aus ...« sagte Wegener.
»Ach, hör' auf. Du weißt genau wie ich, daß wir die ehrlichere Wissenschaft vertreten, und wenn ich überlege, welche Auffälligkeiten dieser Wicht ... dieser Erwin allein in den verschiedenen Tests produziert hat ... ich meine ja nur grundsätzlich, unsere Testergebnisse sind wenigstens überprüfbar, im Gegensatz zu diesen ganzen spekulativen Auswertungen von Explorationen durch die sogenannten Obergenossen Psychiater ...«
»Gott ja«, sagte Wegener, »willst du dich stark machen?«
»Ich kann's ja wenigstens noch einmal versuchen!« sagte Bille trotzig.
»Willst du die Welt verändern ...?«
Da blieb Bille stehen, und Wegener lief überrascht noch einen Schritt weiter.
»Eins kann ich dir sagen«, erwiderte Bille, »wenn du mich fragst, Tscheff ist längst geimpft!«
»Das sag' noch mal!« forderte Wegener.

»Das sag' ich auch dreimal, wenn's sein muß ... dem hat die Staatsanwaltschaft längst gesagt, was für 'n Gutachten dabei rauskommen muß, und die ganze Schaufickerei, die wir hier betreiben ... du, ehrlich, ich sag' dir, ich mach' noch einen Versuch mit Hilfe von diesem Bartsch, und wenn das auch nicht hilft ...«
Dann steigt auch Bille persönlich aus! hieß das.
»Szewczyk würde nie gegen seine Überzeugung gutachten!« sagte Wegener grimmig. »Da liegst du sowas von falsch, das kannst du dir gar nicht vorstellen ...!«
»... und daß er sich dauernd mit diesen Staatsanwälten in Eberswalde unterhalten hat ...?« fragte Bille hinterhältig.
»Tscheff ist Wissenschaftler«, sagte Wegener, »den dummen Satz kann ich dir leider nicht ersparen. Von wegen Gutachten im Sinne staatspolitischer Notwendigkeiten und so ...«
»Genau das«, sagte Bille stur.
»Komm«, sagte Wegener, »ein Bier ...«
In der Mitropa-Bahnhofsgaststätte Friedrichstraße.
»Sogar noch 'n Wodka extra«, sagte Bille, der den Eindruck hatte, er sei zu weit gegangen und müsse sich außerdem abreagieren.
»Und dann kein Wort mehr über diesen Scheiß-Fall, ja ...?« bat Wegener, als sich die Bedienung im Minirock mit den Getränken dem Tisch näherte.
»Helmut Wegener«, sagte Hans Bille, »du bist mein Freund und wirst es bleiben, darum bitte ich! Ich mach' keinen Terror, ich werde mich schon fügen. Also bleibt alles unter uns, claro?«
Dankbar, fast zu Tränen gerührt, sagte Wegener: »Dein Wort in Gottes Ohr.«
Sowenig sie in der DDR von ihrem verfassungsmäßig garantierten Recht auf die Ausübung religiöser Handlungen Gebrauch machen und sowenig sie von Gott etwas wissen wollen, so häufig führen sie ihn seltsamerweise im Munde.

Nachdem sich Dr. Manfred Ochernal aus Waldheim in der ersten Zeit der Begutachtungen gelegentlich mehrere Tage hintereinander in der Charité aufgehalten hatte, kam er in der zweiten Hälfte sporadischer. Ochernal hatte zu Szewczyk viel Vertrauen, hatte in den Diskussionen eigentlich selten oder nie eine andere Meinung vertreten, und beide waren, nach Ansicht einiger Szewczyk-Leute, eigentlich sogar zu »einstimmig«.
Sie hatten ja schon erheblich früher beschlossen, ein gemeinsames Gutachten zu verfassen und es gemeinsam zu unterschreiben. Jetzt,

da sich keine Meinungsverschiedenheiten mehr zeigten, kamen sie überein: Szewczyk wird das abschließende Gutachten formulieren und diktieren, Ochernal legt dann zusätzlich sein ganzes Gewicht als Psychiater, Gesundheitsbeamter und Offizier in seine Unterschrift.
Und da Ochernal in Waldheim immerhin eine Menge Verwaltungsaufgaben zu erledigen hatte, waren die Berliner schließlich die meiste Zeit unter sich. Insgesamt, rechneten sie aus, war ihnen die Unterstützung des zum zweiten Hauptgutachter bestellten Herrn Ochernal etwa für ein Drittel der gesamten Beobachtungszeit vergönnt gewesen – ausreichend für ihn, wie sie beteuerten, sich eine eigene Meinung zu bilden und sie später sowohl schriftlich als auch mündlich vertreten zu können. Ganz privat sagten sie allerdings, ohne Ochernal, der hier erstmal aus der Geschichte ausstieg, hätten sie sich im Grunde sehr viel freier gefühlt.
Zu dieser Zeit, Mitte Januar 1972, hatten sich die zunächst manchmal sehr unterschiedlichen Meinungen über den Geisteszustand von Erwin Hagedorn bei den Berlinern auch sehr abgeschliffen – nicht zuletzt durch private Gespräche wie zwischen Bille und Wegener. Alle schienen endgültig der Überzeugung zu sein, man müsse den netten Erwin, alles in allem, für voll zurechnungsfähig erklären.
Und das würde sicher bedeuten, meinte man, daß Erwin Hagedorn zumindest für den Mord an Ronald Winkler voraussichtlich zu lebenslanger Freiheitsstrafe verurteilt werden würde. Eine andere Lösung bot sich allerdings auch kaum an, weil die Ungeheuerlichkeit seiner Taten mit einer Bestrafung von ein paar Jahren kaum zu ahnden war.
Die Todesstrafe für Erwin Hagedorn?
Die stand ja nun überhaupt nicht zur Debatte, bisher jedenfalls nicht, die wurde in der Charité in den Katalog der möglichen Konsequenzen überhaupt nicht einbezogen.
Halbwegs unbelastet also zog die Truppe in den Endkampf. Unbelastet von Ochernal – und unbelastet von der Verantwortung für Leib und Leben des Eberswalder Mörders.

Hans Bille, der kriminologisch besonders interessierte Psychologe unter den Berlinern, holte das Kolloquium endlich zu »seiner« Aktion zusammen, um den Fall Bartsch doch noch einmal detailliert mit seinem »Ebenbild«, eben dem Fall Hagedorn, zu vergleichen. Schließlich hatte Hagedorn, auch bevor Bille die Bartsch-Akten an

sich nahm, immer wieder gesagt: »Ich habe wirklich noch nie von einem Jürgen Bartsch was gehört!« Und das war – so Bille – dann doch ziemlich aufschlußreich.
Wie aber trotzdem die vor allem in den Einzelheiten oft sensationellen Übereinstimmungen der Fälle zustande gekommen waren, von der Kindheit der beiden jugendlichen Täter angefangen bis hin zu ihrem Modus operandi – diese Frage, sagte Bille zu Beginn seines Referats, werde sich wohl nie beantworten lassen. Man müsse sie offenbar hinnehmen als eine Laune der Natur, die gelegentlich ja auch Doppelgänger produzieren soll, die auf diesem Erdball als Antipoden leben.
Gleich hier schon fuhr ihm Dr. Hebebrand in die Parade und sagte zynisch: »Sie würden doch wohl besser von Mordus statt von Modus operandi reden ...«
»Jetzt lassen Sie ihn aber bitte ausreden!« befahl der »Tscheff«, was er selten tat. So recht wollte ohnehin niemand über Hebebrands Kalauer lachen.
Da war also, erklärte Bille unbeeindruckt, das gestörte Verhältnis der beiden Jungen zu den Müttern. Im Fall Jürgen Bartsch kam in bezug auf die (Adoptiv-)Mutter immer wieder der Begriff »Zuckerbrot und Peitsche« vor. Im Fall Erwin Hagedorn gab es diesen immer wieder zitierten und nur scheinbar albernen Witz, daß seine Mutter ihn nicht küssen konnte.
In beiden Wohnungen – das war der nächste Punkt in den gründlichen Ausführungen des Herrn Bille, über die sich Hebebrand inzwischen wenigstens nur noch stumm ärgerte – gab es nicht ein einziges Staubkörnchen, nicht bei der Familie Bartsch in Langenberg im Rheinland und nicht bei den Hagedorns im märkischen Eberswalde:
In beiden Fällen, sagte er, habe vor allem nach »außen hin« alles stimmen müssen, regelrecht glänzen, das Bild einer idealen Gemeinschaft.
Innerhalb der beiden Familiengemeinschaften zu dritt aber hatte sichtlich einer den anderen angeödet, sobald die »Mikro-Gruppen« auch nur ein paar Minuten unter sich waren. Beide Gemeinschaften ware zu dritt geführt worden, offenbar mindestens einer zuwenig für jede Reaktion nach innen – und in beiden Fällen waren somit die Reaktionen nach außen erfolgt:
Beide Familien entwickelten einen schon nicht mehr vernünftigen Ehrgeiz, der ausschließlich für die Außenwelt bestimmt war, und sie erschöpften sich dabei dann auch so sehr, daß die zwischen-

menschlichen Beziehungen zwischen Vater, Mutter und Sohn ständig tief unter dem Gefrierpunkt lagen.
Ähnliche Übereinstimmungen fanden sich auch in den sexuellen Bereichen der Familien, meinte Bille ...
»... endlich mal wieder Sex!« murmelte Hebebrand, wofür er sich erneut einen strafenden Blick zuzog.
»... so deutlich, daß wir uns das Thema hier ersparen können!«
Dafür aber: besser als das jeweilige Verhältnis zu den Müttern, allerdings auch nicht gerade beispielhaft gut war das Verhältnis der Jungen zu den Vätern. Immerhin hatten beide Väter den Versuch gemacht, den Söhnen wegen ihrer offenkundigen homosexuellen Tendenzen ins Gewissen zu reden. Und später, in der Zeit nach der Verhaftung der Jungen, waren es in erster Linie die Väter gewesen, die sich entschieden für die mißratenen Sprößlinge öffentlich eingesetzt hatten.
Sowohl bei den Eltern Bartsch als auch bei den Eltern Hagedorn war nach den Verhaftungen wenigstens der Verdacht aufgetaucht, sie hätten von den mörderischen Umtrieben der Jungen wissen müssen. Allerdings waren solche Verdächtigungen vermutlich in beiden Fällen unbegründet.
Nachzuweisen dagegen ist die Tatsache, daß sich Jürgen und Erwin zumindest vorübergehend ernsthaft bemüht hatten, sich gegen ihre pädophilen Homo-Neigungen zu wehren. Bei Jürgen war es dabei einmal angeblich sogar zum heterosexuellen Geschlechtsverkehr gekommen, bei Erwin immerhin zu Zärtlichkeiten mit einem Mädchen.
Und als sie dann in diesem »Kampf« gegen sich selbst »unterlegen« waren, wurden sie gewissermaßen sogar von der Polizei im Stich gelassen:
Jürgen Bartsch und Erwin Hagedorn hatten, ehe sie mordeten, sadistisch gefärbte Schlägereien mit jüngeren Knaben. In beiden Fällen wurde die Polizei bemüht – und in beiden Fällen nahm die Polizei die Vorfälle nicht einmal zu den Akten!
Jürgen Bartsch wurde dann Schlachtergeselle, Erwin Hagedorn Koch und Aalschlächter. Jürgen hatte seine Höhle entdeckt, Erwin seine »Folterecke«. Und beide hatten ihre Last, ihre fast bis zur Sucht – im Sinne des Sexualforschers Professor Giese – gesteigerte Gier nach neuen Opfern zu befriedigen: Der eine, Jürgen, ging groteskerweise sogar mit Schrankkoffern auf die Knabenjagd, der andere, Erwin, nicht minder grotesk mit Schneeschuhen.
Als sie gemordet hatten, machten sie scheinbar über Jahre hinweg

Pause – tatsächlich aber nur deshalb, weil es gar nicht so leicht ist, »helle Jungs« einzufangen und zu entführen, und nicht etwa aus Entsetzen über das, was sie getan hatten. Jürgen wie Erwin zeigten allerdings nach außen hin dasselbe heuchlerische Entsetzen, als die ersten Taten bekannt wurden, sie selbst aber noch nicht erkannt worden waren.

Beide waren auf einen ganz bestimmten Knabentyp fixiert und vervollkommneten ihn förmlich in ihren Onanier-Phantasien, vervollkommneten auch die Morde, die Quälereien bis zum Tode. Und aus zahlreichen Äußerungen der beiden Täter läßt sich folgern, daß die Träume des Grauens mindestens ebenso wichtig waren wie die mörderische Realität.

Jürgen Bartsch und Erwin Hagedorn zeigten schließlich auch nach ihrer Festnahme ein fast identisches Verhalten: Ihre Geständnisfreudigkeit, nur durch wenige Scham-Schranken unterbrochen, war für die vernehmenden Beamten manchmal sensationell. Ihre gepflegte, geradezu gewählte Sprache verdeutlichte Tatbestände und seelische Zustände. Und ihre aktive Mitwirkung bei den von der Polizei produzierten Filmen war sicher mehr als der Versuch, gut Wetter zu machen und ein paar Zigaretten oder Kaugummis mehr zu ergattern.

Sowohl die Deutsche Volkspolizei als auch die seinerzeit für Bartsch zuständige Düsseldorfer Kriminalpolizei ließen nichts unversucht, der Staatsanwaltschaft und später dem Gericht deutlich zu machen, wie sehr sich ihre Mörder während und nach ihren Taten unter Kontrolle hatten, wie beherrscht sie waren und wie überlegt: Bei Hagedorn war es die Sache mit der abgebrochenen und nach längerer Suche wiedergefundenen Messerklinge, mit der er sich selbst ans Messer lieferte. Und bei Bartsch hatten sie, unter anderem, fast auf die Minute genau nachgewiesen, daß der Mörder sogar zwischen zwei Stationen eines Mordes zum Abendessen nach Hause ging, nur um sich dort keinen Ärger einzuhandeln.

Daraus, erkannte Bille, hatte ein bundesrepublikanisches Schwurgericht dem Knabenmörder Bartsch denn auch prompt den Strick »Lebenslänglich« gedreht. Und erst in einem zweiten Prozeß hatte ein anderes Gericht erkannt, daß eine solche Selbstkontrolle eine krankhafte Störung der Geistestätigkeit überhaupt nicht ausschließen müsse: Bartsch war deshalb – weil er außerdem auch noch, im Gegensatz zum ersten Urteil, als Jugendlicher gegolten hatte – zu einer Jugendstrafe verurteilt und anschließend in eine Heilanstalt eingewiesen worden.

»Ich frage mich deshalb«, sagte Bille, zweifellos einer von den »Progressiven« der Mannschaft, nachdem er im Kolloquium der Charité seine Untersuchungen vorgetragen hatte, »ob wir nicht ungeachtet der unterschiedlichen gesellschaftlichen Systeme zwischen der DDR und der BRD erwägen sollten, im Fall unseres Erwin Hagedorn doch den direkten Weg zu gehen ...«
Sie gingen ja immer noch, nach wie vor, davon aus, daß ein volksverbundenes Gericht Erwin Hagedorn mit hoher Wahrscheinlichkeit zu lebenslanger Freiheitsstrafe verurteilen würde.
»... deshalb bringen Sie den alten Hut wieder vor, ihn möglicherweise doch für verrückt zu erklären?« fragte Dr. Hebebrand aggressiv.
»... eben weil mir, in diesem BRD-Fall Bartsch, die wesentlichen Begutachtungen durch BRD-Wissenschaftler durchaus geeignet erscheinen, uns für unseren ähnlich gelagerten Fall wenigstens Hinweise zu geben!« ergänzte Bille unbeirrt.
Aber mit dieser Ansicht geriet er sehr schnell auf dünnes Eis.
»Was ist denn heute mit diesem Jürgen Bartsch?« fragte Hebebrand geradezu lüstern.
»Irgendein BRD-Justizländerminister hat verfügt«, sagte der »Bartsch-Forscher«, »die Strafe soll ausgesetzt werden. Also bestand die Möglichkeit, ihn sofort psychotherapeutisch zu behandeln ...«
»Und?«
»Nun ja ...«
»... ist die Behandlung schon begonnen worden ...?«
»Offenbar nicht sehr intensiv«, mußte Bille zugeben, »jedenfalls, soweit das aus den Unterlagen ersichtlich ist. Bartsch sitzt heute in der geschlossenen Abteilung einer Nervenheilanstalt ...«
»... und vergammelt dort, nicht wahr?« fragte Hebebrand als der augenblickliche Wortführer.
»Ja, leider, offenbar. In der BRD weiß man anscheinend auch nicht so recht, was man mit solchen Triebtätern dann vollzugsmäßig anfangen soll ...«
»Was heißt hier ›auch‹?«
»Nichts«, sagte der junge Bille, »war mir auch nur so rausgerutscht ...«
»... aber Sie lügen doch, Sie wollten doch präzise sagen, daß man es bei uns auch nicht weiß ...«
»Ich wollte gar nichts mehr sagen!« entgegnete Bille widerborstig. Trotzdem sah er sich dabei so hilflos um, daß Hebebrand gleich

nachhaken konnte, indem er ihm sogar scheinbar zu Hilfe kam: »Vermutlich würde unser sogenannter Freund Erwin hier doch auf ähnliche Weise vergammeln, unser Duzfreund Erwin; das wollten Sie doch sagen, oder ...?«
Aber das ging dann doch etwas zu weit:
»Ich weiß nicht, was Sie damit ausdrücken oder sogar vorwegnehmen wollen!« empörte sich Bille. »Oder sind hier bereits Beschlüsse gefaßt worden, von denen ich momentan nicht unterrichtet bin, sind etwa endgültige Entscheidungen über Herrn Hagedorn gefällt worden?«
Sein Widerpart sagte lässig: »Sie sind unsachlich. Hier werden ja« – er deutete eine artige Verbeugung in Richtung »Tscheff« an – »allenfalls Beschlüsse über Herrn Hagedorns Geistesverfassung gefaßt und nicht über die juristischen Sanktionen. Ob und wo Erwin Hagedorn also vergammelt ... das wird sicher nicht in diesen Räumen entschieden!«
»Es sind keine Beschlüsse gefaßt und keine Entscheidungen gefällt worden!« sagte Szewczyk, der sich angesprochen fühlte. »Das Gutachten Erwin Hagedorn wird von Herrn Ochernal und mir erst dann unterschrieben, wenn es fertig ist, und es ist noch nicht fertig!«

Dr. Hebebrand hatte eine Vision, die er wenig später in einem kleineren Kreis auch erzählte:
In seiner Uni-Zeit in Greifswald, bei Professor Schwartz, dem Nestor der DDR-Psychiatrie, hatte er einmal bei den Philosophen reingeschaut, und die behandelten gerade einen gewissen Lessing, Professor Theodor Lessing, diese merkwürdige Mischung aus einem Philosophen, Sozialpolitiker und Gerichtsberichterstatter. Dieser Lessing also hatte angeblich gesagt – und das war Gegenstand der Diskussion –, man müsse gewissen Straftätern, mindestens solchen wie hier vom Kaliber Erwin Hagedorn, nahelegen, Suicid zu begehen und ihnen außerdem auch noch die Möglichkeit dazu verschaffen ...
Viele hatten sich aufgeregt, erinnerte er sich, waren dagegen gewesen, hatten empört mit den Füßen gescharrt ... er aber eigentlich nicht, wie ihm dabei einfiel ...
»Kennen Sie eigentlich Theodor Lessing?« fragte er unvermittelt.
»Der den Krach mit Thomas Mann gehabt hat?« fragte Bille überrascht zurück.
»Alle Achtung«, sagte Hebebrand, »Sie sind ja doch ein gebildeter Mensch!«

»Meine Herren ...!« mahnte der »Tscheff«.
»... tschechische Nazis haben Lessing umgebracht«, sagte Hebebrand ungerührt, »er war wirklich alles andere als ein Verfechter faschistischer Ideen ... aber was sagen Sie dazu, daß gerade ein solcher Mann angesichts der Aussichtslosigkeit bei der Behandlung Schwerkrimineller zu der resignierenden Erkenntnis kommt, sie sollten sich besser selbst aufhängen, wenn sie schon nicht aufgehängt werden können?«
»Ich würde sagen«, meinte Bille, »daß ich von solcher Art juristischer Euthanasie spontan überhaupt nicht begeistert bin!«
Szewczyk hörte dem Geplänkel aufmerksam zu und fragte jetzt:
»... die Geschichte mit der Seidenschnur, die der Sultan früher an seine Leute verschickte, damit sie sich gefälligst entleibten ...?«
»Ja, so etwa ...« sagte Hebebrand.
Aber Szewczyk und auch die meisten anderen schüttelten entschieden den Kopf. »Sie verrennen sich!«
Denn tatsächlich war hier, durch Dr. Hebebrand, ein Begriff eingeführt worden, der offensichtlich überhaupt nicht zur Debatte stand:
Der Tod als nahezu philosophische Konsequenz für irreparable Schädlinge der Gesellschaft ...
»Kein Richter in unserer Zeit und in unserem Staat würde Herrn Hagedorn zum Tode verurteilen«, sagte Szewczyk, leise, noch halbwegs verbindlich, aber doch schon sehr bestimmt, »das wissen wir alle! Abgesehen davon, daß die Todesstrafe, wie Sie wissen, nicht zu meinen sogenannten Hobbys gehört ... es wäre mir völlig gleichgültig vom Effekt her, ob man einem Delinquenten eine Seidenschnur oder eine Offizierspistole in die Hand drückte, mit der Maßgabe, sich zu erdrosseln oder zu erschießen, oder ob der Henker die Aufgabe hätte, ihn zu liquidieren!«
Um ganz sicher zu gehen, fragte Bille: »Ihre Überzeugung könnte nicht doch Konsequenzen für Ihr Gutachten haben?«
Aber da explodierte der »Tscheff« ein einziges Mal, und es war wirklich eine der Pointen dieses Hagedorn-Krimis:
»Hören Sie endlich auf, Sie Narr, mir Dinge zu unterstellen, von denen Sie keine Ahnung haben!«
»Schreien Sie doch nicht so, Tscheff!« sagte Bille pikiert. »Ich gebe ja zu, ich bin durch diesen Fall Bartsch vielleicht mehr beeinflußt, als ich es im Moment glauben möchte. Im ersten Bartsch-Prozeß hatten die Gutachter unser Problem, und sie gaben ihm keinen Paragraphen und dafür Lebenslänglich. Für die zweite Hauptver-

handlung wurden dann viel vernünftigere Gutachten erstattet, das ist jedenfalls meine Meinung, und ich glaube trotzdem, daß sie unter anderem auch pragmatisch waren und auf ein vernünftiges Urteil hinauswollten ...«
Jeder konnte damals in der Charité seine Meinung sagen und sie auch zu Ende formulieren. Aber was zuviel war, war zuviel: »Gutachten«, sagte Szewczyk in einem Ton, der das Ende der ausufernden Debatte ankündigte, »sind Orientierungshilfen für die Gerichte und weder ein Pragmatikum noch ein juristisches Politikum. Sie werden, unter anderem von Ihnen allen, nach unserem besten Wissen und Gewissen erstattet und verfolgen keinerlei Tendenz außerhalb und neben der von uns ermittelten Wahrheit!«
Nach diesen Machtworten des Meisters wandten sich alle gehorsam wieder der Erörterung der Ergebnisse zu, die bei den Befragungen von Erwin Hagedorn im Verlauf dieses Tages zutage gefördert worden waren.
»Er sagt, er ist manchmal schon ganz traurig, daß er uns bald verlassen muß!« sagte schüchtern die Sekretärin, die an diesem Tag turnusmäßig das Protokoll aufgenommen hatte.
»Schließlich kann er ja bei uns nicht überwintern!« sagte Hebebrand, der immer noch nicht genau wußte, ob er oder sein »Gegner« Bille vom Meister zurechtgewiesen worden war.
Zur Sache jedenfalls kam dann, wie schon seit einigen Tagen, nicht mehr allzuviel ans Tageslicht: selbst Erwin Hagedorn schien sich allmählich zu erschöpfen. Immerhin waren es noch so viele ergänzende Details, daß bei der Diskussion über die Materie die Bartsch-Expertise völlig in Vergessenheit geriet.
Und dort blieb sie auch:
Denn im Grunde paßte sie so gar nicht in die sozialistische Lehre, daß es Verbrechen – wenigstens im fortgeschrittenen Stadium des Sozialismus – eigentlich gar nicht mehr geben darf. Wenn es dann aber trotzdem ein solches Verbrechen gab, mußte es wenigstens andere gesellschaftliche Ursachen haben als ein vergleichbarer Fall im kapitalistischen Lager.
Trotzdem hatte die Sache Folgen, wenn auch vielleicht nur unterschwellige. Jürgen Bartsch in der BRD hatte nämlich – auch das war kurz zur Sprache gekommen – immer wieder gesagt, daß er alles zutiefst bereue und doch niemals anders hätte handeln können. Bei Erwin Hagedorn dagegen war im Verlauf der Explorationen und vor allem gegen Ende der Begutachtung zwar mehrfach die Rede auf den Begriff »Reue« gekommen, Erwin hatte sich dabei aber, ganz

gegen seine sonstigen Gewohnheiten, ziemlich zugeknöpft gezeigt. Seltsamerweise offenbarte er sich dann ganz zum Schluß ausgerechnet diesem Dr. Hebebrand, der ihm kurz zuvor wenigstens indirekt das Recht zum Weiterleben abgesprochen hatte – natürlich nur im internen Kreis, nicht in seiner Gegenwart und nicht so, daß es ihm je hätte hinterbracht werden können.
Dieser Mann war in den sicherlich linientreuen Teams von Dr. Ochernal und Dr. Szewczyk vermutlich der getreueste – und vielleicht war es sogar natürlich, daß Erwin, eben doch im sozialistischen Staat geboren und mit seiner Sprache aufgewachsen, eigentlich schon immer gerade zu diesem Mann ein gutes Verhältnis gehabt hatte.
»Ich hab' da neulich in einer alten Aktensammlung was über den Düsseldorfer Massenmörder Peter Kürten gelesen«, sagte Hebebrand, dem die Sache keine Ruhe ließ, »den kennst du doch?«
»Ja, flüchtig...« erwiderte Erwin.
»Kürten hatte über die ganze Sache, wie er sich ausdrückte, über seine ganzen Morde nicht die geringste Reue empfinden können, höchstens eine Art Bedauern mit den Opfern selbst...«
»Tatsächlich?« sagte Erwin.
»... er sagte auch immer, er könne nie garantieren, daß er nicht immer wieder morden würde. Einmal sagte er sogar, wenn man ihn heute freiließe, würde er vermutlich noch am selben Abend wieder zu töten versuchen...«
Erwin nickte bedrückt.
»... und wie ist es bei dir...?«
Er zuckte ratlos mit den Schultern, was im allgemeinen selten vorkam.
»Wie stehst du innerlich zu dem Schaden, den du der Gesellschaft ja nun mal zugefügt hast...?«
»Sie wollen wissen«, fragte Erwin zurück, »ob ich meine Morde bereue?«
Er war scheinbar wieder kühl und beherrscht und überlegen.
»Ja, genau...«
»Muß ich das denn sagen?«
»Du mußt nicht«, sagte Hebebrand, »aber ich fände es gut, wenn du es tätest...«
Und da sagte er es, ehrlich wie nahezu immer, seit sie ihn aus der Wohnung in Eberswalde geholt hatten:
»Es ist schade um die Kinder, meine ich. Ich empfinde natürlich etwas Reue, so vom Nachdenken her: Ich durfte es nicht machen, es

müßte mir leid tun, aber es tut mir trotzdem nicht leid! Sie müssen mir einfach glauben. Ich brauchte das. Wenn ich es nicht gehabt hätte, wäre ich selbst gestorben ...«
»Du hättest immer weitergemacht ...?«
»Ja, ich hätte immer weitergemacht!« sagte Erwin Hagedorn. »Das sagte ich ja schon ...«
Pause.
Das war zwar schrecklich, aber etwas anderes hätte ja eigentlich niemand erwarten können.
»Ich habe da mal was gehört«, sagte Erwin, der es selten ertrug, wenn länger als eine halbe Minute nicht gesprochen wurde, »sowas von Auge um Auge, Zahn und Zahn ...?«
»Das steht in der Bibel«, sagte Hebebrand lässig, »das hat in der sozialistischen Gesellschaft nicht unbedingt Gültigkeit!«
»Ja, aber so ungerecht wär's ja eigentlich nicht ...« überlegte Erwin.
»Was denn?«
»... daß ich drei Kinder umgebracht habe, und wenn sie mich jetzt dafür umbringen würden ...«
Dr. Hebebrand argumentierte pflichtgemäß: »Zunächst wirst du hier erst mal von uns begutachtet ...«
»... was kommt denn dabei heraus, steht das schon fest?« fragte Erwin schnell, einen Augenblick fast ängstlich.
»... kann ich dir noch nicht sagen, Erwin. Aber jedenfalls, zweitens kommst du anschließend vor ein ordentliches Gericht, und das wird schon die Umstände deines Falles berücksichtigen!«
»Meinen Sie wirklich ...?«
»Ja, das meine ich!« sagte der linientreue Hilfsgutachter. »Unsere Gerichte sind durch Gesetz verpflichtet, sich gerecht und unparteiisch gegen jedermann zu verhalten, also auch gegenüber Erwin Hagedorn. Außerdem wird von unseren Gerichten verlangt, daß sie die gesellschaftlichen Zusammenhänge und Umstände von Verbrechen so gründlich wie möglich erforschen, bevor sie urteilen!«
»Ja, ja«, sagte Erwin gedehnt, »die gesellschaftlichen Zusammenhänge ...«
Er hatte in den Wochen und Monaten seiner Vernehmungen und Testungen eine Menge mitgekriegt, und er wußte, daß man auch in den Kreisen der Gutachter durchaus überlegte, ob und welche gesellschaftlichen Zusammenhänge zu seiner mörderischen Fehlentwicklung geführt haben könnten; er war ja nicht dumm, wie es überhaupt ziemlich selten dumme Sadisten gibt.

»Versprich dir erstmal nicht zuviel davon«, warnte Hebebrand, »nicht allzuviel ...«
»... aber haben Sie das, was Sie mir da gesagt haben, jetzt erfunden, um mich zu trösten, oder ist das wirklich ...?«
»Das hat niemand erfunden«, sagte Hebebrand, »das ist das Ergebnis von kollektiven Beratungen in der Volkskammer, das steht in unserem Gerichtsgesetz, und gesagt hat es der Vorsitzende des Staatsrats ...«
»Ulbricht?« fragte Erwin.
»Der Genosse Staatsratsvorsitzende Ulbricht hat es jedenfalls unterschrieben und verkündet ...«
An dieser Stelle des Gesprächs, an der Erwin Hagedorn bereits blind und vertrauensselig in die Falle gestolpert war, zog er das Gitter auch noch selbst hinter sich zu:
»Können Sie Ulbricht eigentlich leiden, Doktor?« fragte er vertraulich, geradezu kumpelhaft. »Ich meine, wenn ich mal ehrlich sein darf, ist er wirklich ein so bedeutender Staatsmann und Theoretiker gewesen ...?«
»Er ist es noch!« antwortete Hebebrand entschieden.
Denn bei aller Jagdleidenschaft: es war ihm plötzlich unbehaglich, nahezu widerlich, ausgerechnet mit einem Mörder, sei er nun zurechnungsfähig oder nicht oder nur zum Teil, die jüngsten Entwicklungen in der Staats- und Parteiführung der DDR und der SED zu diskutieren.
»Mir hat Ulbricht aber eigentlich nie so besonders imponiert!« sagte der Mörder Erwin Hagedorn hartnäckig, geradezu penetrant und vor allem ungeheuer leichtsinnig für seine Situation.
Und der politisch orientierte Psychiater antwortete dann auch sehr grob: »Dann behalt's für dich!«
Wenn es in diesem Moment nur nach ihm gegangen wäre – nur nach ihm, und es ging wenigstens teilweise nach ihm! –, hätte das »gerechte Urteil« über Erwin Hagedorn bereits festgestanden:
Ein mieser Krimi-Held wie dieser, sagte sich Dr. Hebebrand erbittert, dieser da, den sie nun seit Wochen erlebt hatten, ein Junge, der sich derart mörderisch und massiv gegen die Gesetze vergeht und sich dann auch noch als unzulässig kritisch, als staatspolitisch unzuverlässig erweist – ein Monstrum wie Erwin Hagedorn hat seine letzte Chance dann doch wohl endgültig verspielt! Ein Mensch wie Erwin Hagedorn hat im sozialistischen Staat der Werktätigen einfach keine Existenzberechtigung mehr!

Dritter Teil

WALTER ULBRICHT

Die Werktätigen genießen in der Deutschen Demokratischen Republik ein besonders hohes Ansehen, und das ist ja auch im Prinzip völlig richtig – weil ihr Staat dank ihrer Hände Arbeit sehr viel besser funktioniert, als manch einer in der kapitalistischen Welt es noch bis vor wenigen Jahren wahrhaben wollte. Der oberste Werktätige war seit eh und je Walter Ulbricht, den man 1945 mit der »Gruppe Ulbricht« aus Moskau in die Trümmer der ehemaligen Reichshauptstadt eingeflogen hatte – und der dann, 1964, fast zwei Jahrzehnte später, in ein wahres Zuckerschloß am Ostberliner Marx-Engels-Platz einziehen konnte, das ihm die dankbare Volkskammer, das oberste Machtorgan im Staat der Werktätigen, gebaut hatte: Es stand dort, wo ehedem das durch amerikanische Bomben zerstörte Hohenzollernschloß gestanden hatte, auf der »Insel« zwischen der Spree und dem sogenannten Kupfergraben.
»In die modern gestaltete Front dieses Amtssitzes unseres Staatsrats«, pflegten seitdem die Fremdenführer zu sagen, »ist ein Stück Geschichte der Berliner Arbeiterbewegung eingebaut worden, nämlich das Liebknecht-Portal. Es stammt aus der Lustgartenfassade des ehemaligen Schlosses, geschaffen von Eosander von Göthe. Die Berliner halten dieses Portal hoch in Ehren, denn von seinem Balkon aus rief Karl Liebknecht am 9. November 1918 die Sozialistische Deutsche Republik aus. Sein Vermächtnis ist heute erfüllt, denn über dem Portal weht, wie Sie sehen, die Staatsflagge unserer DDR, unseres sozialistischen deutschen Staates!«
Ausgerechnet hier, direkt im Herzen des Staates der Werktätigen, auch gar nicht weit vom Haus des Zentralkomitees der Sozialistischen Einheitspartei entfernt, begann etwa in den Jahren 1965 und 1966 jene merkwürdige Geschichte, die nach außen hin, auf den ersten Blick, überhaupt keine ist – die Geschichte von Erwin Hagedorn aus Eberswalde und Walter Ulbricht aus Leipzig. Die Geschichte von zwei Menschen, die sich eigentlich nie begegnet sind und deren Schicksale trotzdem für immer verknüpft und verzwirnt wurden:
Erwin Hagedorn hatte damals, als Kind, zweimal vor dem Palast des Staatsrats gestanden und der Staatsflagge der DDR mit dem Gruß der »Jungen Pioniere« seine Reverenz entboten. Einmal hatte er mit seinen Eltern einen Bummel durch die Hauptstadt der DDR gemacht, beim zweitenmal hatte er mitten in einer riesigen Menschenmenge, die sich bis in die Rathausstraße zog, den Vorsitzenden des Staatsrats selbst sehen können: Walter Ulbricht, der spitzbärtige Vater des Volkes und somit auch des Jungbürgers Erwin

Hagedorn, hatte sich mit anderen Polit- und Parteigrößen kurz, aber leutselig den jubelnden Menschenmassen gezeigt und ihnen dreimal zugewinkt.

»Es war irgendein Staatsakt«, erzählte Erwin, während er noch gebeten war, seinen Lebenslauf möglichst lückenlos zu schildern, »ich weiß nicht mehr, was es genau war, ich weiß nur noch, daß die Sache als solche – diese große Begeisterung – einen sehr starken Eindruck bei mir hinterlassen hatte!«

Den Vorsitzenden Walter Ulbricht selbst, gab er zu, hatte er damals zunächst nicht so genau erkennen können, weil er, eingekeilt in die Menge, einfach zu weit weg von der Szene gewesen war. Später – schon längst zu einer Zeit, in der man ihm zehnmal am Tag sagte, er müsse Ulbricht immer in Dankbarkeit verehren – entwickelte er ein seltsam gespaltenes Verhältnis zu seinem politischen Vater:

Er hörte, was allgemein über Ulbricht geredet wurde, wenn kein Funktionär in der Nähe war – und es war und blieb ihm unverständlich, daß über einen angeblich so großen Staatsmann und Politiker so viele und so häßliche Witze gemacht wurden.

Also, hatte Erwin Hagedorn bereits als Kind gefolgert, sei der große Mann in Wirklichkeit eben doch sehr viel kleiner ...

Außerdem entdeckte der junge Erwin zusätzlich zu solchen logischen Überlegungen instinktiv einen weiteren Gegensatz: Kein Tag verging, an dem die Heimatzeitung »Neuer Tag« Walter Ulbricht nicht in den allerglühendsten Farben feierte. Und parallel dazu blieb im Familienkreis Hagedorn keine Gelegenheit ungenutzt, den Vorsitzenden des Staatsrats auf dem Fernsehschirm zu besichtigen: die Familie nahm dabei zwar buchstäblich Haltung vor dem »Vater der Werktätigen« an, aber zumindest Erwin blieb eiskalt, und Walter Ulbricht wurde, wenn er in sächsischer Sprache vor sich hinfistelte, von ihm überhaupt nicht als Vaterfigur erkannt und akzeptiert.

Inzwischen war Erwin Hagedorn – nur wenige Jahre, nachdem er Ulbricht jenes einzige Mal persönlich gesehen hatte – ein dreifacher Mörder geworden, eine »Bestie« und ein »Monstrum«, ein Kindermörder, über den die Werktätigen in seiner Heimatstadt Eberswalde stöhnten, weil sie nicht schreien konnten oder weil sie nicht zu schreien wagten.

Zwischen und nach seinen Mordtaten war er immerhin aufgeweckt genug gewesen, um die politische Entwicklung in der DDR wenigstens in ihren Umrissen zu erkennen und zu begreifen:

Der Genosse Vorsitzende stand plötzlich seltener in der Zeitung,

trat dann als Parteichef zurück, stand daraufhin noch seltener und am Ende nur noch ganz selten in der Zeitung, und auf dem familiären Fernsehschirm war er fast überhaupt nicht mehr zu sehen ... War das nicht eigentlich die beste Bestätigung für das, was er – Erwin Hagedorn – schon immer in bezug auf Walter Ulbricht empfunden hatte?
Walter Ulbricht war im selben Zeitraum tatsächlich ein alter Mann geworden, der im Rahmen großer politischer Entscheidungen immer mehr in die Ecke gestellt wurde.
Er wollte immer noch, eigentlich sogar mehr denn je, des Volkes Vater sein, spielte halbwegs öffentlich Tennis, küßte Kinder, schwang gelegentlich sogar das Tanzbein, und doch nahm kaum noch jemand Notiz davon, wenn er sich, im Grunde viel zu spät und manchmal geradezu grotesk, um ein neues Image, um Popularität und »Volksnähe« bemühte – ein sehr alter Mann, förmlich in sich zusammengeschrumpft. Die Erlasse und Beschlüsse seines Staatsrats waren immer noch rechtsverbindlich. Seine persönliche Lebenserwartung aber war nicht mehr sehr hoch, vor allem was die Anzahl der noch ausstehenden guten und glücklichen Stunden betraf, und darin zumindest stimmte seine Prognose völlig mit der des Mörders Erwin Hagedorn überein.
Innerhalb dieser beiden Lebenserwartungen aber mußte offensichtlich noch ein schicksalhafter Konflikt ausgetragen werden, der inzwischen weit über das Stadium hinausgewachsen war, in dem der Jüngere den viel Älteren nicht leiden konnte und der Ältere den Jüngeren nicht einmal kannte:
Erwin Hagedorn hatte mit seinen Verbrechen an den Grundfesten des Staates gerüttelt, den Walter Ulbricht, »der beste Apparatschik, den es je gab«, seiner eigenen Überzeugung nach mit eigenen Händen geschaffen hatte, mit Hilfe des Kollektivs der Werktätigen und im Interesse des Kollektivs natürlich. Und der alte Mann konnte eine solche Perfidie eigentlich nicht hinnehmen, solange auch nur noch ein Fünkchen Leben in ihm war.
Walter Ulbricht hatte es nämlich oft genug gesagt und es schließlich in aller Form rechtsgültig beschlossen und verkündet:
Kein Mitglied der sozialistischen Gesellschaft muß aus den individuellen Konflikten seines Lebens Ausflucht suchen in einer strafbaren Handlung. Niemand mehr muß in der Gesellschaftsordnung der DDR zum Verbrecher werden, denn er hat immer die Freiheit, sich zwischen Gut und Böse zu entscheiden. Wer dennoch zum Verbrecher wird, hat die Konsequenzen, die ihm das Gesamtkol-

lektiv der Werktätigen auferlegt, in vollem Umfang zu tragen. Im Grunde gibt es somit für den Verbrecher – den Ausbrecher aus einer Gesellschaft, deren kollektive Interessen immer mit den Interessen des einzelnen übereinstimmen – weder einen Schuldmilderungs- noch einen Schuldausschließungsgrund.

Ulbricht war, wie gesagt, zu Beginn des Jahres 1972 ein sehr alter Mann und eigentlich nur noch ein schon leicht vergilbtes Plakat für seinen Staat.

Dieser Staat aber, den er zwei Jahrzehnte lang tatsächlich aufgebaut, gestützt und geleitet hatte, funktionierte offenbar auch ohne seine direkte Mitwirkung:

»Die Gerichte unseres Staates« – an diese Kernsätze Walter Ulbrichts hielt man sich strikt – »müssen eng mit den Massenorganisationen der Werktätigen zusammenarbeiten. Die Rechtsprechung wird in allen Instanzen grundsätzlich durch die Werktätigen kontrolliert!«

Das hieß damals, auf den Fall Erwin Hagedorn bezogen, nicht mehr und nicht weniger: Die Stimme des werktätigen Volkes darf bei einer gerichtlichen Entscheidung auf gar keinen Fall überhört werden!

Und das hieß konkret: Es gab in diesem Staat auch noch 1972 genügend einflußreiche Leute, die sich – im Sinne von Walter Ulbricht – darüber Gedanken machten, wie man die Interessen der Werktätigen mit der theoretischen und praktischen Bewältigung des Falles Hagedorn in Einklang bringen konnte.

Staatsanwalt Dr. Kuschel in Frankfurt an der Oder hatte in jenen Tagen mit seinen Hilfstruppen alle Hände voll zu tun, um die nächstliegenden Konsequenzen in dieser Mordaffäre zu ziehen und Ordnung in den Fall zu bringen, das heißt Platz zu schaffen für den Aufbau einer Anklage.

Auch er stand vor dem Problem, die Stimme des Volkes nicht überhören zu dürfen – uneingestanden vor den problematischen Fragen: Wer sind denn nun diese Werktätigen, einmal abgesehen von den fünfhundert abgeordneten Werktätigen der Nationalen Front in der Volkskammer? Was verlangen sie wirklich, wenn es um das Schicksal eines Mörders wie Erwin Hagedorn geht? Und sind diese Bürger, bei aller äußerlichen Disziplin, tatsächlich anders als etwa westdeutsche Werktätige, die bei solchen Gelegenheiten nur allzu leicht in den Ruf »Hängt ihn auf!« ausbrechen?

Kuschel war immerhin ein gewiefter Taktiker, und als ein Anruf in

dieser Sache aus Berlin kam, war er längst auf die nötigen nächsten Schritte vorbereitet:
»Ich glaube nicht«, sagte er dem Leiter der Frankfurter Bezirksstaatsanwaltschaft, »daß gerade ich jetzt meine Arbeit im Stich lassen sollte ...«
»Sie müssen es wissen!« sagte der Chef.
Und damit war für Kuschel erstmal alles klar.
Also wurde sein Kollege und Mitarbeiter Friedrich Lympe dazu ausersehen, die Weisungen von und in Ostberlin entgegenzunehmen, um die Marschroute der Anklagevertretung im Fall Erwin Hagedorn möglichst jetzt schon festzulegen.
Lympe fuhr Ende Januar 1972 auf der teilweise vereisten Transitstrecke über Fürstenwalde direkt in die Hauptstadt der DDR und vermied es auf diese Weise, auch nur in die Nähe von Eberswalde zu kommen.
Pünktlich um 15 Uhr, wie verabredet, meldete er sich bei der Generalstaatsanwaltschaft und wurde zu Max Bremer geschickt, Staatsanwalt beim Generalstaatsanwalt, was etwa einem Bundesanwalt in der Bundesrepublik entspricht.
»Ich hatte den Genossen Kuschel eigentlich selbst erwartet«, sagte der kurzgeschorene grauhaarige Max Bremer zunächst mit mildem Vorwurf, »ich meine, die Sache ist doch eigentlich wichtig genug ...«
»Er muß sich wirklich mit einem irrsinnigen Papierkrieg herumschlagen, gerade jetzt ...« sagte Lympe entschuldigend.
»Diesen einen Tag hätte er bei der Vorbereitung der Anklage wohl nicht mehr einholen können?« meinte Bremer. »Na ja ... Sie werden sicher genausogut über die Problematik des Falles im Bilde sein ...«
Lympe war natürlich über die Details des Falles Hagedorn im Bilde. Aber es erschreckte ihn, daß Bremer in diesen ersten Minuten überhaupt schon das Wort »Problematik« gebrauchte.
»Selbstverständlich, Genosse!« sagte er gehorsam.
Bremer ließ Kaffee kommen, richtete sich also offenbar auf ein längeres Gespräch ein und sagte dann ziemlich abrupt: »Direkt gefragt, Genosse, wie sehen Sie denn diesen verdammten Fall?«
»Wir werden da um einige Paragraphen im StGB nicht herumkommen«, antwortete Lympe diplomatisch, »ich nehme an, das ist auch die Ansicht hier ...«
»Ist das eine Gegenfrage?«
»Natürlich nicht«, erwiderte Lympe eilig, »ich meine, es geht hier ja

lediglich um die von uns zu beantragenden Maßnahmen und Maßregeln ...«

»... bei denen«, hakte der ältere Bremer sofort ein, »alles verdienstvoll ist, was dazu beiträgt, das Vertrauensverhältnis zwischen uns und der werktätigen Bevölkerung weiter zu festigen!«

Sprücheklopfer! dachte Lympe, ahnungslos wie eben einer aus Frankfurt an der Oder.

»Ich habe mich«, fuhr Bremer fort, »ein langes Juristenleben hindurch um das sozialistische Recht verdient zu machen versucht. Dieser Fall, ich gebe es zu, wird für mich und andere möglicherweise zu einem Prüfstein werden ...«

»... sicherlich!« bestätigte Lympe.

Bremer sagte: »Gutachten liegen noch nicht vor, wie ich höre. Gibt es da Neuigkeiten?«

»Nichts als Spekulationen ...«

Da beugte Bremer sich vor und fragte direkt: »Dieser Szewczyk, dieser doppelte Doktor aus der Charité ... Sie kennen ihn sicher persönlich?«

»Ja, sicher«, sagte Lympe, »er hat uns ... das heißt, sein Kollektiv hat uns bei der Aufklärung dieser Mordserie ziemlich helfen können ...«

»... nicht ein bißchen weich?« fragte Bremer und versuchte zu lächeln.

»Nicht daß ich wüßte ...«

Bremer stand auf und holte einen Stapel broschierter Bücher aus dem Regal. »Szewczyks Werke. Hören Sie mal gut zu ...«

Er blätterte nur kurz, er hatte sich die Stellen, die ihm wichtig erschienen, offenbar schon vorher zurechtgelegt.

»Hier: ›Die grundsätzlichen Gedanken eines überholten Strafrechts bestanden in der Sühne, Erziehung, Abschreckung und in der Isolierung des Täters von der Gesellschaft.‹ Jetzt – und passen Sie wirklich gut auf – ›stehen im Vordergrund die Erziehung des Täters und die Erforschung der Ursachen, Mitbedingungen, Motive und Anlässe ...‹«

»Bei Erwin Hagedorn, fürchte ich, wird es nicht mehr viel zu erziehen geben!« sagte Lympe.

»Sagen Sie!« entgegnete Bremer aggressiv. »Haben Sie eine Ahnung, wozu diese Ärzte alles fähig sind?«

Zum Beweis dafür verlas er ein anderes Zitat des ziemlich berühmten Mannes aus der Charité, der schon längst Professor geworden wäre, wenn in der Deutschen Demokratischen Republik ähnlich

inflatorisch mit Professorentiteln umgegangen würde wie in der Bundesrepublik, wenn die begehrten Titel in der DDR nicht vor allem den Ordinarien vorbehalten und sonst nur ziemlich spärlich vergeben würden:
»Der einzelne Mensch, das sagt dieser Herr Szewczyk, sei er Patient oder Gutachtenfall, wird von uns nicht als ein im luftleeren Raum lebendes Individuum, sondern als ein im gesellschaftlichen Raum sich entwickelnder Mensch gesehen ...«
Er sah Lympe bedeutungsvoll an, auch etwas neugierig, um zu sehen, wie das Zitat gezündet hatte.
Lympe aber war keineswegs beeindruckt, sondern sagte ganz naiv: »Das ist ja eigentlich die Grundlage unseres sozialistischen Systems. Ich finde das eigentlich ganz in Ordnung!«
Bremer blätterte weiter.
»Auch dieses noch?« fragte er dann, gefährlich leise.
Lympe war jetzt ganz Ohr.
»Wir – das sagt wieder Szewczyk – ›wir sind allerdings der Meinung, daß man auch bei einer Reihe von Sexualstraftaten im Sinne einer schwerwiegenden abnormen Entwicklung eine bedingte Zurechnungsfähigkeit annehmen soll, zum Beispiel dann ...‹ aber das gehört ja nicht mehr hierher ...«
»... zum Beispiel dann ...?« fragte Lympe trotzdem, mit gespielter Ahnungslosigkeit.
»... zum Beispiel dann«, fuhr Bremer deshalb fort, mit dem Rest seiner Konzilianz, »›wenn durch die Fehlentwicklung des Täters beim Täter ein echter Triebdruck zu den mit Strafe bedrohten Handlungen besteht‹ ... also, das stellen Sie sich mal im einzelnen und vor allem in der Praxis vor!«
Lympe stellte es sich vor, und es blieb ihm diesmal kaum etwas anderes übrig, als durch ein Nicken seine Zustimmung zu erklären.
Bremer fuhr fort: »Damit sind doch der Exkulpierung eines Täters, selbst eines kapitalen Täters, überhaupt keine Grenzen mehr gesetzt! Was meinen Sie, wollen wir uns nicht die Arbeit ersparen und unseren Freund aus Eberswalde einfach laufen lassen ...?«
»Natürlich werden wir das nicht tun!« antwortete Friedrich Lympe pflichtschuldig. »Wir könnten es weder der Bevölkerung zumuten noch in der gegenwärtigen Situation der Entwicklung unseres sozialistischen Strafrechts als Maßstab ...«
»... vielleicht einweisen«, fragte Bremer tückisch, »ihn behandeln, medikamentös und psychotherapeutisch wieder auf die seelischen Beine bringen ...?«

Szewczyk habe in seinen bisherigen Äußerungen auf keinen Fall zu erkennen gegeben, daß er in diese Richtung tendiere, antwortete Lympe. Er müsse allerdings zugeben, daß es nach dem hier verlesenen Zitat nicht mehr restlos auszuschließen sei, daß Szewczyk letztendlich seiner wissenschaftlich-humanen Auffassung folgen könne – daß er sich dazu durchringen könne, dem dreifachen Mörder den »Jagdschein« zu geben, die StGB-Paragraphen 15 oder 16 der Deutschen Demokratischen Republik, Zurechnungsunfähigkeit oder verminderte Zurechnungsfähigkeit.
»Wie können wir das verhüten?« fragte Bremer und klopfte bei jedem Wort mit dem Bleistift auf die Tischplatte.
»Im Grunde gar nicht!« sagte Lympe.
Aber er war ein geschickter Mann und nicht ohne Grund dazu auserwählt worden, diese heikle Reise nach Berlin anzutreten. »Je mehr ich allerdings über Ihre ... ich meine natürlich, über Szewczyks Zitate nachdenke, Genosse Bremer, desto mehr komme ich zu der Ansicht, daß sie absolut mit dem Programm der Sozialistischen Einheitspartei in Einklang zu bringen sind ...«
»Da bin ich aber gespannt ...«
»In unserem Staat«, formulierte Lympe, zunächst noch etwas ziellos, »wurden ja bekanntlich die kapitalistischen Ausbeutungsverhältnisse überwunden und so die sozialökonomischen Wurzeln der Verbrechen beseitigt ... ich hoffe, ich habe das möglichst präzise wiedergeben können ...«
»Schön und gut«, sagte Bremer, »ich sehe allerdings nicht ganz ein, was Sie damit ...«
»Damit will ich sagen«, fuhr Lympe schnell fort, und diesmal wußte er besser, was er sagen wollte, »daß es keinen sozusagen natürlichen Grund für die scheußlichen Verbrechen des Erwin Hagedorn gibt, sondern daß er wie eine Geißel über uns gekommen ist, unvermeidbar wie mancher Flugzeugabsturz, sozusagen ...«
»Das ist eine kapitalistische Theorie!« bemerkte Max Bremer.
»Sicherlich«, sagte Lympe, »sie wird allerdings auch von unseren forensischen Gutachtern diskutiert, und soviel ich weiß, ist sie noch nicht restlos widerlegt worden. Man forscht also noch, sozusagen, und wenn ich das noch mit einem Zitat von Walter Ulbricht verdeutlichen darf: Wir brauchen, sagt der Genosse Ulbricht, eine äußerst moderne Wissenschaftsorganisation auch für unsere Kriminalitätsbekämpfung ...«
»Also, jetzt reicht's mir!« entschied Bremer. »Ich muß Ihnen sagen, Genosse Lympe, ich habe selten einen Kollegen erlebt, der

mir, wie Sie hier, mit ideologischen Passagen, die er dazu noch unpassend zitiert, juristisch-pragmatische Bedenken aus der Hand schlagen wollte!«
»Da sei Gott vor!« antwortete Friedrich Lympe, schlug spaßeshalber ein Kreuz in die Luft und versuchte auf diese Weise, die plötzlich prekäre Situation zu entschärfen.
»Was Besseres fällt Ihnen auch nicht ein?« grollte Bremer.
»Doch«, sagte der wendige Lympe, »da fallen mir gleich mehrere Gespräche ein, die der Genosse Kuschel und ich mit Herrn Szewczyk und den anderen Herren seines Kollektivs geführt haben. Dabei ist, wie ich mich deutlich erinnere, immer wieder vor dem sogenannten Psychologisieren gewarnt worden, überhaupt vor der immer wieder überbewerteten Tätigkeit der Psychoanalytiker bei der Begutachtung eines Straftäters: Frühkindliche Ereignisse im Leben eines straffällig gewordenen Menschen als unbedingt entscheidend für seine späteren Taten anzusehen – so hat es immer wieder in unseren Gesprächen geheißen –, also, das sei doch wohl der helle Blödsinn ...«
»Ist es auch!« bekräftigte Bremer, endlich einmal mit ihm zufrieden.
Und Friedrich Lympe nutzte seinen Vorteil, wie er jedenfalls meinte:
»Erstens also, ich nehme nach wie vor nicht an, daß das Kollektiv von Herrn Szewczyk – Herrn Ochernal ja nicht zu vergessen! – dem Straftäter Erwin Hagedorn auch nur den Paragraphen 16 zubilligen wird; das ist mein Eindruck aus den erwähnten persönlichen Gesprächen. Zum anderen aber, Genosse Bremer ... ich sehe, ehrlich gesagt, im Augenblick überhaupt nicht ein, was sich an der forensischen Bewältigung dieses Falles ändern sollte, wenn die versammelte Gutachterei Hagedorn doch die eingeschränkte Zurechnungsfähigkeit geben würde, wenn ich mich wider Erwarten geirrt hätte ...?«
»Da könnten Sie sich aber sehr leicht in den Finger schneiden!« sagte der übergeordnete Max Bremer. »Aber bitte, sprechen Sie ruhig weiter, Sie waren ja wohl noch nicht fertig ...?«
»... richtig, Genosse Bremer. Also, nochmals, den 15, glaube ich, können wir endgültig vergessen ...«
»... ja, wieso denn eigentlich?« fragte Bremer mit gespielter Verzweiflung.
»... weil ich unlängst ein vertrauliches Gespräch mit einem Herrn von der Charité hatte«, erklärte Lympe und beugte sich vertraulich

zu Bremer hinüber, »dabei klang sehr deutlich durch, daß auch dort die Leute von den gesellschaftspolitisch notwendigen Konsequenzen in diesem Fall überzeugt sind und wissen, welche Verantwortung sie tragen ...«
»Und der 16?«
Lympe nickte eifrig, jetzt, da er Oberwasser zu haben glaubte: »Müßte ich ja ausgerechnet Ihnen eigentlich gar nicht erklären, Genosse Bremer«, sagte er mit vertraulichem, geradezu komplizenhaftem Lächeln, »im 16, Absatz 2, verminderte Zurechnungsfähigkeit, heißt es doch ausdrücklich: die Strafe kann – ich betone, kann! – herabgesetzt werden, muß also noch längst nicht! Dazu aber nun der 14, Schuldminderung durch außergewöhnliche Umstände, sozusagen die Voraussetzung für den 16, Absatz 2, wenigstens in diesem Fall: das ist doch ebenfalls nur eine Kann-Vorschrift! Kein Gericht wird im Fall Hagedorn davon Gebrauch machen, denn die Schwere dieser Rechtsverletzungen schließt eine Strafeinschränkung ja doch wohl völlig aus ...«
»Interpretieren Sie da nicht im Sinne des alten Reichsgerichts oder wenigstens wie der BGH in Karlsruhe?« fragte Bremer wachsam.
»Aber keineswegs!« behauptete Lympe. »Wie ich das sehe, und das ist meine unumstößliche Meinung: der Hagedorn kommt selbst dann nicht um sein verdientes Lebenslänglich herum, wenn die Herren Gutachter uns voll im Stich lassen sollten!«
»So!« sagte Bremer und setzte sich gerade. »Jetzt will ich Ihnen mal was sagen!«
»Ja, gern ...?«
»Ich komme mir nämlich vor wie in der Klippschule!«
»Das tut mir leid ...« meinte Lympe artig.
»Wann ist das neue Strafgesetz in Kraft getreten?«
»Am 12. Januar 1968 ...«
»Was ging diesem neuen Strafgesetz voraus?«
»Die Beratungen der Großen Strafrechtskommission, denke ich ...« sagte Lympe, unbehaglich wie zuvor.
»Sie wissen, daß der Dozent Dr. Szewczyk Mitglied dieser Kommission war?«
»Ja, natürlich!« log er.
»Es gab in dieser Kommission eine namentliche Abstimmung über die Todesstrafe!«
»Ach ja ...?«
»Sie wurde von einigen Mitgliedern der Kommission mit Hilfe eines förmlichen Antrags angeregt ...«

Und diesmal schwieg Lympe, denn er ahnte zum ersten Male entsetzt die Ungeheuerlichkeit, die ihm hier offenbar geheuer gemacht werden sollte.
»Und zu den Einbringern dieses Antrags gehörte der Dozent Dr. Szewczyk!« sagte Max Bremer laut und skandierte dazu mit seinem Bleistift.
»War er ... ich meine, wollte Szewczyk, daß die Todesstrafe im Strafgesetz verankert wird ...?« fragte Lympe, eigentlich wider besseres Wissen und nur, um etwas Zeit zu gewinnen.
»Entweder sind Sie ein Herzchen«, antwortete Bremer, »oder Sie wollen mich auf den Arm nehmen, was ich hiermit für strafbar erkläre ... lügen Sie doch nicht, Sie wissen doch genau, daß Szewczyk der Wortführer jener Gruppe war, die die Todesstrafe rigoros abgeschafft wissen wollte! Wollen Sie's denn vielleicht auch noch schriftlich haben, daß diese Brigade Szewczyk in der Kommission von anderen verantwortungsbewußteren Mitgliedern überstimmt worden ist – erfreulicherweise ...?«
»Nein, nein ...« sagte Lympe eilig.
»Was wollen Sie denn?«
»Wissen, was läuft ...« erwiderte Lympe, »deshalb bin ich ja auch hier in Berlin ...«
»Ja, Mensch«, sagte Bremer, »dann fragen Sie doch mal endlich!«
Also fragte der »kleine« Staatsanwalt aus der Provinz, wenn auch mühsam: »Darf ich Sie ... darf ich Sie so verstehen, daß Sie das umfassende Problem der Todesstrafe an dieser Stelle nicht unbedingt zufällig zur Sprache bringen ...?«
»Sie dürfen!« sagte Bremer lakonisch. »Genauso dürfen Sie mich verstehen!«
»Sie haben aber nicht etwa ... Sie erwägen aber doch nicht etwa...«
»Spucken Sie's doch aus!« riet Bremer.
»Sie fassen doch nicht etwa die Todesstrafe als Sanktionsmöglichkeit für Erwin Hagedorn ins Auge?« fragte Lympe geradezu angstvoll.
»Doch!« sagte Bremer, und es klang schon so endgültig wie das Urteil selbst.
Lympe sammelte sich:
»Davon wären dann zwangsläufig wir in Frankfurt betroffen ...?«
»Richtig!«
»Und da muß ich dann nochmal fragen ... Sie erwägen allen Ernstes, daß wir, also die Anklagevertretung in Frankfurt, gegen Erwin Hagedorn vom Gericht die Todesstrafe verlangen sollen?«

»Endlich!« sagte Bremer mit gespielter Erleichterung. »Endlich haben Sie es begriffen!«
Aber Lympe begann nun, einmal zornig geworden angesichts dieser für seine Begriffe Ungeheuerlichkeit, zu kämpfen. Er nahm sich die Freiheit, zu behaupten, er begreife dies alles überhaupt nicht.
»Dann werden Sie es funktional erledigen. Man muß nicht immer alles verstehen wollen ...«
»Es wäre für mich das erste Mal ...«
»... reicht ja aus, Genosse«, sagte Bremer kalt, »irgendwann ist immer das erste Mal! Und ich bitte Sie nachdrücklich, mich jetzt beim Wort zu nehmen. Wir erwägen nicht, sondern wir haben die Beantragung der Todesstrafe beschlossen und erteilen Ihrer Behörde hiermit die direkte Anweisung!«
»Aber ... das können Sie doch nicht ...?«
»Doch«, sagte Bremer, »das müssen wir sogar! Nach dem Gesetz über die Staatsanwaltschaft der DDR hat der Generalstaatsanwalt sicherzustellen, daß alle Staatsanwälte ihre verantwortungsvolle Aufgabe stets zum Wohle des werktätigen Volkes und des Arbeiter- und Bauern-Staates ausüben und außerdem unnachsichtig gegen das Verbrechen kämpfen; unnachsichtig, haben Sie gehört, Genosse?«
Lympe nickte automatisch und brachte im Augenblick kein Wort heraus.
»Paragraph 12 Absatz 2a und b ...«
Aber Lympe war schon ein paar Schritte über das Gesetz hinaus, das die Tätigkeit der DDR-Staatsanwaltschaft regelt; er sah einen Hoffnungsschimmer für Erwin, und er fragte so arglos wie möglich: »So, wie Sie ... ich meine, wie wir planen ... da muß die Hauptverhandlung ja eigentlich öffentlich sein?«
»Auch das haben wir bedacht«, erwiderte Bremer, »und abgesehen davon, daß wir die Öffentlichkeit niemals scheuen müßten, schon gar nicht hier ... die Öffentlichkeit wird hergestellt sein und trotzdem nicht stattfinden!«
»Was ist denn der Grund für diese ... Unnachsichtigkeit, Genosse, die Sie so betonen?«
Bremer, gerade noch nahezu sibyllinisch, antwortete sachlich: »Ich könnte Ihnen leicht abgewandelt ein Zitat des Genossen Generalstaatsanwalt mitteilen. Mit Rowdies braucht man keine philosophischen Diskussionen über die Freiheit zu führen, sagte der Genosse Streit. Muß man mit Massenmördern Diskussionen darüber führen, was die Rechtspflegeorgane unseres Staates mit ihnen zu tun gedenken?«

»Dieser Hagedorn ist kein Rowdy«, sagte Lympe, »er ist irgendwie tatsächlich verrückt ...«

»So«, empörte sich Bremer, »dann allerdings muß ich Sie doch noch fragen, was ich eigentlich vermeiden wollte: Wo ist im Bezirk Frankfurt die Forderung erfüllt worden, alle gefährdeten – also auch die verrückten – Minderjährigen in einer Kartei zu erfassen, um eine zielstrebige Erziehungsarbeit organisieren zu können? Wo ist die Forderung nach einer Entwicklung von Arbeitsmethoden erfüllt worden, die das Erkennen der negativen Persönlichkeitsentwicklung eines Minderjährigen gewährleistet?«

Darauf war Lympe vorbereitet. »Wir haben es mit den Staats- und Parteiorganen gemeinsam versucht. Wir kamen dabei zu der Erkenntnis, daß die Sache zu nichts anderem führte als zu einer Kartei über Familien mit asozialer Lebensweise. Das ist erstens nicht der Auftrag an uns, und zweitens war gerade die Familie Hagedorn alles andere als asozial!«

Draußen dämmerte es stark, und Lympe dachte mit einigem Schrecken an seine Rückfahrt nach Frankfurt. Jetzt, da ohnehin die Würfel gefallen waren ...

Aber Bremer dozierte, und der einzige menschliche Zug an ihm war die Tatsache, daß er zwischendurch aufstand und sich einen braunen Schnaps holte, vermutlich Cognac, allerdings nur für sich, denn Lympe mußte ja noch fahren:

»Kriminalität im sozialistischen Staat ist dem Sozialismus wesensfremd. Kriminalität ist eine gesellschaftliche Erscheinung, historisch ein Produkt der Ausbeutung des Menschen durch den Menschen. Marx, Lenin, Ulbricht, was weiß ich, Sie wissen's wahrscheinlich besser. Auf der historisch-philosophischen Grundlage jedenfalls ist das Recht, nach dem Sie mich eingangs fragten, Genosse, ein legitimes Mittel zur Durchsetzung unserer Politik. Und in der Rechtswirklichkeit, Genosse, heißt das nicht mehr und nicht weniger, daß die Generalprävention in Form harter Abschreckung gelegentlich nicht zu umgehen ist!«

Er trank einen Schluck, und Lympe schaffte es, sein Gesicht und seinen Zorn säuberlich auseinanderzuhalten.

»Erwin Hagedorn war doch erst sechzehn bei seinem Doppelmord«, sagte er, fast im Plauderton, »wenn ich an unsere früheren Bestrebungen denke, das Strafmündigkeitsalter überhaupt erst bei sechzehn festzusetzen ...«

»Unsere Zahlen für Mord und Totschlag sind seit 1964 ständig gestiegen«, sagte Bremer, »auch das ist Rechts- oder Unrechtswirk-

lichkeit. Seit 1968 haben wir einen grundsätzlichen Aufwärtstrend der Kriminalität, Genosse. In Ihren Akten haben Sie selbst oder Ihre Kollegen geschrieben, welches Gefühl der Rechtsunsicherheit im Verlauf des Falles Hagedorn sich in Ihrem Bezirk breitmachen konnte. Dieser kapitalistische Unfug mit James Bond, mir sträuben sich jetzt noch die Haare! Glauben Sie, Genosse, daß ein Mensch in Eberswalde, ein einziger Mensch es verstehen würde, wenn wir diesen ... diesen Hagedorn ins Krankenhaus stecken würden statt in die sogenannte Todeszelle?«
»Das Schwergewicht seiner Taten liegt vor dem ...«
»... vor dem achtzehnten Lebensjahr? Das wollen Sie beurteilen können? Passen Sie mal auf, Genosse, Erwin Hagedorn wird zum Tode verurteilt, ich schwör's Ihnen, und das nicht nur, weil auch die Staatsanwaltschaft in Frankfurt weisungsgebunden ist, sondern weil auch die Gerichte ihre gesellschaftliche Verantwortlichkeit kennen! Er wird in der ersten und auch in der zweiten Instanz zum Tode verurteilt werden, und darauf können Sie einfach Gift nehmen, Genosse Lympe, heute schon!«
»Es geht ... ich sehe immer noch nicht ... es geht aus rechtlichen Erwägungen nicht ...«
»Doch, es geht«, sagte Bremer, und es war offensichtlich sein Schlußwort, jetzt, da es endgültig finster war und die Straßen bestimmt noch mehr vereist. »Ich habe mit Frankfurt telefoniert, während Sie unterwegs waren, und ich habe Ihre Genossen überzeugen können, daß es geht und wie es geht. Lassen Sie sich an Ort und Stelle unterrichten, bitte! Im übrigen meinten Ihre Genossen, es sei sinnvoll, wenn Sie heute noch zurückkämen!«
Lympe stand auf. »Ich danke Ihnen für das Gespräch, Genosse Bremer!«
Er wunderte sich, daß Bremer sitzen blieb und wie erschöpft er aussah.
»Ich danke Ihnen für das ausführliche Gespräch!« wiederholte Lympe.
»Ach, hör'n Sie auf!« sagte Bremer plötzlich.
Ebenso plötzlich schob er Lympe die Flasche über den Tisch, holte ein zweites Glas aus dem Schrank und knallte es förmlich vor ihn auf den Tisch:
»Hier, einen dürfen sie, ich gestatte es!«
»Aber Genosse«, sagte Lympe verdattert, »Sie dürfen es mir gar nicht gestatten ...«
»Wenn ich mich nicht so lange mit Ihnen unterhalten hätte«, sagte

Bremer statt einer direkten Antwort, »wüßte ich nicht, ob ich Ihnen den Rest auch noch sagen könnte. Jetzt weiß ich, daß ich damit wenigstens nicht gerade Selbstmord begehe ...«
Lympe trank und verstieß damit gegen das Gesetz.
»Erwin Hagedorn wird nämlich am Ende doch nicht hingerichtet werden«, sagte Bremer, »dafür wird nämlich Walterchen sorgen, ich meine den Genossen Staatsratsvorsitzenden Walter Ulbricht!«
»Ist das ... Ihre Idee ...?«
»Ich bin ebenfalls weisungsgebunden!« antwortete Bremer. »Und wenn Sie immer noch meinen, es sei eine schlechte Idee ...«
»Nein, nein!« sagte Lympe eilig, aber mit neuem Mut. »Sie ist nur ... ist sie nicht ein bißchen teuflisch?«
Bremer schüttelte den Kopf. »Höchstens riskant!«

Der Genosse Staatsratsvorsitzende Walter Ulbricht, damals 78 Jahre alt und »vergreist bis in die Knochen«, hatte zu diesem Zeitpunkt überhaupt noch kein Wort von den schlimmen Morden in Eberswalde gehört. Zwar hielt er sich mehr denn je in seiner »kleinbürgerlich eingerichteten Datscha« in Wandlitz auf, im eingezäunten und streng bewachten »Städtchen« nördlich von Berlin zwischen dem Rahmer-, dem Stolzenhagener- und dem Wandlitz-See, wo die SED-Prominenz wie in einem Getto lebte und lebt – und von Wandlitz aus hätte man bei etwas besserer Konstitution halbwegs leicht zu Fuß nach Eberswalde gehen können. Aber Morde – das wußten die wenigen älteren Referenten, die Ulbricht noch verblieben waren – hatten ihn eigentlich immer nur dann interessiert, wenn die mehr oder weniger bedauernswerten Opfer Rosa Luxemburg, Ernst Thälmann oder allenfalls Berija hießen.
Walter Ulbricht interessierte sich außerdem in dieser Zeit noch weniger für Menschen, lebende oder tote, als je zuvor in seinem Leben. Denn er hatte seit längerem genug mit sich selbst zu tun, gesundheitlich wie politisch – »gesundheitspolitisch«, wie es ein Zyniker aus dem Politbüro gesagt hatte, derselbe Mann, von dem auch die Ausdrücke »vergreist« und »kleinbürgerlich« geprägt worden waren:
Zum erstenmal war Ulbricht im Dezember 1965, noch auf dem Höhepunkt seiner politischen Macht, von der Todesangst überfallen worden: er meinte mit erstickter Stimme, er werde gleich nicht mehr atmen können, und die Augen schienen ihm aus dem Kopf zu fallen.

Es waren die typischen Anzeichen einer Angina pectoris, Brustenge mit Herzkrämpfen infolge Störung der Herzkranzgefäße, und man hätte nicht unbedingt alle fünf Leibärzte des Landesvaters gebraucht, um diese Diagnose stellen zu können. Immerhin veranstalteten die fünf Ärzte ein langes Konsilium – und dann beschlossen sie, kaum noch gegen den Protest des Patienten, ihn für mehrere Wochen in ein Sanatorium zu schicken, wo er sich auch überraschend gut erholte.
Immer wieder hatte es dann in den folgenden Jahren »Tatarenmeldungen« in der kapitalistischen Presse gegeben, denen zufolge Walter Ulbricht entweder schon verstorben sei oder aber in aller Kürze das Zeitliche segnen werde. Immer wieder aber hatten sich auch in der linientreuen DDR-Presse »alle guten Genesungswünsche für den Genossen Ulbricht« gefunden, mehrfach völlig überraschend, und auch der letzte DDR-Bürger hatte inzwischen begriffen, daß der »Spitzbart« doch wohl ziemlich hinfällig sein müsse.
Er stand aber immer wieder auf und genau zum entscheidenden Zeitpunkt war er topfit:
Ulbrichts letzter großer Auftritt war sein 75. Geburtstag im Jahre 1968, an dem ihn Staatsmänner aus dem gesamten Ostblock mit Orden segneten und wo er Hof hielt wie in seinen besten Zeiten.
Dann aber ging es endgültig bergab mit ihm, und am 3. Mai 1971 war Walter Ulbricht überraschend als SED-Chef zurückgetreten. Dabei hatte er folgende, für seine Begriffe nahezu menschliche kurze Rede gehalten:
»Liebe Genossinnen und Genossen, nach reiflicher Überlegung habe ich mich entschlossen, das Zentralkomitee der SED auf seiner heutigen Tagung zu bitten, mich von der Funktion des Ersten Sekretärs des Zentralkomitees der SED zu entbinden. Die Jahre fordern ihr Recht und gestatten mir nicht länger, eine solche anstrengende Tätigkeit auszuüben. Ich erachte daher die Zeit für gekommen, diese Funktion in jüngere Hände zu geben, und schlage vor, den Genossen Erich Honecker zum Ersten Sekretär des Zentralkomitees der SED zu wählen!«
Das war, umgerechnet auf den Zeitplan des Falles Hagedorn in Eberswalde, noch vor dem dritten Mord gewesen, der Tötung von Ronald Winkler – zwangsläufig also auch noch eine ganze Zeit vor der Ergreifung des mehrfachen Mörders.
Trotzdem läßt es sich sagen, daß sich das Lebenskarussell dieser beiden Männer – inkommensurable Größen, selbstverständlich –

zu diesem Zeitpunkt bereits ähnlich schnell drehte, allzu schnell und so hektisch, daß es am Ende völlig aus der Spur geriet: Erwin Hagedorn erhielt seine letzte Atempause, als er seine Kochlehre abschloß, Kandidat der SED wurde und auf diese Weise sogar in die Lokalpresse kam: Abteilung Erfolge und Belobigungen.
Und Walter Ulbricht, ob er nun tatsächlich freiwillig gegangen oder gegangen worden war, wurde nicht nur mit dem bis dahin nicht gebräuchlichen Titel »Vorsitzender der SED« geschmückt, sondern behielt auch seine Funktion als Vorsitzender des Staatsrats der DDR.
Sein Nachfolger als SED-Chef wurde – natürlich – der Genosse Erich Honecker.
Der Genosse Honecker sorgte dafür, daß dem Staatsratsvorsitzenden Ulbricht am 25. Juni 1971, einem Freitag, das ihm verfassungsmäßig zustehende Recht auf den Vorsitz im Nationalen Verteidigungsrat entzogen wurde; Ulbricht, hieß es in Berlin, war vor dieser Entscheidung nicht einmal zurückgetreten, war also überhaupt nicht gefragt worden.
Der Genosse Honecker tat aber auch ein übriges, einen letzten Liebesdienst für den Mann, der ihn jahrzehntelang protegiert hatte: Am 14. November 1971 wurde die neue Volkskammer der DDR gewählt, zwei Tage nach der Ergreifung des Erwin Hagedorn in der grauen Stadt Eberswalde.
Und eine Woche später, auf ihrer ersten Sitzung, wählte die neue Volkskammer, das »oberste staatliche Machtorgan der Deutschen Demokratischen Republik«, den Genossen Ulbricht aufs neue zum Vorsitzenden des Staatsrats dieser Republik.
»Der Vorsitzende des Staatsrats vertritt die Deutsche Demokratische Republik völkerrechtlich!« heißt es in Kapitel 2, Artikel 66, Absatz 2 im III. Abschnitt der DDR-Verfassung. Der Vorsitzende hatte dem Präsidenten der Volkskammer gegenüber zu schwören: »Ich schwöre, daß ich meine Kraft dem Wohle des Volkes der Deutschen Demokratischen Republik widmen, ihre Verfassung und die Gesetze wahren, meine Pflichten gewissenhaft erfüllen und Gerechtigkeit gegenüber jedermann üben werde!«
Erst in den letzten Artikeln dieses Abschnitts über den Staatsrat, in den Artikeln 75, 76 und 77, wird allerdings gesagt, was dem Vorsitzenden Ulbricht künftig noch zu tun blieb:
Er ernennt die bevollmächtigten Vertreter der DDR in anderen Staaten und beruft sie ab. Er nimmt Beglaubigungs- und Abberufungsschreiben der bei ihm akkreditierten Vertreter anderer Staaten

entgegen. Der Staatsrat legt die militärischen Dienstgrade, die diplomatischen Ränge und andere spezielle Titel fest, und er stiftet staatliche Orden, Auszeichnungen und Ehrentitel, die von seinem Vorsitzenden verliehen werden.
Und ganz zum Schluß dann der bescheidene Satz:
Der Staatsrat übt das Amnestie- und Begnadigungsrecht aus.
Mit diesem Satz konnte Walter Ulbricht theoretisch – nach damaligem DDR-Verfassungsrecht – in jeden Kriminalfall in der DDR eingreifen.
Mit diesem Satz würde er – das erkannte die Generalstaatsanwaltschaft der DDR offenbar in den folgenden Wochen schnell und präzise – auch in den Fall Hagedorn eingreifen, wenn immer es erforderlich werden sollte.
Die Generalstaatsanwaltschaft ging dabei von folgenden Überlegungen aus: Sowohl die in der ganzen DDR ansteigende Kriminalität als auch die im speziellen Falle zu verzeichnende Erregung der Eberswalder Bevölkerung über die bestialischen Kindermorde erforderten ein drakonisches Urteil, das abschreckend wirken und zugleich die Empörung der Bürger im Bezirk Frankfurt/Oder dämpfen sollte. Den Tod Erwin Hagedorns wollte man freilich nicht. Denn über die juristische Fragwürdigkeit eines solchen Urteils und die negativen Auswirkungen in der Auslandspresse war man sich offensichtlich im klaren, zumal die DDR-Justiz im kapitalistischen Ausland in Erinnerung an manches Urteil aus der Nachkriegszeit ohnehin nicht gut beleumundet war. Deshalb sollte Walter Ulbricht, nachdem der pädagogische und propagandistische Effekt im Inland durch das Urteil erzielt war, von seinem Recht der Begnadigung Gebrauch machen. Als sie diesen nahezu machiavellistischen Plan schmiedete, glaubte sie immerhin zu wissen, wie der Genosse Vorsitzende eingreifen würde:
Walter Ulbricht hatte sich stets gehütet, »Unwiderrufliches« zu schaffen. Unter ihm hatte es eigentlich keine spektakulären Todesurteile gegeben: Selbst politische und allzu gesellschaftskritische Gegner seiner selbst und seines Staates hatte er zwar kaltgestellt, ihrer Ämter entkleidet, sogar der Parteimitgliedschaft und in einem Fall ihres Vermögens beraubt – aber er hatte sie niemals getötet beziehungsweise töten lassen!
Natürlich wußte man auch um die »Altersweisheiten« dieses Walter Ulbricht, gerade jetzt, um die Jahreswende 1971/72 lächelte man darüber, daß er seit einiger Zeit vom »neuen sozialistischen Menschengeschlecht« zu träumen begonnen hatte. Aber niemand kam

ernsthafter auf den Gedanken, in diesen Ideen eine Gefahr für den Plan im vertrackten Fall Erwin Hagedorn zu sehen, für den ausgeklügelten Plan, das Schicksal dieses Ausgestoßenen gnädig in die Hände von »Väterchen Walter« zu legen.

Dieser Fall war in der unmittelbaren Zeit nach der Entmachtung von Walter Ulbricht zunächst auch nicht wichtiger als ein Staubkörnchen auf einem dunklen Anzug. Und wenn es jemanden gegeben hätte, der trotzdem mißtrauisch gewesen wäre, hätte er sich höchstens sagen müssen, daß Ulbricht womöglich gar keine Zeit mehr besaß, um ungnädig zu sein:

Sein Leben lang, bis vor ganz kurzer Zeit, hatte er noch zwölf bis sechzehn Stunden täglich an seinen verschiedenen Schreibtischen gesessen, Konferenzen geleitet, Beschlüsse gefaßt oder sanktioniert (oder manchmal auch eigensinnig verworfen) und zwischendurch mit gefrorenem Lächeln hohe in- und ausländische Staats- und Parteigäste empfangen.

Jetzt aber übertrug er die Repräsentationspflichten, die er zu erledigen hatte, weitgehend seinem Stellvertreter Friedrich Ebert, und er arbeitete, dem Rat seiner Ärzte folgend, im Durchschnitt nur noch drei Stunden am Tag. Immer häufiger kam es vor, daß er erst gar nicht in die Stadt fuhr, und den prominenten Genossen im Zentralkomitee und vor allem im Politbüro der Sozialistischen Einheitspartei Deutschlands, den höchsten unter den oberen sechzehn Spitzenfunktionären, Honecker, Stoph und Sindermann, war das gar nicht so unrecht, weil sich der flexiblere »Honecker-Stil« immer deutlicher vom starren, manchmal geradezu starrsinnigen politischen »Ulbricht-Kurs« absetzte und zwangsläufig oft zu geradezu entgegengesetzten Entscheidungen führen mußte:

Walter Ulbricht war, vielleicht nicht einmal ganz zu Recht, außerhalb der DDR das Negativ-Symbol des Mauerbaus in Berlin und einer oft geradezu bedingungslosen Hörigkeit gegenüber Moskau. Ulbricht hatte immerhin Jahrzehnte hindurch um die internationale Anerkennung seines Staates gekämpft – und jetzt mußte er es erleben, daß seinem Nachfolger Erich Honecker diese Anerkennung wie eine reife Frucht zufiel. Es sah wirklich so aus, als habe der »Spitzbart« seiner eigenen Arbeit ständig im Wege gestanden.

Das machte ihn nach außen hin grämlich und nörglerisch, zu einem meist mißmutigen Querulanten, dem man im Hause des Zentralkomitees am besten aus dem Wege ging. Und im Grunde unterzog sich damals – Anfang 1972 – kaum noch jemand der Mühe, sich mit dem einst mächtigsten Mann der DDR zu beschäftigen und ihm

freiwillig mehr zu sagen als die Tageszeit. Es mochte durchaus sein, daß dieses kollektive Verhalten der Führungsspitze zu einer letztlich doch ganz falschen Einschätzung Ulbrichts führte.
Mitglied des Zentralkomitees der SED war übrigens auch der Genosse Generalstaatsanwalt Dr. Josef Streit, damals 61 Jahre alt. Streit, der offenbar zu den Leuten gehörte, die in Ulbricht nur noch eine Marionette sahen, nahm ebenso an den Tagungen der Volkskammer und an den Sitzungen des Staatsrats teil, und er konnte, wenn er wollte, auch die Sitzungen des Ministerrats besuchen.
Nicht ganz so gut hatte es da, bedingt durch die DDR-Verfassung und die Umstände seines eigenen politischen Lebens, der Präsident des Obersten Gerichts der DDR, der 57jährige Dr. Heinrich Töplitz: Ihm war offiziell nur Gelegenheit gegeben, den Tagungen der Volkskammer beizuwohnen; bei den internen Beratungen der SED-Spitze hatte er – bei aller »engen kameradschaftlichen Bereitschaft zur Zusammenarbeit« mit den anderen Parteien, bei aller »Bündnispolitik« der SED – allein schon deshalb nichts zu suchen, weil er dem sozialistischen Staat in anderen Bahnen diente und Mitglied der auch in der DDR existierenden Christlichen Demokraten war.
Generalstaatsanwaltschaft und Oberstes Gericht arbeiteten indessen in der Regel gut zusammen, nach Ansicht einiger Verfassungsrechtler manchmal sogar zu gut. »Der Rückgang der Kriminalität in unserem Staate ist der Ausdruck des guten Zusammenwirkens aller staatlichen und gesellschaftlichen Institutionen!« hatte Josef Streit noch kurz zuvor verkündet – das war programmatisch gemeint, daß es nicht stimmte, wußte Streit. Jedenfalls waren die höchsten Institutionen der DDR-Justiz bis weit in das Jahr 1972 fest davon überzeugt, daß die Sache Hagedorn absolut in ihrem Sinne und nach ihren Plänen ablaufen würde. Sie glaubten, so gut im Bilde zu sein, daß sie davon überzeugt waren, jedes Risiko im Ansatz ausschließen zu können.

Der Frankfurter Staatsanwalt Friedrich Lympe hatte nach seinem denkwürdigen »Befehlsempfang« einen Fünfzehn-Stunden-Tag hinter sich, als er jetzt endlich, kurz vor Mitternacht, wieder in seinem etwas plüschigen Wohnzimmer in Frankfurt saß. Seine Frau Kerstin leistete ihm Gesellschaft, und ein gut gekühltes Radeberger Pils stand neben ihm. Trotzdem hatte Friedrich Lympe, was bei ihm eigentlich selten vorkam, einen richtigen Katzenjammer.
Er sei an diesem Abend noch bei seinem Kollegen Dr. Kuschel ge-

wesen, erzählte er seiner Frau, um gemeinsam mit ihm zu überlegen, wie man die Anweisungen der Generalstaatsanwaltschaft unterlaufen könne. Aber Kuschel habe nur mit den Schultern gezuckt, weil er nicht einsah, warum sie sich unbedingt Ärger mit den Berlinern machen sollten, warum sie nicht einfach auf diesen Plan der Obergenossen eingehen sollten?
»Das frage ich mich allerdings auch«, sagte Kerstin Lympe, »vor allem, Kuschel ist ja federführend in der Geschichte, du mußt die Anklage ja schließlich nicht allein vertreten!«
»Ich bin im allgemeinen gar nicht so zimperlich, aber hier wird doch offenbar verlangt, daß ich in aller Öffentlichkeit was Ungesetzliches tun soll! Dieser in Berlin ausgeheckte Plan führt zwar im Endergebnis auch zu einem Lebenslänglich für Hagedorn. Aber doch auf unsere Kosten. Wir sind diejenigen, die einem brutalen, juristisch fragwürdigen Urteil das Wort reden, dessen Vollstreckung dann durch Ulbricht verhindert wird.«
»Und?« fragte Kerstin Lympe, bis vor einem Jahr Vorsitzende einer sogenannten Schlichtungskommission für Bagatell-Straffälle in ihrer Wohngemeinschaft, einem gesellschaftlichen Gericht.
»Was und?« fragte Friedrich Lympe zurück.
»Wie Kuschel reagiert hat ...?«
»Ich bin vielleicht schon so gut wie ganz raus aus der Sache. Ich habe sogar halb förmlich darum gebeten, man soll mich rausnehmen ...«
»Ist Kuschel damit einverstanden?« hakte Frau Lympe nach.
»Ach so ... das würden wir noch sehen, hat er gesagt, so einfach kann ich ja das Handtuch auch nicht schmeißen, jetzt, wo's ernst wird ... erst mal würden wir das noch mal lieber für uns behalten ...«
»Kann Kuschel dir denn da Schwierigkeiten machen ... beispielsweise, wenn er zum Chef geht?«
»Theoretisch schon«, sagte Friedrich Lympe, »praktisch auch, wenn er tatsächlich zum Chef geht. Aber das ist mir im Moment ziemlich schnuppe ... Jedenfalls will ich mir nicht gerade öffentlich so 'n Ruf einhandeln, wie der ›rote Fritz‹ oder so, und außerdem weiß ich überhaupt nicht, wie die das krumme Ding da überhaupt drehen wollen ...«
»Also, Ding drehen«, sagte Frau Kerstin, »manchmal solltest du dir wirklich besser überlegen, was du so von dir gibst ...!«
Seit annähernd zwölf Jahren war Friedrich Lympe jetzt Staatsanwalt, die meiste Zeit davon Mordstaatsanwalt, und Leichen und ihre strafrechtliche Aufbereitung hatte er genügend vor Augen und

auf dem Schreibtisch gehabt, die letzten Jahre meist in Zusammenarbeit mit dem ihm vorgesetzten Dr. Kuschel. Im Moment befürchtete er, daß diese Zusammenarbeit platzen könnte, was ihm nicht nur in beruflicher, sondern auch in persönlicher Hinsicht sehr leid tun würde, von den Konsequenzen einmal ganz abgesehen. Aber jetzt sagte er nochmals störrisch: »Jawohl, Ding drehen, das ist der richtige Ausdruck!«
Er setzte sich in seinen Ohrensessel, das Strafgesetz auf dem Schoß, und blätterte zielsicher zwischen Abschnitten, Paragraphen und Absätzen herum, die er sowieso auswendig kannte. Jedesmal stöhnte er dramatisch auf, wenn er meinte, schon wieder einen neuen Paragraphen gefunden zu haben, einen neuen Graben, der viel zu tief war, um ihn zu überspringen, ein neues Hindernis für die juristisch angeblich einwandfreie Lösung des Falls Hagedorn im Sinne der Generalstaatsanwaltschaft.
»Hier«, sagte er, »78. Klipp und klar. Besonderheiten der strafrechtlichen Verantwortlichkeit Jugendlicher. Ausschluß der Todesstrafe. Gegen Jugendliche wird die Todesstrafe nicht ausgesprochen!«
»Aber du hast mir doch erzählt, der Junge hat vor kurzem seinen 19. Geburtstag gefeiert!« sagte Kerstin Lympe sanft.
»Ja, sicher«, sagte er, »damit kommt mir dieser Bremer ja auch, dieses Arschloch. Bloß, als dieser Hagedorn diesen Specht und diesen Louis ermordete, da war er ja nun einwandfrei erst sechzehn!«
Sie kannte sich aus ihrer früheren ehrenamtlichen Tätigkeit immerhin so gut im Gesetz aus, daß sie ihn auf Paragraph 79 aufmerksam machen konnte: »Unter anderem kommt es ja auch darauf an, daß er eine ganze Anzahl von Taten erst verübt hat, als er volljährig war!« – also achtzehn, in der DDR auch im juristischen Sinn damals schon volljährig.
»Hör auf!« sagte er flehend. »An die Krücke hatte ich ja schon selbst gedacht, als ich überlegte, wie wir ihn lebenslänglich einsperren können. Aber jetzt, Mädchen, das ist doch der reine Bumerang, du kannst doch nicht mit 'ner Krücke einen umlegen!«
Kerstin Lympe nahm ihm das Buch aus der Hand und las selbst nach:
»Erstens. Wird die von einem Jugendlichen begangene Straftat erst nach Vollendung seines achtzehnten Lebensjahres abgeurteilt, so dürfen nur die Haupt- und Zusatzstrafen in der Art und Höhe angewandt werden, die für Jugendliche zulässig sind.«

Für die Morde an Henry Specht und Mario Louis konnte Erwin Hagedorn also tatsächlich nicht zum Tode verurteilt werden, es sei denn, man würde ihn staatlicherseits – was im Ostblock ja eigentlich aus der Mode gekommen ist – bei Nacht und Nebel liquidieren.
»Zweitens. Hat der Täter mehrere Straftaten teils vor, teils nach der Vollendung des achtzehnten Lebensjahres begangen und überwiegen die im jugendlichen Alter begangenen Taten, gilt Absatz 1 (Erstens) entsprechend. Anderenfalls gelten die allgemeinen Grundsätze der Bestrafung ...« Ganz eindeutig also, dachte Frau Kerstin Lympe, ich weiß gar nicht, warum er sich so aufregt!
»Hör mal zu«, sagte sie, »der Junge hat doch zwei Morde vor und einen Mord nach seiner Volljährigkeit begangen, nicht wahr?«
»Ja, schon ...«
»Also überwiegen die im jugendlichen Alter begangenen Taten?«
»Das ist der Witz. Zwei Morde sind angeblich nicht ›überwiegender‹ als einer ...«
»Das versteh' ich nicht!« sagte die praktisch veranlagte Gattin.
»Außerdem gibt's da noch acht fixierte Mordversuche!« sagte Friedrich Lympe kläglich.
»Wann hat er die nun wieder gemacht?«
»Teils vor-, teils nachher«, sagte Lympe, »auf den Tag genau läßt sich das nicht immer feststellen. Aber ich glaube, die sind auf dem Dampfer und datieren ihm die meisten nachher ...«
»Wer sind diese ›die‹?« fragte sie.
»Na ja«, sagte er, »noch gehör' ich ja dazu ... wir selber und unsere Helfershelfer ...«
Da wurde allerdings auch die Ehefrau Lympe sehr nachdenklich:
»Anderenfalls gelten die allgemeinen Grundsätze der Bestrafung ... das meinst du doch?«
»Ja, das meine ich«, sagte Friedrich Lympe, »der gute handliche Paragraph 79 StGB ... es ist der helle Terror ...!«
Sie bekam es mit der Angst zu tun und kaschierte sie, so gut es eben ging:
»Sag' lieber, es sind Ermessungsfragen«, bat sie ihn lächelnd, »das ist vielleicht nicht ganz so gefährlich für dich ...«
»Ach, hör auf!« sagte er. »Ich reagier' mich ja auch schon ab ... bin ich vielleicht der Verteidiger von diesem verdammten Typ?«
Friedrich Lympe trank ganz gegen seine Gewohnheit noch ein zweites und drittes Bier, und er ging erst gegen halb drei Uhr früh ins Bett. Er war 44 Jahre alt und griff fast hilfesuchend nach seiner Frau, die zwei Jahre jünger war als er. Immerhin schaffte sie es, ihn

soweit zu bringen, daß er ein paar Stunden ausnahmsweise einmal nicht an Erwin Hagedorn dachte.

Erwin Hagedorn nahm nach dem Ende seiner Begutachtungen durch Ochernal und vor allem Szewczyk und seine Leute erst einmal Abschied von Berlin – mit so melancholischen Gefühlen, daß ihm fast, ganz gegen seine Gewohnheit, die Tränen gekommen wären.
»Das ging ja eigentlich doch sehr schnell vorbei, nicht wahr?« sagte er zum »Tscheff«. Immerhin bedankte er sich artig für die gute, in seinen Augen besonders menschliche Behandlung und außerdem auch für die fachmännische Hilfe, die ihm zuteil geworden war. Jeder, der Zeit hatte, war zu diesem Abschied erschienen, und es war auch für das Charité-Personal ein seltsamer Augenblick.
Erwin stieg, wie üblich streng bewacht, in den Transportwagen, und der Wagen verließ die Nervenklinik wieder durch den Hinterausgang. Erwins Zukunft war ungewisser denn je, und gerade das stimmte die Leute, die sich im allgemeinen nicht so emotional mit einem »Gutachtenfall« beschäftigen können, nachdenklich bis traurig.
Aber dann war er weg, und die Stimmung ließ nach. Und die Leute in der Charité beruhigten sich mit der Bemerkung, daß sie jetzt endlich wieder dazu kamen, ihre andere, großenteils liegengebliebene Arbeit anzupacken.
Erwin indessen, auf der Fahrt nach Frankfurt/Oder, spann seinen Gedanken weiter:
Wie umfangreich und wie wertvoll war die »fachmännische Hilfe, der Spähtrupp in die Seele« wirklich gewesen – was hatte es ihm geholfen in seinen Bemühungen, sich selbst zu erkennen?
Nicht sehr viel, erkannte Erwin.
Die anderen, überlegte er, sind ja vielleicht jetzt schlauer als zuvor. Er selbst jedoch stand wieder vor der schwarzen Wand, sobald die weißen Kittel verschwunden waren, und die weißen Kittel hätten eigentlich, meinte er, ein paar Tips mehr für seine Selbsterkenntnis von sich geben können. Offensichtlich dämmerte es ihm, daß er ja schließlich doch nur zur Begutachtung und nicht zur Psychotherapie in Berlin gewesen war – und daß die Ärzte einen Forschungsauftrag hatten, aber nicht unbedingt zu seiner Heilung oder wenigstens Besserung vom Staat bestellt und bezahlt worden waren.
Dem einen Gedanken folgte der nächste:
Es kam geradezu ein gewisser Groll gegen Szewczyk bei ihm auf,

daß er ihn – wie ihm jetzt klar zu werden schien – gelegentlich richtig durch die Tests und Untersuchungen »gepeitscht« hatte oder hatte peitschen lassen. Hätte Szewczyk ihn nicht noch etwas länger in seiner Fürsorge behalten können?
Aber was soll's, sagte sich Erwin, im Grunde ein optimistisches und dankbares Gemüt: im Grunde konnte er ja dankbar sein, daß er überhaupt noch einmal eine so schöne Zeit gehabt hatte! Eigentlich war es, zurückgedacht, die angenehmste Zeit seines ganzen Lebens gewesen, und er befahl sich selbst, davon noch so lange wie eben möglich zu zehren.
Dann kam Frankfurt wieder in Sicht, kleine Ausschnitte aus winzigen Fenstern, ein Ausschnitt aus dem Maßwerkgiebel des Rathauses, die Nikolaikirche, die Haftanstalt:
In der Haftanstalt bezog Erwin Hagedorn, seinem Rang als Straftäter entsprechend, wieder eine Einzelzelle. Außerdem war es auch noch aus anderen Gründen eine Einzelzelle, wie selbst Erwin einsah, nämlich aus Gründen der Sicherheit. Die Leitung der Anstalt hätte es vermutlich nicht wagen können, ihn in Gesellschaft »sitzen« und vor allem schlafen zu lassen: wer weiß, ob er dann morgens immer noch bei lebendigem Leibe aufgewacht wäre?
Und dann trat ein Phänomen ein, das bei einem Menschen wie Erwin nahezu sensationell war und sicherlich auch nicht lange anhalten konnte:
Da er schon nicht bei »seinen« Psychiatern und Psychologen sein durfte, die er so ungewöhnlich schätzen gelernt hatte, konnten ihm andere Menschen gestohlen bleiben! Selbst die Gegenwart von Leuten, die ihm noch nützlich sein konnten, empfand Erwin Hagedorn vorübergehend als überflüssig und lästig.
Hin und wieder erhielt er den Besuch seines Verteidigers, Herrn Heribert Wegemanns aus Frankfurt, den ihm seine Eltern gestellt hatten und auch bezahlen würden. Wegemann redete eine Menge von Taktik, wie er es nannte, vom richtigen Auftreten vor Gericht – und vermutlich beschloß Erwin damals schon, diese taktischen Maßregeln in den Wind zu schlagen und so aufzutreten, wie es ihm paßte und vielleicht sogar Spaß machte. Er sagte also »Ja, ja!« zu den Worten des Rechtsanwalts – im Grunde jedoch störte es ihn sehr, daß dieser Mann alle Nasenlang von »Reue« sprach und manchmal sogar von »Sühne«.
Ein paarmal kamen auch seine Eltern – fremd und fast stumm, vor allem die Mutter. Daß sie sagten, sie würden sich immer um ihn kümmern und ihn nicht im Stich lassen, berührte Erwin eigentlich

herzlich wenig. Vielleicht setzte er es auch, da es immerhin seine leiblichen Eltern waren und er ihr einziges Kind, als selbstverständlich voraus.
Im Grunde war Erwin froh, wenn er wieder allein war – allein mit sich und der Routine des Strafvollzugs.
Möglichst ganz allein allerdings:
Denn es erging ihm ähnlich wie Jürgen Bartsch ein paar Jahre vorher in der Bundesrepublik, Jürgen Bartsch, den er nicht kannte und nach dem man ihn aber so oft gefragt hatte. Die jeweiligen Mitgefangenen von Bartsch mochten ihn nie leiden. Und er, Hagedorn, mußte es heute ebenfalls auf jeden Fall vermeiden, in die Nähe eines anderen Gefangenen zu kommen, weil der ihn dann mit einiger Sicherheit in die Hoden kniff oder sonstwas mit ihm anstellte – »vor lauter Empörung über die sadistischen Morde«, wie der sich dann herausredete.
Es war in jeder Beziehung eine ärgerliche Zeit des Wartens, und Erwin half sich damit, daß er sich selbst Szenen vorspielte – mit sich selbst in verteilten Rollen und sogar als Publikum. Das Überraschende war, daß es nicht nur Mordszenen waren, sondern durchaus auch Szenen aus dem sozialistischen Alltag.
Dann kam der Tag, an dem ein parteipolitisch aktiver und im allgemeinen recht gut informierter Aufseher zu Erwin Hagedorn sagte: »Du erlebst das nächste Weihnachten nicht mehr!«
Und dann wurde dieser selbe Aufseher aus irgendwelchen Gründen versetzt: Da man Erwin natürlich nicht über die personellen Veränderungen in der Haftanstalt informierte, konnte der Mann, aus seiner Sicht, theoretisch auch gestorben sein. Jedenfalls kam Erwin auf den vertrackten Gedanken: »Verflucht, der hat doch tatsächlich nicht mal mehr Ostern erlebt!«
Da war natürlich eine Menge Aberglauben im Spiel.
Wie überhaupt: wenn an einem Tag die Hoffnung ganz groß war, so wurde sie am nächsten Tag abgelöst von heftigen Zweifeln. Erwin Hagedorn bekam zwar keine ausgesprochen zyklothymen Züge, aber er bekam Launen und unterlag Stimmungen. Hinzu kam außerdem, daß er zwar Angst haben konnte, aber niemals beten gelernt hatte.
Alles in allem ist es erstaunlich, daß Erwin Hagedorn die Erschütterung dieser Wochen – eben vor allem die Erschütterung, daß ausnahmsweise einmal überhaupt nichts mit ihm passierte – ohne nennenswerten und zusätzlichen seelischen Schaden verkraftete. Keine lebensgefährlichen Depressionen, keine sichtbare Reue, kein

Selbstmordversuch und offenbar nicht der geringste Gedanke an Flucht.
Allerdings auch kein ernsthafter Gedanke mehr an die Möglichkeit, der Staat könne ihn vielleicht doch noch zum Tode verurteilen und hinrichten. In dieser Hinsicht war er in der Charité ausreichend beruhigt worden:
Bei rundum erwachsenen Tätern – das wußte Erwin, der sich, wie alle halbwegs intelligenten Täter, sehr schnell auch noch einschlägige Rechtskenntnisse angeeignet hatte – wäre ein solches Schicksal nach Lage des Falles nahezu unvermeidbar gewesen.
Er war aber ja nicht »rundum erwachsen« gewesen – was also, glaubte er, konnten sie ihm schon tun, außer ihn für lange Zeit oder schlimmstenfalls für immer einzusperren ...?
Am Ende vergaß Erwin Hagedorn auch das böse Omen, das ihm eine Weile zu schaffen gemacht hatte – die Geschichte mit dem Aufseher, der ihm ein baldiges Ende prophezeit hatte und nun plötzlich für ihn selbst nicht mehr existent war.

Ende Februar kam das von Szewczyk und Ochernal gemeinsam unterschriebene Gutachten aus Berlin in Frankfurt an, geheime Staatssache Nummer eins, und die weisungsgebundene Staatsanwaltschaft war erleichtert, ausgenommen Friedrich Lympe. Die Frankfurter Staatsanwaltschaft meldete sofort Ferngespräche nach Berlin an, und auch dort war man anschließend sehr zufrieden. Max Bremer, sozusagen der Sachbearbeiter des Falles Hagedorn bei der Generalstaatsanwaltschaft, nahm einige Verdächtigungen gegen den Dozenten Szewczyk im stillen Kämmerlein, aber sozusagen in aller Form zurück und trank einen Cognac. Daß der Oberstleutnant und Medizinalrat Ochernal »spuren« würde – daran hatte ohnehin, von Anfang an, niemand gezweifelt. Die Herren Psychiater nahmen am Ende ihrer Ausführungen, die, alles in allem, mehrere hundert Seiten umfaßten, in der Hauptsache zu drei Fragen Stellung:
1. Ist Erwin Hagedorns Zurechnungsfähigkeit eingeschränkt oder – wenigstens zum Zeitpunkt seiner Verbrechen – überhaupt nicht vorhanden gewesen?
2. Ist das Schwergewicht seiner Taten vor oder nach der Vollendung seines achtzehnten Lebensjahres anzusiedeln – unterliegt Erwin Hagedorn noch den »Besonderheiten der strafrechtlichen Verantwortlichkeit Jugendlicher« gemäß Kapitel 4 des Strafgesetzbuches der DDR oder ist er als Erwachsener zu behandeln und entsprechend zu beurteilen und zu verurteilen?

3. Sozusagen hilfsweise, denn die Staatsanwaltschaft hatte den Gutachtern offenbar bis zur letzten Seite und zur letzten Sekunde nicht getraut: Für den Fall, daß Hagedorn vorzugsweise als Jugendlicher angesehen werden müßte, wäre er schuldfähig?
So verschieden die Ansichten von Szewczyk und Ochernal ursprünglich im Detail auch gewesen sein mochten, wie sie beide anstandshalber mehrfach betont hatten – im Ergebnis, vor allem bei der Beantwortung der ersten und wichtigsten Frage, stimmten sie jetzt völlig überein:
Eine zeitweilige oder dauernde Störung der Geistestätigkeit, eine krankhafte Störung war ebenso auszuschließen wie die vom Gesetzgeber in Erwägung gezogene Bewußtseinsstörung. Erwin Hagedorn war also immer fähig gewesen, »sich nach den durch die Tat berührten Regeln des gesellschaftlichen Zusammenlebens zu entscheiden« und es zu unterlassen, kleine Kinder zu entführen und zu töten.
Kein »Jagdschein« also für den Mörder von Eberswalde in diesem kompliziert aufgebauten, aber eindeutigen Gutachten:
Es war ein »ehrliches« Gutachten – mindestens in der ehrlichen Überzeugung verfaßt, in der Seele des Probanden so tief wie überhaupt nur möglich gegraben zu haben. Der Proband hatte den Ärzten allerdings auch, wie sie betonen, jede nur denkbare Hilfestellung gegeben – seinerseits in der ehrlichen Überzeugung, damit seiner Sache den besten Dienst zu erweisen. Für die Erkenntnis, daß er auf diese Weise vor allem seinen Anklägern einen wichtigen Dienst erwiesen hatte, fehlte ihm der Überblick.
Erwin Hagedorn – so faßten die Psychiater das Ergebnis ihrer Überlegungen zusammen, so rundeten sie es sinnvoll ab – war auch nicht beeinträchtigt in seiner Fähigkeit, das Gute zu erkennen und das Morden zu meiden. Eine »schwerwiegende abnorme Entwicklung seiner Persönlichkeit mit Krankheitswert« wollten sie ebenfalls nicht diagnostiziert haben: es gebe zwar eine abnorme Persönlichkeitsentwicklung bei Erwin Hagedorn, meinten sie, und sie sei mit Sicherheit auch schwerwiegend. Aber daß sie schwerwiegend bis zum »Krankheitswert« sein sollte – das, glaubten die Ärzte, konnte in letzter Konsequenz rundweg ausgeschlossen werden.
Immerhin wurden Haare gespalten und Stecknadeln in Heuhaufen gesucht, um diese grundlegende Erkenntnis abzusichern:
Die ominöse schwerwiegende abnorme Entwicklung des Erwin Hagedorn bewegte sich sozusagen immer noch zwischen den äußersten Grenzen sogenannter Normvarianten, und sie konnte des-

halb, im Zusammenhang mit der zu erwartenden strafrechtlichen Würdigung des Falles und der Täterpersönlichkeit, auf keinen Fall berücksichtigt werden und ins Gewicht fallen!
Natülich waren auch, wie immer wieder betont wurde, andere Disziplinen der Medizin und der Biochemie bemüht worden, um die psychiatrische Erkenntnis zu stützen, und dabei hatten vor allem die verschiedenen Abteilungen und Institute der Charité wertvolle, uneigennützige Dienste geleistet. Gerade bei einem solchen Fall, hieß es, verstehe es sich von selbst, daß auch die letzten Möglichkeiten der wissenschaftlichen Wahrheitsfindung ausgeschöpft werden müßten:
Als Kind, beispielsweise, hatte Erwin einen sogenannten »Wirbelschaden Scheuermann« gehabt, ein lästiges Leiden, das ihm verbot, am Turn- und Sportunterricht teilzunehmen. Die Orthopäden hatten jetzt die Frage bejaht, daß eine solche Krankheit durchaus das Lebensgefühl eines Menschen beeinträchtigen und ihn »vereinsamen« lassen könne – die Psychiater aber hatten verneint, daß sich auf eine solche bandscheibengeschwächte Wirbelsäule die Theorie stützen ließe, die verhängnisvolle Entwicklung des Erwin Hagedorn sei wesentlich oder gar vorrangig auf die zwangsweise vorhandene »Unsportlichkeit« zurückzuführen. Immerhin hatte Hagedorn bei seinen Morden ja schon wieder sehr gut laufen können.
Frühkindliche Hirnschädigungen – wie sie etwa beim »Vergleichstäter« Jürgen Bartsch in der BRD diskutiert worden waren – hatten sich bei Hagedorn überhaupt nicht nachweisen lassen, weder beim normalen Encephalogramm noch auf den Röntgenbildern nach der Luftfüllung der Hirnkammer.
Und schließlich gab es ja, wie der bekannte Gerichtsmediziner Professor Prokop beigesteuert hatte, der Mann, der als »der« Spezialist für die Erforschung von Erbanlagen gilt, auch keine verdächtigen Verschiebungen im X- und Y-Chromosomen-Haushalt: Erwin Hagedorn war also alles andere als der »geborene Verbrecher«. Demgegenüber gab es ein paar Auffälligkeiten bei der psychologischen Testung, räumten die Gutachter ein, etwa beim sogenannten MMPI-Test. Sie ließen allerdings durchklingen, daß diese aus dem kapitalistischen Ausland importierten Testungen derart massiv auf die kriminellen Forschungen dortzulande zugeschnitten seien, daß sie für sozialistische Straftäter nur einen sehr bedingten Aussagewert hätten.
Alles in allem, klipp und klar:

Erwin Hagedorn, dem drei vollendete und acht versuchte Morde vorgeworfen wurden, mußte für seine Verbrechen voll geradestehen – er war voll zurechnungsfähig, auch schon vor der Vollendung des achtzehnten Lebensjahres, und damit war bereits die dritte Frage vorweggenommen und beantwortet worden, wieder ein deutlicher Punktgewinn für die Staatsanwaltschaft.
Offen war aber immer noch die zweite Frage an das Gutachter-Kollektiv, die delikateste der drei Fragen, und einer aus Szewczyks Team hatte schon bei der ersten Lektüre des Werkes spontan gesagt: »Da hat der ›Tscheff‹ sich aber aufgeführt wie ein Jongleur im Zirkus!«
Es fiele ihm schwer, sagte der »Jongleur«, die eigentlich primär rechtliche Frage zu beantworten, welche der diversen von Hagedorn begangenen Straftaten nun schwerwiegender sein sollten als die anderen. Eine Antwort fiel ihm dann offenbar auch erst ein, als er mit Ochernal zur Prognose des Dreifach-Mörders Stellung nahm:
Erstens, da die eigentliche Ausprägung des Erwin Hagedorn zum Mehrfach- und Wiederholungsmörder erst in der Zeit vor seiner Festnahme erfolgt sei, käme man nicht umhin, ihm eine düstere, wenn nicht hoffnungslose Prognose zu stellen.
Zweitens, gerade weil sich die Prognostik vorrangig auf die bisher letzten Ereignisse dieses mörderischen Lebens beziehe, müsse das Schwergewicht seiner Taten doch letztlich in die Zeit nach seiner Volljährigkeit, also auch seiner vollen Strafmündigkeit, verlegt werden.
Dem Gericht allerdings – so äußerten sich Szewczyk und Ochernal unisono – müsse es naturgemäß überlassen bleiben, wieweit es bei der Urteilsfindung doch die nicht zu übersehende Abnormität in der Entwicklung dieses Straftäters zu berücksichtigen gedenke. Es handele sich hier immerhin – und das nicht nur auf das Staatsgebiet der DDR bezogen – um einen so ungewöhnlichen Fall, daß bei der forensischen Bewältigung der Angelegenheit auf jeden Fall neue Maßstäbe gesetzt werden müßten.

»Passen Sie auf«, sagte Staatsanwalt Dr. Kuschel zum Leiter der Frankfurter Bezirksstaatsanwaltschaft, »die Sache läuft wie geschmiert. Denn das, was die Ärzte hier schreiben, wird ja schließlich auch streng numerisch abgesichert...«
»Was heißt hier neue Maßstäbe?« meinte der Behördenleiter skeptisch.

»Das geht unter!« versicherte Kuschel.
»... nicht mehr als eine Floskel, meinen Sie ...?«
»Es könnte mehr sein«, gab Kuschel zu, »wenn der Verteidiger darauf herumreiten würde. Wie ich ihn kenne, wird er es allerdings nicht tun!«
»Sie sind ja im allgemeinen ganz gut im Bilde«, sagte der Vorgesetzte, der schon seit längerem froh war, sich auf einen so tüchtigen Mann verlassen zu können, »Sie hatten ja auch recht in Ihren Voraussagen über das ganze Gutachten ...«
Und Kuschel lächelte, ohne jede Schadenfreude. »Wenn die Genossen und Doctores in der Charité heute noch Wetten abschließen würden, ob wir die Todesstrafe beantragen oder nicht ... es würde sich nach meiner Kenntnis kaum einer finden, der auch nur eine Mark auf die Todesstrafe setzen würde ...«
»Also Glückwunsch!« sagte der Oberstaatsanwalt. »Aber ich muß die Sache ja verantworten ... was meinten Sie mit ›numerisch abgesichert‹?«
Kuschel rechnete es ihm vor und gab zugleich die nötigen Erläuterungen:
»Erwin Hagedorn hat zwei Morde und drei Mordversuche vor der Vollendung, aber einen Mord und fünf Mordversuche nach der Vollendung des achtzehnten Lebensjahres begangen. Nach 21, Absatz 4, wird die strafrechtliche Verantwortlichkeit eines Täters beim Versuch nach demselben Gesetz wie die vollendete Straftat begründet, das wissen wir ja, und eine außergewöhnliche Strafmilderung können wir in diesem Zusammenhang ja wohl vergessen. Rein numerisch heißt das also fünf vor und sechs nach, fünf Taten vorher und sechs nachher. Also, den Richter müßten wir lange suchen, der uns das nicht auf Gramm und Pfennig abkauft ...«
»Ich erteile hiermit die Anweisung«, sagte der weisungsberechtigte Leiter der Bezirksstaatsanwaltschaft, »daß Sie sich heute einen schönen Abend machen, Kuschel! Das heißt« – er zögerte, denn manche Dinge in seinem Amtsbereich waren ihm leider nicht verborgen geblieben –, »was ich noch fragen wollte, was ist eigentlich mit dem Kollegen Lympe ...?«
»Mit dem Kollegen Lympe ist das so eine Sache ...« sagte Kuschel etwas lahm.
»Und das heißt ...?«
»... er hat seine eigene Meinung im Fall Hagedorn«, antwortete Kuschel, »er ist mit den Weisungen des Genossen Generalstaatsanwalts nicht so ganz einverstanden ...«

»Geht es so weit«, fragte der Chef direkt, »daß es sinnvoller wäre, Ihnen einen anderen Kollegen zuzugeben?«
»Ich hoffe nicht«, antwortete Kuschel, »lassen wir es drauf ankommen. Lassen wir es erst mal drauf ankommen, wie er jetzt reagiert ...«
»Aber Sie halten mich auf dem laufenden, ja ...?« befahl der Chef, und Kuschel nickte unbehaglich, als er das Zimmer verließ.
Friedrich Lympe, der dank der Zurückhaltung des Genossen und Kollegen Kuschel in den letzten Wochen selbst nicht genau gewußt hatte, ob er noch von Amts wegen oder nur noch aus persönlichem Interesse mit dem Fall Hagedorn befaßt war, reagierte fromm, allerdings alles andere als lammfromm:
»Amen!« sagte er, nachdem er das Gutachten gelesen hatte.
»Was heißt das?« fragte ein anderer Staatsanwalt, ein Kollege aus einer anderen Abteilung, den Lympe zu sich gebeten hatte, um Dampf ablassen zu können. »Hast du einen Rückfall ins Christentum erlitten?«
»Der Gutachter Dozent Dr. Dr. Szewczyk hat begriffen, was der Staat will«, sagte Friedrich Lympe. »Die Sache Hagedorn ist gelaufen!«
Er selbst hatte immerhin bemerkt, daß das Gutachten Hagedorn wohl zu neunzig Prozent ein Szewczyk-Werk war und Ochernals Beitrag nicht allzusehr ins Gewicht fiel. Ansonsten aber tat er Szewczyk reichlich unrecht, indem er ihm unterstellte, er habe offenbar dieselbe Marschroute vom Generalstaatsanwalt bekommen wie er selbst namens der Frankfurter Anklagebehörde. Sein Temperament ging indessen mit ihm durch, und mit seinem Engagement für die seiner Meinung nach gerechte Sache schoß er weit über das Ziel hinaus – vorsätzlich sogar, wie er sich selbst eingestand, aber mit der geradezu wollüstigen Vorsätzlichkeit eines Menschen, der wieder einmal recht gehabt hat.
Es war ein erster Vorfrühlingsnachmittag in Frankfurt an der Oder, der Feierabend stand ins Amtsgebäude, und Lympes Kollege hatte eigentlich alles andere im Sinn als den Dozenten Szewczyk.
»Wovon redest du überhaupt?« fragte er.
Da schlug Lympe heftig mit der Faust auf den Ordner, den ihm Kuschel ein paar Stunden vorher fast wortlos auf den Tisch gelegt hatte:
»Dies«, sagte er, »ist das psychiatrische Gutachten über unseren Herrn Star-Mörder! Und dazu kann ich eben nichts anderes sagen: Szewczyk hat's völlig begriffen!«

»Ja, aber was denn?« fragte der Kollege nochmals, mit großer Sanftmut.
»Beispielsweise 87 StGB«, tremolierte Lympe, »Anwerbung für imperialistische Kriegsdienste!«
»Das hat doch mit Hagedorn nichts ...?«
»Oder 89! Kriegshetze und Propaganda!«
»Bitte, Fritz ...«
»92, 99, 106 ...« – wie beim Skat, nur höher – »faschistische Propaganda, Völker- und Rassenhetze, landesverräterischer Treubruch, dies Gummi-Dings von der staatsfeindlichen Hetze ...«
»Willst du dich nicht endlich erklären?«
»Aber selbstverständlich«, sagte Lympe, »außerdem auch noch Menschenhandel, soweit ich auf Anhieb im Bilde bin, Angriffe auf das Verkehrswesen und Meuterei, und dann natürlich unser guter 112, der ach so schöne sozialistische Mord ...«
»Also schön«, sagte der andere, der mit Lympe befreundet war, ein offenes Wort vertrug, aber sich momentan auf die Folter gespannt und zum Narren gehalten fühlte, »es kann ja sein, daß Szewczyk da was begriffen hat, ich jedenfalls noch lange nicht, und wenn du jetzt nicht sagst, auf was du hinauswillst, kannst du mir ja morgen ...«
Er wollte zur Tür gehen.
»Bleib' hier!« befahl Lympe.
Also blieb er.
Und Lympe sagte mit dem tragischen Nachdruck eines Burgschauspielers, den alle guten Staatsanwälte dieser Welt gelegentlich zur Verfügung haben müssen, die schicksalsschweren Worte:
»Vorbereitung und Versuch sind strafbar! Stell' dir das mal vor!«
»... im Fall Hagedorn, nehme ich an ...?«
Immerhin, er setzte sich wieder.
Lympe sagte: »Ich lese da mehrfach das Wort Vorbereitung. Und wenn ich dem Herrn Chefgutachter jetzt hundertmal unrecht tue: er hätte buchstäblich alles tun dürfen, bloß nicht die Vorbereitung in dieses verdammte Gutachten bringen! Von 87 bis 112, alles, wobei Vorbereitung und Versuch strafbar sind – Versuch natürlich klar, aber hier Betonung auf Vorbereitung! Mordversuche hat dieser blöde Erwin sowieso schon mehr nach seiner verdammten Volljährigkeit auf dem Kerbholz als vorher. Und wenn jetzt dieser Szewczyk auch noch schreibt, der Kamerad hätte sich vor allem in den letzten Monaten vor seiner Ergreifung quasi immer im akuten Stadium der Vorbereitung eines Mordes befunden – dann kann ich doch wirklich nur sagen, er hat's begriffen, oder ...?«

Dem Kollegen dämmerte es offensichtlich, er schien das Ungeheuerliche ebenfalls zu begreifen. Trotzdem sagte er erst einmal nur ziemlich lahm: »Also, von dieser Seite aus habe ich das noch nicht beurteilt ...«
»Damit«, sagte Lympe mit dem Nachdruck eines akademischen Lehrers, »ist die Strafe an sich nicht mehr Reaktion auf eine begangene Tat, sondern sie verfolgt willkürlich ausnutzbare Zwecke der Vorbeugung! Da kannst du überhaupt nicht mehr von Strafe sprechen, nicht mal von einer Tat oder von einem Täter – da brauchst du dir nur mal zu überlegen, ob du den Liebhaber von deiner Frau umlegst oder nicht, und schon haben sie dich am Arsch, wenn du es dir laut genug überlegt hast ...«
»Du meinst, jedesmal, wenn Hagedorn sich überlegt hat, ob er wieder mal einen Jungen ...?«
»Haargenau! Dazu brauchte er nicht mal auf die Drehnitzwiese spazierenzugehen, dazu brauchte er nicht mal vor die Haustür zu gehen!«
»Siehst du das nicht reichlich einseitig?« fragte der Kollege.
»Hinzu kommt«, sagte Lympe und ließ sich nicht stoppen, »dieser Generalstaatsanwalt da, dieser Bremer, fragt mich allen Ernstes, warum wir dem Hagedorn nicht durch gesellschaftliche Kontrollmaßnahmen früher auf die Schliche gekommen sind, nämlich nach dem ersten Doppelmord ...«
»Ja, und warum nicht?« fragte der einzige Zuhörer dieses bedeutsamen Vortrags.
»Diese Kontrollmaßnahmen sind doch alle Scheiße!« schrie Lympe.
»Da gibt's doch viel bessere Methoden, meiner Ansicht nach ... wenn beispielsweise was in der Zeitung gestanden hätte, ausführlich wie im kapitalistischen Westen, wenn's von mir aus hier 'ne Boulevard-Zeitung geben würde, da hätte ich mir allerdings was ausrechnen können, wie dieser dritte Mord zu verhindern gewesen wäre ... aber so ...?«
Es waren seine Stunde, sein Referat und seine Erleuchtungen:
»Ein einziges Mal war's gut, unsere verdammte Pressezensur, unsere verdammte ungesetzliche Pressezensur, von wegen aus der kollektiven Verantwortung heraus, ich lach' mich tot ... also gut, den Eltern Winkler mußte man nicht unbedingt durch die Zeitung mitteilen, was der Knabe da mit ihrem Jungen angestellt hatte, das erfahren die noch früh genug, wenn sie's nicht schon wissen. Aber sonst in allen Punkten, davon bin ich fest überzeugt, hätte eine

ausführliche Berichterstattung tatsächlich dazu führen können, daß der Doppelmord von Eberswalde früher geklärt worden wäre, der Doppelmord, wohlgemerkt, der Winkler könnte dann heute noch leben! Dann hätte sich nämlich bestimmt irgendeiner an irgendwas erinnert, sei's in der Kneipe, und von der Kneipe wär's in die Zeitungsredaktion gekommen und von da auf unseren Schreibtisch!«
»Du bist und bleibst ein Pessimist!« sagte der Zuhörer.
»Wie soll ich denn da nicht pessimistisch sein?« ereiferte der andere sich. »Wozu auf der einen Seite jetzt dieses ganze Theater und auf der anderen Seite vorher die große Geheimniskrämerei? Die Sache ist doch die, angenommen, die würden den Erwin nicht nur verurteilen, sondern tatsächlich liquidieren... dann hätten sie doch nicht nur den Winkler, sondern abstruserweise sogar den Hagedorn auf dem Kerbholz!«
»Wie das nun wieder?«
»Wenn sie den Hagedorn nach dem Doppelmord gefaßt hätten, dann wär' er ja tatsächlich nur jugendlich gewesen, und dann hätte man ihn vielleicht sogar noch reparieren können!«
Er stand urplötzlich auf, und der Kollege fragte: »Wo willst du hin?«
Friedrich Lympe aber ließ ihn einfach stehen, nahm den Gutachtenband und ging zu Kuschel. So leise wie möglich legte er ihn dem vielbeschäftigten Hauptankläger in Sachen Erwin Hagedorn auf den Tisch, und so leise wie möglich sagte er: »Dann man herzlichen Glückwunsch!«
»Wozu?« fragte Kuschel, ebenso verdutzt wie argwöhnisch.
»Weil Sie das Todesurteil ja jetzt in der Tasche haben!« sagte Lympe, drehte sich auf dem Absatz um und ging aus dem Zimmer. Kuschel versuchte zu spät, ihn zurückzurufen, und später entschied er, es habe ja doch keinen Zweck.
Es war das Ende einer engen, manchmal fast freundschaftlichen Zusammenarbeit zwischen zwei Staatsanwälten. Kuschel sah ein, daß es endgültig keinen Zweck mehr haben würde, den Kollegen Lympe überhaupt noch in irgendeiner Form bei der Aufarbeitung des Falles Hagedorn einzusetzen. Und das letzte, was er überhaupt noch für Lympe tun konnte, war eine Unterlassung: Er unterließ es aus alter Kumpanei, ihn anzuschwärzen.
Die Sache nämlich, das wußten beide, hätte schwerwiegende disziplinarische Folgen haben können, hätte möglicherweise das Ende der Laufbahn von Lympe bedeutet:
Hier hatte es ein weisungsgebundener kleiner Staatsanwalt gewagt,

den Finger auf eine schwärende, nach Möglichkeit verschwiegene Wunde zu legen.
Hier hatte dieser »Pinscher«, wie er später doch noch genannt worden ist, das beim Namen genannt, was die führenden Strafrechtler der DDR, wie Lekschas, Hartmann oder wie sie alle hießen, entweder verschwiegen oder ideologisch verbrämten:
Mit der Einbeziehung der »Vorbereitung« einer Tat in die Strafbarkeit dieser Tat werden die Möglichkeiten der Strafverfolgung schlechthin uferlos. Denn damit sind, letzten Endes, auch die Gedanken nicht mehr frei, damit sind dem sozialistischen Menschen sogar die Möglichkeiten genommen, im stillen Kämmerlein gelegentlich schlechte Gedanken zu haben. Und damit, mit diesem sensationell handlichen Instrument zur Strafverfolgung, lassen sich sogar Leute in die Zelle stecken, die nur einmal laut daran gedacht haben, einen Groschen zu investieren, ihn unter die Straßenbahn zu legen und sie damit zum Entgleisen zu bringen.
Von Mordgedanken dabei gar nicht erst zu reden ...
Friedrich Lympe sagte, als er mit seiner Frau in dieser Nacht zu Bett ging: »Jetzt weiß ich es. Der Hagedorn hätte sich die Mühe sparen können. Die würden ihn nämlich sogar killen können, wenn er selbst überhaupt keinen gekillt hätte!«
Das war in der Praxis zweifellos überzogen, aber logisch gar nicht so abwegig.
»Du bist verrückt«, sagte Kerstin Lympe mit ihrem gesunden Menschenverstand denn auch bedrückt, »aber sei lieb, du bist wenigstens aus der Sache raus!«

Staatsanwalt Dr. Kuschel arbeitete in den nächsten Wochen, völlig auf sich allein gestellt, wie ein Pferd, allein mit der Hilfe einer vertrauenswürdigen Sekretärin. Er brachte die Anklage unter Dach und Fach, dann erst brachte er dem Leiter der Bezirksstaatsanwaltschaft beiläufig bei, daß es im Interesse eines geregelten Ablaufs einfach besser gewesen sei, die heikle Sache in einer Hand zu belassen.
Und dann – endlich, wie es ihm schien, schon nach Ostern, in Wirklichkeit allerdings ungeheuer zeitig – setzten sie den Tag des Prozesses fest und requirierten für die voraussichtliche Prozeßdauer den Großen Saal des Frankfurter Bezirksgerichts.
Tatsächlich war die Eile hier endgültig nicht mehr zu übersehen, selbst für die DDR-Verhältnisse, bei denen die Fälle grundsätzlich schneller vom Tisch kommen als in der BRD:

Das umfangreiche Gutachten war in kürzester Zeit verfertigt worden, in Rekordzeit hatte der Staatsanwalt die Anklage erstellt – und das Gericht hatte da einfach nicht hinter der Plansoll-Erfüllung der anderen zurückbleiben wollen und den frühesten aller Termine zur Hauptverhandlung bestimmt ...
Der einzige, dem dieses Tempo gefiel, war wieder einmal der Straftäter selbst – Erwin Hagedorn, der Hauptdarsteller, der begonnen hatte, sich entsetzlich zu langweilen.
Bevor das Gericht allerdings zum ersten Mal den Saal betrat, traf es per Beschluß alle Vorkehrungen für einen möglichst reibungslosen Ablauf der Verhandlung:
Zunächst einmal hatte man sichtlich Angst, es könne sich vielleicht ein »Unbefugter« in den Saal schleichen und Erwin Hagedorn mit einer Bombe oder einer Pistolenkugel attackieren. Hagedorns Tod sollte ja auf jeden Fall vermieden werden, vor, während und nach der Schau, und da waren die Regieanweisungen offenbar sehr eindeutig: Die Kontrollen vor dem Saal wurden deshalb so gründlich installiert wie allenfalls noch auf anderen Schauplätzen nach der Ankündigung eines Anschlags auf das Staatsoberhaupt. Ausweiskontrollen allein genügten nicht, es gab gesonderte, namentlich ausgestellte Eintrittskarten, und selbstverständlich wurden auch Leibesvisitationen angeordnet. Und die Prozeduren würden stur wiederholt werden, beschloß das Gericht, notfalls mehrmals am Tag – sogar dann, wenn der Vorsitzende sich und seinen Prozeßbeteiligten, den angeklagten Mörder Erwin Hagedorn eingeschlossen, auch nur eine Zigarettenpause von zehn Minuten gönnen würde.
Des weiteren stand bei den vorbereitenden Beratungen die Frage der Öffentlichkeit zur Debatte, allerdings nur sehr kurz:
Kein Gedanke daran, die Öffentlichkeit durch Gerichtsbeschluß von der Teilnahme an der Hauptverhandlung auszuschließen! Diese Mühe, erkannte das Gericht, konnte es sich sparen und die Ungesetzlichkeit einer solchen Maßnahme dazu. Max Bremer, Staatsanwalt beim Generalstaatsanwalt, hatte mit seinen sibyllinischen Reden während seines Gesprächs mit Friedrich Lympe nämlich recht behalten, und das Frankfurter Bezirksgericht akzeptierte dankbar die Vorkehrungen, die er umsichtig getroffen hatte:
Die Hauptverhandlung, die ausdrücklich gegen einen erwachsenen Erwin Hagedorn geführt werden würde, würde keinen einzigen »normalen« Zuschauer haben! Im Saal würden fast nur höhere Beamte der Deutschen Volkspolizei sitzen, meist Leiter von Morduntersuchungskommissionen, die von ihren Dienststellen

jetzt schon zu »Studienzwecken« abkommandiert wurden. Außerdem genehmigte das Gericht, den Vater des Angeklagten in den Saal zu lassen – und es unternahm ausdrücklich nichts gegen die voraussichtliche Anwesenheit einiger geheimnisvoller Herren in unauffälligem Zivil, deren einziger Schmuck, wie man jetzt schon zu wissen glaubte, das farbenfrohe Abzeichen der Sozialistischen Einheitspartei sein würde.
Schließlich setzte das Gericht die Verhandlungsdauer noch auf zwei Tage fest, die Urteilsverkündung ausdrücklich ausgenommen – und dann endlich konnte man sich zusammensetzen, zur ersten, aber schon mindestens vorentscheidenden Gerichtsverhandlung über Erwin Hagedorn.
Das Gericht betrat den Saal, und der Vorsitzende übersah mit einem Blick, daß alles seine Ordnung hatte:
Der Zuschauerraum war bis auf den letzten Platz gefüllt, und auch ein Nichteingeweihter hätte auf den Gedanken kommen können, daß es sich hier vorzugsweise um Polizisten handelte – sie haben nun mal, im Osten wie im Westen, ihre im Laufe langer Berufserfahrungen erworbenen seltsamen Galgenvögel-Gesichter. Die Herren mit dem Parteiabzeichen waren erschienen, und links vorn, der stämmige, gemütliche, jetzt allerdings sehr nervöse Mann mit den Geheimratsecken ... es mußte Günter Hagedorn sein, der Vater des Angeklagten, nicht zuletzt auch deshalb, weil er sich so nahe wie eben möglich an die Anklagebank gesetzt hatte. Sein Blick irrte ständig zwischen Erwin Hagedorn und dem Gericht hin und her.
Das Gericht nahm Platz, die anderen Anwesenden auch, die Verhandlung wurde eröffnet:
Vor dem Angeklagten saß Rechtsanwalt Heribert Wegemann, ein großer, stattlicher, schon etwas älterer Herr, der vertrauen einflößend wirkte und sich immerhin schon jetzt Gedanken darüber machte, wer wohl die Partei-Herren im grauen Flanell sein mochten.
Ihm gegenüber saß Dr. Kuschel, der die Anklage ja jetzt allein vertreten mußte – der Staatsanwalt, der natürlich längst wußte, wer die Herren waren, und der sich offenbar deshalb auch vorgenommen hatte, von Anfang an das eigentliche Kommando im Saal zu führen.
Die Präliminarien liefen reibungslos ab, Rechtmäßigkeit und Personalien wurden festgestellt, es herrschte zunächst einmal eine ruhige, fast feindliche Atmosphäre. Bis zur ersten Pause lief die Vernehmung zur Sache gerade noch an, und es wurde immerhin schon

sichtbar, daß Dr. Kuschel sich anscheinend als eine exotische Mischung aus Robespierre und dem heiligen Sebastian zu gebärden beabsichtigte.
Die erste Pause war dann fast wichtiger als das, was bisher passiert war.
Rechtsanwalt Wegemann gelang es, die Anonymität der »Funktionäre« endlich zu lüften: Es handelte sich um »beobachtende Mitglieder« des Obersten Gerichts der DDR sowie um Vertreter der Generalstaatsanwaltschaft aus Berlin – und es wäre durchaus möglich gewesen, daß dem Advokaten daraufhin der Gedanke kam, gegen ihre Anwesenheit zu protestieren. Auf der anderen Seite, ein Jurist aus der Provinzhauptstadt hätte sich da sicher leicht in die Nesseln setzen können – auch wenn er, der Herr Wegemann, berücksichtigt hätte, daß sich im kapitalistischen Westen wohl kaum ein Rechtsanwalt die Anwesenheit von Leuten gefallen lassen hätte, die später möglicherweise in höherer Instanz über den Fall zu Gericht sitzen mußten.
Aber was soll's, mochte Wegemann in dieser Situation abschließend gedacht haben: vielleicht könnte es ja auch ein Argument für eine eventuelle Berufung sein! Immerhin könnte es ein Genuß sein, vor einem höheren Gericht darzustellen, welche Musterbeispiele an unverbindlichen Auskünften ihm diese liebenswürdigen, richtig menschlichen Leute jetzt schon hier, in Frankfurt/Oder, gegeben hatten ...
Dabei hatte Wegemann schon mehr Punkte verloren, als er sich selbst jemals eingestanden hätte:
Eine Gruppe von Volkspolizisten, die zum Teil als Zeugen geladen worden waren, aber gemäß Gerichtsbeschluß trotzdem von Anfang an im Saal sein durften, übte Manöverkritik und ließ bereits zu diesem frühen Zeitpunkt kein gutes Haar an der Verteidigung.
»Der Kuschel hat doch offenbar seine Order bekommen«, vermutete Hauptmann Bergschneider, »vielleicht sogar vom Streit oder mindestens vom Harrland!« – vom Generalstaatsanwalt persönlich also oder von seinem wichtigsten Stellvertreter. Bergschneider wollte sogar wetten, daß diese Order möglicherweise nicht doch auf Todesstrafe lauten konnte – aber zu seinem Ärger wollte keiner seiner Genossen Kollegen dagegenhalten.
»Wenn ich Hagedorn wäre«, sagte Oberleutnant Ludwig von der Volkspolizei, »wenn's überhaupt möglich wäre ... ich würde mich glatt selbst verteidigen!«
»Er weiß aber doch, was auf ihn zukommt!« vermutete Berg-

schneider, obgleich immer noch niemand auf seine Wette eingehen wollte.

»Jedenfalls wirkt der Verteidiger jetzt schon so, als hätte er sich überhaupt nicht vorbereitet!« meinte Ludwig. Es handelte sich hier immerhin um Männer, die den Fall mit aufgeklärt hatten und ihn in- und auswendig kannten.

Anschließend wurden alle aufgefordert, wieder durch die Kontrollen zu gehen und im Saal Platz zu nehmen.

Wegemann verzichtete endgültig darauf, die verfängliche Anwesenheit der Berliner Ober-Juristen auch nur zu erwähnen, und die Verhandlung nahm ihren Fortgang. Das Gericht stellte förmlich fest, einige Herrschaften aus der Charité hätten sich als Zuschauer angemeldet und seien zugelassen worden, denn es könnten sich ja immerhin, auch wenn die Dozenten Ochernal und Szewczyk anwesend seien, später noch Detailfragen zum Gutachten ergeben. Und von nun an, da es endgültig zur Sache ging, trat Erwin Hagedorn wieder ein in seine einsame Rolle als Hauptdarsteller. Er spielte seine Szenen so breit aus wie möglich, und mehrfach geriet er dabei mit dem Vorsitzenden aneinander: Er aber war es, der sich durchsetzte, und der Vorsitzende konnte sich nur damit helfen, daß er androhte, er werde auf jeden Fall seinen Verhandlungsplan einhalten und notfalls bis in die Puppen verhandeln.

Erwin Hagedorn bestand darauf, jetzt zum fünften oder sechsten Mal, seine Morde schön ordentlich, penibel, genau und ausführlich zu erörtern. Wenn schon nur wenige Zeugen geladen werden konnten, äußerte er, so wolle wenigstens er selbst seine Aussagen machen, wie die Kinder Specht, Louis und Winkler gestorben waren. Dabei war er manchmal geradezu rotzfrech, wenn es darum ging, seine ausschweifenden Vorstellungen von einer Prozeßführung zu verwirklichen, und manchmal geschah es auch, daß er eine Antwort auf eine Frage schon zu kennen schien, bevor das Gericht die Frage überhaupt erst gestellt hatte.

Der Vorsitzende dieses dreiköpfigen Bezirksgerichts, wie die anderen Prozeßbeteiligten in schlichtes Zivil gekleidet, also ganz ohne Barett und Robe, fragte Hagedorn: »Sie haben ja nun immer gesagt, Sie hätten keine Vorbilder gehabt. Ich kann es mir immer noch nicht so recht vorstellen ...«

»Ich hatte damals nie von diesem Jürgen Bartsch aus der BRD gehört oder gelesen«, sagte Erwin.

»Vielleicht andere Vorbilder?«

»Doch, sicher. Täglich. Und nicht nur gehört ...«

»... sondern ...?«
»Selbst gemacht! Meine Aale, was sonst? Fragen Sie doch mal bei der Mitropa nach, was ich da alles machen mußte, ich habe ja nicht um die Arbeit gebeten, fragen Sie doch mal, wie die ausbluten müssen ...«
»Danke, ich weiß Bescheid!« sagte der Vorsitzende.
Wenig später, als die Rede von den Halsschnitten der Aale auf die der ermordeten Kinder kam, mußte der Vorsitzende für Ruhe im Saal sorgen. So laut nämlich wurde jetzt das Stöhnen der Zuschauer – das Stöhnen von Polizisten, deren Aufgabe es war, sich fast täglich mit dem Tod in seinen schlimmsten Formen auseinanderzusetzen!
»Wenn Sie das nicht ertragen können, gehen Sie doch aus dem Saal!« sagte der Vorsitzende.
Darauf waren sie ruhig, wenn auch einige sich ein Taschentuch vor den Mund preßten.
Es ging immer noch um die »letzten Dinge« der Tötungen, als die Sitzung schon wieder unterbrochen werden mußte – als es zum ersten und einzigen wirklich dramatischen Zwischenfall des Prozesses kam:
Irgend jemand im Saal erlitt einen Weinkrampf, und man sah, daß es Günter Hagedorn war, der Vater des angeklagten Dreifach-Mörders!
»Ich halt's nicht mehr aus!« schluchzte der ziemlich schwergewichtige Mann kaum verständlich.
Da erhob sich Erwin und sagte mit einer Kaltschnäuzigkeit, die in westdeutschen Boulevardblättern automatisch zu Schlagzeilen geführt hätte:
»Komm, hör' auf zu heulen! Wenn ich bei euch besser erzogen worden wär', dann wär' das vielleicht alles gar nicht passiert!«
Das Gericht war in dieser Situation menschlich, und der Senats-Oberrichter unterbrach, wenn auch widerwillig, die Verhandlung. Günter Hagedorn ging auf die Toilette, spülte sich die Tränen aus den Augen und war bei der Wiederaufnahme der Verhandlung – einmal mehr alles durch die Kontrollen – tapfer wieder im Saal. Für den Rest des Prozeßtages blieb er ruhig, und sein Sohn ließ ihn Gott sei Dank in Ruhe. Außerdem schienen die Vernehmungen des Angeklagten zur Sache bald abgeschlossen zu sein, worüber alle Anwesenden erleichtert waren – ausgenommen, wie immer, Erwin selbst.
Erwin Hagedorn nämlich holte erst jetzt zu seinem großen Coup aus:

»Da sind ja dann noch die acht Mordversuche ...« sagte er höflich, mit raffiniert gespielter Bescheidenheit.
Der vorsitzende Richter sah den Staatsanwalt an und dann den Verteidiger.
»Müssen wir das denn wirklich hier auch noch im einzelnen ...?«
Der Staatsanwalt zuckte die Schultern, der Verteidiger schüttelte engagiert den Kopf, und nur Erwin antwortete ungefragt:
»Eigentlich schon. Das Bild meines Falles wäre sonst eigentlich unvollständig ...«
Also schön. Notfalls bis in die Puppen. Denn ärgerlicherweise war es ja rechtens, was der Angeklagte hier verlangte – und möglicherweise hatte er hier sogar einen Komplicen: den Staatsanwalt nämlich, dem er offensichtlich die Arbeit abnahm.
»Also, erzählen Sie ...!« ordnete der Vorsitzende widerwillig an. Von eins bis acht.
Acht versuchte Morde, bei deren Schilderung sich Erwin Hagedorn nach allgemeiner Ansicht fast um Kopf und Kragen redete.
Der eine mit den Schneeschuhen. »Da dachte ich doch tatsächlich, den habe ich schon so gut wie aufgenommen und in meiner Gewalt ...«
Einer in der »Folterecke«. »Der hatte sogar schon ein paar Ritzer weg, es war eigentlich nicht meine Absicht, ihn hier zu töten, ich wußte nur nicht, wie bringe ich ihn aus der Ecke in den Wald ...?«
Nummer drei: Irgendwo in den einsamen Jagen bei Spechthausen, nicht weit vom Schauplatz Specht-Louis. »Ein Forstbeamter, muß ich wohl sagen, hat ihm letzten Endes das Leben gerettet!«
Vier: »Keine Lust!«
Fünf: »Ich glaube, auch keine ...«
Sechs: »Kann es sein, daß ich da eine Phase der Lustlosigkeit zu erkennen glaube ...?«
Aber sieben: »Den müßten Sie eigentlich noch finden können ...!«
Das Gericht hatte gar keine Lust, ihn zu finden, obgleich Erwin Hagedorn beteuerte, der Junge habe von ihm »versehentlich«, das heißt in voller Absicht einen tiefen Messerstich in den Oberschenkel bekommen und habe daraufhin so laut geschrien, daß er fluchtartig davongerannt sei und an diesem Abend sofort nach Hause ging, wo er auch blieb.
Schließlich Nummer acht (»Sie glauben aber bitte nicht, daß das alles einen Anspruch auf Vollständigkeit erheben kann!«): Nummer acht, etwa elf oder zehn Jahre alt, hatte ebenfalls seine berüchtigten Ritzer im Brustbereich bereits empfangen, im weiteren Umkreis der

Drehnitzwiese, dann war aber ein anderer Junge gekommen, und das vorgesehene Opfer hatte stolz gesagt: »Guck' mal, was ich tapfer bin ...«

Darauf – so Hagedorn vor Gericht – habe er das Messer eingesteckt und die »Niederlage« auch ...

Der ganze restliche Verhandlungstag verging mit diesen Schilderungen, und das Grauen beim Gericht und im Zuschauerraum wurde, wenn das überhaupt noch möglich war, noch gesteigert: man stelle sich vor, diese »Nummern eins bis acht« hätten auch noch als »Leichensachen« ihr amtliches Ende gefunden!

Es war nicht mehr ganz hell und noch nicht ganz dunkel, als dieser Tag in Frankfurt an der Oder zu Ende ging. Ein Tag im Mai, ein sonniger Tag, ein schrecklicher Tag. Der einzige, der sich nach der Vertagung der Verhandlung auf den nächsten Tag mit halbwegs zufriedenem Gesicht auf den Heimweg begab, war Staatsanwalt Dr. Kuschel.

Er wußte, auch wenn es den anderen nur dämmerte:

So klar, wie das alles im Sinne der Anklage gelaufen war, so düster war es jetzt für den Angeklagten Erwin Hagedorn. Und der »Generalplan Hagedorn« lief ungewöhnlich glatt über die Bühne.

Lebenslänglich konnte sich Erwin Hagedorn ja auch schon allein wegen des Winkler-Mordes einfangen – das war die einhellige Meinung einer Gesprächsrunde an diesem Abend im »Haus des Handwerks«, der führenden Gaststätte in Frankfurt/Oder. Die Runde bestand aus einigen Offizieren der Deutschen Volkspolizei – »von auswärts!« wie sie betonten, also nicht unmittelbar mit der Aufklärung des Falles befaßt gewesen – und zwei Medizinern aus der Nervenklinik der Charité.

»Lebenslänglich« war auch gar nicht neu; darüber hatte man ja bereits während der Begutachtungszeit in der Charité gesprochen, darauf hatte man sich im internen Kreis geeinigt, natürlich ohne irgendeinem Gericht irgend etwas vorwegnehmen zu wollen.

Neu war an diesem Abend höchstens die Ansicht eines Majors aus Leipzig, eines Mordaufklärungs-Veteranen, der plötzlich unvermittelt prophezeite:

»Hier gibts nischt weider als de Dodesschtrafe ...!«

Diese Behauptung verursachte einen richtigen Schock, weil das ja nun wirklich ein Gesichtspunkt war, an den ernsthaft noch niemand gedacht hatte, vor allem niemand aus der Charité.

Der Leipziger wurde mit großer Heftigkeit niedergestimmt: »Selbst

wenn Staatsanwalt Kuschel die ›Dodesschtrafe‹ beantragt, vom Gericht aus geht das doch überhaupt nicht! Heimtückisch, ja sicher, das war Hagedorn bestimmt, besonders brutal auch ... aber Winkler allein und isoliert betrachtet, das können sie nicht machen ... sie können ja nicht einfach die ganze Vorgeschichte links liegen lassen, sozusagen das Schwergewicht seiner Taten, denn da war er jugendlich ...!«
Der Leipziger sagte stur: »Grade weil er mehr als eenmal eenen dodgemachd had ...«
Die Kontrahenten waren wieder in der Mehrheit: »Wir reden doch aneinander vorbei ... also, entweder – oder, heißt das ...!«
Das möchten sie ihm aber doch bitte erst mal erklären, bat der Leipziger.
Aber gern, sagten die anderen, gerade weil sie sich ihrer Sache so sicher waren und den Major für einen Fachidioten hielten:
Entweder man nimmt die drei Morde als Gesamtheit, was das Sinnvollste wäre, und dann kriegt Erwin Hagedorn Lebenslänglich. Eben weil er ja als Jugendlicher sicher schuldfähig, aber eben doch hauptsächlich Jugendlicher war und weil gegen Jugendliche die Todesstrafe ausgeschlossen ist.
Oder man klammert die beiden »jugendlichen« Tötungen Specht-Louis aus, beschränkt sich bei der Urteilsfindung eigentlich nur auf Winkler – und dann reichen die Kriterien für die Todesstrafe erst recht nicht aus, von wegen heimtückisch und brutal, da gab's ja nun weiß Gott schon schlimmere Mordfälle, sogar in der DDR, die »nur« mit Lebenslänglich gesühnt worden waren!
Der Leipziger nickte bedächtig, bestellte sich noch ein Stück Kirschtorte mit falscher Schlagsahne und schien alles einzusehen. So leise, daß es kaum noch jemand hörte, sagte er aber: »Mir isses glaar, jans glaar ... und hoffendlich dem Gerichde ooch ...!«
Denn bei den Richtern, meinte er vorsichtig, schimmere manchmal doch der blanke Terror durch die Zwischenfragen.

Der Zeitplan des zweiten Verhandlungstages wurde eingehalten, weil Kuschel zunächst nicht allzuviel zu tun hatte – Erwin Hagedorn hatte einen wichtigen Teil seiner Befragung ja schon vorweggenommen.
Zeugen gab es auch nicht viele in dieser Verhandlung, denn die meisten Prozeßbeteiligten, auch der Angeklagte und sein Verteidiger, hatten nichts dagegen gehabt, daß die meisten Aussagen nur verlesen wurden. Die Protokolle waren dem Bezirkssenat Beweis

genug, denn es ging nun mal um Tatbestände, die von niemandem mehr bestritten wurden.
Der eigentliche Grund dafür jedoch, daß die Zeugen in der Mehrzahl nicht auftreten mußten, war einmal mehr das Prinzip der Geheimhaltung:
Wenn man schon das Zuschauerproblem derart »elegant« gelöst hatte, mußten ja nicht auf dem Umweg über den Zeugenstand neue Mitwisser in die Details der Mordaffäre eingeweiht werden!
Und manchen Zeugen war es sicherlich sehr recht:
Das einzige Mädchen beispielsweise, das Erwin Hagedorn jemals geküßt hatte, wäre vermutlich vor Scham in den Boden versunken, wenn es vor dem gefüllten Saal selbst hätte aussagen müssen.
»Was ist denn aus der jungen Dame geworden?« erkundigte sich der Oberrichter, nachdem die Geschichte mit dem Kuß drei Seiten lang verlesen worden war.
Auch Erwin beugte sich vor, er schien für einen Moment merkwürdig interessiert, obgleich es gar nicht mal um ihn selbst ging.
»Sie hat nach unserer Überzeugung genau das Richtige getan«, sagte der Vertreter der Staatsanwaltschaft etwas unpräzise.
»Was hat sie denn getan?« fragte der Richter.
»Nun ja«, erwiderte der Anklagevertreter, der Mann, der als einziger über alles im Bilde zu sein schien, »sie hat bei der Mitropa gekündigt und ist dann in eine andere Stadt verzogen ...«
Es hörte sich so an, als würde der Satz noch weitergehen – und tatsächlich, Kuschel gab noch eine zusätzliche Erklärung:
»Sie hat dort einen Mann kennengelernt und ihn geheiratet. Soweit ich informiert bin, erwartet sie zur Zeit ihr zweites Kind ...«
»Das ist aber schön«, sagte der Vorsitzende. Und alle freuten sich, daß hier – und bei leider nur sehr wenigen anderen Gelegenheiten im Lauf des Prozesses – endlich einmal etwas halbwegs Erfreuliches zur Sprache gekommen war.
»Wir kommen dann zu den Gutachten!« fuhr der Vorsitzende fort, und man merkte ihm die Freude an, daß sein Zeitplan endgültig wieder im Lot war. Zweimal Freude in kürzester Frist – das war eigentlich ein bißchen viel auf einmal, und die mündlich erstatteten Gutachten führten die Verhandlung dann auch sehr schnell wieder auf das zurück, was sie war: eben ein schlimmer Mordprozeß um die Tötung von drei Kindern.
Ochernal und Szewczyk wichen nicht von dem ab, was sie bereits schriftlich mitgeteilt hatten. Ziemlich viel Zeit nahm trotzdem ihre anschließende Befragung in Anspruch – und es war irgendwie gegen

die Vernunft, daß sie hauptsächlich vom Staatsanwalt durchgeführt wurde statt von der Verteidigung, die doch allen Grund gehabt hätte, die für sie brandgefährlichen Erkenntnisse der Wissenschaftler anzugreifen und zu versuchen, sie zu erschüttern.
Wäre Friedrich Lympe im Saal gewesen, hätte er endgültig den Triumph auskosten können, recht gehabt zu haben:
Zögernd, aber deutlich beantworteten Ochernal und Szewczyk alle zusätzlichen Fragen nach dem »Schwergewicht« der Taten: Diesseits der Vollendung des 18. Lebensjahres von Erwin Hagedorn lag es, sicher nicht jenseits, beim Doppelmord Specht-Louis. Aber vor allem die »ständige Vorbereitung« der letzten Monate sei für die Beurteilung dieses Täters und seiner Taten unbedingt wesentlicher als die zum Teil noch verschwommenen Mordphantasien der jüngeren Jahre!
Bei einer so eindeutigen Stellungnahme ergaben sich keine Detailfragen mehr an die im Saal anwesenden »Untergutachter«. Und ausgerechnet Kuschel, nicht etwa Wegemann, schien in dieser Phase mitleidig ein paar Punkte für den Angeklagten sammeln zu wollen, bei aller vorgeschriebenen »Unnachgiebigkeit« der Anklagevertretung:
»Zwischen den beiden Morddaten dieses Falles liegt eine ganz erhebliche Zeitspanne«, rechnete er nach, »es war aber hier auch die Rede vom Trieb-Karussell, das sich zum Mord hin immer schneller drehte – so etwa hat Herr Hagedorn sich ausgedrückt, wenn ich ihn recht verstanden habe. Ist es aber nicht natürlich, daß die sogenannte ständige Vorbereitung im Sinne dieses Karussells sozusagen immer intensiver werden mußte, ich betone mußte, je größer die Zeitspanne zwischen Mord und Mord ausgedehnt wurde?«
Die Gutachter sahen sich nachdenklich an.
Ochernal antwortete: »Aus den schriftlich fixierten Onanie-Phantasien von Herrn Hagedorn habe ich entnommen, daß ihm die ständige Vorbereitung fast einen ebensolchen Genuß verschaffte wie schließlich die Ausführung der Tat selbst!«
Szewczyk schwieg dazu.
Und es sah jetzt doch ganz so aus, als hätte der Staatsanwalt dem Angeklagten keineswegs etwas Gutes tun wollen, sondern die für Hagedorn vernichtende Antwort bereits früher gekannt oder mindestens geahnt.
Dann war die Beweisaufnahme vorüber, das Grauen und sein Hintergrund zum letzten Mal in dieser Form und Ausführlichkeit besprochen worden. Staatsanwalt Dr. Kuschel plädierte, jetzt betont

sachlich, überhaupt nicht mehr der Volkstribun mit Charisma, für die Verhängung der Todesstrafe gegen den des Mordes schuldigen Erwin Hagedorn gemäß StGB Paragraph 112, Absätze 2, 3 und 4 vor allem:
Die Taten hatten Furcht und Schrecken unter der Bevölkerung ausgelöst, sie waren heimtückisch und in besonders brutaler Weise begangen worden – und sie waren, das vor allem schien dem Staatsanwalt wichtig zu sein, mehrfach begangen worden! Mehrfach begangen worden von einem Täter, der ausdrücklich auch schon im jugendlichen Alter schuldfähig war!
Verteidiger Wegemann stand auf und zog seine Jacke vor der Brust zusammen wie seine Kollegen aus früheren Jahrzehnten ihre Robe.
»Ein richtiger Clown!« sagte der Volkspolizist Ludwig, das »Schandmaul«, leise im Zuhörerraum, ebenso zutreffend wie gehässig.
Und in der Tat: Verteidiger Wegemann war bis zu diesem späten Zeitpunkt der Hauptverhandlung sogar noch weniger als ein Clown gewesen. Ein Clown als Verteidiger – dergleichen ist nicht einmal so selten – kann einen Prozeß gelegentlich durchaus im Sinne seines Mandanten beeinflussen: die »Lacher« gibt es nämlich auch in den allerschlimmsten Mordprozessen auf dieser Welt, und wenn die Verteidigung die Lacher auf ihrer Seite hat, kann es ihr im Grunde nur recht sein.
Wegemann aber war kein Mann für sowas. Er sah den Staatsanwalt jetzt bitterböse an und sagte mit getragener Stimme: »Das ist aber eine tolle rechtliche Konstruktion, Genosse Staatsanwalt, die Sie hier vorgetragen haben und die auch tragen soll ...!«
Nach diesem eindrucksvollen Anfang kam allerdings leider nicht mehr sehr viel:
Wegemann wandte sich – endlich so, wie es sich gehörte – dem Gericht zu und bemerkte, zum eigentlichen Tatbestand dieses Falles könne er ja nicht viel sagen. Immerhin habe er da ein Buch gefunden, »Neurologie und Psychiatrie« aus dem Johann Ambrosius Barth Verlag Leipzig, »Leitfaden für Studium und Praxis« von Professor Dr. Rudolf Lemke und Professor Dr. Helmut Rennert, in einer Auflage aus dem Jahre 1965, also seiner Ansicht nach noch ganz frisch auf dem Markt. Und da halte er den entscheidenden Passus über das Phänomen des Sadismus doch für so wesentlich, daß er ihn hier dem Bezirksgericht auf keinen Fall vorenthalten wolle:
»Sadismus, heißt es da«, zitierte er, »ist sexuelle Erregung durch

körperliches Quälen des Partners, Schlagen mit Stock, Peitsche, sogar durch Zufügen von Wunden bis zum Lustmord. Sadismus im weiteren Sinne ist lustvolle Neigung zu Grausamkeiten, auch psychischen Quälereien, oft Zeichen einer Überkompensation bei Selbstunsicherheit ...«
Er wußte offenbar nicht einmal, wo er zweckmäßig aufhören mußte.
Denn er verlas, einmal im Zuge, auch noch den letzten Satz der Passage, der ihm den winzigen Vorteil wieder aus der Hand schlug: »Ein gewisses Maß an sadistischen Tendenzen findet sich in der Erotik häufig ...«
»Aha!« sagte der Staatsanwalt spöttisch.
»Darf ich vielleicht ausreden?« sagte der Verteidiger, mutig wie selten. »Zur rechtlichen Beurteilung sagen Lemke-Rennert, daß bei schwer Gefühlsgestörten, zum Beispiel Selbstunsicheren, die Voraussetzung des Paragraphen 51, Absatz 2 erfüllt sein kann ... inzwischen selbstverständlich die Voraussetzungen unseres Paragraphen 16 ...«
»Aber Sie haben doch gerade noch gehört, daß die Gutachter diese Voraussetzung verneint haben!« entgegnete Kuschel verwundert.
»Ich wollte es dem Gericht auch nur noch einmal zusätzlich zu bedenken geben!« antwortete der stattliche, große Mann.
Er mochte tatsächlich geglaubt haben, mit dieser Schulweisheit, die doch allenfalls eine Vorschulweisheit ist, die Todesstrafe von seinem unglückseligen Mandanten abwenden zu können.
Aber da würde er sich vermutlich gewaltig vertun:
Er mochte noch so innig um ein milderes Urteil bitten, um eine zeitlich begrenzte oder hilfsweise auch lebenslange Freiheitsstrafe. Er hatte den Kampf, was inzwischen doch wohl jedem im Saal klargeworden war, vor allem an diesem zweiten Verhandlungstag, gründlich verloren – sicher so gründlich wie Jahre zuvor der Verteidiger von Jürgen Bartsch im westdeutschen Wuppertal, der damals, was fast noch besser gewesen war, überhaupt nicht plädiert hatte.
Erwin Hagedorn antwortete auf die Frage des Gerichts, ob er noch ein letztes Wort sagen möchte, seltsamerweise: »Nein, danke!« Dann zog sich das Gericht zur Beratung über das Urteil zurück und sagte, es werde in drei Tagen wieder zusammentreten.

Es verwarf nach diesen drei Tage tatsächlich auch die allerletzte Chance, die die Gutachter Szewczyk und Ochernal dem Angeklagten noch eingeräumt hatten, indem sie ihm jene abstruse »schwerwiegende abnorme Entwicklung seiner Persönlichkeit« zugebilligt hatten, allerdings ohne eigentlichen Krankheitswert. Es befand – nach eingehender Beratung, wie es betonte – den Angeklagten Erwin Hagedorn für voll zurechnungsfähig, nahm ihn nochmals ausdrücklich voll und ganz aus dem Jugendstrafrecht heraus – und verurteilte ihn, dem Antrag des Staatsanwalts entsprechend, wegen der Ermordung von Ronald Winkler im Zusammenhang mit seinen früheren Verbrechen als Erwachsenen zum Tode.

Besonders bewertet wurde für die Zurechnungsfähigkeit die Sache mit dem Messer bei Ronald Winkler: Eben die Tatsache, daß Erwin Hagedorn so lange nach der abgebrochenen Klingenspitze gesucht hatte, bis er sie gefunden hatte.

»Daraus ergibt sich schlüssig«, argumentierte das Frankfurter Bezirksgericht, »daß dem Angeklagten die gesellschaftsschädlichen Auswirkungen seiner schlimmen Verbrechen zu jeder Phase dieser Verbrechen voll und ganz bewußt waren!«

Erwin Hagedorn nahm das Todesurteil mit demselben unbewegten Gesicht entgegen, mit dem er ein paar Jahre vorher die Kernsprüche der Jugendweihe über sich ergehen ließ. Auch sein Anzug sah aus, als stamme er noch von damals. Er wischte sich artig ein Stäubchen vom Ärmel und ließ sich abführen, ohne noch ein Wort mit seinem Verteidiger zu wechseln.

Der Staatsratsvorsitzende der Deutschen Demokratischen Republik, Walter Ulbricht, ließ sich am Tag nach dem Frankfurter Urteil von Wandlitz nach Berlin chauffieren – nach einer Pause von mehreren Tagen, die er in Wandlitz mit heftigen Herz- und Kreislaufbeschwerden hauptsächlich im Bett verbracht hatte. Selbst seine Morgengymnastik hatte er auf Anweisung seiner Ärzte ausfallen lassen müssen.

Im Amtssitz des Staatsrates war Walter Ulbricht froh über jeden, den er nicht sah. Er schlich sich förmlich in seine Amtsräume und fragte hoffnungsfroh: »Es gibt doch wohl nichts Wichtiges?«

»Nichts besonders Wichtiges!« erwiderte der diensttuende persönliche Referent. »Sie sehen aber heute prächtig erholt aus, Genosse Staatsratsvorsitzender, Sie sollten mal länger ausspannen!«

»Ich werde nicht lange bleiben!« sagte Walter Ulbricht müde mit seiner hohen Stimme, die im letzten Jahr noch höher geworden zu sein schien, vor allem aber viel leiser geworden war.

Es ging auf Pfingsten zu, und es war inzwischen länger als ein halbes Jahr her, daß ihn Otto Gotsche im Stich gelassen hatte – im Stich lassen mußte, wenn er ehrlich war. Gotsche war Ulbrichts langjähriger Vertrauter gewesen, offiziell Sekretär des Staatsrats, inoffiziell Schriftsteller und Freund. Und seit er weg war vom Fenster, schien Walter Ulbricht sich gelegentlich über jeden Menschen zu ärgern, der ihm nur in die Nähe kam, und das waren naturgemäß vor allem seine persönlichen Referenten.

Ulbricht hatte in seiner Jugend, als man ihn noch den »Schneidersohn aus dem Nuttenviertel« (der Stadt Leipzig) nannte, viel gelesen. Später hatte er genug damit zu tun gehabt, die fast von Jahr zu Jahr neuen Richtlinien der sowjetischen kommunistischen Bruderpartei nachzulesen und sie getreulich zu befolgen. Das einzige literarische Opus, das ihm dann gelegentlich noch Freude gemacht hatte, waren Gotsches umfangreiche Werke: »Tiefe Furchen« zum Beispiel, »Märzstürme«, »Auf Straßen, die wir selber bauten« oder »Stärker ist das Leben«, sämtlich Romane, die den Sozialismus so schön schilderten, wie er niemals sein kann.

Mit der von Gotsche selbst überbrachten Nachricht, er sei nicht mehr als Abgeordneter für die Wahlen zur Volkskammer 1971 nominiert worden, hatte Ulbrichts Resignation im eigentlichen Sinn begonnen:

Er hatte es bis dahin durchsetzen können, daß Gotsche als stellvertretender Volkskammer-Präsident und Vorsitzender des Geschäftsordnungsausschusses der Volkskammer tätig gewesen war – und jetzt schoß man ihm, von heute auf morgen, den elf Jahre jüngeren Freund von der Seite weg!

Jetzt erlebte Walter Ulbricht, der sein Lebtag Bitterkeiten an andere Leute verteilt hatte, was es heißt, selbst mit der Bitterkeit leben zu müssen:

»Der Genosse Gotsche«, hatte er, im üblichen, nur mühsam verschleierten selbstkritischen Ton, aber auch mit einem grollenden Unterton in der Stimme an einem Dienstag vor dem Politbüro gesagt, »der Genosse Otto Gotsche hat mich gebeten, ihn im Interesse seiner künstlerischen Arbeiten vom Amt des Sekretärs des Staatsrats zu entbinden!«

Der Genosse Gotsche war daraufhin mit dem bei solchen Anlässen ebenfalls üblichen Applaus belohnt worden, und der Applaus hatte auch der »Einsicht« des greisen Staatsmannes gegolten – der, wenn er schon nicht sterben wollte, nach Ansicht mancher Spitzenfunktionäre wenigstens einsam sein sollte:

Es verstand sich zwar von selbst, wie das Politbüro auf der Grundlage der Verfassung mit heuchlerischer Zuvorkommenheit entschieden hatte, daß der Genosse Gotsche Mitglied des Zentralkomitees der SED bleiben würde. Nur, er fehlte seinem Freund und Meister Ulbricht tatsächlich so sehr, daß Ulbricht in der Folgezeit bei mindestens zwei Gelegenheiten gesagt hatte: »Ich würde auch mein letztes Amt hergeben, wenn ich dafür noch öfter mit Otto zusammensein könnte ...«
Mit Otto Gotsche am Majakowskiring in Niederschönhausen, wenn schon nicht im Amtsgebäude des Staatsrats ...
Leider war Walter Ulbricht dann doch nicht sentimental genug gewesen, um diese letzte Konsequenz zu ziehen. Und an jenem Tag im Amtsgebäude des Staatsrats, am Tag nach dem Frankfurter Urteil gegen Erwin Hagedorn, leistete er – immer noch Vorsitzender des Staatsrats – an die sechzig Unterschriften, streng beobachtet von dem diensttuenden alerten jungen Referenten. Er sah allerdings gar nicht mehr genau hin, ob er eine Beförderungsurkunde für einen verdienten Offizier der Nationalen Volksarmee oder einen Glückwunsch für einen hundertjährigen Bürger der DDR unterschrieb.
»Sonst noch was?« raunzte er mit der hellen Greisenstimme.
»Der Nachrichtenspiegel ...« sagte der Referent und deutete auf drei rote Mappen mit dem Staatswappen Hammer und Zirkel.
»Muß das sein?«
»Ich glaube nicht, Genosse Vorsitzender ...« sagte der Referent mitleidig, weil er sah, wie erschöpft Walter Ulbricht in seinem Sessel hing.
In der mittleren Mappe lag eine kurze, aber präzise Zusammenfassung des Prozesses samt Urteil gegen Erwin Hagedorn aus Eberswalde-Westend. Walter Ulbricht verabschiedete die Mappen jedoch ungelesen, ohne sie überhaupt nur zu öffnen, und er blieb so, was den Fall Hagedorn anbelangte, weiterhin völlig ahnungslos. Schon am frühen Nachmittag war er wieder in seiner Datscha in Wandlitz, besorgt in Empfang genommen von seiner Frau Lotte, und dort verlangte er dringend, was früher nahezu undenkbar gewesen wäre, nach einem Nickerchen.

Anne Hagedorn, die Mutter des Eberswalder Mörders, war zwar dem äußeren Anschein nach möglicherweise wirklich eine »Maschine«, wie es einmal bei der Vopo geheißen hatte, und das betraf nicht nur ihre Figur:

Während der Ermittlungen und auch während der Hauptverhandlung gegen ihren einzigen Sohn setzte sie, sobald der erste Schock überwunden war, ihr Studium fort, scheinbar ungerührt – und am Ende erwarb sie tatsächlich den angestrebten Titel eines Ingenieur-Ökonomen, fast auf den Tag genau mit dem Todesurteil von Frankfurt.

Aber sie hatte es nicht übers Herz bringen können, zum Prozeß zu erscheinen – und sie konnte Erwin auch anschließend nicht mehr besuchen, vielleicht, weil sie meinte, mit ihren Tränen sei dem Jungen ja eigentlich auch nicht geholfen.

Ihr Mann, Günter J. Hagedorn, wie er sich amtlich nannte, ging ebenfalls nicht mehr ins Gefängnis. Er entwickelte in dieser ganzen traurigen Zeit aber ein neues Hobby: Nachdem er wochenlang über das Schicksal seiner Familie nachgegrübelt hatte, betrieb er eine Art Ahnenforschung. Er wollte unbedingt wissen, »woher der Junge das haben könnte«, und er verfolgte die Stammbäume Generationen zurück, ohne allerdings irgendwo eine deutliche Auffälligkeit zu entdecken.

Bei diesen Nachforschungen erfuhr Vater Hagedorn zufällig, daß sich auch die Justiz mit diesem Problem beschäftigt hatte. Auch sie jedoch, mit ihren viel weitreichenderen Möglichkeiten, hatte nichts gefunden, und das Rätsel Erwin Hagedorn war einmal mehr ungelöst geblieben.

Günter und Anne Hagedorn zweifelten inzwischen nicht mehr an der Täterschaft ihres Sohnes: »Das kann man ja kaum noch, bei seinem Geständnis und den ganzen Beweisen ...!«

Aber sie sagten auch, wenn immer sie gefragt wurden: »Erwin ist krank. Die Ärzte werden eines Tages doch noch feststellen, daß er krank ist und daß sie sich geirrt haben!«

Das gab gelegentlich sogar böses Blut. Denn eine solche Aussage bedeutete letztlich doch eine sehr massive – und scheinbar ungerechte – Kritik an der Verhandlung und am Urteil.

Außerdem waren die »Westkontakte« der Familie nach der Aufdeckung der Mordtaten nicht etwa abgerissen, sondern sie hatten sich eher noch verstärkt:

Günter Hagedorns Mutter lebte in der BRD, im Großraum von Essen im Ruhrgebiet, und sie kam mehrfach zu Besuch, wenn immer sie es einrichten konnte. Von ihr erfuhren die Hagedorns einiges über die Taten des »Kirmesmörders« Jürgen Bartsch. Und als auch Günter Hagedorns Bruder, der seit Ewigkeiten in Kalifornien lebte, zu Besuch in die DDR kam, wurde die Familie wenigstens

teilweise wieder mit ihrem Staat versöhnt, der ihren Jungen offenbar töten wollte. Sie erfuhr nämlich auch, was ihr widerfahren wäre, wenn sie nicht in Eberswalde lebte, sondern dasselbe schreckliche Schicksal etwa in der BRD oder im übrigen »kapitalistischen Ausland« erlitten hätte: Sie wäre, wie die Großmutter Hagedorn mitzuteilen wußte, fast Tag für Tag »durch die Presse gezerrt« worden – eine Gefahr, die in der DDR nun wirklich nicht bestand, worüber die weiterhin auf ihren respektablen Ruf bedachten Leute sehr froh waren.
Sie gingen immer noch hocherhobenen Hauptes durch die Straßen ihrer Stadt, »vergruben sich in die Arbeit«, wie sie sagten, und faßten, etwas voreilig, den Entschluß: Wir sind alle in Eberswalde geboren. Das ist unsere Heimat – und wir werden sie nicht verlassen! Immerhin gingen die Hagedorns, auch wenn sie es sich selbst nicht eingestehen wollten, immer seltener durch die Stadt – und von den notwendigsten Einkäufen abgesehen, gingen sie eigentlich nur zur Arbeit ins Eisenbahnwerk »8. Mai«, wo sie von den Genossen und Kollegen taktvollerweise nicht übermäßig häufig auf ihren Jungen angesprochen wurden. Günter Hagedorn ging auch nicht mehr in die »Gemütliche Ecke«, und die Leute dort waren, wie sie gelegentlich auch zugaben, richtig froh darüber, daß er ihnen die Peinlichkeit ersparte, mit ihm Karten spielen zu müssen – auch wenn seine Anwesenheit früher, nicht gerade der Skatmeister seines Staates, gelegentlich »bares Geld« beim Spiel um den halben Pfennig bedeutet hatte.
Trotz und alledem, an der Fassade, die die Familie Hagedorn aufbaute beziehungsweise aufrechterhielt, war manches morsch und brüchig. Anne Hagedorn weinte viel, war eben doch nicht so stabil, wie sie sich gab, aber Günter verstand es Gott sei Dank, sie zu trösten. Dabei stand er inzwischen selbst unter einer Art Anklage, wie sie nur in sozialistischen Staaten, vor allem in der DDR, möglich ist: Die Schiedskommission von Eberswalde-Westend hatte zu prüfen, wieweit und wie sehr sich Günter Hagedorn bei der offensichtlich mangelhaften Erziehung seines Sohnes schuldig gemacht hatte, welche pädagogischen Unterlassungssünden ihm unterlaufen waren. Und eine solche Schiedskommission, ein gesellschaftliches Gericht, wie es heißt, ist nicht nur eine förmliche Einrichtung »zur Verwirklichung des Rechts der Bürger auf Mitwirkung der Bürger an der Rechtspflege«, sondern sie übt tatsächliche Rechtsprechung aus, das heißt, sie kann durchaus auch Strafen verhängen.
Auch diese gesellschaftlichen Gerichte sind von Walter Ulbricht im

Auftrag der Volkskammer geschaffen und in die Praxis eingeführt worden, übrigens nur wenige Wochen, nachdem er die Staatsanwaltschaften in der DDR neu und straff organisiert hatte.
In der Praxis des Falles Günter Hagedorn prüfte die Kommission, die die »allgemeinen« Gerichte entlasten sollte, sehr gründlich, ob und welche Sanktionen man Günter Hagedorn auferlegen konnte. Sie kam dann aber immerhin sehr rasch »kameradschaftlich und kritisch«, wie es ihr vorgeschrieben war, zu der Überzeugung, daß man ihn eigentlich noch halbwegs glimpflich davonkommen lassen konnte, ohne eigentliche Strafe:
»Von Maßnahmen der strafrechtlichen Verantwortlichkeit ist abzusehen«, beschloß die Kommission, »weil der Täter durch andere positive Leistungen beweist, daß er grundlegende Schlußfolgerungen für ein künftiges verantwortungsbewußtes Verhalten gezogen hat und deshalb zu erwarten ist, daß er künftig unsere sozialistische Gesetzlichkeit einhalten wird!«
Günter Hagedorn wurde also nur »verwarnt«, bei der Kindererziehung künftig besser aufzupassen. Da die künftige »Erziehung« seines Sohnes Erwin so oder so dem Staat überlassen bleiben würde und das Ehepaar Hagedorn nicht die Absicht hatte, noch ein weiteres Kind in die Welt zu setzen, war es ein ziemlich müßiger Schiedsspruch, den er da mit auf den Weg bekam.
Niemand nahm es ihm dann auch übel, als es sich herumsprach, daß er den Verteidiger seines Sohnes veranlaßt hatte, gegen das Frankfurter Todesurteil Berufung beim Obersten Gericht einzulegen: »So was tut man ja als Eltern«, sagte er den wenigen, denen er es erklären wollte oder mußte, und die Leute nickten einverständig. Die praktischen Probleme der Berufung allerdings besprach Erwin Hagedorn selbst mit dem Anwalt, und er war dabei überzeugt, daß er es ohnehin inzwischen besser könne als seine nicht sehr strafrechtskundigen Eltern.
Ganz allmählich tauchte dann in der Familie Hagedorn doch die Frage auf, ob es nicht besser wäre, die Stadt zu verlassen und in ein anderes, fremdes und möglichst größeres Gemeinwesen zu ziehen. Im Eisenbahnwerk »8. Mai« saßen die Eheleute nach wie vor an ihren bisherigen Arbeitsplätzen, und mittags aßen sie, fast trotzig, immer gemeinsam am selben Tisch in der Kantine des Werks. Aber auch der Vater des ermordeten Ronald Winkler arbeitete als Schlosser in diesem Werk und aß in der Kantine. Und auf die Dauer war es für alle Beteiligten doch ziemlich schmerzhaft, daß man sich zwangsläufig öfter sah und sich immer wieder gegenseitig an das

widerfahrene Leid erinnerte: manche Wunden sind eben so tief, daß sie nur in langen Jahren oder sogar überhaupt nicht heilen können.
»Sie müssen auch wohl eingesehen haben«, sagte der Eberswalder Bürger Bruno Listig, der immer sehr gestochen sprach, aus seiner Kenntnis des Falles, »daß sie im ›8. Mai‹ angestaunt wurden wie die Zirkuspferde, und es war ihnen, gelinde gesagt, sicherlich mindestens lästig.«
So kamen die Hagedorns und die Bürgerkommissionen von Eberswalde-Westend am Ende unabhängig voneinander zu der Überzeugung, daß man auf die Dauer Tatorte und Hinterbliebene, Täter-Eltern und Opfer-Eltern möglichst weit voneinander trennen sollte:
Im allseitigen Einvernehmen wurde deshalb der Entschluß gefaßt, die Familie Hagedorn in einer anderen Stadt anzusiedeln. Erwin Hagedorn hielt sich zwangsweise sowieso in Frankfurt/Oder auf, was von Eberswalde aus noch weiter ist als beispielsweise von Berlin – und wenn die Eltern ihn, was sie wenigstens vorerst ohnehin nicht planten, besuchen wollten, konnten sie auch von einer anderen Stadt anreisen.
Die gesellschaftlichen Institutionen anderer Städte, die mit Eberswalde in freundschaftlicher Verbindung standen, sagten ihre Unterstützung bei diesem Plan zu, allerdings machten zwei Funktionäre der Sozialistischen Einheitspartei Schwierigkeiten.
»Der Mann braucht doch auch einen neuen Arbeitsplatz!« sagte einer von ihnen – ein Mann aus der Stadt, in der sich die Familie neu ansiedeln sollte.
»Die Frau auch«, antwortete der Bürgervertreter aus Eberswalde.
»... um so schwieriger, Genosse! Die Partei ist ja schließlich kein Arbeitsamt!«
»Die besondere Sorge des Staates und damit auch der Partei gilt dem Schutz der Familie, Genosse!« konterte der Eberswalder. »Wissen Sie, wo das steht?«
»Bestimmt im Parteiprogramm!« sagte der Mann, der kein Arbeitsamt betreiben wollte, grämlich.
»Eben, Genosse! Und ich sage Ihnen, wenn Sie uns da nicht helfen, dann hänge ich das Ding höchstpersönlich an die große Glocke!«
Es war die glatte parteipolitische Erpressung, und der zweite Funktionär versuchte wenigstens, seinem Genossen noch auf einem Umweg zu Hilfe zu kommen:
»Was passiert, wenn hier die Vergangenheit des Genossen Hagedorn bekannt wird, die ganze Vorgeschichte ...?«

»Dann«, sagte der Interessenvertreter aus Eberswalde, der in dieser Situation viel besser war als sein Kontrahent, »dann darf ich an die Worte des Bezirksvorsitzenden von Jena erinnern, an diese besonders markanten Worte ...«
Er bluffte schamlos, denn er kannte weder den Bezirksvorsitzenden von Jena noch dessen Worte, aber er bluffte gut:
»Der hat nämlich gesagt, wir rühren niemals an die Vergangenheit eines Bürgers! Wir schenken sie ihm, wenn er in Gegenwart und Zukunft seine guten Vorsätze verwirklicht! Und das, Genossen, werden die Genossen Günter und Anne Hagedorn mit absoluter Sicherheit tun!«
So ging alles klar, und das Problem einer neuen Wohnung war schließlich das einzige, das noch offen war.
»Aber ganz so eilig ist es ja auch nicht!« sagte Günter Hagedorn, fast etwas betroffen über den Eifer, seine Frau und ihn selbst aus Eberswalde fortzuschaffen. »Außerdem, wenn's geht, möchten wir eigentlich nach Potsdam!«

Es war Frühsommer 1972, und Walter Ulbricht wurde in das Klinikum Buch »umgesiedelt«, Berlin-Buch hinter Pankow, in die von seinem Leibarzt Professor Dr. Baumann geleitete Abteilung der dortigen Akademie der Wissenschaften.
Intern wurde verbreitet, der Staatsratsvorsitzende würde nur »routinemäßig durch die Mangel gedreht«. Tatsächlich aber hatte der »rote Rudi«, wie Professor Baumann auch genannt wurde, alle Mühe, »Väterchen Walter« überhaupt noch einmal auf die Beine zu kriegen. Den Mitgliedern des Politbüros sagte Baumann allerdings mit dem ihm eigenen Optimismus: »Wenn Walter Ulbricht kein Schindluder mit sich treibt, kann er neunzig werden!«
Noch war Ulbricht indessen nicht einmal achtzig. Und als die Ärzte seine dringlichsten gesundheitlichen Probleme wieder einmal kupiert hatten, schickten sie ihn zu einem Kuraufenthalt, dessen Ende vorerst noch nicht abzusehen war.
Es war auch die Zeit, in der Erwin Hagedorn wieder reisen konnte – in der er erneut vor den Schranken eines Gerichts erscheinen mußte, in zweiter und diesmal letzter Instanz:
»Jetzt werden wir ein anderes Urteil kriegen«, versprach ihm sein Verteidiger, »was geschehen ist, war ja nur ein ärgerlicher Irrtum, richtig geeignet, uns einen Schreck einzujagen ...«
Erwin erwiderte höflich, auch er sei bester Hoffnung und habe volles Vertrauen zu seinem Verteidiger und der gesamten Justiz.

Die Berufungsverhandlung vor dem 5. Strafsenat des Obersten Gerichts der DDR in Berlin gegen Erwin Hagedorn war immerhin nicht etwa eine Revisionsverhandlung, wie sie es, beispielsweise, bei einem ähnlich gelagerten Fall vor dem Bundesgerichtshof in der BRD gewesen wäre. Im Gegensatz zum BGH ist nämlich das Oberste Gericht der DDR auch noch eine sogenannte Tatsacheninstanz, und gerade der 5. Senat war schon aus anderen Fällen dafür bekannt, daß er Tatsachen besonders gern drehte und wendete und im Zweifelsfall völlig anders entschied als die erste Instanz, in diesem Fall das Frankfurter Bezirksgericht.
Erwin Hagedorn wurde also im gut gesicherten Kraftwagen wieder über Fürstenwalde nach Berlin gebracht, und seine Hoffnungen waren in der Tat nicht unbegründet. Als er im Gerichtsgebäude eintraf, traten selbst jene würdigen Richter, die mit dem Fall nichts zu tun hatten, unauffällig vor ihre Türen und an die Fenster – einfach nur, um den schrecklichen Menschen von Eberswalde wenn auch nur kurz zu besichtigen, ein einziges Mal einen Blick auf das Monstrum zu werfen.
Im Verhandlungssaal selbst wurden Erwin dann allerdings sehr rasch die Federn gestutzt, kaum, daß er sie spreizen wollte:
Kaum, daß er den Mund aufmachte, um eine vom Generalankläger mit monotoner Stimme vorgetragene offensichtliche Unrichtigkeit bei der Schilderung seiner Verbrechen geradezurücken, wurde er auch schon zum Stillschweigen verdonnert,
Der öffentliche Ankläger, der es auch hier dank einer klugen Terminierung und »Sicherungsmethodik« nicht mit einer effektiven Öffentlichkeit zu tun hatte, konnte sich da offenbar ganz auf die Richter verlassen. Man war ja schon in der Hauptverhandlung in Frankfurt dabeigewesen, möglicherweise ein bißchen außerhalb der Legalität, und man wußte aus Erfahrung, wie dieser Schauspieler zu stoppen war – gelegentlich mit Lautstärke und im übrigen mit eiskalter, autoritärer Schärfe.
Strittige Tatsachen standen ohnehin nicht mehr zur Debatte und hatten auch nie, in keiner Phase, eine Rolle gespielt. Es gab nichts zu drehen und nichts zu wenden für den Senat, gelegentlich auch mal ganz angenehm, und kleine Unkorrektheiten konnten getrost in Kauf genommen werden. Der Verteidiger hatte erfreulicherweise gar nicht erst den Gedanken gehabt, das Urteil etwa mit einem neuen Gutachten anzufechten, was man ja dann, halbwegs überflüssig, möglicherweise ebenfalls als neue Tatsachen hätte werten müssen. Und der Verteidiger hatte sichtlich auch vergessen, daß

diese Oberrichter und Generalanwälte bereits die Frankfurter Verhandlung beehrt hatten: jedenfalls brachte er es, aus welchen Gründen immer, nicht zur Sprache.
So konnte die Sache innerhalb eines nicht einmal sehr langen Tages ablaufen:
Der Ankläger der Generalstaatsanwaltschaft – getreu seinem Auftrag, unnachsichtig gegen Verbrecher zu kämpfen – beantragte, das Frankfurter Urteil im vollen Umfang zu bestätigen.
Der Verteidiger beschränkte sich im wesentlichen darauf, wie schon in Frankfurt an der Oder, um eine zeitliche oder auch lebenslängliche Freiheitsstrafe zu bitten beziehungsweise darum, durch Zurückverweisung des Falles an die Erstinstanz dem Angeklagten eine entsprechende Chance zu gewähren. Er sagte – lahmer als selbst noch in Frankfurt –, die rechtliche Konstruktion dieses Todesurteils erschiene ihm doch so gewagt, daß es schade sei, nicht ein noch höheres Gericht zur Überprüfung der Tragfähigkeit der »Brücke« anrufen zu können.
Aber auch der 5. Strafsenat in Berlin gab keinen Pardon für den Kindermörder:
Erwin Hagedorn mußte sich stehend anhören, daß das Todesurteil gegen ihn rechtens sei und das Frankfurter Bezirksgericht einen in jeder Hinsicht sauberen Prozeß gegen ihn geführt habe.
»Damit ist die Verhandlung geschlossen!« sagte der Oberste Richter.
Erwin schien, einmal mehr, nicht sonderlich beeindruckt, war allenfalls noch etwas blasser als sonst. Als er schon abgeführt werden sollte, trat noch einmal der Herr Wegemann auf ihn zu:
»Noch ist immer nichts verloren!« sagte der Verteidiger tröstend.
»Nur Kopf hoch, mein lieber Herr Hagedorn ...!«
Aber Kopf hoch oder Kopf ab:
Das begriff sogar Erwin, daß dieser Tag noch schwärzer für ihn gewesen war als der Tag des Frankfurter Urteils. Und da er nicht wußte, daß hinter den Kulissen ein makabres Spiel um seinen Kopf stattfand, machte er sich zum allerersten Mal ernsthaft mit dem Gedanken vertraut, vielleicht nun doch sterben zu müssen ...
Immerhin fuhr der Verteidiger noch vor dem Gefangenentransport sofort zurück in seine Frankfurter Kanzlei, und er wurde jetzt endlich einmal ernsthaft für seinen Mandanten tätig:
Er machte eine halbe Nachtschicht und kämpfte mit Hilfe einer Sekretärin um möglichst rührselige und natürlich auch möglichst fundierte Formulierungen. Er diktierte Seite um Seite, denn er hatte

immerhin läuten gehört, daß Erwin Hagedorns letzte Chance noch längst nicht vertan war.
Und so verfertigte er das bisher einzige Gnadengesuch seines Lebens, ein großes Werk, wie er selbst meinte, zugunsten von Erwin Hagedorn, adressiert an den Staatsratsvorsitzenden, den Genossen Ulbricht.
»In Anbetracht der großen Jugend des Verurteilten«, schrieb der Anwalt, »außerdem auch im Interesse der leidgeprüften Eltern des letztinstanzlich Verurteilten« möge der Genosse Staatsratsvorsitzende Gnade vor Recht ergehen lassen – gerade in diesem Fall auch, in dem das Recht zwar sicherlich voll ausgeschöpft worden war, der aber immer ein Grenzfall auch im Gesamtrahmen der sozialistischen Rechtsprechung bleiben würde.
Und Ulbricht würde Gnade vor Recht ergehen lassen. Davon waren nicht nur die Verteidigung, sondern natürlich auch sämtliche beteiligten Richter und Anklagevertreter fest überzeugt.
Szewczyk allerdings und mit einigem Abstand auch Ochernal, die offenbar doch nicht so ausführlich in dieses seltsame Spiel eingeweiht gewesen waren, hatten schon beim ersten und erst recht beim zweiten Todesurteil einen heftigen Schock erlitten. Szewczyk vor allem spürte die Zwiespältigkeit seiner gutachterlichen Tätigkeit anscheinend besonders deutlich: Natürlich hatte er ein unbefangenes, gerechtes, fundiertes Gutachten unterschrieben, aber, bitte sehr, doch nicht unter der Prämisse, daß man mit dessen Hilfe überhaupt erst das Todesurteil konstruieren konnte!
Die Gutachter mußten auf vorsichtige Weise von der Generalstaatsanwaltschaft beruhigt werden, daß immer noch alles im humanen Sinn erledigt werden würde. Trotzdem waren und blieben sie es – nicht etwa die Juristen –, die überhaupt eine gewisse Skepsis bewahrten:
Das, was hier gespielt wurde, war zwar sicher ein ebenso riskantes wie geniales oder wenigstens raffiniertes Spiel, um das Wort »krumm« zu vermeiden. Aber eine Garantie dafür, daß es aufgehen würde, gab es eben doch nicht!
Denn immerhin habe es, sagte ein eher westlich orientierter Szewczyk-Mann in einem Gespräch mit einem kundigen, höheren und aufgeschlossenen Juristen, in einem Gespräch, das bestimmt nicht zufällig zustande gekommen war, immerhin habe es auch beim Pokern schon seltsame Fälle gegeben. Den Fall beispielsweise, bei dem jemand mit vier Königen in der Hand von einem Gegenspieler mit vier Assen massiv ausgeschaltet worden war und dann

ziemlich dumm zusehen mußte, wie der große »Pott« von der anderen Seite kassiert wurde.

»Davon abgesehen«, erwiderte sein voll in den »Generalplan Hagedorn« eingeweihter Gesprächspartner lächelnd, »daß ein so kapitalistisches Spiel in der DDR sowieso nicht geduldet werden kann ... abgesehen davon hat dieser Poker noch bessere Chancen als Ihr Blatt mit den vier Königen ...«

»Ja, aber dann wären es doch die vier Asse!« sagte der ebenso skeptische wie weltläufige Arzt, verzweifelt darüber, daß er hier offensichtlich vorsätzlich mißverstanden wurde.

Und er wurde auch später sein ungutes Gefühl niemals los, daß das demokratische Prinzip im pseudodemokratischen System der DDR ausnahmsweise einmal funktionieren würde – ausgerechnet in diesem Zusammenhang, und damit an der völlig falschen Stelle!

Er faßte sich manchmal an den Kopf, wenn er die Gespräche an seinem Arbeitsplatz mitbekam:

Über den Fall Hagedorn wurde in diesen Tagen und Wochen mehr geredet in der Charité als über alles andere, was jemals in diesem Hause vorgefallen war. Daß dabei immer noch die Leute in der Mehrzahl waren, die das Ganze für eine Farce hielten oder eben doch für einen manipulierten Spielverlauf – das konnte und wollte er nicht begreifen,

Die Familie Hagedorn erhielt die Nachricht über die Ablehnung der Berufung und die Bestätigung des Todesurteils gegen ihren Sohn Erwin noch in Eberswalde. Gleichzeitig traf aber auch bei ihnen die beruhigende Versicherung ein, es würde trotzdem noch alles »gut« gehen – sozusagen nichts so heiß gegessen werden, wie es bisher gekocht worden war.

Diese Versicherung kam sogar schriftlich ins Haus, vom netten, aber bis dahin ziemlich nutzlosen Verteidiger Wegemann aus Frankfurt. Besser als dieses Schreiben war für die Gemütsverfassung der Familie allerdings die Ablenkung, die die unmittelbar bevorstehenden Ereignisse mit sich brachten – die bisher aufregendsten Ereignisse im Leben der Eheleute, von Erwin einmal abgesehen:

Die Hagedorns waren inzwischen dabei, ihre Möbel samt Gummibaum zusammenzupacken und Eberswalde zu verlassen. Mit Potsdam hatte es zwar letztlich nicht geklappt, aber auch an dem ihnen jetzt zugewiesenen neuen Wohnsitz, so hatte man ihnen glaubhaft versichert, würden sie ungenierter und diskreter leben

können als in der alten Heimat. Außerdem würden sie ihre Laube am Stadtrand behalten können, die mit viel Liebe eingerichtete »Datscha«, und sie würden jedes Wochenende mit den Freifahrtscheinen der Deutschen Reichsbahn – bei der sie ja angestellt waren – nach Eberswalde fahren können.
Am 26. August 1972, nicht einmal zehn Monate nach der Festnahme ihres Sohnes Erwin, zog die Familie Hagedorn um. Die neue Wohnung war zwar mit der alten insofern nicht vergleichbar, als sie erheblich kleiner war, aber sie war ja eben auch nur für zwei Personen bestimmt. Außerdem stellte es sich heraus, daß die Arbeit in Ordnung war und die Menschen sich nett gaben, selbst die paar, die den Hintergrund der Familie zu kennen schienen. Das Heimweh allerdings wurde mit umgesiedelt, und es blieb bis zum heutigen Tag.

Die letzte Karte, die hier, in diesem Spiel um Leben und Tod, noch zu vergeben war, hieß nun doch Walter Ulbricht.
Immer noch ein As, zweifelsohne.
Aber eben doch schon ein leicht vergilbtes, an den Ecken abgestoßenes As.
Und es ist eigentlich unvorstellbar, daß die Funktionäre, die Erwin Hagedorns Schicksal bis zu diesem Punkt getrieben hatten, nicht erkannten, wie sehr sich der »Alte« mit zunehmenden Jahren mehr und mehr über taktische Rücksichten hinweggesetzt hatte, die zeitlebens seine politische Karriere, seinen Erfolg bestimmt und vorangebracht hatten. Die zeitgerechte Abstimmung auf die jeweilige Parteilinie, die von Moskau vorgezeichnet worden war, und die Orientierung an den jeweiligen Kräfteverhältnissen waren meist die Fixpunkte gewesen, nach denen er sein politisches Wirken ausgerichtet hatte. Und er wurde eigentlich erst gestürzt, als er diese Route konsequent verlassen hatte.
Abgesehen von den Jahren, die bei Walter Ulbricht »ihr Recht forderten«, wie er selbst gesagt hatte, und die man auch in der Hagedorn-Rechnung unbedingt hätte berücksichtigen müssen:
Ulbricht war höchstens noch in seltenen lichten Momenten so kalt überlegen, wie er es sonst gewesen war, er traf die ihm noch überlassenen Entscheidungen gelegentlich sehr aus einer augenblicklichen Stimmung heraus. Er gestattete sich Nachlässigkeiten, die er früher seinen getreuesten Gefolgsleuten nicht erlaubt hätte – und er war auch verbittert, und man ließ ihn mehr und mehr in dieser Verbitterung allein, seit er zurückgetreten war.

Dieser scheinbare Widerspruch zwischen Altersstarrsinn und Emotionalität ließ sich relativ leicht erklären:
Wenn Ulbricht überhaupt noch etwas tat, tat er das, was er für richtig hielt – und er hielt es um so mehr für richtig, weil er davon überzeugt war, er sei immer noch besser als die anderen, wenn nicht unfehlbar. Die anderen, das waren immer noch seine unausgegorenen Schüler – die Genossen, die ihm alles abgeguckt hatten, jahrzehntelang. Außerdem waren diese Genossen, die ihm jahrzehntelang bedingungslos gehuldigt hatten, seit dem 3. Mai 1971, dem Tag seines spektakulären Rücktritts als Parteivorsitzender beziehungsweise als Erster Sekretär des SED-Zentralkomitees, ausgesprochen schäbig zu ihm gewesen:
Sie hatten, ohne Rücksicht auf seinen körperlich und seelisch ziemlich desolaten Zustand, die Veröffentlichung seiner Reden und Aufsätze »Zur Geschichte der deutschen Arbeiterbewegung« gestoppt, mittendrin, nach dem 13. Band von mindestens 25, die vorgesehen gewesen waren. Und sie hatten nichts Eiligeres zu tun gehabt, als seine Bilder von den Wänden der Parteilokale und auch der übrigen Lokale abzuhängen. Vielleicht war das letztere noch zu verstehen, denn dort hing ja jetzt anstandshalber Erich Honecker, obgleich man sich durchaus darüber streiten konnte und es gelegentlich auch tat, ob Honecker nicht wenigstens noch für den Rest von Ulbrichts Leben auf diese Ehrung hätte verzichten können. Am schmerzlichsten indessen war es, daß die maßgeblichen Genossen offenbar ziemlich eindeutig die Order an die Zeitungen in der DDR ausgegeben hatten, Fotos und Zitate des Genossen Staatsratsvorsitzenden nur noch zu ganz seltenen, überhaupt nicht mehr zu umgehenden Anlässen zu veröffentlichen.
In dieser Situation kam das Gnadengesuch für Erwin Hagedorn auf Ulbrichts Tisch, als seine Stimmung aus den verschiedensten Gründen noch grämlicher war als in den Monaten zuvor:
Alle Welt sprach mit Entsetzen vom fürchterlichen Flugzeugabsturz bei Königswusterhausen, dem Absturz einer DDR-Ferienmaschine, die nach Bulgarien fliegen sollte, bei dem 156 Menschen ums Leben gekommen waren, die bisher höchste Todesquote beim Absturz einer einzelnen Maschine. Ulbricht kümmerte sich zwar herzlich wenig um die 156 toten Passagiere, auch wenn er in dieser Zeit häufiger sentimentaler war als früher oder überhaupt sentimental. Aber er dachte gelegentlich immer noch in den alten Denkschablonen: Daß ausgerechnet der technisch hochstehende Staat DDR einen solchen Schicksalsschlag hinnehmen mußte, war in er-

ster Linie ein ungeheuerlicher Prestigeverlust für die neue Gemeinschaft der Werktätigen!
Und wenn er dann noch gewußt hätte, daß ein kleiner Staatsanwalt namens Lympe aus Frankfurt an der Oder westliche Gerichtspsychiater zitiert hatte, Triebverbrechen an Kindern seien ebenso unvermeidbar wie Flugzeugabstürze ... es wäre sofort alles aus gewesen, Ulbricht hätte seine Entscheidung möglicherweise mit brutaler Vorsätzlichkeit getroffen und den Triebverbrecher Hagedorn geradezu mit Wollust seinem Henker übergeben.
Doch von diesem Vergleich wußte er nichts, als er sich der mühsamen und verhaßten Aufgabe unterzog, die Papiere und Akten aufzuarbeiten, die in den letzten Wochen auf seinem Schreibtisch gestapelt worden waren, darunter die dünne Akte Hagedorn ziemlich obenauf.
Von den gut siebzehn Millionen Menschen in der Deutschen Demokratischen Republik hatten monatlich immer noch einige tausend das Bedürfnis, an Walter Ulbricht direkt zu schreiben – erstaunlicherweise eigentlich, und erstaunlicherweise vor allem Frauen.
Einige hundert waren nicht mit formalen Schreiben zufriedenzustellen, ihre Briefe mußten von den Referenten erledigt werden, ja nach Bedeutung von der entsprechenden Referentenstelle innerhalb der Hierarchie.
Ein paar Dutzend Probleme pro Monat aber blieben für den Vorsitzenden selber liegen, darunter diesmal die Angelegenheit Erwin Hagedorn, eben nach Artikel 77 der DDR-Verfassung:
»Der Staatsrat übt das Amnestie- und Begnadigungsrecht aus!«
Aber Walter Ulbricht, dessen Kräfte mehr und mehr verfielen, was ihm gerade in der Zeit seines Kuraufenthaltes besonders deutlich zum Bewußtsein gekommen war, stand an diesem Tag offenbar nicht sehr der Sinn nach so humanen Beschäftigungen wie Amnestien und Begnadigungen. Und so geschah folgendes:
Die »Angelegenheit Hagedorn« bestand aus insgesamt vier Dokumenten – aus dem eigentlichen Gnadengesuch, dem halbwegs routinemäßig vorbereiteten Aktenvermerk »Beiliegendem Gesuch wird stattgegeben...«, dem ebenfalls vorbereiteten Aktenvermerk »Beiliegendes Gesuch wird abgelehnt...« sowie einer gesonderten Verfügung: »Vfg. Das Urteil in der Strafsache Erwin Hagedorn ist nach der Ablehnung des Gnadengesuchs möglichst umgehend zu vollstrecken!«
Den Aktenvermerk »stattgegeben« übersah Walter Ulbricht völlig.

Er unterschrieb das Dokument, das die Ablehnung des Gnadengesuches beinhaltete.
Die Verfügung zur Vollstreckung unterschrieb er sogar noch schneller – und damit waren, womit wirklich niemand gerechnet hatte, alle Dokumente buchstäblich innerhalb von Sekunden vom Schreibtisch des Landesvaters.
Denn der Referent, der Ulbricht bei seinen Unterschriften beraten sollte, hatte scheinbar weder den Mut noch die Gelegenheit gehabt, den Genossen Vorsitzenden auf die Tragweite seiner Entscheidungen aufmerksam zu machen!
»Sonst noch was?« fragte Ulbricht.
Ja, immer noch eine Menge. Eine Menge Unterschriften unter Briefe und die unterschriftlich beglaubigte Verleihung staatlicher Orden für ein paar besonders verdiente Sportler des Volkes.
Die knochigen Finger taten ihm weh, als die Mappen endlich zugeschlagen werden konnten.
»Zwei Leute des Generalsekretariats möchten Sie noch gern sprechen ...«
Aber Walter Ulbricht meinte, nun sei es genug, der Rest könne warten.
Er gab Auftrag, man möge seinen Wagen bereitstellen, verabschiedete sich kaum, stieg ein und sagte zunächst, er wolle nach Hause fahren. Dann überlegte er es sich doch anders und befahl dem Chauffeur, ihn zum Haus des Zentralkomitees der Sozialistischen Einheitspartei zu bringen, dem Haus mit dem rotgoldenen Schild am Eingang, am Ministerium für Auswärtige Angelegenheiten vorbei, die Französische Straße ein Stück entlang und über den Kupfergraben hinweg.
Freuen wollte sich dort so recht niemand:
Ulbricht redete hier und da ein paar brummige Takte mit den Leuten, die zufällig anwesend waren; Erich Honecker, der Hausherr, hatte geahnt, daß der »Alte« aufkreuzen würde und sich deshalb schnell einen Auswärtstermin gesichert.
Von Erwin Hagedorn jedenfalls redete Walter Ulbricht bei seiner Visite im ZK-Haus kein einziges Wort, denn er hatte sowohl den Fall als auch den Namen bereits völlig vergessen – und an seine Entscheidung erinnerte er sich offenbar auch nicht mehr.
Die letzte Karte im Spiel um das Leben des dreifachen Knabenmörders von Eberswalde war also ausgespielt worden, ein vergilbtes As, an der völlig falschen Stelle. Gewonnen hatte niemand, aber alle hatten verloren.

Nach der Ablehnung des Gnadengesuchs und der Anordnung der möglichst umgehenden Vollstreckung des Todesurteils legte die Leitung der Strafanstalt Frankfurt/Oder einen Mann zu Erwin Hagedorn in die Zelle, der möglicherweise tatsächlich ebenfalls ein Häftling war, auf jeden Fall aber wohl auch ein Vertrauensmann der Vollzugsbehörden. Es ging nicht mehr darum, etwa noch ein Geständnis zu ergattern: also sollte der Mann wohl vor allem verhindern, daß Erwin Hagedorn sich der irdischen sozialistischen Gerechtigkeit entzog, indem er sich in allerletzter Minute noch selbst entleibte.
Diese Maßnahme war, vom Standpunkt der Anstaltsdirektion aus, noch zu verstehen.
Aber daß niemand auf die Idee kam, sich bei irgendeiner Instanz in Berlin, die nichts mit dem Staatsrat zu tun hatte, sozusagen rückzuversichern – das war eigentlich unverständlich, wenn man nicht den sozialistischen Autoritätsglauben zur Erklärung heranzieht. Entweder war der Respekt vor dem »Spitzbart« doch noch so tief verwurzelt, daß man seine Entscheidungen nicht in Frage zu stellen wagte – oder man war einfach froh, mit Sanktionierung der höchsten zuständigen Stelle das Problem Hagedorn auf diese Weise doch noch aus der Welt schaffen zu können, ein für allemal und unwiderruflich.
Erwin allerdings dachte gar nicht an Selbstmord. Eher im Gegenteil: er war sogar von einer seltsamen Heiterkeit erfüllt worden, als man ihm das unmittelbar bevorstehende Ende seines Lebens verkündet hatte. Noch wenige Wochen vorher war er überzeugt gewesen, die Justiz würde ihm kein Härchen krümmen – und er hätte jetzt eigentlich in lautes Wehklagen ausbrechen müssen. Statt dessen legte er eine Verhaltensweise an den Tag, deren Motivation wohl für immer verborgen bleiben wird:
Er freute sich auch, daß er in seiner Todeszelle noch einmal Gesellschaft bekam. Das war sogar noch natürlich – und natürlich schien es auch, daß sich der immer noch redselige Erwin mit diesem Mann sehr bald auf ausführliche Gespräche einließ.
Aber dann wurde es doch etwas unheimlich: er fragte den anderen, ob er zufällig wisse, wie man hier sterben müsse. Doch, sagte der Mann, er wisse es.
»Ja, dann erzählen Sie es mir doch bitte!« sagte Erwin fast flehend, im Zustand einer seltsam gespannten Erwartung.
Und er tat es, aus Mitleid oder Pflichtbewußtsein:
»Die Sache ist die«, erzählte er, »Sie kommen in eine Art Stuhl, so

aufgebaut wie ein elektrischer Stuhl oder der in einer Gaskammer, und der Stuhl hat ... aber sag' mal, wollen wir uns nicht duzen?«
»Sehr gern!« strahlte Erwin Hagedorn. Auch eine gute Erfahrung an diesem 15. September 1972: bisher hatte er immer die anderen Leute bitten müssen, ihn zu duzen, und sie hatten es zwar getan, aber er, der verruchte Mörder, hatte sie weiter siezen müssen. Und nun dieser Freund in den letzten Stunden:
»... also du kommst in diesen Stuhl, und der hat im Genick so was wie 'ne Friseurrolle für's Rasieren, wenn du weißt, was ich meine ...«
»... ja ...«
»... ja, und dann wirste festgeschnallt ...«
»... dann ...?«
»Aber du willst ja nun alles ganz genau wissen!«
»Klar!« erwiderte Erwin.
»Ja«, sagte der andere, schweren Herzens, »dann sagt es nur noch ›klick‹ oder ›bum‹, das weiß ja nun niemand mehr genau, und du bist tot. Dann ist da ein Bolzen rausgekommen, wie bei der Schweineschlachtung oder so, da haste den Bolzen direkt ins Genick gekriegt und merkst nichts mehr, eine todsichere Sache ...«
Der Mann, der ein Spitzel war, sah plötzlich mit Schaudern, daß Erwin Hagedorn bei diesem »klick« oder »bum« eine deutliche Erektion hatte.
Was mach' ich nur! überlegte er.
Aber er wagte es nicht, Erwin daraufhin anzusprechen oder gar den nächsten Beamten zu rufen.
Und ob seine Schilderung der Vollstreckungsmethode nun in allen Einzelheiten stimmte oder nicht: Es blieb ihm nichts anderes übrig, als Erwin die Geschichte nochmal und nochmal zu erzählen, ein dutzendmal, zwanzigmal vielleicht ..., er wußte schließlich selbst nicht mehr, wie oft nun wirklich ...
Er war froh, als sie Erwin Hagedorn dann endlich holten und tatsächlich hinrichteten, nicht etwa im ersten Morgengrauen, sondern an einem schönen Nachmittag, Indian Summer sozusagen, mit Staatsanwalt Dr. Kuschel und anderen ehrenwerten Persönlichkeiten der sozialistischen Gesellschaft als Zeugen. Sie richteten ihn ziemlich genau siebzig Stunden nach der Ablehnung seines Gnadengesuchs hin – per Genickschuß. Er mußte auch nicht, wie andere Delinquenten, noch zum Hinrichtungsort transportiert werden, denn er war schon dort und mußte nur noch ein paar Schritte laufen:

In Frankfurt an der Oder werden nämlich, aus praktischen Gründen, die meisten zum Tode Verurteilten aus der ganzen DDR hingerichtet. Vor Erwin Hagedorn hatte man an der »Maschine« einen berüchtigten KZ-Arzt vom Leben zum Tode befördert.
Erwins letzter Zellengenosse wurde anschließend an die Hinrichtung vernommen, wie es denn so gewesen sei, ob der Todeskandidat vielleicht doch noch irgend etwas von Belang von sich gegeben habe, bevor er seinen allerletzten Weg antrat. Und da schilderte der Mann, offenbar immer noch völlig verstört, wie aus dem schlimmen Sadisten Erwin Hagedorn in den letzten Stunden seines Lebens geradezu noch ein Masochist geworden war, ebenso schlimm anzusehen und sicherlich genauso pervers wie das andere, das ihn überhaupt erst an die »Maschine« gebracht hatte:
»Also, das mach' ich nie wieder«, schloß er seinen schauerlichen Bericht, »sowas Scheußliches habe ich noch nie erlebt!«
Dann wurde Erwin Hagedorns Leiche an einem bis heute geheimgehaltenen Ort verscharrt: den Ort kennen vermutlich nur drei Menschen, und die sind tatsächlich so stumm und so stumpf wie eben die Totengräber sind, wenn sie nicht gerade Langeweile haben.
Wenigstens für Erwin Hagedorn selbst war der Fall zu Ende.
Für die meisten anderen allerdings, die mit der Mordaffäre von Eberswalde zu tun gehabt hatten, war der Fall noch lange nicht zu Ende – gerade für die Leute, die alles gewollt hatten, nur das nicht.

»Das ist nicht wahr!« sagte Max Bremer von der Generalstaatsanwaltschaft, als er es hörte. »Da hat dieser Frankfurter Pinscher Lympe doch tatsächlich die richtigen Papiere gehabt!«
Vor Entsetzen trank Bremer seinen kapitalistischen Cognac öffentlich, und zwar gleich zwei hintereinander und dann noch einen dritten nur zwei Minuten später.
Andere reagierten noch eindrucksvoller:
»Sind die denn wahnsinnig...?« stöhnte der amtierende DDR-Justizminister Kurt Wünsche, dem die Attrappen-Funktion seines Amtes bis dahin noch nie so deutlich gemacht worden war. Zum erstenmal faßte Wünsche den Gedanken fest ins Auge, mit dem er bisher höchstens gespielt hatte: den Gedanken, zurückzutreten.
Und auch der Dozent Dr. Dr. Hans Szewczyk, der wieder einmal auf seine längst fällige Beförderung zum Professor wartete, erlebte ausgerechnet in diesen Tagen seine Passion, wie seine engeren Mitarbeiter berichteten:

Er hatte, so mußte er sich eingestehen, bei der Aufklärung dieses Falles zwar einen seiner größten Erfolge erzielt, aber am Ende auch eine seiner schlimmsten menschlichen Niederlagen hinnehmen müssen. Szewczyk mußte sich rundwegs sagen, daß er, spätestens von dem Tage an, da sich in Eberswalde die Gutachterkommission formiert hatte, eine der wichtigsten und zugleich tragischsten Figuren in diesem Fall geworden war.
Für Günter und Anne Hagedorn kam die schlimme Stunde, in der die Post ihnen die lapidare Todesurkunde ins Haus brachte, keine vier Wochen nach dem Umzug ins neue Heim. Sie machten sich Vorwürfe, daß sie ihren Sohn nicht doch noch einmal besucht hatten, und sie schlossen die Tür hinter sich zu und weinten. Später sprach der Anwalt noch einmal vor, ließ sich die Sterbeurkunde aushändigen und sagte tröstend, er werde versuchen, wenigstens »noch was aus der Lebensversicherung herauszuholen«.
»Was soll's noch?« sagte Günter Hagedorn.
Er gab Wegemann das Papier, nickte automatisch mit dem Kopf, als er hörte, die Sache werde voraussichtlich lange dauern, möglicherweise Jahre – dann ging der Anwalt, der, alles in allem, so nützlich gewesen war wie ein Nasenschoner.
Die Hagedorns hatten nun nichts mehr im Haus, was sie an ihren Sohn erinnerte, es sei denn jeder Stuhl, auf dem Erwin jemals gesessen hatte, und jeder Teller, der ihm jemals vorgesetzt worden war ...
Und diese Zeremonien bei den gemeinsamen Mahlzeiten:
Nichts da! war offensichtlich die Reaktion: nichts geht mehr! Für die nicht mehr sehr zahlreichen Freunde und guten Bekannten der Hagedorns war es in der Folgezeit ziemlich auffällig, daß das Essen nicht mehr, wie früher, zelebriert wurde, sondern eher nachlässig auf den Tisch kam, und daß die sonst so propere Anne Hagedorn ihr Äußeres mehr und mehr vernachlässigte.

Länger als ein paar Tage konnten die verantwortlichen Justizbehörden die Nachricht von Erwin Hagedorns Hinrichtung gegenüber den Spitzen der Partei und damit des Staates im Grunde nicht für sich behalten, auch wenn sie diesen Vorfall am liebsten für immer vergessen hätten. Die Öffentlichkeit allerdings, beschlossen sie spontan, sollte nie etwas darüber erfahren.
Und sie hatten Glück, geradezu unverschämtes Glück:
Eine Galgenfrist bekamen die Leute, die diesen unsinnigen, überflüssigen Tod letztlich zu verantworten oder wenigstens mitzuver-

antworten hatten, durch den Besuch einer tschechoslowakischen Partei- und Regierungsdelegation unter Leitung von Parteichef Husak. Sie wurde am 19. September mit einem großen Bahnhof in Berlin empfangen, Küßchen links und Küßchen rechts: Erich Honecker küßte mit, Willi Stoph, Kultursekretär Kurt Hager, der wichtige Dresdner SED-Bezirkschef Werner Krolikowski, alles in allem fast die Hälfte der sechzehn stimmberechtigten Mitglieder des Politbüros – und für den Tod eines Mörders, sei er nun bedauernswert oder auch nicht, hatte wirklich niemand Zeit.
Tagelang waren die SED-Stars mit den Tschechen, bei denen sie offenbar einiges gutmachen wollten, unterwegs, und niemand war für Nicht-Tschechen zu sprechen. Erst am 22. September, als die Tschechen Rostock besuchten, kamen wenigstens Honecker und Stoph etwas zur Ruhe, denn für diese Reise nahmen ihnen Hager, Krolikowski und Günter Kleiber, Kandidat des Politbüros, die Repräsentationsarbeit ab.
Honecker, gerade sechzig geworden und somit auch nicht mehr der Allerjüngste, wollte eigentlich einen Tag in seinem Jagdhaus in der Schorfheide verbringen, in der Nähe von Hermann Görings ehemaligem Herrensitz Karinhall.
Aber ausgerechnet in dieser Situation hatten ihm Vertreter der Justiz so beiläufig wie möglich die Geschichte Hagedorn erzählt, und er hatte ihre Tragweite zunächst nicht so ganz begriffen.
Pflichtgemäß hatten sie ihm dann gesagt: »Seltsamerweise haben allerdings die Russen bei der Generalstaatsanwaltschaft interveniert, wieso die DDR es zulassen könne, einen so jugendlichen Menschen hinzurichten ...«
»... die haben's nötig!« hatte Honecker geantwortet, der sich zwar offiziell loyal gegenüber der sowjetischen Führung verhält, im halbwegs inoffiziellen Gespräch allerdings auch schon mal eine andere Tonart anschlägt.
»Das Ministerium für Staatssicherheit hat inzwischen eine eigene Kommission nach Eberswalde und Frankfurt entsandt, um die Einzelheiten des Vorgangs zu prüfen ...«
Honecker: »Was so alles passiert, wenn man mal zwei Tage nicht im Büro ist ...«
»... irgendein Genosse im MfS hat gesagt, wenn das jemals weltweit bekannt wird – und die kapitalistische Presse würde das sofort aufgreifen, wenn sie's rauskriegt –, dann hält er das für schlimmer, als wenn wir über Nacht unsere Entwicklungshilfe für Afrika einstellen würden ...«

Da erst ging Honecker auf, daß hier womöglich eine Ungeheuerlichkeit passiert sei.
»Also, ich sehe zwar keinen Zusammenhang zwischen unserer Entwicklungspolitik und dieser Hinrichtung ... aber es könnte natürlich schon sein, daß das unangenehmes Aufsehen erregen wird ...«
»... sehr unangenehmes!« bestätigten die Leute aus dem Justizapparat, die im Grunde heilfroh waren, daß der Erste Sekretär des Zentralkomitees der SED die Geschichte zur Kenntnis nahm, ohne einen Temperamentsausbruch zu erleiden.
»... und deshalb«, beschloß Honecker, nun doch mit einem gefährlichen Unterton, »werden wir Maßnahmen ergreifen! Ich danke Ihnen, Genossen ...!«
Sie waren verabschiedet und trollten sich. Honecker ließ sich seinen Terminkalender kommen und stellte fest, daß unter anderem eine französische Parlamentsdelegation im Anmarsch war. Außerdem stand die endgültige Verabschiedung der Tschechen ins Haus, der Empfang einer kubanischen Delegation, ein Treffen mit Funktionären der Sozialistischen Einheitspartei aus Westberlin und ein Empfang des Allindischen Verbandes.
»Die Franzosen, das macht Götting allein!« entschied Honecker – Gerald Götting, der gerade neugewählte Präsident der Volkskammer, von Parlamentarier zu Parlamentarier.
Und in der Zeit, die er dadurch gewann, organisierte er eine Konferenz mit seinen engsten und höchsten Genossen. Denn dieser idiotische Mordfall und seine Folgen, das erkannte er, konnten tatsächlich ärgerliche Auswirkungen haben.
Tiefstapeln oder ganz hoch spielen? überlegte er.
Im Moment war er noch für »ganz hoch«, und die Zielscheibe, die er ins Auge gefaßt hatte, hieß Walter Ulbricht. Denn der war ja, wie ihm die Leute von der Justiz erzählt hatten, an allem schuld.
Er hoffte sehr, daß die anderen Genossen seiner Meinung waren: Willi Stoph, Horst Sindermann und er selbst, Erich Honecker, mußten doch wenigstens einmal unter einen Hut zu kriegen sein, von den anderen Mitgliedern des Politbüros gar nicht erst zu reden!

Es blieb allerdings vieles undurchsichtig in den nächsten Tagen in der Hauptstadt der DDR, und ganz so hoch, wie Honecker eigentlich beabsichtigt hatte, wurde »die Sache« offenbar nicht gespielt. Sie ging sogar abwärts, nachdem sie zunächst von der Spitze der Partei- und Polit-Administration behandelt worden war, sie wurde

hierarchisch nach unten gestuft. Und das war sogar, bei nüchterner Betrachtung des Falles, politisch sehr sinnvoll:
Josef Streit wurde eingeschaltet, der Generalstaatsanwalt, und der delegierte sofort weiter nach unten:
Heinrich Toeplitz war der nächste, der höchste Richter der DDR. Der spielte die Affäre allerdings geschickt wie ein Badmintonspieler an die Generalstaatsanwaltschaft zurück, und sie flog wie ein Federball auf Streits Stellvertreter Harrland zu.
Harrland schließlich ergriff zwar Maßnahmen zur Bewältigung des Falles, spielte ihn bei dieser Gelegenheit auch noch weiter herunter und beschloß gleichzeitig, sich aus allem herauszuhalten.
Denn Harri Harrland, Doktor beider Rechte und stellvertretender Generalstaatsanwalt, stellte zwar in diesen spätsommerlich sonnigen Tagen sein Büro für eine Konferenz zur Verfügung – eine Konferenz, die dazu dienen sollte, das in den Brunnen gefallene und längst ertrunkene Kind möglichst ohne Aufsehen vom Brunnen wegzubringen. Generalstaatsanwalt Streit, Vorsitzender Toeplitz vom Obersten Gericht und er selbst würden kommen, hatte er angekündigt –, aber als es soweit war, kamen weder er selbst noch die anderen angesagten hohen Herren.
Max Bremer erschien, der Mann von der Generalstaatsanwaltschaft, der schon einmal alles ausbügeln mußte, und geladen waren unter anderem der linientreue Major Wildermuth von den »Mucks«, den Morduntersuchungskommissionen aus Eberswalde, sowie der nicht minder linientreue Dr. Hebebrand von der Gutachter-Brigade Szewczyk-Ochernal. Dazu noch ein paar Funktionäre, die ebenfalls mehr oder minder dazu beigetragen hatten, den Fall Hagedorn »praktisch« und theoretisch (was ja jetzt noch wichtiger war) zu bewältigen; Leute, die sich bedrückt gaben und außerdem auch sehr schweigsam.
Bremer sagte bitter: »Harrland läßt sich entschuldigen. Wenn Sie mit mir als Hausherrn vorlieb nehmen würden ... ich verfüge über alle Vollmachten, die wir sowieso nicht mehr brauchen ...«
»Eine Frage«, sagte Hebebrand, »haben Sie Szewczyk nicht hierhergebeten, weil Sie Angst hatten, er würde Ihnen die Bude in Brand stecken ...?«
»Genosse«, sagte Bremer, »ich sollte Ihnen diese Bemerkung grundsätzlich als staatszersetzend um die Ohren schlagen. Ich tue es gleichwohl nicht, und das hängt damit zusammen, daß dieser Kreis absichtlich klein gehalten worden ist. Ich werde offen mit Ihnen reden, wie es selbstverständlich immer unsere Art ist, und ich bitte

Sie, ebenfalls so zu verfahren. Ich gebe Ihnen die Antwort, Genosse Hebebrand, daß der Dozent Dr. Szewczyk aus genau den Gründen nicht hier ist, die Sie soeben angeführt haben!«

»Moment«, sagte Wildermuth verdattert, »Sie würden es gutheißen, wenn Ihnen hier jemand die ... die ...«

»... die Bude in Brand steckt?«

»Ja, so ...«

»Ich würde es nicht gutheißen«, sagte Bremer, »aber ich würde es verstehen. Und jetzt zur Sache ...«

Zur Sache teilte er zunächst folgenden gespenstischen Tatbestand mit:

Erich Honecker, Willi Stoph und Horst Sindermann hatten inzwischen erfahren, was passiert war. Ihre erste Reaktion war ein »Na und?« gewesen, verbunden mit der Frage, warum man Mörder eigentlich nicht hinrichten solle. Aber dann hatten ihre Referenten ihnen klargemacht, was dieser Fall für Auswirkungen haben könne: das vielberedete internationale Ansehen der DDR, die Humanität in der DDR ... dann sei allerdings auch ihnen die Tragweite dieses Ereignisses klar geworden.

»Man kann getrost sagen«, sagte Max Bremer, »auch bei den Spitzen unserer Partei und des Staates herrschte das blanke Entsetzen ...«

»Von seiten der Kripo«, wandte da Major Wildermuth ein, »kann ich Sie da wegen des blanken Entsetzens vielleicht etwas beruhigen. Die Deutsche Volkspolizei ist der Ansicht, daß Erwin Hagedorn zwar möglicherweise auch auf Staatskosten hätte untergebracht werden können, daß aber das, was jetzt mit ihm passiert ist, eine mindestens ebenso gerechte Konsequenz ist. Das ist die Ansicht meiner Kollegen, und wir sind da vielleicht doch ziemlich dicht am Ohr des Volkes ...«

»Sie und am Ohr des Volkes!« sagte der Psychiater Dr. Hebebrand. »... also, das verbitte ich mir auf das ...«

»Ruhe!« brüllte Bremer, laut wie bisher nie. »Wildermuth hat recht, das Volk ... ich meine die Gemeinschaft der Werktätigen fordert in solchen Fällen immer noch die Todesstrafe, machen wir uns da überhaupt nichts vor, und im übrigen rede ich!«

»Jawohl, Genosse!« sagten Hebebrand und Wildermuth nahezu unisono, aber mit völlig verschiedenen Untertönen.

»Die Genossen Honecker, Stoph und Sindermann«, sagte Bremer, wieder besänftigt, »haben dann eine Sitzung anberaumt, ich weiß nicht genau, wer alles dabei war. Und jetzt sage ich Ihnen etwas, das

niemals aus diesem Raum kommen darf: sie haben beschlossen, den Genossen Ulbricht, den sie offenbar zu Recht alleinverantwortlich machen für dieses Ereignis, endgültig in den Ruhestand zu versetzen ...«
»... er ist Staatsratsvorsitzender!« sagte Wildermuth.
»Ja, das ist er ...«
»... immer noch Staatsratsvorsitzender!« sagte Hebebrand, geradezu wider Erwarten und, gelinde gesagt, zutiefst erstaunt.
»Er wird es bleiben!« sagte Bremer kategorisch. »Und das, meine Herren, ist die eigentliche Geschichte ...«
Honecker, Stoph, Sindermann, viel höhere Prominenz innerhalb der DDR gibt es ja nun nicht. Die anderen, die dabei waren und deren Namen Bremer im Moment nicht wußte, waren auch nicht ren Namen Bremer im Moment nicht wußte, waren auch nicht gerade Kreissekretäre, sondern entweder Mitglieder des Politbüros oder Anwärter auf die Vollmitgliedschaft im Politbüro, dem faktisch höchsten Staats-, Partei- und Beschlußorgan der DDR.
»Sie haben also beschlossen, den Genossen Ulbricht seiner restlichen Ämter zu entkleiden. In diesem Moment, ich schildere Ihnen das so plastisch wie möglich, kommt eine diensttuende Genossin ins Sitzungszimmer und sagt dem Genossen Honecker oder dem Genossen Sindermann was ins Ohr ...«
»Nämlich ...?« fragte Dr. Hebebrand.
»Tja«, sagte Bremer, »sie sagte ihm was ins Ohr, und genau damit trat das ein oder auf, was die alten Griechen den Deus ex machina nannten ...«
Er schien allmählich selbst Gefallen an der Dramatik seiner Geschichte zu finden.
»... da wurde nämlich«, berichtete Bremer, »der rote Rudi angemeldet, und wer das ist, brauche ich Ihnen ja wohl nicht zu erklären ...«
»... Professor Baumann aus Buch ...?«
»... Professor Baumann aus Buch, genau! Und Baumann sagt, er hat den Eindruck, sie haben hier die Absicht, sie planen ja wohl offensichtlich eine Art Staatsstreich gegen Ulbricht, aber den können sie sich eigentlich sparen ...«
»Oh, ja«, sagte Hebebrand, »ich ahne einiges ...«
»... es sei nun wirklich keine Verletzung seiner ärztlichen Schweigepflicht mehr, sagte Rudi, wenn er dem versammelten Gremium mitteilen würde, Walter Ulbricht habe seiner Ansicht nach allenfalls noch drei Monate zu leben ...«

»Auferstanden aus Ruinen ...« sagte ausgerechnet Wildermuth zynisch.
»Habe ich Erwin Hagedorn hingerichtet?« reagierte Bremer aggressiv. »Hat das innerhalb meiner Gewissenserforschung etwas mit staatsfeindlichen Tendenzen zu tun?«
»In letzter Konsequenz«, sagte Hebebrand, »müßte ich diese nicht an mich gerichtete Frage mit ja beantworten, und wenn Sie wollen, können Sie mich damit sogar gern zur Rechenschaft ziehen!«
Bremer aber zog ihn nicht zur Rechenschaft, er zog sich selbst nicht einmal aus dem Zimmer zurück. Da er vorher den »lockeren Ton« vereinbart hatte, mußte er sich wohl oder übel einiges gefallen lassen. Das Telefon läutete, geradezu eine Erlösung für ihn in diesen Sekunden.
Bremer ging zum Apparat. »Jawohl ...« sagte er zehnmal, und einmal sagte er, bevor er das Gespräch beendete: »Da bin ich völlig Ihrer Ansicht!«
Er kam zurück.
»Es war der Genosse Streit, er wünscht uns allen, daß wir ein fruchtbares Gespräch hatten ...«
Pause rundum.
Schließlich sagte Hebebrand: »Wir haben's ja noch ...«
»... Streit hat allerdings auch erwähnt«, sagte Bremer, indem er einen seiner Cognacs trank, »daß er in diesem Fall, zu einem Zeitpunkt, zu dem er alles noch hätte ahnen können, den Genossen Rechtsanwalt Ullmann persönlich in die Verteidigung von Hagedorn geboxt hätte!«
Den ehemaligen Staatsanwalt und heutigen Sozius des Star-Verteidigers FKK alias Friedrich Karl Kaul – sicher, aus der Sicht des Jahres 1974, der noch fähigere Advokat.
»Warum erzählen Sie ausgerechnet uns dieses Staatsgeheimnis?« fragte Hebebrand.
»Weil Sie dafür sorgen sollen, daß in Ihren Kollektiven absolutes Schweigen über den Fall Hagedorn gewahrt wird, in alle Ewigkeit!« antwortete Bremer streng. »Das ist nämlich so ungefähr das einzige, was wir von uns aus noch tun können!«
»Der Herr Major hat vorhin gesagt, bei der Deutschen Volkspolizei hat sich die Hinrichtung aber schon rumgesprochen!« erwiderte Dr. Hebebrand süffisant. »Wohingegen ich in unseren Kreisen schon dafür sorgen könnte, daß keiner groß was von sich gibt ...«
Wildermuth, beeilte sich mit der Feststellung: »Das war nur allgemeines Gerede, das ich da wiedergegeben habe. Es bezog sich aus-

schließlich auf die Verhängung der Todesstrafe, nicht aber auf die erfolgte Hinrichtung ...«
»... dann«, sagte Max Bremer, »ist ja wenigstens insofern alles klar!«
Er machte eine Pause, dann sagte er: »In Sachen des Staatsratsvorsitzenden Walter Ulbricht wird also, wie das Politbüro aufgrund der Mitteilungen des Genossen Professor Baumann beschlossen hat, nichts passieren! Das ist endgültig, meine Herren, soweit auf dieser Erde überhaupt irgend etwas endgültig sein kann!«
Er hatte »meine Herren« gesagt und nicht »Genossen«, und das war wenn schon nicht seltsam, so doch außerhalb des sozialistischen Sprachgebrauchs.
»Haben Sie Beispiele für entsprechend diskret behandelte Fälle?« fragte Dr. Hebebrand. »Oder auch für entsprechend haarsträubende Fälle?«
»Allerdings«, sagte Max Bremer, »da passieren doch Sachen, die gibt's eigentlich gar nicht! Da hat neulich der Genosse Honecker einer Frau rein aus menschlichen Erwägungen die Ausreise in die BRD gestattet, natürlich unter Aberkennung ihrer DDR-Staatsbürgerschaft, und wissen Sie, was das für eine Frau war?«
Natürlich wollten sie es wissen, und sie sahen ihn erwartungsvoll an – vor allem froh darüber, daß wenigstens zwei Minuten lang einmal nicht über Erwin Hagedorn geredet wurde. »Diese Frau«, sagte Bremer, »hatte zwei Monate zuvor bereits Republikflucht begangen und befand sich seitdem schon ununterbrochen auf dem Territorium der BRD!«
Als sich das Erstaunen über diesen Vorfall gelegt hatte, sagte Bremer nur noch:
»Das Politbüro hat über das hinaus, was wir bereits besprochen haben, eine Reihe von Maßnahmen ins Auge gefaßt, über die ich teilweise unterrichtet bin. Ich bin allerdings nicht befugt, Ihnen darüber Auskunft zu geben!«
Zum Abschied nickten sie alle, denn solche Sprüche sehen sie immer ein.

Es ereignete sich dann zunächst ein makabrer Witz, der allerdings auch eine sehr gezielte Maßnahme war: Den »Psychos« aus der Charité wurden für ihre Verdienste bei der Bewältigung des Mordfalles Hagedorn eine Geldprämie und Ehrennadeln verliehen!
Das Geld legten die Wissenschaftler zur Ausgestaltung einer kleinen Feier in ihren Amtsräumen an, und zu dieser Feier kamen auch

einige Offiziere der Deutschen Volkspolizei sowie Staatsanwalt Dr. Kuschel aus Frankfurt/Oder. Er war es auch, der die Ehrennadeln anheften durfte, und er tat es so feierlich wie möglich. Stimmung allerdings wollte so recht nicht aufkommen auf dieser seltsamen »Party«. Und ausgerechnet ein Vopo-Mann sprach aus, was alle dachten: »Selbst wir haben nicht damit gerechnet ...«
»... um so mehr müssen wir es für uns behalten!« gelobte Dr. Hebebrand im Namen seiner Genossen und Kollegen.

Die Maßnahmen schließlich, die – entgegen Bremers Äußerungen – dann doch fast ausschließlich gegen Walter Ulbricht gerichtet waren, begannen damit, daß am 6. Oktober, knapp drei Wochen nach Erwin Hagedorns Hinrichtung, eine Amnestie erlassen wurde – eine mit großem Aufwand an Propaganda verkündete »Amnestie für politische und kriminelle Straftäter«, angeblich aus Anlaß des 23. Geburtstags der Deutschen Demokratischen Republik. Pro forma wurde sie sogar vom Staatsrat verkündet, tatsächlich aber auf den Vorschlag des SED-Zentralkomitees und des Ministerrats hin beschlossen, ohne den Staatsratsvorsitzenden Walter Ulbricht überhaupt nur zu fragen.
Als nächstes kamen die Mitglieder des SED-Politbüros überein, das längst vorgesehene neue »Gesetz über den Ministerrat der Deutschen Demokratischen Republik« nochmals durch die Volkskammer-Ausschüsse behandeln und prüfen zu lassen – mit dem erklärten Ziel, die in dem Gegensatz vorgesehene Entmachtung des Staatsrats noch deutlicher und effektiver zu machen.
Und das wurde dann tatsächlich ein Schlag ins Gesicht von Walter Ulbricht, den er zu anderen Zeiten bestimmt nicht ohne den Versuch eines kalten Gegen-Staatsstreichs eingesteckt hätte:
Das neue Gesetz übertrug in seiner endgültigen Fassung dem Ministerrat eine Anzahl staatspolitisch wichtiger Funktionen, die nach der Verfassung von 1968 ausdrücklich dem Staatsrat und dessen Vorsitzenden zugestanden worden waren – gerade solche Funktionen und Befugnisse, die sich Ulbricht als Staatsratsvorsitzender seinerzeit selbst zugeschanzt hatte!
Schon der Ton machte es deutlich:
Im »alten«, nun zu den historischen Akten gelegten Gesetz hieß es schlicht, der Ministerrat sei das Exekutiv-Organ der Volkskammer und des Staatsrats. Im neuen Gesetz dagegen lautete der erstere Satz: »Der Ministerrat ist als Organ der Volkskammer die Regierung der Deutschen Demokratischen Republik!« Kein Wort mehr

davon, daß der Ministerrat etwa auch dem Staatsrat verantwortlich wäre!
Der Ministerrat sollte jetzt, ab sofort, »den planmäßigen Ausbau der sozialistischen Rechtsordnung und die ständige Festigung der sozialistischen Gesetzlichkeit« gewährleisten – im Zusammenhang mit dem Fall Hagedorn ein fast verräterischer Satz. Früher nämlich war der Ministerrat lediglich »verantwortlich für die Aufrechterhaltung der öffentlichen Ordnung und Sicherheit«, hatte also sozusagen nur die Funktion eines Ober-Polizisten.
Jetzt sollte der aufgewertete Ministerrat über die Staatsbilanzen beschließen, die Durchführung der Außenpolitik leiten und über den Abschluß und die Kündigung völkerrechtlicher Verträge entscheiden. Und jetzt vertritt der Vorsitzende des Ministerrats die DDR nicht nur völkerrechtlich – was bislang dem Vorsitzenden des Staatsrats zugestanden worden war –, sondern der Vorsitzende des Ministerrats sollte auch das Recht bekommen, Entscheidungen anderer Staatsorgane aufzuheben, die den Gesetzen widersprachen!

Dieses Gesetz wurde am 16. Oktober 1972 von Willi Stoph auf der 6. Tagung der DDR-Volkskammer eingebracht und erläutert, und die Volkskammer verabschiedete es einstimmig wie üblich. Unterschrieben wurde es von Walter Ulbricht! Am selben Tag ernannte man auch – was dann längst nicht so ausführlich in der Presse gewürdigt, aber immerhin notiert wurde – den Liberaldemokraten Hans Joachim Heisinger zum neuen Justizminister der DDR, und die Genossen im Lande fragten sich, eben weil sie gelegentlich nicht ganz vollständig unterrichtet sind, einigermaßen verwundert: Warum brauchen wir einen neuen Justizminister?
Die Antwort, die den höheren Funktionären gegeben wurde, hieß schlicht: Weil der bisherige Justizminister aus dem Ministerrat ausgeschieden war!
Kurt Wünsche, ohnehin seit längerem ein frustrierter und auch körperlich angeschlagener Mann, hatte das Handtuch geworfen und damit die Absicht verwirklicht, die er sich in den Kopf gesetzt hatte, als ihm die Hinrichtung von Erwin Hagedorn bekannt geworden war. Auf seine Weise war er das erste Opfer dieser Affäre – eigentlich allerdings nicht das »Opfer«, mit dem die Polit- und Staatsführung der DDR gerechnet hatte.

Denn Anfang 1973, als dann mehr als drei Monate verstrichen waren, lebte Ulbricht immer noch – entgegen den ausnahmsweise pessimistischen Aussagen von Professor Baumann. Und das unter anderem wegen Erwin Hagedorn nach wie vor verärgerte Politbüro der SED beschloß, ihn noch einmal, und diesmal persönlich, zu kränken: Die nach ihm benannte Akademie für Staats- und Rechtswissenschaften in Potsdam erhielt einen neuen Namen und das Berliner Walter-Ulbricht-Stadion wurde in »Stadion der Weltjugend« umbenannt, angeblich im Hinblick auf die in diesem Sommer bevorstehenden Weltjugendfestspiele. Daß dem Staatsratsvorsitzenden auch der Vorsitz im Nationalen Verteidigungsrat entzogen wurde, fiel dagegen nur noch deshalb ins Gewicht, weil der Betroffene vor der Beschließung dieser Maßnahme überhaupt nicht mehr gefragt worden war.

Es war dann eine Routinesitzung des Politbüros an einem Dienstag. Irgend jemand brachte auf dieser Sitzung doch noch einmal den offiziell fast vergessenen oder, genau gesagt, totgeschwiegenen Fall Erwin Hagedorn zur Sprache – und dieser Jemand traf die inzwischen schon wieder fast ketzerische Feststellung, daß Walter Ulbricht ja schließlich, Baumann zum Trotze, immer noch lebte.
»Ich glaub' in diesem Zusammenhang ja kein Wort mehr!« sagte er.
»Was heißt das?« fragte der Erste Sekretär.
»Nämlich, der hatte doch tatsächlich schon alles ...«
»Wieso ...?«
»Galle, Leber, Herzinfarkte gleich fünf oder sechs, Lähmungen, Schlaganfälle, Kehlkopfkrebs, und blind war er auch schon dreimal ...«
»Damit zitierst du doch nur die kapitalistische Presse ...«
»Na und«, erwiderte der Ketzer. »Totgesagt haben sie den Genossen Walter jedenfalls schon zehnmal, und Totgesagte leben nun mal länger, und da können wir uns auf den Kopf stellen!«
Er erhielt Unterstützung: »Demnächst wird Walter auch noch 80. Wie oft müssen wir ihn eigentlich noch hochleben lassen?«
Der Erste Sekretär sagte: »Ich denke, wir haben andere Sorgen. Wir sollten besser alle gemeinsam dafür sorgen, daß unsere Administration grundsätzlich besser funktioniert als bisher!«
»Laßt ihn doch gleich euthanasieren!« schlug ein anderer vor, offenbar ein Parteigänger des Genossen Staatsratsvorsitzenden.
Und Friedrich Ebert, der Älteste, fragte milde: »Geht es denn albernerweise immer noch um diesen ... diesen Kriminalfall aus Fürstenwalde?«
»... Eberswalde!« wurde er korrigiert.

»... was mich interessiert«, sagte ein bis dahin nicht zu Wort gekommenes Mitglied des Politbüros, »diese Genossen Gutachter, diese Psychiater ..., die müssen doch irgendwann mal festgestellt haben, wo da bei diesem Hage ... Hage ...«
»... Hagedorn ...«
»... wo da eigentlich dieser Vulkan aufgebrochen ist! Da muß doch mal die Sonde sozusagen den Nerv getroffen haben! Ich hör' hier dauernd, wie das alles politisch bewältigt werden muß ... aber was da eigentlich genau gewesen ist ...?«
Daraufhin sahen sie sich alle einigermaßen betreten an.
»Ist nicht ...« sagte einer.
»Und warum nicht?«
»Dieser Hagedorn ist tot!« sagte er. »Tot und verscharrt. Er hat zu Lebzeiten keine Antwort gegeben, vielleicht ist er ja tatsächlich nicht richtig gefragt worden, und jetzt kann er nun wirklich keine Antwort mehr geben!«
»Walter auch nicht!« sagte der Erste Sekretär des Zentralkomitees der Sozialistischen Einheitspartei Deutschlands. Und es war offenbar scheinbar zynisch gemeint, klang aber in Wirklichkeit eher depressiv.
Der immer noch lebende Walter Ulbricht hätte tatsächlich keine Lust mehr gehabt, Auskünfte zu geben:
Es sah so aus, als habe er einen Nichtangriffspakt mit dem Tod geschlossen: Innerhalb des letzten halben Jahres wurde sein Gesicht immer schädelähnlicher, ohne endgültig zu verfallen, schien der Kopfumfang um die Hälfte abzunehmen, die Brille vor den Augen zu schlottern und der ganze Mann zwar einzuschrumpfen, aber eben zu einem nahezu unsterblichen Zwerg. Walter Ulbrichts Arterien wurden brüchiger und brachen trotzdem nicht, sein chronisch hoher Blutdruck ließ jeden Tag das Schlimmste befürchten, wie die internen Bulletins aus Wandlitz besagten, oder auch das »Vernünftigste«, je nachdem – und dann tauchte der alte Mann plötzlich doch wieder am Marx-Engels-Platz auf, im Gebäude des Staatsrats, oder dienstags zu den Sitzungen des Politbüros seiner Partei, im Haus des SED-Zentralkomitees am Werderschen Markt. Für die erste Maihälfte 1973 hatte sich Leonid Breschnew aus Moskau in Ostberlin angesagt, und es gab, wie im Politbüro diskutiert wurde, keine andere Möglichkeit, als für den obersten Genossen der kommunistischen Welt einen Empfang im großen Festsaal des Staatsratspalastes zu arrangieren. Dort war Ulbricht ärgerlicherweise immer noch Hausherr, und es wäre ein öffentlicher Eklat

gewesen, ihn nicht zu diesem Empfang einzuladen. Soweit ging deshalb niemand – aber ein Eklat wurde es trotzdem, weil Walter Ulbricht nahezu vorsätzlich von Breschnew und der übrigen Sowjet- und DDR-Prominenz abgeschirmt wurde.
Dann aber kam der verärgerte Greis nur noch einmal ins Politbüro und – in amtlicher Eigenschaft – einmal ins Staatsratsgebäude, danach blieb er fast ununterbrochen draußen in Wandlitz. Noch einmal allerdings tat er den Genossen einen herben Tort an: Er vollendete tatsächlich noch sein 80. Lebensjahr, und sie alle wurden zur Feier geladen, mußten antreten, sogar – wie Willi Stoph – aus dem Erholungsurlaub.
Am Morgen dieses 30. Juni 1973 wurde Walter Ulbricht zum allerletzten Mal lebend von Wandlitz nach Berlin gefahren, in seinen Amtssitz, den er nicht mehr leiden konnte, weil aus ihm keine Macht mehr dekretiert wurde. Das Politbüro stand im Festsaal Spalier, Walter Ulbricht ein paar Meter entfernt vor der Front, und Erich Honecker trat vor, um eine Glückwunschadresse und den Orden »Großer Stern der Völkerfreundschaft« loszuwerden.
»Ich darf mich setzen, Erich...!« sagte Ulbricht, schon zu Anfang seines Ehrentages erschöpft. Honecker nickte, und während schleunigst ein Sessel für den Alten herangeschafft wurde, las er vom Blatt ab:
»Die Arbeiterklasse und das ganze Volk unseres Staates wissen um deine Verdienste beim Aufbau der antifaschistisch-demokratischen Ordnung, bei der Gestaltung unserer sozialistischen Gesellschaft und bei der Schaffung und ständigen Festigung der sozialistischen Staatsmacht!«
Die Glückwünsche waren kühler und distanzierter als in den Jahren zuvor, und sie waren trotzdem, bezogen auf die Ereignisse der vorangegangenen Monate, streckenweise der reine Hohn.
»Fahr schnell!« sagte Ulbricht seinem Fahrer, als der Ehrentag vorüber war – und es hatte den Anschein, als wolle er jetzt um jede Stunde feilschen, die ihm in Wandlitz noch blieb.
Es blieben ihm bewußt noch neunzehn mal vierundzwanzig Stunden, und die meisten davon mußte er mit mindestens einem der vier Ärzte teilen, die sich fast ständig in seiner Nähe aufhielten. Am Donnerstag, dem 19. Juli, brach Walter Ulbricht buchstäblich unter ärztlicher Aufsicht zusammen, und selbst der jüngste Assistent hätte die Diagnose stellen können: Apoplexia cerebri, ein Gehirnschlag der primär unblutigen Anfallsform.
Fast drei Tage lang wurde das traurige Ereignis vor der DDR-Be-

völkerung geheimgehalten, und erst in der Nacht zum Sonntag gab die Nachrichtenagentur ADN bekannt, was schon am Donnerstag passiert war. In der Sonntagsausgabe des SED-Organs »Neues Deutschland« fand sich eine »Mitteilung über den Gesundheitszustand Walter Ulbrichts«, die aus zwei Sätzen bestand, einem längeren und einem sehr kurzen: »Auf der Basis eines chronischen Herz- und Bluthochdruckleidens trat am 19. Juli 1973 eine Hirndurchblutungsstörung auf. Der Zustand ist ernst.« Und die Zeitungen im Westen brachten mehr über die schlimme Krankheit des Genossen Vorsitzenden als die DDR-Gazetten.
Dann starb Ulbricht endlich dahin, zwölf Tage nach dem Anfall nahezu ohne Bewußtsein, nur noch künstlich am Leben gehalten. DDR-Berlin feierte die längst geplanten Weltjugendfestspiele, und die Veranstaltungsleitung fragte an, was im Fall des Todes von Walter Ulbricht geschehen solle. Doch der Fall traf eher ein als die Antwort, und am übernächsten Mittwoch nach dem Schlaganfall meldeten sich gegen 15 Uhr alle Rundfunk- und Fernsehstationen der DDR mit der Nachricht, daß »unser Genosse Walter Ulbricht heute, am 1. August 1973, um 12.55 Uhr gestorben ist«. Der Nachricht folgte Trauermusik.
Aber es wurde weiter gefeiert. Es wurden sogar Witze gerissen: »Da hat doch nur der Honecker dem Ulbricht auf den Schlauch getreten!« – Witze, über die niemand lachen konnte, über die sich aber auch niemand aufregte. Vier Tage lang wurde weiter gefeiert, bis zum Sonntag, und erst am Montag erschien die DDR-Presse nach fünftägiger Verspätung mit dem Trauerrand, der dem sozialistischen Staatsgründer zustand.
Für den Dienstag ordnete Erich Honecker einen Staatsakt an und erlaubte der Bevölkerung, am Sarge des Verstorbenen vorbeizudefilieren. Walter Ulbricht war inzwischen im Staatsratsgebäude aufgebahrt worden, und unerwartet kamen die Werktätigen zu Tausenden, mit und ohne Blumen, um dem angeblich so ungeliebten Mann die letzte Ehre zu erweisen. Honecker, Stoph und Sindermann, die Männer der Gegenwart und Zukunft, hielten an der Spitze der SED-Prominenz eine kurze Totenwache neben dem Sarg.
Aber es sah ganz so aus, als habe Sowjetbotschafter Jefremow im Auftrag der Kreml-Führung dieses dann doch noch halbwegs feierliche Begräbnis angeordnet, nicht der DDR-Staat: Leonid Breschnew, mehr auf die gute Form bedacht als die Parteichefs in Ostberlin, hatte den Besuch von Podgorny angekündigt, und damit

waren die Weichen für den Staatsakt gestellt worden. Noch über das Grab hinaus ärgerte der Genosse Ulbricht auf diese Weise seine Hinterbliebenen – und sie konnten erst aufatmen, als der Sarg am späten Nachmittag des 7. August endlich im militärischen Trauerzug am Krematorium Baumschulenweg eingetroffen war, als Walter Ulbricht dann bei getragener Musik zu Staub und Asche verbrannt wurde. Unmittelbar nach dem Passieren des Trauerzugs nahmen die cleveren Geschäftsführer der Läden in der Ostberliner City ihre Ulbricht-Bilder, die sie aus der Zeitung ausgeschnitten und auf Pappe geklebt hatten, wieder aus den Schaufenstern.

Noch an diesem Einäscherungstag versammelte sich abends das SED-Politbüro zu seiner wöchentlichen Routine-Sitzung im Haus des ZK-Komitees. Außer Friedrich Ebert, zu Lebzeiten Ulbrichts Stellvertreter, und Paul Verner, dem ZK-Sekretär für Sicherheit, legte niemand eine sonderlich getragene Stimmung an den Tag. Insgesamt herrschte eine lockere, manchmal fast heitere Atmosphäre, und es fiel niemandem ein, öffentlich oder verstohlen sein Glas auf das Wohl des Verblichenen im kleinen Kreis zu erheben: Mit Mineralwasser bringt man keine Sprüche aus, und die Staatsgeschäfte duldeten keinen Aufschub.

Am 17. August wurde die Urne mit der Asche von Walter Ulbricht auf dem Zentralfriedhof des Bezirks Lichtenberg beigesetzt, in Friedrichsfelde, der Gedenkstätte der Sozialisten – ganz in der Nähe der Grabmäler von Karl Liebknecht und Rosa Luxemburg, gleich neben den Urnen von Wilhelm Pieck und Otto Grotewohl. Nicht weit von hier liegen auch Karlshorst, das Getto der Sowjets, und Rummelsburg, die Haftanstalt, in der Erwin Hagedorn die Tage und Wochen verbracht hatte, die für sein Leben und seinen Tod entscheidend waren:

Der Spitzbart kommt von seiner Vergangenheit nicht los, sagten die Ostberliner, und dabei kannten sie nur die halbe Geschichte. Die Nähe der Sowjets hatte Ulbricht immer gesucht – und jetzt lag er auch noch in der Nähe jener finsteren »Gedenkstätte«, in der, anscheinend durch seine Schuld, eine geheime Mordaffäre so gründlich schiefgelaufen war, daß es der ganzen selbstbewußten DDR peinlich sein mußte.

In Friedrichsfelde jedenfalls waren nur noch wenige Leute anwesend, die dem Gründer des DDR-Staates in die Ewigkeit nachwinkten. Und die paar Kampfgenossen, die doch noch aus Pietät gekommen waren, hatten es anschließend an die kurze Feier sehr eilig.

Ein Vater war dahingegangen, der in der allerletzten Ära seines Lebens nur noch queruliert und quergeschossen hatte. Ein Vater allerdings auch, über dessen mögliche politische und historische Bedeutung sich inzwischen sogar der Westen Gedanken machte. Taten sie ihm letztlich nicht doch unrecht, daß sie ihn so routiniert und ungerührt unter die Erde brachten – bloß, weil er zuletzt nur noch genörgelt und unter anderem das Leben eines jugendlichen Mörders mit ein paar Federstrichen ausgelöscht hatte?

Vierter Teil

LISTIG ALIAS HECKENROSE

Die Antwort bringt nicht der Wind, sie kündigt sich mit einem Besuch von Jerry Lukasinski in Hamburg an. Mein Freund Jerry, der polnische Sportreporter, der mir mehr als alle anderen Freunde in dieser Geschichte Hagedorn geholfen hat, ruft völlig überraschend gegen Mittag aus einem Hotel in St. Pauli an und sagt: »Na, Gott sei Dank, daß du endlich mal da bist!«
»Ich darf ja wohl mal aus dem Haus gehen!« antworte ich, im Grunde überglücklich.
»Ja, aber eigentlich hätte ich dich gern schon gestern abend gesprochen ...«
»... und was hast du statt dessen gemacht?« frage ich, denn ich vermute, daß die leichten Damen von St. Pauli ihm schweres Geld aus der Tasche geholt haben.
»Auch Ninotschka zieht ihr Höschen aus!« sagt Jerry. »So hieß der Film, ich bin nämlich ins Kino gegangen, und ich muß dir sagen, ich bin schwer beleidigt ...«
»... Jerry«, sage ich, »komm sofort her!«
»... ich bin schwer beleidigt, denn solche ... solche Sex-Tiere sind die Damen aus dem Bereich des Warschauer Pakts ja nun wirklich nicht ...«
»... Jerry«, sage ich, »bitte ...«
»... nur weil du es bist«, antwortet er, »sonst würde ich jetzt sofort einen Bericht über die politisch völlig instinktlose kapitalistische Porno-Filmproduktion nach Warschau durchgeben ...«
Zwanzig Minuten später steht er bei mir in der Tür, mit leichtem Gepäck, das ich ihm abnehme, umarmt mich und sagt: »Freut mich wirklich ...!«
»Aber mich erst!« sage ich. »Komm rein, Junge ...«
Er bekommt seinen Wodka, dieser unstete Wanderer mit dem schmerzlichen Nationalgefühl, und er strahlt mich wirklich an wie Freddy Quinn; der letzte Gedanke, den ich hatte, als ich zuletzt mit ihm sprach.
»Es gibt Neuigkeiten«, verkündet er, »du kennst doch den Dozenten Szewczyk?«
»... also, kennen ist zuviel gesagt ...!«
»Er ist endlich Professor geworden!« sagt Jerry.
»Hochinteressant ...«
»Allerdings kein Ordinarius«, schränkt er ein.
Dann geht Jerry in die Diele zu seinem leichten Gepäck und kommt mit der heutigen Ausgabe des »Hamburger Abendblattes« zurück. Es ist die Nummer 281.

»Wie ich dich kenne, hast du ja heute bestimmt noch keine Zeitung gelesen ...« sagt er.
»Müßte ich ...?« frage ich vorsichtig.
»... nur zur Vervollständigung. Hast du mir nicht damals erzählt, der Kölner Universitätsprofessor Dr. Bresser spielt irgendwo in deinem Fall Hagedorn eine Rolle?«
»... eine Randerscheinung ...«
»... na schön«, sagt er, »bloß, ich fand die Formulierung so hübsch ...«
Da hat doch dieser Professor Bresser, lese ich, in einem Prozeß in der Stadt Lüneburg als Gutachter mitgewirkt und sich dabei offenbar die Verärgerung der Verteidigung zugezogen. Die Verteidigung hat ihm daraufhin vorgeworfen, er sei der »Uri Geller der Psychiatrie«, der sein Gutachten zurechtbiege wie Uri die Gabeln; »ist das nicht hübsch?« fragt mich Jerry.
»Allerdings!« antworte ich, denn darüber kann man wirklich lachen.
Doch dann kommen wir irgendwann zu der Substanz des Falles, der uns inzwischen offenbar beiden am Herzen liegt.
Jerry prellt vor: »Wie weit bist du eigentlich gekommen mit deinen Ermittlungen in bezug auf Walter Ulbricht?«
»Das weißt du also auch?« frage ich.
»Das ist nämlich so eine Sache ...« sagt Jerry Lukasinski vielsagend. Und gleich darauf:
»Du hast doch da auch diesen Mitarbeiter Kurt Hansen gehabt?«
»... ein guter Mitarbeiter ...«
»... der hat doch irgendwann in Eberswalde einen Mann nach Heckenrose gefragt?«
»Soweit ich mich erinnere, ja ...«
»Das war nämlich«, sagt Jerry, »wie ich gehört habe, ein ziemlich guter Bekannter von Heckenrose ...«
»... was diese Mörder alles für gute Bekanntschaften haben!«
»Gemach, gemach ...« sagt Jerry; weiß der Kuckuck, woher er diesen Ausdruck hat. »Unter anderem wollte ich mit dir über diesen Punkt sprechen, aber bitte alles der Reihe nach!«
Er sagt mir dreierlei: Erstens, Walter Ulbricht ist nicht unbedingt so schuld am Tode Erwin Hagedorns, wie es bisher den Anschein hatte, und das kann ich weder in Hamburg erfahren noch in Ostberlin, und das kommt noch. Zweitens, der »gute Bekannte von Heckenrose« ist ein für allemal aus der Geschichte zu entfernen beziehungsweise so anonym zu belassen wie überhaupt nur möglich.

Drittens, er – Jerry – hat an Reisekosten und anderen Auslagen noch dreitausend zu kriegen, dreitausend Deutsche Mark West, nicht etwa Mark der Deutschen Notenbank, und das glaube ich ihm oder auch nicht!
Den Scheck kriegt er gleich, einen Barscheck, denn so lange ist er sicher auch nicht in Hamburg, und damit belaufen sich meine Barauslagen im Fall Hagedorn-Heckenrose auf annähernd, alles in allem, vierzigtausend Deutsche Mark West. In diesem Bewußtsein frage ich halbwegs schräg von hinten:
»Ich find' das ja prima, daß du schon wieder in Deutschland bist ...«
»... in der Bundesrepublik!« verbessert er.
»... und was machst du diesmal ...?«
»Offiziell wegen Gadocha«, sagt er. »Aber lenk mich doch nicht dauernd ab!« Immerhin, der stärkste Stürmer der polnischen Nationalelf soll ja demnächst in der BRD spielen – und nun komme offenbar auch ich zu meiner Vergünstigung bei diesem geplanten sensationellen Transfer ...
»Er ist ... er soll nach München oder Stuttgart ...?«
»Er wird überhaupt nicht freigegeben«, sagt Jerry Lukasinski mit einem verschmitzten Lächeln, »aber wenn er kommen würde, könnte er ja vielleicht auch zum Hamburger Sportverein, nicht wahr?«
Ich rufe daraufhin einen Mann vom HSV an, den ich schon einmal privat was fragen darf, etwas voreilig, wie sich zeigt, aber bevor Jerry mich hindern kann:
»Sag mal, stimmt das Gerücht, daß ihr an Robert Gadocha interessiert seid?«
Der Mann ist so verstört, daß er zwar sagt, davon müsse er eigentlich wissen, und das sei offensichtlich Unsinn. Aber er sagt auch, er würde sofort versuchen, den Präsidenten des Klubs anzurufen – eine Aktion, die ich ihm gerade noch ausreden kann, weil ich sehe, wie Jerry immer verzweifelter mit den Armen rudert.
»Spiel nicht verrückt«, sagt er, sobald der Hörer wieder auf der Gabel liegt, »wenn Gadocha gar nicht kommt, kommt er ja auch nicht nach Hamburg! Aber wissen das meine Leute in Warschau?«
Also hat er die Geschichte nur erfunden, um mir einen Besuch zu machen?
»Genau«, sagt er, »außerdem kann es eine gute Story werden, daß sich so viele gute Profi-Klubs für Gadocha interessieren, und niemand kann sie kontrollieren ...«

»Also«, sage ich, »Freundschaft oder Hagedorn?«
»Beides!« antwortet er wie erwartet.
Er nimmt sich noch einen dreistöckigen Wodka mit Eis, kann offenbar immer noch soviel vertragen wie damals und hat sich auch sonst überhaupt nicht verändert. Infolgedessen sagt er dann auch ohne jede weitere Vorankündigung: »Ich soll dich fragen, ob du in der Sache Hagedorn einen gutinformierten Mann in Bulgarien treffen willst?«
»Wrobel?« antworte ich sofort.
Aber er schüttelt den Kopf. »Vielleicht die noch bessere Figur, wenn du mich fragst ...«
»Ehrlich, Jerry mir kommt das alles ein bißchen sehr plötzlich ...«
»Ja, dann frag mich mal!« sagt er bereitwillig.
Doch im Grunde bin ich vergrätzt. Ich habe meinen Fall Hagedorn, und ich habe meine Pointe, denke ich, meine hervorragende Walter-Ulbricht-Pointe. Was soll ich jetzt noch Hals über Kopf in Bulgarien, was soll ich überhaupt noch bei diesem Projekt recherchieren?
»Frag mich doch!« wiederholt er.
Dann allerdings ganz von vorn. »Woher kennst du diesen Menschen Wrobel oder wie er heißt?« frage ich.
»Seit gut zwei Jahren«, sagt er, »natürlich auch durch meinen Job. Ich war in Frankfurt an der Oder zu einem Spiel Vorwärts Frankfurt/Oder gegen Zeiss Jena. Wir waren daran interessiert, weil Vorwärts nächstens gegen Kattowitz spielen wollte, wurde aber dann nichts. Wrobel saß jedenfalls dort, wo normalerweise nur die Presse sitzt, und ich seh' doch gleich, daß er mit der Presse nichts zu tun hat. Später schnapp' ich mir gerade noch ein Zimmer im ›Hotel Stadt Frankfurt‹, weil ich denk', ich bleib mal über Nacht und rieche ein bißchen Atmosphäre, und da treff' ich ihn wieder und sprech' ihn scheinheilig als Kollegen an. So kam's dann ...«
»Warum hast du mir das damals nicht erzählt?«
»Konnt' ich doch nicht!« verteidigt er sich. »Wußte ich denn, ob das klappt mit euch beiden in Ostberlin oder ob sie dich vielleicht festnehmen? Hätt' ja sein können, und wär' dann doch viel besser gewesen, wenn du überhaupt nichts weißt ...«
»Dankeschön!« sage ich.
»... inzwischen hab' ich allerdings gehört, es hat sehr gut geklappt mit euch beiden, und du sollst nur nicht wieder so schnell in die DDR kommen, meint er. Deshalb ist Bulgarien jetzt auch viel besser ...«

»Soweit sind wir noch nicht«, unterbreche ich ihn. »Ist Wrobel beim Ministerium für Staatsssicherheit, oder was macht er wirklich?«
»Er hat damit zu tun«, gibt Lukasinski zu, »Polizei ist das sozusagen auch, immerhin hat das MfS eine eigene Mordabteilung. Die war auch in Eberswalde tätig, aber ob Wrobel unmittelbar dazu gehört, kann ich nicht ganz genau sagen...«
Die Deutsche Volkspolizei wird durch den Minister des Inneren zentral geführt, aber sie löst ihre Aufgaben grundsätzlich auch in enger Zusammenarbeit mit den Leitern der anderen Staatsorgane. Wrobel ist also offenbar Verbindungsmann zu mindestens einem anderen Staatsorgan – sozusagen Koordinator.
»Und wie heißt er wirklich?«
»Das«, sagt Jerry Lukasinski todernst, »erzähl' ich dir höchstens gelegentlich im Himmel! Er und ich, wir haben uns in Frankfurt damals die ganze Nacht unterhalten, sehr gründlich also, und wir haben das nur getan, weil wir uns gelegentlich ganz gut behilflich sein können. Bei allem Vertrauen zu dir, wenn ich jetzt Tacheles über seinen Job reden würde... das wär' vielleicht das Ende unserer Beziehungen. Kapiert?«
Muß ich ja wohl, bei dem Gewerbe.
»Später«, sagt Jerry versöhnlich, »habe ich ihn noch zweimal besucht, einmal sogar in Eberswalde. Das heißt, sogar dreimal, zweimal in Eberswalde, schließlich habe ich ja noch eure Verabredung arrangiert! Er ist doch ein guter Mann, oder etwa nicht?«
»Da kann ich schlecht nein sagen«, antworte ich.
»Aber erzähle mir wenigstens, wieso ihr beide so dahinter her seid, mir zu helfen? Das kannste ja nun drehen, wie du willst, als ostblockfreundliche Story betrachten die drüben das nie.«
»Soweit es mich angeht«, sagt Jerry leicht verhangen, »so kann ich nur sagen, wir hatten unseren Warschauer Frühling viel früher als die Tschechen ihren Prager Frühling. Der Genosse Wrobel... warum hast du ihn nicht selbst gefragt?«
»Habe ich. Er hat sinngemäß dasselbe gesagt, man kann ja mal anderer Meinung sein.«
»... und jetzt paß auf, was passiert ist«, sagt er, wieder ganz bei der Sache. »Ich bin gerade mal wieder in der DDR, auch in Frankfurt, am nächsten Tag ist Sonntag, und ich hab' nichts Besonderes vor. Ich kenn' ja nun seine Nummer, und er sagt, wenn ich Lust hab', soll ich mal vorbeikommen. Ich war ja nun neugierig, wie er mit dir zurechtgekommen ist...«

Er fährt also mit dem Zug nach Eberswalde, eine Tortur über Wriezen und Bad Freienwalde, dazu noch sonntags, wo die ganzen Ausflügler unterwegs sind, trifft sich mit dem angeblichen Major Wrobel und erfährt, daß alles soweit in Ordnung gegangen ist. »Ich wußte ja, daß du mir keine Schande machst«, sagt er, »was hast du ihm eigentlich bezahlt?«
»Sage ich nicht!« antworte ich gehässig. »Wieso habe ich ihm überhaupt was gezahlt?«
Er lacht sich halb krank. »Wird wohl 'n Tausender gewesen sein, wie ich euch kenne ...«
»Es war einer!« sage ich bitter.
»... na also! Ich schaff's aber an diesem Abend nicht mehr zurück nach Frankfurt und besorge mir ein Zimmer ...«
»Woher kriegst du die immer, wo's doch heißt, man kriegt Zimmer nur nach Voranmeldung in der DDR, und dann noch in Eberswalde ...?«
»Oh«, sagt er, »in Eberswalde gibt's sogar 'ne Nachttankstelle« – als sei das nun wirklich die größte sozialistische Errungenschaft – »und 'n Zimmer habe ich immer noch gekriegt. Ich muß mich natürlich bei der Volkspolizei anmelden. Und dann wird's komisch. Was meinst du, wer eine Stunde später kommt?«
»Zu dir?«
»Ja, zu mir in dieses Eberswalde-Interconti?«
»Keine Ahnung ...«
»Heckenrose!« sagt er triumphierend. »Heckenrose persönlich, wie sich herausstellt!«
Ich denke ernsthaft, er will mich auf den Arm nehmen. »Er ist tot«, sage ich verständnislos, »Erwin Hagedorn ist hingerichtet worden, eine Figur namens Heckenrose existiert nicht mehr ...«
»Doch«, sagt er, »ich habe vor drei Tagen persönlich mit Heckenrose gesprochen!«
»Bitte, Jerry ...«
Aber der Fuchs lacht nicht mal.
»Ich weiß es von Wrobel«, sage ich in meiner Verwirrtheit, »ich hab's schriftlich, wenn du es sehen willst, es gibt keinen Zweifel ...«
»Wrobel kann dir höchstens gesagt haben, daß Hagedorn nicht mehr existiert!«
»Das würde heißen ...«
Und er nickt. »... würde heißen, daß du immer von einer falschen Voraussetzung ausgegangen bist. Du bist immer davon ausgegangen, Erwin Hagedorn und Heckenrose sind ein und dieselbe Per-

son. Ich hab' das auch gedacht, weil du's erzählt hast und ich mich nicht weiter drum gekümmert hab' ... aber jetzt weiß ich's besser, das sind nicht nur zwei verschiedene Leute, das waren sogar Todfeinde, als Hagedorn noch lebte!«
»Stimmt das?« frage ich mühsam.
»Fahr nach Bulgarien«, sagt er. »Fahr hin, und du wirst es selber sehen!«
»Wann?« frage ich.
»Ab morgen bis Ende nächster Woche wartet er auf dich. Ganz netter Mensch so auf den ersten Blick, weiter kenn' ich ihn nicht. Aber komm, sei nicht so geizig mit unserem Wodka ...«
Erst mal hole ich ein zweites Glas.
Denn diesmal brauche ich auch einen, mindestens einen doppelten. Ich nehme Jerry ins Kreuzverhör, ich kann es nicht fassen, ich will es auch gar nicht wahrhaben, und er sieht das ein und läßt es sich geduldig gefallen:
»Wie heißt Heckenrose in Wirklichkeit?«
»Listig«, sagt er, »Bruno Listig. Muß ich dir ja sagen, soll ich dir sogar sagen, damit du ihn auf alle Fälle auch treffen kannst ...«
»Listig?« überlege ich, der kam doch in dem gesellschaftsgerichtlichen Verfahren gegen Günter Hagedorn vor. Dort war Bruno Listig ausführlich als Zeuge in Erscheinung getreten, hatte aber eigentlich nur Gutes über den schwergeprüften Mann ausgesagt.
»Du wolltest mich doch einiges fragen?« erinnert mich Jerry sanft.
»Ja, Moment noch ...«
Denn auch der Begriff Heckenrose, meine ich fast, ist irgendwo in den Akten aufgetaucht – in den Akten, wohlgemerkt, nicht nur in den Kneipengesprächen von Eberswalde, die mir Kurt Hansen übermittelt hat.
»Ach, ich komm' da im Moment nicht weiter ...«
»Wenn's wichtig war, fällt's dir schon wieder ein«, tröstet Jerry.
Ich frage ihn: »Ist Listig in Eberswalde von Wrobel zu dir geschickt worden?«
»Die huldreiche Madonna soll schützen!« sagt er mit gespieltem Entsetzen, denn er ist immer noch katholisch. »Heckenrose-Listig, das ist ein Hundertprozentiger, so, wie er sich mir gegenüber gegeben hat! Wrobel ist dagegen geradezu ein liberaler Konterrevolutionär! Wenn die jemals was über einander erfahren würden ... also, da würden sofort die Funken sprühen!«
Ja, zum Henker: »Aber irgendeiner muß Bruno Listig doch gesagt haben, daß du in der Stadt bist?«

»Ganz einfach«, sagt er nachsichtig, »als ich zum erstenmal für dich in Eberswalde gewesen bin, hab' ich natürlich nicht nur Wrobel besucht, sondern anschließend sonst noch ein bißchen herumgeschnüffelt. Das muß die Volkspolizei erfahren haben, die kümmert sich ja offenbar um alles, was mit Hagedorn zu tun hat, auch wenn sie nicht immer gleich einschreitet, weil sie denkt, da kann doch nichts rauskommen. Nun hab' ich Listig auf den Kopf zugesagt, als er kam, daß er ja wohl ganz gute Beziehungen zur Vopo hat, und das hat er auch zugegeben. Die Vopo hat ihm damals erzählt, daß ich da rumgefragt hab', und als ich jetzt zurückgekommen bin, haben sie ihm das auch gleich erzählt ... ja, und dann hat er sich entschlossen, mich zu besuchen!«
»Und das glaubst du?«
»Ja«, sagt er, »das glaube ich. Bei einem so merkwürdigen Mann wie diesem Listig glaube ich das; wenn sich schon einer selber Heckenrose nennt ...«
Da fällt es mir wieder ein: Es war ein anonymer Brief, ziemlich zu Anfang der Spurenakte Erwin Hagedorn.
»Haben Sie schon mal den Kochgesellen Erwin Hagedorn überprüft? sozusagen Heckenrose ...« stand auf dem Zettel.
Der Brief muß kurz vor dem erfolgreichen Ende der Gutachter-Aktion eingetroffen sein. Dieser Brief und die Gutachter-Aktion haben vermutlich gemeinsam zur Entlarvung des Knabenmörders beigetragen. Dieses »sozusagen Heckenrose« am Ende des Briefes aber war nicht etwa ein feuilletonistisches Synonym für Hagedorn – sondern es war eine Unterschrift!
Und der Name »Heckenrose« schien dem Verfasser des Briefes mindestens zu jenem Zeitpunkt selbst so komisch vorgekommen zu sein, daß er ihn mit dem Beiwort »sozusagen« versah ...
Mir fällt alles Mögliche gleichzeitig ein:
Kurt Hansen hatte von einem Mann aus dem Westend in Eberswalde die Erklärung bekommen, der Name »Heckenrose« sei dadurch zustande gekommen, daß jemand bei der Vopo den Namen Hagedorn falsch verstanden hatte.
Aber das kann deshalb nicht stimmen, weil die »Heckenrose« schon viel früher aufgetaucht war – eben als Unterschrift des anonymen Briefes!
Mich packt unvermittelt das Zittern im Angesicht dieses Jerry Lukasinski, der mich jetzt ansieht wie ein besorgter Arzt seinen kranken Patienten:
Nie soll ich ihn fragen, hat er mir vor Jahren am Goldstrand gesagt,

nach einer durchzechten Nacht, was er »sonst noch« macht! Immer soll ich ihm vertrauen, auch wenn es mal etwas undurchsichtig werden sollte. Niemals – das war sein Beitrag zum freundschaftlichen »Geschäft« – würde er mich hintergehen oder gar aufs Glatteis führen und in Gefahr bringen.
Eher würde er schweigen ...
Dennoch. Ich nenne ihn sogar bei seinem richtigen Vornamen, als ich ihn gegen die Abmachung frage: »Wer bist du eigentlich, Jerczy ...?«
»Ich bin hauptberuflich Sportreporter und außerdem immer noch dein Freund!« antwortet er. »Siehst du das nicht, genügt dir das nicht?«
Es muß mir genügen.
Ich kann ja sogar froh sein, daß ich diesen Menschen kenne – daß ich durch ihn wenigstens die eine oder andere Fußspitze zwischen die Maueröffnungen bekam. Trotzdem, es paßt mir hinten und vorn nicht, daß ich diese heiklen DDR-Geschäfte nicht selbst betreiben kann, wie ich es aus anderen Gegenden gewohnt bin – daß ich derjenige bin, der immer mit offenen Karten spielen muß, während irgend jemand anderes immer noch eine Karte verdeckt hat.
Es paßt mir einfach nicht, daß ich nicht einmal mehr imstande bin, ein angefangenes Kreuzverhör zu Ende zu bringen!

Wir essen in einem ruhigen Restaurant in der Nähe, unterbrechen das Hagedorn-Geschäft für zwei Stunden und reden über Jerrys hübsche Schwester, die damals in Bulgarien dabei war. Ich rege mich ab, ich bemühe mich, fair zu sein – und Jerry, sehe ich, beobachtet mich immer ein bißchen schräg und belustigt von der Seite.
»Also gut«, sage ich schließlich, als Jerry seinen Kaffee hat und ich meinen Tee mit Kondensmilch kühle, »Walter Ulbricht hat Erwin Hagedorn auf dem Gewissen, das habe ich inzwischen in Erfahrung gebracht, und das macht die Suppe so richtig schön gesund ...«
Er hat ein Anrecht darauf, alles zu erfahren, was ich herausbekommen habe, und er hört gut zu und nickt, sobald ich ihm die komplette Geschichte erzählt habe: »... allerdings. Schöne Geschichte ...«
Trotzdem, meint er, würde er sich an meiner Stelle die Mühe machen und nach Bulgarien fahren. Erstens ist da jetzt die beste Badezeit, und zweitens hat ihm Listig alias Heckenrose auch nicht so ganz präzis gesagt, warum er mich unbedingt sprechen will, ausgerechnet mich!

»Er hat ernsthaft meinen Namen genannt?«
»Den Namen Hansen und deinen Namen, allerdings«, sagt er, »dann hat er gefragt, wer denn nun eigentlich derjenige ist, der da angeblich drüber schreiben will, und da hab' ich gesagt, das bist du!«
»Und ...?«
»Er meint, wenn du dich mit ihm triffst, könnt ihr vielleicht ein Geschäft machen ...«
»Wieviel?«
Aber er schüttelt den Kopf. »Davon war nicht die Rede. Ich hatte eher den Eindruck, wenn du ihm was erzählst, will er dir auch was erzählen ...«
»Und du meinst, wer solche Töne spuckt ...?«
»Der hat was!« sagt Jerry. »Ich bin ganz sicher, daß er noch was in der Tasche hat!«
Mir paßt das überhaupt nicht. Aber anderseits, kann ich es mir leisten, einen Informanten links liegen zu lassen, der den Täter Erwin Hagedorn schon früher verdächtigte als die Polizei – einen Informanten, der sich, aus welchem Grund immer, auch noch freiwillig zur Verfügung stellt?
»Ich nehme an«, frage ich Jerry Lukasinski, »du hast ihm schon zugesagt, daß ich komme?«
»Natürlich«, sagt er, als sei es das Selbstverständlichste von der Welt, »natürlich fährst du hin, ich kenn' dich doch, oder ...?«
Er hat mindestens insofern recht, als es auf diese eine Reise nun auch nicht mehr ankommt. Listig, sagt er, macht also ab morgen vierzehn Tage Urlaub am bulgarischen Goldstrand am Schwarzen Meer, etwa dort, wo Jerry und ich uns damals getroffen haben, und Listig ist bereits der festen Überzeugung, daß er mich treffen wird – den Mann treffen wird, von dem er so gern wissen möchte, warum er so hartnäckig im Fall Hagedorn herumgestochert hat.
»Aber wart mal ...«
»Ja?« sagt Jerry aufmerksam.
»Er weiß ja, warum ich mich für die Geschichte interessiere, das hast du ihm ja gesagt ...«
»Allerdings!« antwortet Jerry.
Aus purer Menschenfreundlichkeit, überlege ich, will Listig ganz sicher nicht mit mir reden. So, wie's aussieht, hat er sich schon bewußt in Gefahr begeben, als er Jerry in Eberswalde aufgetan hat. Und jetzt, in Bulgarien, mag's vielleicht nicht ganz so kriminell sein, einen Ausländer zu treffen – aber ganz ungefährlich ist es auch

nicht, denn die DDR-Touristen treten dort auf jeden Fall in Kollektiven auf und haben ihren Reiseleiter, der meist so linientreu ist, daß er von einem BRD-Bürger kaum eine Zigarette nimmt.
»Listig will also nicht von mir wissen, warum ich recherchiert habe, sondern er ist daran interessiert, was ich rausgekriegt habe?«
»Den Eindruck hatte ich auch!« sagt Jerry.
»Und dann«, frage ich, »wenn er sieht, daß ich viel zuviel weiß ... dann läßt er mich hochgehen mit bulgarischer Amtshilfe, bloß, damit der Fall Hagedorn nicht geschrieben wird und weiterhin begraben bleibt ...?«
»Keine Falle!« sagt Jerry lakonisch.
»Bist du dir da so sicher?«
»So einfach ist das nun auch nicht mit der Amtshilfe. Von deinen Spielchen mit Wrobel kann er eigentlich nichts wissen, dazu ist Wrobel ein viel zu vorsichtiger Mann. Außerdem hatte ich eher einen anderen Eindruck ...«
Er wackelt mit dem Kopf, als wisse er noch nicht, wie er es mir am besten beipuhlt.
»Sag schon ...«
Da fragt er: »Du hast doch zwei Pässe, nicht wahr?«
»Ja, hab' ich ...«
»... ja, und vielleicht kann es gar nicht schaden, wenn du sie beide mitnimmst ...!«
»Ich denke, er ist ein Hundertprozentiger?« frage ich konsterniert.
»Trotzdem ...« sagt er vieldeutig.
»... was heißt trotzdem ...?«
»Nach meinen höchstpersönlichen Erfahrungen in den Staaten des Warschauer Paktes gibt es mehr Hundertprozentige, als ihr hier im Westen glaubt, echte überzeugte, meine ich. Aber es gibt verdammt wenig Burschen, die gelegentlich nicht mal ihr eigenes Süppchen kochen und dabei ein gewisses ... Risiko eingehen. Das kann, je nachdem, auch mal für einen Hundertprozentigen gefährlich werden ...«
»Glaubst du im Ernst, ich würde Fluchthelfer spielen?« frage ich kopfschüttelnd.
»Nicht so voreilig!« sagt er. »Bei Listig ist das doch nur eine Vermutung im Hinterkopf. Außerdem, man kann immer mal seinen Paß verlieren, deswegen wird man ja nicht gleich erschossen ...«
»Aber man kriegt gleich 15 Jahre!« sage ich empört.
»Doch nicht in Bulgarien ...«
»Hast du 'ne Ahnung, die sind genauso scharf!«

»Glaub' ich nicht!« sagt er. »Da war in letzter Zeit auch viel Tamtam dabei, die DDR hat viel mehr Urteile bekanntgegeben, als sie überhaupt verhängt hat, das hängt mit dem Theater um euer Bundesweltschutzamt in Berlin zusammen ...«
»Bundesamt für Umweltschutz ...«
»... dieses Gerede vom staatsfeindlichen Menschenhandel und kriminellen Menschenhändlerbanden ...«
»Komm«, sage ich, »ich denke nicht daran!«
Aber da wird er richtig böse: »Glaubst du vielleicht, ich wär' versessen darauf, dich zur Fluchthilfe für den Bürger eines sozialistischen Staates anzustiften? Ich will dir hier als Freund und Kollege zu einer guten Story verhelfen und sonst überhaupt nichts! Wenn ich dir dabei ein paar Tips gebe, kannst du damit machen, was du willst, du kannst sie also auch lassen, verstehst du?«
Ja, ich verstehe.
»Na schön!« sage ich.
Ich gebe scheinbar nach, und ich bin mir ziemlich sicher, daß ich diesen seinen Tip nicht befolgen werde, selbst wenn ich zwei Pässe mitnehmen sollte, wenn er mich zum Flugzeug bringen und kontrollieren würde.
Denn irgendwie habe ich den Verdacht, daß er mir hier einiges verschweigt – daß er oder Wrobel oder wer auch immer eigentlich sehr daran interessiert sind, den Bürger Bruno Listig alias Heckenrose loszuwerden, die sozialistische Gemeinschaft sozusagen von seiner übelriechenden Existenz zu säubern.
»Auf den ersten Blick soll Listig ganz sympathisch sein?« frage ich.
»Ja, ja«, sagt er, »mach dir keine falschen Vorstellungen, den zweiten Blick kenne ich noch gar nicht!«
Er ist ziemlich intelligent, er riecht den Braten auch gegen den Wind.
Aber irgendwie ist er auch kriminell, das bleibt bei dem, was er »sonst noch« macht, offenbar nicht aus. Als er das letzte Mal in Hamburg war, habe ich es schon einmal abgelehnt, mit einem falschen Paß in die DDR zu fahren, und es ist gutgegangen. Ich werde es auch diesmal ablehnen, meinen Zweitpaß für ein krummes Ding herzugeben; ich muß es Jerry allerdings ja nicht gleich auf die Nase binden.
Als wir wieder in meiner Wohnung sind, telefoniere ich erst einmal mit meinem Reisebüro, wie man am schnellsten und überhaupt von Westdeutschland nach Bulgarien kommt. Goldstrand, Slatni Pjassazi, 17 Kilometer nördlich von Varna am Schwarzen Meer, ist am

besten mit einer Chartermaschine von Hamburg nach Varna zu erreichen. Da muß man aber mindestens eine Woche einen Pauschalurlaub buchen, und ob das so auf die Schnelle klappt, sagt die Dame, ist doch höchst zweifelhaft.
»Ja, und sonst?«
»Lufthansa«, sagt sie, und mir fällt spontan ein Stein vom Herzen, »Lufthansa bis Sofia und dann versuchen, einen Flug nach Varna zu kriegen ...«
»... von Sofia nach Varna, gibt's denn da eine Chance?«
Jerry hört aufmerksam zu und winkt an dieser Stelle mit der Hand, das geht wahrscheinlich nicht.
Und sie sagt auch: »Das müssen Sie am besten an Ort und Stelle versuchen ...«
Im übrigen geht die nächste Lufthansa schon übermorgen, am Freitag, von Hamburg ab, 8 Uhr morgens, weiter von Frankfurt mit LH 374, an Sofia 15.30 Uhr. »Moment«, sagt sie, und nach erstaunlich kurzer Zeit: »Ja, das geht in Ordnung. Zurück am Dienstag mit derselben Maschine?«
Auch das.
So, das wäre erledigt.
»Sehr schön!« freut sich Lukasinski. »Und jetzt paß auf, wenn du mich nicht hättest ...«
»Ja, natürlich!« sage ich spottend, aber nicht so, daß er es merkt.
»... wenn du nicht sofort einen Flug von Sofia nach Varna kriegst, schreib mal auf; dann gehst du durch die Ekzarh-Yosif-Straße bis kurz vor dem Georgi-Dimitrov-Boulevard in Sofia ...«
Er hat ein zerfleddertes Notizbuch aus der Jacke geholt, voll von merkwürdigen stenographischen Kürzeln, und buchstabiert mir die Namen.
»... und dann fragst du nach Pêtar Karolev, dem Taxifahrer. Sehr viel Deutsch spricht er nicht, aber es müßte gehen. Der schafft dich todsicher nach Varna und sorgt auch, daß du irgendwo unterkommst, das ist nicht immer so einfach. Vielleicht kann's nicht schaden, vielleicht kann er dir auch sonst noch helfen ...«
Es geht eben nichts über ein gutes Adreßbuch, höchstens noch Freunde mit einem Adreßbuch.
»Woher kennste den schon wieder?«
»Ich hab' mal mit ihm als Fahrer eine Geschichte gemacht«, sagt Jerry, der Ostblock-Tourist mit den offenen Augen, »ganz normale Geschichte, nicht wieder das, was du jetzt denkst ...«
»Wir werden es sehen«, sage ich.

Außerdem noch: »Kennst du denn wenigstens das Hotel, wo Listig wohnen soll?«
»Im guten alten ›Morsko Oko‹«, sagt er, »und grüß ihn auch schön, wenn's sein muß ...«
»Wieso, wenn's sein muß ...?«
Im Moment hört er nicht mehr zu, sondern schreibt einen Brief auf ein Blatt Manuskriptpapier, das er sich von einem herumliegenden Stapel gegriffen hat. Kyrillische Schriftzeichen, sehe ich. Er ist wirklich ein Allerweltsgenie, aber zehn Minuten braucht er auch.
»So«, sagt er, »hast du einen Briefumschlag?«
Ich habe auch einen Briefumschlag, und er faltet den Bogen, steckt ihn in den Umschlag und klebt ihn sorgsam zu. »Den mußt du gut bei dir behalten, bloß nicht verlieren!«
»Was ist das?«
»Für alle Fälle ...« sagt Jerry, »eine Art Empfehlungsschreiben für Pêtar Karolev!«
»Was steht drin?«
»Herrgott«, sagt er, »daß er dich gut behandeln soll, was denn sonst?«
»Okay«, sage ich, »schönen Dank auch!«
Wie oft noch, allein bei Lukasinski?

Am Airport in Sofia kriege ich ziemlich anstandslos ein Visum, da hat das Hamburger Reisebüro recht gehabt. Aber mit einem Leihwagen von »Balkantourist«, den ich eigentlich anstelle von Pêtars Taxi benutzen wollte, wird es schwierig: da waren die Hamburger doch wohl ein bißchen zu optimistisch.
Für die nächsten drei Tage gibt es auch keinen freien Platz in einer Maschine nach Varna; ausgerechnet jetzt, sagen die Leute am Counter, in der Hauptsaison für Touristen!
Also bin ich am Ende froh, daß ich überhaupt ein Taxi bekomme, um zu Pêtar Karolev fahren zu können. Gleichzeitig bin ich sauer, daß ich wieder einmal ohne Jerry Lukasinski nicht weitergekommen wäre.
Ich hätte Lukasinskis Brief an diesen Karolev unter Wasserdampf öffnen und von einem Sprachenbüro übersetzen lassen sollen, denke ich. Jetzt ist es zu spät und außerdem zu gefährlich, im Lande selbst. Geradezu melancholische Zweifel kommen mir: hat es überhaupt Zweck, den Leuten heutzutage noch so zu vertrauen wie vor zehn Jahren?
»Ekzarh Yosif ...«

Alsdann. Karolev hat sogar ein lesbares Türschild. Aber Pêtar ist nicht da, sagt mir eine Dame, die offensichtlich seine Frau ist, mit Händen und Füßen. Aber als ich den Namen Lukasinski aus Warschau erwähne, beginnt sie zu strahlen und macht mir umständlich klar, daß Pêtar nur in der Werkstatt wäre und bald wiederkäme, und selbstverständlich darf ich auch im Haus warten.
Werkstatt ist gut, denke ich, dann ist der Schlitten wenigstens in Ordnung.
»Pêtar gut deutsch ...!« versichert die Hausfrau außerdem, und auch das ist in Ordnung.
Und Pêtar kommt tatsächlich nach einer halben Stunde, läßt sich erklären, wer ich bin, und freut sich ebenfalls. Ende dreißig mag er sein, ganz gewieft sieht er aus, glattrasiert trotz der vorgerückten Stunde und mit Schlips und Kragen.
»Ich habe auch noch einen Brief von Jerry für Sie, Herr Karolev!« sage ich.
»Dscherri?« sagt er verständnislos.
»Von Jerczy«, sage ich, »Dscherri nenne ich ihn nur.«
»Bitte«, sagt er, »ich heiße Pêtar, wir sind bestimmt Freunde...«
Aber gern. Er reißt den Brief auf, liest ihn sorgfältig, gibt ihn aber nicht mal seiner Frau zu lesen und tut nacheinander folgendes: Er nimmt einen Aschenbecher, zündet den Brief an und verbrennt ihn sorgfältig. Nimmt mich dann unvermittelt kräftig in die Arme und küßt mich auf beide Wangen: jetzt sind wir wirkliche Freunde.
»Geht alles klar, ganz bestimmt!« versichert er.
»Ich möchte nach Varna und nach Slatni Pjassazi!« sage ich.
»Hat Jerczy geschrieben«, bestätigt er, »Dscherri, wie er bei dir heißt ...«
»... und auch wieder zurück. Soll ich im voraus bezahlen?«
Nein, auf keinen Fall. Wir sind Freunde, ein für allemal. Die Sache ist nur die, das ist eine ganze Ecke von Sofia: »Sechshundert Kilometer ...!«
Immerhin hatte Frau Karolev völlig recht:
Ihr Mann ist ein Schatz, hilfsbereit und zuverlässig. Er spricht auch viel besser deutsch, als Jerry vermutet hatte.
Die Strecke kennt er, wenn wir morgen früh abfahren, sind wir vielleicht morgen abend da. Ich würde gern früher da sein. Das stimmt ihn traurig: eine so schöne Strecke, die muß man tagsüber fahren, kleiner Umweg durch das Tal der Rosen, die Moscheen, die Klöster, die Eichenwälder: ist es denn so eilig?
»Ja, leider ...« sage ich.

Und von nun an wirkt er zwar immer noch bekümmert, holt aber eine Flasche Wein, schenkt ein und schlägt vor, wir sollten nach Mitternacht abfahren und uns bis dahin noch ein bißchen ausruhen. Seine Wohnung liegt in der zweiten Etage eines Hauses, das höchstens ein paar Jahre alt ist und trotzdem schon ziemlich verfallen wirkt. Pêtar bemüht sich, die eigenen Räume in Schuß zu halten, sie sind besser erhalten als das Haus. Das Schlafzimmer ist nahezu modern eingerichtet – als hätte Pêtar Karolev eine Schlafzimmer-Einrichtung aus einer Lieferung für eins der neuen Hotels abzweigen können.
Hier, schlägt er um acht Uhr abends vor, werden wir jetzt schlafen. Aber seine Frau?
»Wird aufbleiben und uns um Mitternacht wecken.«
Widerworte helfen nichts, ich begebe mich mit Pêtar ins Ehebett, und er schnarcht sofort los. Wundersamerweise schlafe ich offenbar auch, und als Pêtar mich um Punkt zwölf weckt, bin ich erstaunlich frisch.
»Hast du Führerschein?« fragt er mich grinsend.
Ja, habe ich. Dann, schlägt er vor, werden wir uns beim Fahren abwechseln.
Frau Karolev beschwört, wenn ich sie recht verstehe, Gottes Segen auf uns herab, und wir starten. Pêtar fährt einen steinalten, aber gut gepflegten Mercedes 180. »Du kennst?« fragt er fröhlich. Allerdings.
Trotzdem, es wird eine ziemliche Tortur. Mal ist die Straße hervorragend, mal endet sie in einer Art Schotterweg. Pêtar erklärt mir, das sei zwar der direkte Weg, aber der Umweg sei besser ausgebaut. Schon im Morgengrauen erreichen wir Lovec, und mein Mann erzählt mir freudestrahlend, hier hätten sie einen berühmten Revolutionär gehängt, allerdings schon vor hundert Jahren.
Dann nochmal dieselbe Zeit bis Tarnovo, hoch an den Felsen geklammerte Häuser, ein wirklich hübsches Bild. Eine ehemalige Hauptstadt, sagt Pêtar; ab hier muß ich eine Weile fahren, aber er ruht sich erst aus, als er davon überzeugt ist, daß ich ihm sein Auto mit einiger Wahrscheinlichkeit nicht in die nächste Schlucht steuern werde.
Ich fahre bis Kolarovgrad, gut die Hälfte der Strecke von Tarnovo bis Varna. Es ist kurz vor Mittag, als wir durch die Stadt fahren. Pêtar fährt seinerseits dann das letzte Stück, und als er merkt, daß ich mich am liebsten mit mir selbst beschäftige, hält er taktvoll den Mund.

Dabei denke ich aber gar nicht an Heckenrose alias Bruno Listig, sondern nur an die entsetzliche Vorstellung, daß ich diese Strecke spätestens in zwei Tagen wieder zurückfahren muß ...
»Varna!« sagt Pêtar stolz. »Königin von Schwarze Meer!«
Und ich glaube tatsächlich, ich erkenne die »Königin« ein bißchen wieder. Ihr gelbes, grünes und graues Kleid wirkt durch den Sandstaub wie teures Wildleder, wenn man es nett mit ihr meint. Die Straße Nummer 4, über die wir gekommen sind, mündet in den Karl-Marx-Boulevard. Richtig schön aber wird's bei Lenin, am Lenin-Denkmal vorbei, den Lenin-Boulevard links hoch beziehungsweise in nördlicher Richtung, rechts und östlich das wunderschön blaue Schwarze Meer.
Richtung Družba und Slatni Pjassazi.
Plötzlich biegt Pêtar Karolev links ab. »Was ist?« frage ich. »Wir müssen geradeaus!«
Er erklärt mir umständlich: Nach Slatni Pjassazi werde ich mit einem hiesigen Taxi fahren. Er weiß ja nicht und will auch nicht wissen, was ich dort zu tun habe, wenn ich so schnell wieder zurück muß, aber ganz egal, es könnte besser sein, wenn ich nicht mit einem Wagen aus Sofia dort herumfahre. Jetzt suchen wir uns erst einmal einen Stützpunkt für die Nacht.
Er hält in einer engen, besonders verstaubten Straße und geht in ein Haus, das von außen nicht als Hotel zu erkennen ist. Aber der dunkelbraun gegerbte, hagere Mann mit dem hängenden Schnauzbart, der Pêtar begrüßt wie einen seit langem vermißten Bruder, hat Zimmer zu vermieten, eins für Pêtar und eins für mich, den er auch küßt und auf bulgarisch Willkommen heißt.
Viel Gepäck habe ich nicht dabei, gerade ein paar Jeans und zwei bunte Hemden. Als ich mich in meiner Kammer umgezogen habe, lege ich mich für zwei Minuten auf das eiserne Bett und bin sofort tief eingeschlafen.
Nach zehn Minuten weckt mich Pêtar: »Taxi ist da!«
»Danke ...« sage ich, schlafe sofort wieder ein, und er muß mich wachrütteln.
»Bist du denn gar nicht müde ...?«
Aber er hat einen sehr schwarzen heißen und süßen Tee mitgebracht, und ich bin jetzt wirklich ganz froh, daß ich ihn bei mir habe.
»Hast du Leva?« fragt er.
Habe ich. Außerdem Devisen, gute D-Mark.
»Hast du Badehose?«

Habe ich nicht. Innerhalb einer Minute besorgt er mir eine, ein Exemplar mit einem richtig schönen altmodischen Zwickel. »Jetzt los!« sagt er und schubst mich förmlich ins Taxi.
»Slatni Pjassazi«, sage ich, »Hotel Morsko Oko!« Glücklicherweise versteht der fremde Taxifahrer außerdem überhaupt kein Wort, und ich kann mich endlich in Ruhe auf Bruno Listig vorbereiten. Nur bei Kilometer 13, hinter Druẑba, winke ich dem Internationalen Haus der Journalisten dankbar zu.
Das Hotel Morsko Oko, die sogenannte Rezeption. »Herr Listig, bitte ...?«
Ein nettes Bulgarienmädchen sieht gründlich auf Listen und Schlüsselbrettern nach. »Noch an Strand!« vermutet es dann.
»Können Sie ihn mir zeigen?« bitte ich. Sehr weit ist es ja nicht.
»Kennen nicht?« fragt das Mädchen erstaunt.
Nein, ich kenne ihn nicht, möchte ihn aber allmählich dringend kennenlernen. Gott sei Dank sind die Bulgaren im allgemeinen hilfsbereite Menschen, und das Mädchen geht mit mir die dreihundert Meter schräg hinüber an den Strand, sieht sich suchend um, entdeckt ihn und sagt: »da!«
Da sitzt er, mutterseelenallein in einem verblichenen Liegestuhl. Bruno Listig alias Heckenrose.
Er sitzt mit Blick nach Westen, um die letzten schrägen Sonnenstrahlen mitzukriegen, mir voll zugewandt. Sicher hat er mich mit dem Mädchen längst gesehen, aber noch rührt er kein Auge und bleibt ruhig sitzen: ein muskulöser, ganz gut trainierter, nur ganz wenig verfetteter Mann vielleicht Mitte fünfzig. Graues, ziemlich langes, ziemlich modern geschnittenes Haar. Ein verwittertes und trotzdem jugendliches Gesicht. Offenbar hellblaue Augen, die nicht zwinkern, eine große, fleischige, aber richtig arische Nase: Früher, denke ich, könnte der ohne weiteres bei der Waffen-SS gewesen sein.
Ich gehe auf ihn zu, er bleibt immer noch sitzen, sieht mich aber voll an, und ich frage ihn: »Entschuldigung, wissen Sie, wo es hier Heckenrosen gibt?«
Da lächelt er erst breit und lacht dann schallend los. Er steht auf, schüttelt mir die Hand und sagt freudestrahlend: »Herzlich willkommen, Herr Werremeier!«
»... Herr Listig«, sage ich.
»So trifft man sich«, meint er, »warten Sie, ich hole Ihnen erstmal ...«
Einen Liegestuhl. Es wird der reine Eiertanz im Sitzen, vermute ich.

»So«, sagt er, als wir dann sitzen, »darf ich Ihnen eine Zigarette anbieten?«
Eine westdeutsche Lord. Bruno Listig, DDR-Tourist, scheint zu wissen, wie man an Devisen kommt.
»Richtig nett«, sagt er, »daß Sie die weite Reise nicht gescheut haben ...«
Ich bestelle ihm einen schönen Gruß von Jerczy Lukasinski, und er nickt – geradezu beiläufig, als bekomme er einen Gruß von einem Menschen ausgerichtet, den er ohnehin alle paar Tage sieht. »Ja, er sagte mir, daß Sie kommen würden ...«
Aber wer soll denn nun kommen, er oder ich?
»Für die paar Tage hier sind Sie aber schon ganz schön braun!« sage ich erst mal höflich, und er bedankt sich, er sei nun mal ein Typ für die Sonne.
»Vor allem aber freut es mich«, sagt er, »daß wir uns endlich mal unterhalten können ...«
»Über Erwin, nehme ich an?«
Da umwölkt sich seine hohe Stirn, und er zieht die fleischige Nase kraus. »Sie müssen mir verzeihen, aber selbst, wenn in meiner Gruppe auch ein paar Leute aus Eberswalde sind und vielleicht was aufschnappen könnten ... wir können ja vorsichtig sein ... ich möchte jedenfalls doch lieber von Herrn Hagedorn sprechen, wenn Sie einverstanden sind ... er war ja doch wohl ein verdammtes Schwein!«
Ein ziemlicher Stilbruch in seinem weltmännischen Gehabe.
»Also über Erwin Hagedorn ...«
Er nickt und ist gleich wieder bei der Sache. »Sie wollen ein Buch über den Fall schreiben, hörte ich?«
»Vielleicht ...«
»Na, hören Sie, so gründlich, wie Sie sich erkundigt haben ...« sagt er.
»Sie haben mir gegenüber einen ziemlichen Vorteil«, behaupte ich, und das kann nichts verderben, »Sie haben Erwin Hagedorn gekannt, und ich muß mir seine Geschichte und seine Figur erst zusammensetzen!«
»Ja, ich habe ihn gekannt ...« sagt er fast verträumt.
»... im Grunde doch ein kranker Mensch ...?«
»... ich will aber auch kein Buch schreiben!« sagt er.
»Dann muß ich Ihnen ja richtig dankbar sein, daß Sie mir dieses Angebot gemacht haben, mich bei meinen Erkundigungen zu unterstützen ...?«

Schon lacht er wieder. »Habe ich?«
Ich grinse zurück. »So habe ich es aufgefaßt, als ich hergereist bin.«
»Nun ja«, sagt er, »es könnte ja auch sein ... wie lange habe ich denn das Vergnügen mit Ihnen?«
»Heute und morgen. Eventuell noch übermorgen früh. Eigentlich viel Zeit, nicht?«
Sehr viel nicht, meint er. Morgen vormittag zum Beispiel muß er mit seiner Gruppe einen Ausflug zum Kloster von Aladža machen, einem Felsenkloster, wo früher angeblich die Pygmäen und dann die Eremiten gewohnt haben; da kann er sich schlecht drücken, meint er, er geht sowieso schon viel zu oft seine eigenen Wege.
»Sie müssen nämlich wissen«, klärt er mich auf, »wenn es sich nicht lohnt, kann ich ein fürchterlicher Einzelgänger sein! Und dafür wecken Sie mal Verständnis innerhalb einer Reisegruppe!«
»Ich hoffe, es lohnt sich wenigstens für uns beide!« erwidere ich, und er antwortet mit der ihm eigenen Fröhlichkeit, da sei er sich fast schon sicher.
Noch ein paar Minuten, und die Sonne ist weg. Bruno Listig blinzelt fast wollüstig in die letzten Strahlen und zerkrümelt etwas Goldstrand zwischen den Fingern. Vom Tennisplatz dreißig Meter weiter hört man das Klatschen von Bällen, die nicht richtig getroffen werden, das Meer vor uns ist beinahe unbewegt.
Dann steht er auf, macht ein paar Züge Gymnastik, zieht sich lange Hosen an und ein Hemd und sagt: »Kommen Sie, wir gehen ins Hotel. Ich kaufe Ihnen erst mal ein Bier auf den langen Weg!«
Er bestimmt das Tempo. Ich bin ja schon froh, daß er nicht vorgeschlagen hat, wir sollten ein Stück hinausschwimmen, damit wir ungestört sind.
Ein warmer, schöner Abend. Dazu ein Wunder: zwei Restaurants unterziehen sich der Mühe, auch draußen zu servieren, was die leicht unlustigen Kellner-Brigaden sonst immer ablehnen. Listig bestellt Bier und Obstschnaps dazu, diese schrecklichen hundert Gramm, die man am besten unter den Tisch kippt, wenn man noch nicht weiß, wie das Gespräch läuft. Er sagt: »Zum Wohl!«
»Nasdrowje!« sage ich, und dann schweigen wir uns wieder einmal lächelnd an.
Einer ist die Katze, der andere ist die Maus. Da will ich schon lieber die Katze sein, denke ich und fange an: »Über welchen Punkt der Affäre wollten Sie mir denn was erzählen ...?«
Die Maus ist flink. »Ich möchte eigentlich, daß Sie mir erst was erzählen!«

»Nämlich was?«
»Nun ja«, antwortet er, »was Sie in Eberswalde und aus Eberswalde so in Erfahrung gebracht haben ...«
»Wie kommen Sie auf die Idee, ich sei in Eberswalde gewesen ...?«
»Dann war es eben Ihr Mitarbeiter«, meint er, etwas ungeduldig, »kommt ja nicht darauf an. Mir kommt's aber sehr darauf an, daß ich erfahre, wie tief Sie fündig geworden sind!«
»Herr Listig«, sage ich vorsichtig, »die Sache hat zwei Haken. Ich habe, ehrlich gesagt, ziemlich viel zusammengetragen, ich müßte Ihnen Stunden und Tage erzählen, wenn ich Ihnen alles erzählen wollte. Außerdem bin ich Autor und gebe meine Geschichten im allgemeinen erst bekannt, wenn sie veröffentlicht werden ...«
Endlich begreift er, wie's scheint, und nickt. »Geschenkt«, sagt er, »Sie sollen mir ja auch nichts über den Fall als solchen erzählen, das setze ich voraus, daß Sie den kennen ... ich meine mehr, ich bin an dem ganzen Drumherum interessiert ... was die Leute so reden, wenn sie von Herrn Hagedorn reden ...«
»Sie vermuten, daß er tot ist«, antworte ich, »also die Wahrheit!«
»Es ist die Wahrheit!« sagt er feierlich.
»... ja sicher, warum betonen Sie das so?«
»Weil ich einer der wenigen bin, die es effektiv wissen!« antwortet er, diesmal etwas großspurig.
»Und?« frage ich. »Wieso wissen Sie das so genau? Normale Leute in Eberswalde wissen das nämlich gar nicht so hundertprozentig...«
Er überlegt, ob er ein paar Zentimeter Boden preisgeben soll. »Na gut, ich weiß es, weil ich dazu beigetragen habe, daß dieses verdammte Schwein seine gerechte Strafe bekommen hat!«
»Herr Listig«, sage ich, »ich möchte mich gern friedlich unterhalten. Ob Erwin Hagedorn ein Schwein ist oder nicht, Sie sagen das nämlich jetzt schon zum zweitenmal, das können wir mal ausklammern, das gehört ...«
»Nennen Sie mich Bruno«, unterbricht er mich, »wir sitzen hier zwar allein, aber ich hab's nicht gern, wenn dauernd mein Name durch die Gegend flattert!«
»Und wie haben Sie dazu beigetragen, daß man ihn hingerichtet hat?«
»Was meinen Sie denn ...?« fragt er, sich stur stellend.
»Indem Sie ihn bei der Volkspolizei angezeigt haben, vermute ich, anonym ...«
Das müßte ihn eigentlich beeindrucken.
Statt dessen sagt er erst mal mit erstaunlicher Gelassenheit: »Die

Anzeige, wenn Sie das überhaupt eine Anzeige nennen wollen, ist von Ende Oktober. Festgenommen wurde Hagedorn erst Mitte November!«
Und wieder Schweigen auf der ganzen Linie.
»Ich reime mir das so zusammen«, sagt er schließlich, »Sie haben was spitzgekriegt von einer anonymen Anzeige, die mit Heckenrose unterschrieben war. Sie haben dann in Eberswalde ... oder von mir aus Ihr Mitarbeiter Hansen hat in Eberswalde was von Hekkenrose gehört. Lukasinski hat Ihnen jetzt erzählt, daß ich ihm gegenüber zugegeben habe, ich und Heckenrose seien ein und dieselbe Person. Habe ich recht, oder stimmt's?«
»Es stimmt!« gebe ich zu.
»Mal was anderes«, sagt er liebenswürdig, »wenn ich Ihnen noch hundert Gramm bestellen würde, würden Sie die auch unter den Tisch kippen?«
»Ich würde ihn trinken«, sage ich widerwillig, »aber nur, wenn Sie mir erzählen, wie Sie auf Heckenrose verfallen sind ...«
Sein Lachen geht mir langsam auf die Nerven. Erstmal sagt er gar nichts, bis wir unsere zweimal hundert Gramm haben und ich meinen Anteil mit Todesverachtung hinuntergeschüttet habe, dieses Pflaumenwasser, das ich noch nie mochte.
»Tapfer!« sagt er anerkennend. »Ich würde ja auch lieber einen schönen Whisky ... aber Heckenrose, gut, wir kommen noch darauf zurück. Erstmal wollten Sie doch wissen, was ich tatsächlich zur Hinrichtung des Dreifachmörders Hagedorn beigetragen habe, nicht wahr?«
»Vielleicht waren Sie ja der Henker?« vermute ich.
»Ihr Humor gefällt mir«, sagt er lachend, »vor allem, weil er gar nicht mal so sehr weit von der Wahrheit einschlägt ...«
»Und wo genau ist die Wahrheit?«
Er streckt mir scherzhaft zwei Finger entgegen, wie um den bösen Versucher abzuwehren. »Fallen Sie doch nicht immer gleich mit der Tür ins Haus! Sollte ich Sie denn so falsch eingeschätzt haben, haben Sie denn gar keine Geduld?«
Im Grunde nicht. Nicht mehr. Aber ich sehe gleichzeitig immer noch keine Möglichkeit, wie ich ihn packen kann.
»Schließlich sind da auch meine Interessen im Spiel«, sagt er vorwurfsvoll, als ich nicht antworte, »und jetzt gehen wir mal Punkt für Punkt vor. Erst beantworten Sie mir ein paar Fragen. Wenn das zufriedenstellend gelöst ist, sage ich Ihnen, was rund um Hagedorns Hinrichtung passiert ist. Einverstanden?«

»Das heißt, wenn ich Ihre Fragen nicht zufriedenstellend beantworte, sagen Sie gar nichts mehr?«
»So ist es, lieber Herr!« antwortet er gravitätisch.
»Zu Heckenrose kommen wir dann noch später ...« überlege ich.
»Allmählich sehe ich ein, warum Sie gesagt haben, die Zeit ist ziemlich knapp ...«
»Fangen wir an?«
»Mein Wissen ist auch Ihr Wissen!« sage ich ironisch und voller Zorn.
»Dann«, sagt er, »zahle ich erst mal die Rechnung hier, und wir gehen wohin, wo es ruhig ist!«
Bruno Listig ist wirklich ein Fuchs. Wenn man meint, daß man ihn hat, holt er sich im Zweifelsfall sogar noch den Oberkellner zu Hilfe.
Am ruhigsten ist es in Slatni Pjassazi nach 21 Uhr auf den Straßen etwas außerhalb. »Tut richtig gut«, sagt Listig, nachdem wir eine Viertelstunde schweigend nebeneinanderher marschiert sind, »mit einem Menschen spazierenzugehen, mit dem man sich gut unterhalten kann!«
»Sie sind viel allein ...?«
»Man hat seine Bekannten, natürlich, aber die besten sind meist die, die selten kommen!«
»Sie sind nicht verheiratet?«
»Ich war«, sagt er, »seit fünf Jahren bin ich geschieden, meine Frau wohnt heute in Berlin.«
»Was machen Sie beruflich?«
»Brigadier am Bau. Sagt Ihnen vielleicht nichts: eine Brigade ist das kleinste Arbeitskollektiv in der sozialistischen Produktionsgemeinschaft. So zwanzig Mann allerdings, um die muß ich mich normalerweise kümmern ...«
Dann kommen wir zu einer roh gezimmerten Bank, eigentlich nur ein Balken auf zwei Steinen, aber mit Blick aufs Meer und seine paar Lichter. Listig setzt sich, ich nehme neben ihm Platz, und er bietet mir eine Zigarette an. Es muß selbst für harmlose Gemüter eine seltsame Vorstellung sein: zwei Männer nachts auf einer Bank, die sich so diskret unterhalten, wie es überhaupt geht.
Und außerdem auch noch mit Samthandschuhen anfassen ...
»Brigadier ...« sage ich, unendlich vorsichtig; was soll ich machen, wenn er tatsächlich nichts mehr sagt und mich einfach wieder wegschickt?
»... ja, am Bau. In Eberswalde und Finow und drumherum gibt's

immer was zu bauen, und wir sind nämlich eine sehr gut eingespielte Truppe ...«
»Was bauen Sie denn zur Zeit?«
Denn im Moment kann ich es mir beim besten Willen nicht leisten, nochmals ungeduldig zu wirken.
»Gerade ein Naherholungszentrum fertig«, antwortet er, bereitwillig wie alle Menschen, die über ihr Leben reden dürfen, »jetzt, wenn ich zurückkomme ... ich glaube ja schon, daß ich zurückkomme ... das Gebäude für einen großen Lebensmittelkonsum ...«
»Spar-Laden oder so?«
»Ja, so ähnlich, auf genossenschaftlicher Basis ... und dann wissen wir auch schon, daß wir ab November in einem großen Chemiekombinat überwintern sollen ...«
»Das geht alles nach Plansoll?«
»Ja, im Prinzip«, sagt er, »wir kommen aber ganz gut dabei weg, haben schon mehrere Aktivisten, und für die Orden brauchen wir allmählich extra Schränke!«
Aber warum hat er gesagt, überlege ich, daß er eigentlich schon daran glaubt, daß er in die DDR und nach Eberswalde zurückkommen wird?
»Haben Sie eben in Zweifel gestellt«, frage ich laut, »ob Sie möglicherweise überhaupt zurückkommen?«
»Sowas habe ich gesagt?« meint er verwundert. »Muß wohl mein Fatalismus sein, man weiß ja nie, was einem der morgige Tag so beschert ...«
»Wieso der morgige Tag?«
»Ach, bitte«, sagt er, »nehmen Sie doch nicht alles so wörtlich, war doch nur eine Redensart!«
»Redensarten sind bequeme Reden«, sage ich, um einen Scherz bemüht, »und Bequemlichkeit ist in der sozialistischen Welt unmoralisch, hab' ich mal irgendwo gelesen ...«
Er geht darauf ein: »Stimmt eigentlich. Bloß, irgendwann muß der Mensch ja auch mal Urlaub machen!«
»Sie hatten's nötig ...?« frage ich, ausnahmsweise auch mal hinterhältig.
»Warum sollte ich ... abgesehen davon, daß ich mal ausspannen wollte ...?«
»Na ja, vielleicht viel Aufregung die letzte Zeit ...?«
»Das stimmt«, antwortet er gerissen, »einer meiner besten Leute ist seit vier Monaten krank. Magengeschwüre, kann noch ewig dauern. Nun kann aber einer nicht entlassen werden, wenn er krank ist; er

gehört immer noch zum Kollektiv, zur Brigade, meine ich, und kann nicht durch einen neuen Mann ersetzt werden ...«
»Das stört dann Ihre Planerfüllung?«
»Wir schaffen es ja«, sagt er, als müsse er mich trösten, »bloß, jeder von uns anderen muß dann um so mehr arbeiten, und fast hätte es nicht mal mit meinem Urlaub geklappt ...«
Allmählich werde ich aber ebenfalls stur:
Er soll kommen, und wenn es die ganze Nacht dauert! Denn er hat mich kommen lassen, und nun soll er gefälligst auch reden!
Äußerst liebenswürdig frage ich nach einer Zigarettenlänge Schweigen: »Diese Plansoll-Geschichte ... im Grunde ist das doch auch nicht besser als das kapitalistische Akkord-System?«
»Es ist das einzig Wahre!« sagt Bruno Listig überzeugt. »Es ist doch so, nicht alle haben das sozialistische System schon bis ins Detail begriffen! Ohne Plansoll sind solche Leute dann einfach faul – faul deshalb, weil sie ja auch bezahlt werden, wenn sie faul sind!«
»Ja, genau ...« sage ich abgelenkt.
Denn es ist und bleibt, wie immer es laufen wird, eine gespenstische Nacht. Ich erinnere mich an Kurt Hansens Erzählung aus Eberswalde-Westend, an den gespenstischen, fahlen Mond und die ersten, noch unvollkommenen Bruchstücke der fahlen Geschichte Hagedorn. Hier ist die Luft auch noch gegen Mitternacht lau, und das Meer, in dem sich die Sterne spiegeln, hat bestimmt um die zwanzig Grad Wassertemperatur in Strandnähe.
»Woran denken Sie?« fragt Bruno Listig.
»Ich hätte fast gesagt, ich denke an Erwin ...« sage ich provozierend und selbstbewußt.
»Und wenn schon?« sagt er. »Inzwischen ist es mir fast egal, von mir aus auch Erwin!«
»Wollen wir nicht endlich mal zur Sache kommen?« mahne ich vorsichtig an.
»Ja, sicher ... die Sache ist nur so ungeheuer vielschichtig ... Sie denken doch bitte nicht, ich würde mich vor Ihnen zieren ...?«
»Wenn Sie's selbst sagen«, antworte ich, »ein bißchen hatte ich den Eindruck ...«
»Ach je!« sagt er. »Ich habe es geahnt! Bitte glauben Sie mir ein einziges Mal: ich habe Sie heute gefragt, gleich zu Anfang, wieviel Zeit wir miteinander haben, und habe dann sofort unsere Zeit eingeteilt ... einverstanden?«
»Was ist heute dran?«

»Fragestunde natürlich!« sagt er. »War doch so abgesprochen, oder ...?«
»Frage eins?«
»Einverstanden!« wiederholt er. »Waren Sie oder Ihr Kollege Hansen in Eberswalde oder in Frankfurt bei der Deutschen Volkspolizei, so mit offenen Karten?«
»Nein!« antworte ich spontan. Denn in sozusagen offizieller Eigenschaft, als Reporter aus dem Westen, war niemand von uns bei der Deutschen Volkspolizei. Gerade noch rechtzeitig fällt mir ein, daß ich hier nachhaken kann: »Außerdem reden Sie hier Stuß, Bruno! Sie haben doch die besten Verbindungen zur Vopo, Sie wissen doch mindestens so gut wie ich, daß wir nicht offen aufgetreten sind!«
»Ich kenne ja nicht alle Offiziere!« erwidert er, und das leuchtet ein. Zumindest hat er seine Verbindungen auch nicht grundsätzlich dementiert.
»Sind Sie denn eigentlich nun Schriftsteller oder Reporter?« fragt er.
»Beides!«
»Sind Sie ein Reporter wie dieser Reporter in dem Film vom Reporter des Satans?«
»Quatsch!« sage ich. »Hätte ich mir denken können, daß der Film bei euch groß rausgekommen ist ... ich hab' jedenfalls damit nichts zu tun!«
»Aber Sie haben in Eberswalde gründlich ...«
»... recherchiert?«
»Ja, recherchiert!?«
»So gründlich, wie's überhaupt ging«, antworte ich vorsichtig, »das ist nämlich gar nicht so einfach bei euch in der DDR ...«
Kurze Pause. Dann will er wissen: »Warum interessieren Sie sich ausgerechnet für diesen Fall?«
»Weil's in der BRD ein paar Jahre vorher einen haargenau ähnlichen Fall gab. Bartsch, wenn Sie davon gehört haben sollten ...«
Gehört hat er, sagt er. Aber was ist aus dem Täter geworden?
»Er hat geheiratet«, sage ich, »ein Mädchen!«
»Ihr habt einen Vogel!« vermutet er.
»Es ist keine Ehe im landläufigen Sinn«, erkläre ich ihm, denn das kann ich natürlich nicht auf uns sitzen lassen, »Jürgen Bartsch sitzt nach wie vor in der geschlossenen Abteilung einer Nervenheilanstalt, und leider weiß kein Mensch, wann und wie er noch behandelt wird!«
»So, so«, sagt er, »er wird behandelt!« Kriegt dann die Kurve zu-

rück nach Eberswalde und sagt: »Ich muß jedenfalls wissen, wen Sie in Eberswalde alles befragt haben und wieviel Sie dabei hochgewirbelt haben!«
»Erst mal habe ich versucht, alles über die Morde rauszukriegen ... und natürlich die Hinrichtung ...«
»Herr Hansen hat das auch versucht?«
»Hansen hauptsächlich«, sage ich, »er kann sich als Ausländer in Ihrem Staat viel besser bewegen als ich ...«
»Und?«
»Ich ... ich meine, wir ... wir haben wohl so ziemlich alles rausgekriegt, hoffe ich ...«
»Ich hoffe es nicht«, sagt er, »denn es wäre für mich ziemlich ärgerlich, wenn außer mir noch jemand alles wüßte!«
Dann schießt er mir eine Fangfrage vor den Bug, sozusagen als Stichprobe, wie er sagt: »Wieviel Kinder hatte die Familie Winkler?«
»Eins«, sage ich, »nur Ronald, den sie ermordet haben ... irgendwann kürzlich aber war Frau Winkler wieder schwanger, und neulich wurden Blumen im Haus abgegeben, sie haben also vermutlich wieder ein neues Kind ...«
»Gut, gut!« sagt er.
»Sonst noch was?«
»Im Fall als solchem kennen Sie sich wirklich gut aus«, stellt er fest, »trotzdem, eine Frage noch zur Probe. Welche Tiere, die schlachtbar sind, hat Hagedorn sich zum Vorbild für seine Taten genommen?«
Ich sehe eine Chance, das Gleichgewicht der Kräfte halbwegs wiederherzustellen. Ich suche ein Stück Papier in meinen Taschen, finde die sowieso kaum brauchbare Taxiquittung vom Nachmittag und außerdem einen Kugelschreiber. Ich reiße das Papier in zwei Hälften, gebe eine Hälfte Bruno und sage: »Schreiben Sie's doch mal auf! Ich schreibe es auch auf, und dann vergleichen wir ...«
»Einverstanden!« sagt er, doch auch eine Spielernatur.
Wir schreiben beide im Sternenlicht, und dann sage ich, absichtlich falsch: »Hagedorn hat Karpfen geschlachtet!«
»Falsch!« sagt Bruno.
Also vergleichen wir die Zettel mit Hilfe eines Feuerzeugs, und da steht, auf beiden Zetteln übereinstimmend: AALE.
»Na bitte«, sagt Bruno Listig, »Sie sind ja wirklich ein fairer und gebildeter Mensch!«
»Gern geschehen ...«

»... die Geschichte der Verbrechen haben Sie also rausgekriegt. Bei der Volkspolizei waren Sie aber offiziell nicht ...?«
»Inoffiziell auch nicht!« sage ich schnell.
»... bei den Russen«, überlegt er, »beim KGB haben Sie bestimmt auch nichts in Erfahrung gebracht. Wo also?«
»Bei Eltern, Bekannten, Verwandten, Zeugen, was weiß ich ...«
»Und was war Ihre wichtigste Erkenntnis?«
Da sage ich, absichtlich mit einem kleinen Gedankensprung und scheinbar vorschnell: »Ulbricht hat Erwin Hagedorn auf dem Gewissen! Walter Ulbricht als Staatsratsvorsitzender, und offenbar, entgegen Ihrer Behauptung, nicht etwa Sie! Sie waren dabei doch nur ein ganz kleiner Fisch, stimmt's nicht ...?«
»Wie Sie meinen!« sagt er höhnisch.
»Stimmt's oder stimmt's nicht?«
»Alle Werktätigen waren der Ansicht, ein Mensch wie Erwin Hagedorn hat seine Berechtigung zum Weiterleben verspielt!« sagt Bruno Listig. »Und Walter Ulbricht ... er war immer ein Freund der Werktätigen, weil er ja selbst lange einer gewesen ist!«
Der Hohn klingt scheinbar nicht mehr so ganz deutlich durch, aber das, was er sagt, klingt trotzdem geradezu blasphemisch.
»Da ist allerdings noch was«, sagt er, »Sie hatten ja so erstaunlich gute Hilfstruppen. Nicht nur der Herr Hansen aus Dänemark, auch der Herr Lukasinski aus Polen, den Sie ja auch gerade jetzt wiedergetroffen haben ...?«
»Mit den Hilfstruppen, das liegt an Ihren idiotischen Einreisebestimmungen und an sonst gar nichts ...«
»Hat Herr Lukasinski ... grüßen Sie ihn übrigens wieder! ... besondere Verbindungen zu irgendwelchen Organen und Behörden der sozialistischen Gesetzlichkeit und Rechtspflege?«
Meine erste direkte Lüge ist zwangsläufig fällig: »Auf gar keinen Fall!«
»Was sollte er denn überhaupt in Eberswalde?«
»Natürlich dasselbe wie Hansen ... Leute ausfragen, Einzelheiten klären, den Fall rund machen ...«
»Das soll ich Ihnen glauben?«
»Müssen Sie wohl!« behaupte ich.
Diesmal überlegt er ziemlich lange, fast zu lange, und ich frage ihn: »Wenn ich Sie bisher recht verstehe, haben Sie Angst, es könnte jemand in Eberswalde oder überhaupt in der DDR auf die Idee kommen, Sie hätten bei der Hinrichtung von Erwin Hagedorn Ihre Finger im Spiel gehabt?«

»Ich und Angst?« sagt er. »Bestimmt nicht! Aber sonst haben Sie im Prinzip recht. Ich würde sagen, es geht keinen was an, was ich gemacht habe ...«
»Ich soll Ihnen deshalb bestätigen, daß noch niemand auf die Idee gekommen ist ... daß Sie nach wie vor völlig unverdächtig sind ...?«
»Ja, so ...«
»Hiermit bestätige ich Ihnen«, sage ich feierlich, »daß mir gegenüber niemand den Verdacht geäußert hat. Ich selbst konnte ihn nicht von mir aus äußern, weil ich keine Ahnung hatte ... und weil ich es jetzt noch nicht glaube!«
»Das kriegen wir später!« sagt er bedeutungsvoll.
»Sie sind aber außerdem von sich aus, leichtsinnigerweise, an Lukasinski herangetreten und haben ihn gefragt, ob er Sie mit mir zusammenbringen kann. Das war Ihr Leichtsinn, wohlgemerkt, und Sie können von Glück sagen, daß Sie eine so naive Type wie mich getroffen haben ...«
»Ich habe auch meine Menschenkenntnis!« verteidigt er sich.
»Herrn Lukasinski habe ich mir erst mal aus der Nähe angesehen, bevor ich ihn angesprochen habe. Und außerdem kann er mit der Tatsache, daß ich Sie sprechen wollte, gar nichts anfangen, selbst wenn er böswillig wäre!«
»Ich kann Sie sogar noch in einem anderen Punkt beruhigen!« sage ich rasch – immer noch in der Vorstellung, ihm ausreden zu müssen, daß er mich als Helfer für eine Flucht benutzen will, wenn's in Eberswalde für ihn tatsächlich zu heiß geworden sein sollte. »Die Leute in Eberswalde behaupten nach wie vor, Heckenrose und Hagedorn seien ein und dieselbe Person. Wie kommt das wohl?«
»Wer sind ›die Leute‹ ...?«
»Weiß ich nicht«, sage ich, wieder voll bei der Wahrheit, »müßte ich Hansen fragen ...«
Aber er winkt ab. »Viel zu umständlich, lohnt sich auch nicht! Ich habe das nämlich selbst schon so oft gehört ... weiß der Kuckuck, wie das zustande gekommen ist ... mir kann's ja allerdings nur recht sein ...«
»Haben Sie das etwa selbst erfunden?«
Da grinst er wie ein ertappter Schuljunge: »Erfunden nicht gerade, ehrlich gesagt. Aber ich habe das Gerücht an verschiedenen Stellen kräftig unterstützt!«
So regelt sich offenbar alles Schlechte für den Übeltäter zum Guten. Bruno Listig alias Heckenrose ist nämlich in meinen Augen auch ein

Übeltäter – dann nämlich, wenn auch nur zehn Prozent seiner Behauptungen stimmen.
»Es könnte natürlich sein«, sage ich behutsam, »daß der eine oder andere Mensch doch über Ihr Geheimnis Bescheid weiß ...«
»Welches Geheimnis?«
»Ja, Sie und Heckenrose, zwei verschiedene Personen ...«
»Hhmmm ...« sagt er.
Aber gerade das will ich ja nicht, im Gegenteil, er soll sich ja gerade nicht entschließen, seine Heimat aufzugeben:
»Die Leute«, sage ich deshalb schnell, »halten in einem solchen Fall allerdings unwahrscheinlich dicht ... und Sie lagen bei denen ja auch goldrichtig, wenn Sie der Ansicht waren, ein Typ wie Hagedorn müsse ausgelöscht werden ...«
»Ist das ehrlich?« fragt er mißtrauisch.
»Absolut!«
»Das freut mich«, sagt er, »außerdem beruhigt es mich doch einigermaßen!«
Er steht auf, vermutlich deshalb, weil ihm allmählich der Hintern kalt wird, und ich bin auch ganz froh über ein bißchen Bewegung zurück in Richtung Ortsmitte.
»Zufrieden?« frage ich Bruno Listig nach hundert Metern.
»Eigentlich ja«, gibt er zu, »ich hatte mir die Sache tatsächlich schlimmer vorgestellt. Für mich, meine ich ...«
»Wenn's schlimmer gewesen wäre, hätten Sie Ihre Maßnahmen ergriffen?«
»Was für Maßnahmen?«
»Sie hätten versucht, hier von Bulgarien aus in den Westen zu flüchten?«
»Sie haben vielleicht Ideen!« sagt er vorwurfsvoll.
»Ja, aber es stimmt doch ...?«
»Sie fragen manchmal einfach zu direkt!« sagt er. »Warum sollen wir über Dinge reden, die sich bereits von selbst erledigt haben?«
Wir bekommen wieder Asphalt unter die Füße und gehen schneller. Die Lichter von Slatni Pjassazi, die teilweise die ganze Nacht durch bis hinein in den Morgen brennen, kommen näher.
»Wann kriege ich nun mein Honorar?« frage ich.
»Honorar ...?«
»... meine Auskünfte, die Sie mir versprochen haben ... Ihre Story ...?«
»Ach so«, sagt er verwundert, »morgen natürlich, was dachten Sie denn?«

»Ich denke, daß Sie's ein bißchen sehr spannend machen!« sage ich respektlos.
»Wollen Sie mich vielleicht jetzt noch ausquetschen?« fragt er.
»Jetzt, um diese Zeit?«
Immerhin, es wird schon sanft hell, und die Muntersten sind wir beide nicht mehr.
»Also wann morgen? Beziehungsweise heute?«
»Ich weiß nicht genau, wie lange das mit dem Kloster dauert, diese Besichtigung. Auf jeden Fall können wir zusammen zu Abend essen, vielleicht im Astoria. Wenn Sie gegen fünf nachmittags ins Astoria-Café kommen, können wir erst mal einen Apéritif nehmen. Sie kennen sich doch hier aus ...?«
Ja, ich kenne mich aus, und das weiß er sicher auch, denn Lukasinski hat es ihm bestimmt erzählt.
»Und nun?« fragt Bruno.
Wir stehen vor dem Hotel »Morsko Oko«, und ich antworte:
»Schlafen Sie gut, und wehe, wenn Sie morgen zu spät kommen!«
Er zögert noch und sagt schließlich: »Sie können bei mir schlafen, wenn Sie wollen, ich habe noch eine Liege in meinem Zimmer...«
»Danke«, sage ich, »nach dem, was Sie da dauernd behaupten, ist mir das doch ein bißchen riskant!«
Er nimmt es als Scherz, über den man lachen kann. »Ich weiß zwar nicht, wie Sie jetzt noch nach Varna kommen wollen...«
»Notfalls per Anhalter!« sage ich.
»... da lassen Sie sich aber nicht erwischen!« warnt er.
Aber es ist mir gleichgültig. Bis morgen nachmittag 17 Uhr werde ich schon hinkommen und in Ruhe wieder zurück sein. Auf jeden Fall muß man sich von einem Menschen wie Listig alias Heckenrose gelegentlich erholen.
Auf dem Weg zur Hauptstraße ruft plötzlich jemand leise meinen Vornamen, und ich kriege zunächst einen gewaltigen Schreck.
Aber dann tritt er aus dem Gebüsch und strahlt sogar im frühen Halbdunkel: Pêtar Karolev, der gute Geist aus der Ekzarh-Yosif-Straße in Sofia.
»Komm«, sagt er, »Auto ist nicht weit!«
Trotzdem frage ich: »Bist du mir etwa die ganze Zeit nachgegangen?«
Natürlich nicht, erklärt er mir: er ist nach Einbruch der Dunkelheit von Varna nach Slatni Pjassazi gefahren, hat im »Morsko Oko« ein Schwätzchen mit der Rezeptionistin gehalten und dabei erfahren, daß der Mensch, auf den meine Beschreibung paßt, mit einem an-

deren Menschen – einem Hotelgast – weggegangen und bisher noch nicht zurückgekommen ist.
»Da habe ich auf dich gewartet ...« sagt er.
Mißtrauisch frage ich: »Und woher weißt du, daß ich ins ›Morsko Oko‹ wollte?«
Aber das habe ich doch selbst gesagt, meint er, als ich in Varna ins Taxi stieg!
»Wenn ich inzwischen woanders hingefahren wäre ...?«
Dann, sagt er gleichmütig, wäre er etwas später allein wieder nach Varna zurückgefahren.
Ich habe den Eindruck, daß Jerry Lukasinski sich auch aus der Ferne ziemlich gründlich um mein Wohlergehen kümmert, behalte es aber für mich. Schließlich wäre es wirklich schwierig gewesen, um diese Zeit – gegen drei Uhr morgens – zwanzig Kilometer weiter ins Hotel zu kommen.
»Warst du erfolgreich?« fragt Pêtar während der Fahrt.
»Ich muß morgen nochmal hin und vielleicht auch übermorgen!« sage ich, und das kann er so und so auffassen.
»Wieder so spät?«
»Bitte, Pêtar«, sage ich, »ich würde morgen gern ohne Leibwächter in Slatni Pjassazi unterwegs sein!«
»Ist gut!« sagt er ohne Groll.
Immerhin habe ich mir auch Mühe gegeben, es ihm so nett zu sagen, daß es sich nicht undankbar anhörte. Und als wir in Varna sind, fragt er mich eindringlich, ob ich denn auch was gegessen habe.
»Nein!« sage ich.
Da macht er mir, ohne ein Wort zu sagen, drei Spiegeleier mit bulgarischem Schinken.

Am nächsten frühen Nachmittag fahre ich wieder mit einem fremden Taxi von Varna nach Slatni Pjassazi: Pêtar hat es selbst wieder vorgeschlagen – und er hat auch fest versprochen, mich in der Nacht nicht abzuholen, selbst wenn ich auf allen vieren nach Varna zurückkriechen müßte!
»Habe ich auch viel Arbeit«, sagt er zum Abschied, »ist alles klar!«
»Was denn?« frage ich.
Er grinst, und ich belasse es dabei.
Denn ich bin nicht so ausgeschlafen, wie ich es eigentlich sein wollte: Um neun Uhr früh hat Pêtar mich geweckt, das Zimmer müsse aufgeräumt werden, und ich habe mich gefügt. Immerhin wunderte ich mich, daß weit und breit kein Zimmermädchen zu sehen war –

und dann kam mir der Verdacht, daß Pêtar mir doch einiges von der ruhmreichen Vergangenheit und der schönen Gegenwart seines Landes zeigen wollte, unbedingt und ohne weitere Rücksicht! Erst war ich sauer, dann nicht mehr: Einmal habe ich ihn schon enttäuscht, und diesmal mußte ich ihm den Gefallen tun.
Ich habe also das Kanonenboot »Drâzki« besichtigt, aufgestellt vor dem Marinemuseum, jenes tapfere Schiff, das im Balkankrieg 1913 einen kompletten türkischen Kreuzer versenkte, und außerdem den angeblich weltberühmten Mumienkopf im Archäologischen Museum. Ich war an der Stelle, wo König Jagellon anno 1444 im Kampf gegen die Türken starb, und ich bin in den Grundmauern der uralten genuesischen Basilika herumgestiefelt, wo eines Tages ein Sarkophag gefunden worden war, der aus Alabaster, Silber und Gold bestand und mit Juwelen verziert war, rätselhafterweise aber auch nicht die Spur einer Leiche enthielt!
»Danke, Pêtar ...«
Er hat sich gefreut.
Mich aber hat die Tour eher melancholisch gestimmt, denn irgendwann werden einem die mörderischen Schlachten, die Gräber und die Toten einfach zuviel.
Immerhin freut sich dann im Astoria-Café in Slatni Pjassazi schon der nächste über meine Gegenwart: Bruno Listig ist geradezu superpünktlich, und er fragt mich interessiert, wie ich denn die Nacht zuvor nach Hause gekommen bin.
»Zu Fuß!« sage ich grämlich, und er lacht sich eins.
»Gegessen haben Sie aber inzwischen?« fragt er.
»Es reicht ...«
Trotzdem, gegen 20 Uhr gehen wir ins Restaurant, und ich bin ihm dankbar, daß er bis zum Ende des üppigen Menüs, bis nach 22 Uhr, offenbar nichts mit unseren Geschäften im Sinn hat.
Dann aber fragt er sofort: »Wohin gehen wir heute?«
»Auf die Bank!« sage ich.
Schließlich finden wichtige Prozesse auch immer im selben Saale statt, und ich sehe nicht ein, warum wir diese seltsame Beweisaufnahme anderswo fortsetzen sollen.
»Einverstanden!« sagt er. Ich zahle, und er gibt das Trinkgeld.
Wir marschieren schweigend los, wie die Esel, die einen Weg schon seit Ewigkeiten kennen, obgleich wir erst einmal dort gewesen sind – und als wir an Ort und Stelle sind, macht Bruno mir sofort eine überraschende Eröffnung:
»Sie hatten recht«, sagt er, »ich habe wirklich mit dem Gedanken

gespielt, nicht wieder in die DDR zurückzugehen. Aber Sie haben mich gestern beruhigt, ich sehe keine Gefahr mehr für mich, und ich bin Ihnen einiges schuldig. Ich wäre nämlich sehr ungern nicht mehr in meine Heimat zurückgekehrt ...«
»Ist das ein Wort?« frage ich.
»Ehrenwort!« sagt er. Damit sind sie schnell bei der Hand, eine griffige Münze.
»Ich kann's immer noch nicht glauben ...« sage ich locker, was ich mir inzwischen erlauben kann.
»Ehrenwort!« wiederholt er.
»Alsdann ...«
»Es wird allerdings etwas kompliziert ...«
»Natürlich, wie immer ...«
»Ich mache es aber so einfach wie möglich!« verspricht er. Er erzählt, er habe eine Wohnlaube an einem der vielen kleinen Seen bei Eberswalde, und dazu gehört ein winziges Stück Land, das er »auf seine alten Tage« noch urbar gemacht hat, vielleicht achtzig oder hundert Quadratmeter. Dort züchtet er Salat, Erdbeeren und gelegentlich auch ein paar Bohnen, die man sogar essen kann.
Über die Bohnen, sagt er, ist er dann eines Tages, schon vor etlichen Jahren, auf sein heutiges Hobby gekommen, nämlich die Nachvollziehung der Mendelschen Gesetze und womöglich ihre Verbesserung.
»Natürlich weiß ich«, sagt er, belehrend und entschuldigend zugleich, »daß die von Tschermak, Correns und dem Holländer Hugo de Vries schon entscheidend verbessert worden sind, aber man kann ja nie wissen, vielleicht fällt einem ja doch noch mal was auf!«
»Kann sein«, sage ich, »außerdem tut es mir leid, daß ich so schlecht vorbereitet bin ...«
Er lacht leise in die Dunkelheit. Vor uns auf dem Meer sind nur noch drei Lichter, und die Luft ist nicht mehr ganz so lau wie vor einer Stunde.
Der Grundgedanke sei, daß bei der Vererbung die Übertragung von genetischen Merkmalen statistischen Gesetzen folgt, erklärt Bruno Listig. Das gehöre schon noch zu unserem Thema, beruhigt er mich, der österreichische Mönch Gregor Johann Mendel habe bei der Entdeckung dieser Gesetzmäßigkeit vor über hundert Jahren in Brünn wirklich eine Sternstunde gehabt, die heute noch von Bedeutung sei. »Zehn Jahre vor dieser Entdeckung wurde im übrigen in Amerika Thomas Hunt Morgan geboren. Der brachte die Experimente mit der Vererbung von den Erbsen und Bohnen auf die

Fliegen, nämlich auf die Drosophila melanogister, und wissen Sie, warum er das getan hat?«
»Ich weiß es nicht!« sage ich.
Ich weiß es beim besten Willen nicht, und ich weiß vor allem nicht, warum ich hier quer durch Europa gereist bin und mir jetzt eine Biologiestunde anhören soll – und das auch noch zu einem Zeitpunkt, zu dem ich über den Fall, den ich kennenlernen wollte, offenbar alles weiß bis auf vielleicht drei Prozent.
»Ich kann Ihnen sagen, wo die Bedeutung von Thomas Morgan liegt«, fährt Listig voller Eifer fort, »er hat die Sache transparent gemacht mit seinen Drosophilas melanogister, denn sie erzeugen in weniger als vierzehn Tagen eine neue Generation und besitzen außerdem nur vier Riesenchromosomen, die in bezug auf die Vererbungslehre besonders gut und vor allem einfach zu studieren sind. Die Viecher heißen auch Essigfliegen, müßten Sie eigentlich noch kennen aus der Schule, und seit Morgan sind sie die Mustertiere für alle Vererbungsforschungen, die berühmtesten Labortiere überhaupt, noch viel, viel berühmter als die Meerschweinchen...«
Drosophila melanogister. Ich hatte mal eine Freundin namens Melanie, denke ich gähnend, nur um an was Erfreuliches zu denken.
»Moment!« sage ich plötzlich.
»Ja, bitte...?«
»Haben Sie mal Bleistift und Papier?«
Natürlich hat er keins, auch wenn er höflicherweise in seinen Taschen herumfingert. Ich habe auch keins, also muß ich mir die Sache merken.
»Melanogister, sagten Sie...?«
»Ja, ja...?«
»Hinten wie Magister...?«
»Das sollte ich ja wohl wissen!« trumpft er auf.
Und das, beschließe ich, »hinten wie Magister«, werden wir prüfen! Hinter seinem Rücken, und dann, Gevatter...!
Denn auf mein Gedächtnis kann ich mich Gott sei Dank fast immer verlassen, und hier hat mir mein Gedächtnis gesagt, da war irgendwas anders in meiner Schule, eine ganze Kleinigkeit, aber eben doch eine Kleinigkeit an der Wahrheit vorbei!
»Kommen Sie irgendwann wieder auf Erwin... ich meine, auf den Fall Hagedorn zurück?« frage ich erstmal so harmlos wie möglich.
»Ich bin aber doch voll dabei...« sagt er irritiert.
»Aha. Er hat also alles Böse geerbt?«
»Hören Sie«, sagt er, »entweder ich erkläre Ihnen das in aller Ruhe,

oder ich sehe mich außerstande, Ihnen den komplizierten Sachverhalt plausibel zu machen!«
»... natürlich, entschuldigen Sie!« Dabei falle ich allmählich, trotz aller Hinterhältigkeit, doch vor Müdigkeit von diesem Donnerbalken am Schwarzen Meer.
Thomas Hunt Morgan, berichtet der unermüdliche Bruno, hat 1933 den Nobelpreis bekommen, weil er, mit Mendel und Melanogister, Vererbung und Faktorenaustausch zum Allgemeingut der Naturwissenschaft gemacht hat. »Sie wissen, was das bedeutet?«
»Klar!« behaupte ich.
»Also ich weiß nicht«, sagt er zweifelnd, »vielleicht ist Ihnen die Sache klarer, wenn ich Ihnen sage, daß er die umwälzende Theorie von der chromosomen- und gengebundenen Vererbung aufgestellt hat ...?«
»Doch, doch, die Sache wird immer klarer ...«
»Sie lügen!« sagt er mit mildem Vorwurf. »Aber ich sehe ein, daß ich Sie da etwas überfordere. Schließlich konnten Sie ja nicht wissen, über was ich mit Ihnen mal ausführlich reden wollte ...«
Ich konnte nicht wissen, daß Bruno Listig frei nach Mendel und Morgan und Hugo de Vries die Vererbungstheorien statistischer Art wiederentdeckt hat, allerdings. Ich werde jetzt gleich die Waffen strecken und mich in die Büsche rollen und hoffentlich nicht erfrieren. Denn, abgesehen davon, daß ich letztens so wenig geschlafen habe, abgesehen auch davon, daß Kenntnisse über Genetik nicht unbedingt zu meinem täglichen Handwerkszeug gehören: eine Tatsache glaube ich deutlich erkennen zu können. Die Tatsache nämlich, daß Bruno eine Menge Fakten kennt und einem Quiz über Genetik sicher gewachsen wäre – daß er aber entweder die Zusammenhänge nicht erkennt oder sie, gelinde gesagt, sehr, sehr eigenwillig interpretiert.
»Ich erkläre es Ihnen mal ganz simpel«, sagt er unverdrossen. »Gregor Mendel hatte festgestellt, daß seine Erbsen entweder niedrig oder hoch wuchsen, daß es aber keine Zwischenstufen gab. Dann kreuzte er die hohen und die niedrigen Pflanzen, und damit kam er auf die Erkenntnis, daß es in den Erbanlagen der Pflanzen dominante und rezessive Faktoren gibt, welche, die sich durchsetzen, und welche, die hinter den anderen zurücktreten müssen. Im Grunde haben Sie recht, mehr müssen wir beide hier eigentlich nicht wissen. Einfach nur, daß manche Erbanlagen stärker sind und manche schwächer ...«
»So machen's dann auch die Fliegen ...« sage ich schwach.

»Nun müssen das ja nicht nur äußerliche Merkmale sein, sozusagen körperliche, sondern es können auch geistig-seelische sein. Wissen Sie, was Ethologen sind?«
»Verhaltensforscher!« sage ich, und die Vorstellung, daß ich auch mal was weiß, macht mich kurzfristig wieder etwas wacher.
»Richtig!« sagt er zufrieden. »Die Ethologen haben nun ermittelt, daß sich die geistig-seelischen Merkmale genauso vererben wie die körperlichen! Angeborene Verhaltensweisen, die sich vererben, verstehen Sie? Und Verhaltensweisen gehen auf Triebe zurück, sind also dominante Faktoren bei der Vererbung, setzen sich immer wieder durch. Instinkte des Nahrungserwerbs, der Fortpflanzung, der Aggression, Urinstinkte des Menschen, die dominantesten Faktoren, die man sich überhaupt vorstellen kann!«
Aber jetzt wird's mir zu bunt. »Erwin Hagedorns Vater ist ein höchst achtbarer Mann!«
»So«, sagt er, »und deshalb, meinen Sie, kann diese verdammte Bestie nicht erblich vorbelastet sein?«
»Das kann ich Ihnen nicht schlüssig beantworten«, gebe ich zu, »natürlich könnte Erwins Vater zum Verbrecher prädestiniert gewesen sein, sich aber erfolgreicher als sein Sohn dagegen gewehrt haben ...«
»Nicht nur der Vater!« sagt er wichtig.
»Hören Sie, Bruno, ob da irgendeiner in der Sippe Hagedorn ein Strolch gewesen ist ... das hätte doch kaum was damit zu tun, daß der Junge sich als Lustmörder manifestiert!«
Bruno raucht schon wieder, ich kann das Zeug allmählich nicht mehr riechen. »Das eben ist der Fluch der bösen Tat, daß sie fortzeugend immer Böses muß gebären!« deklamiert er.
»Schiller, nicht?«
»Die Piccolomini, richtig, Einer der klügsten Sätze, die je geschrieben worden sind. Überhaupt, Schiller: In West- und Süddeutschland hat man ihm zu Lebzeiten ja das Leben zur Hölle gemacht. Erst auf dem Territorium der heutigen DDR ist er schließlich groß herausgekommen ...«
»Bruno, bei allem, was Ihnen heilig ist ... worauf wollen Sie hinaus?«
»Mir ist gar nichts heilig!« sagt er kalt.
»Was wollen Sie mir unterjubeln?«
»Ich will Ihnen meine Motivationen klarmachen«, sagt er, »auch wenn ich es nicht nötig habe, ich möchte, daß Sie mich begreifen ...«

»Ich unterschreib's Ihnen blanko, wenn Sie mir die Pointe verraten ...«

»Aber ich muß es doch wissenschaftlich erklären«, sagt er fast bittend, »ich kann doch nicht einfach was aus dem hohlen Bauch sagen, was ich nicht gleichzeitig beweisen kann ...!«

»Bitte beweisen Sie mir endgültig den Zusammenhang mit dem Fall Hagedorn!«

»Noch zwei Minuten ...« bettelt er.

»Seit gestern nachmittag«, sage ich, »laufen Sie herum und behaupten, Sie hätten zu Erwin Hagedorns Liquidierung etliches beigetragen. Wenn Sie diese Behauptung beweisen ... das wär' was, und sonst seh' ich in dem Ganzen keinerlei Sinn!«

»Ich bin Ihnen dankbar, daß Sie mir das Stichwort geben!« antwortet er, wieder bei Kräften.

Den Ton kenne ich allmählich: jetzt fängt er gleich wieder bei Gregor Johann Mendel an!

Aber ich irre mich, er fängt sogar noch viel früher an, er bringt die ganz großen Zusammenhänge seiner Lebensphilosophie:

»Um noch mal auf Mendel zurückzukommen, Sie dürfen ihn ja nicht isoliert sehen! Er fußt ja auf Darwin, auf Darwins Lehre von der natürlichen Auslese! Darwins natürliche Lehre ist von Mendel eigentlich nur statistisch untermauert worden, zugespitzt formuliert! Die nicht so guten Exemplare einer Gattung müssen sterben, und daran kann ich nichts ändern, und können Sie nichts ändern!«

Jeder Satz ein Ausrufezeichen, jeder Satz vermutlich zurechtgebogen wie eine Drahtschlinge, mit der man tötet.

»Sie meinen, Sie hätten Darwin etwas nachgeholfen ...?«

»Ich habe ihm nicht nachgeholfen«, sagt er mit tiefem sittlichem Ernst, »ich bin selbst nur ein Werkzeug des Schicksals. Ich konnte gar nicht anders handeln, wie ich gehandelt habe, ich war ein Faktor, verstehen Sie? Ein Faktor, der neben vielen anderen Faktoren dafür zu sorgen hatte, daß der ungute Erwin Hagedorn ausgemerzt wird und seine dominanten schädlichen Anlagen nicht weitervererbt!«

Er muß verrückt sein, denke ich, mindestens ziemlich verrückt! Da glauben sie nicht an Gott und benehmen sich selber gottähnlich: Werkzeug des Schicksals, ich lach' mich krank, wenn's nicht so schäbig wäre und so scheußlich! Ein Schlückchen Darwin und eine Prise Schiller, aufgefüllt mit Gregor Mendel – ein tolles Gebräu, das nur noch dahingehend zu überprüfen wäre, ob seine Giftwirkung eingebildet oder effektiv gewesen ist ...

»Gibt's da viele bei Ihnen, die so denken wie Sie?«
Daraufhin sagt er, daß er mir gestern schon erzählt habe, er sei ein Einzelgänger, »... was natürlich nicht ausschließt, daß man gelegentlich einem anderen Einzelgänger begegnet, haha!«
»Wie haben Sie es denn im einzelnen gemacht?«
»Das wüßten Sie gern, nicht ...?«
»Allerdings!«
Aber er schüttelt den Kopf. »Im einzelnen kann ich's nicht sagen. Sagen wir so, es waren ein Kollektiv und eine Kettenreaktion, und ich war derjenige, der die Kettenreaktion in Gang gesetzt hat! Hagedorn mußte sterben, das habe ich entschieden, ich ganz allein, und wenn ich mich hundertmal wiederhole, er durfte nichts, aber auch gar nichts weitervererben!«
»... ja, ja«, sage ich, deprimiert von seiner geradezu missionarischen Begeisterung, »ausgerechnet als Schwuler weitervererben ...«
»Die können auch Kinder zeugen, wenn man sie in die Enge treibt!« behauptet er steif und fest.
»Schwule, ja ...«
Es lebe die Stärkung des Arbeiter-und-Bauern-Staates, denke ich. Die Homophilen werden toleriert und verachtet zugleich, genau wie bei uns. Bruno Listig, noch längst nicht am Ende mit seiner Penetranz, schlägt gerade jetzt in dieselbe Kerbe:
»Die Freiheit, die der einzelne in unserem System hat, wissen Sie, da muß es doch Grenzen geben ...!«
»Mörderische Grenzen ...«
»Das ist schon jenseits!« sagt er stur.
»Sind Sie eigentlich SED-Mitglied?« frage ich, weil es mir gerade in den Sinn kommt.
Es scheint ihn zu erleichtern, denn er lacht endlich mal wieder: »Ich bin grüner Kommunist. Demokratische Bauernpartei. Wir hatten mal einen großen Hof in der Nähe von Guben. Eigentlich hatte ich ihn schon, mein Vater wollte sich zur Ruhe setzen ...«
»Und jetzt?«
»Jetzt ist er Bestandteil eines landwirtschaftlichen Kollektivs, und mein Vater kann da noch sehr gut mitarbeiten, viel besser so für ihn ...«
Er wurde frei auf diese Weise, frei als Mitglied einer Baubrigade für Hochbau, schließlich als ihr Leiter. »Und dabei«, erzählt er, »habe ich zum erstenmal begriffen, was kollektiver Eigensinn bedeuten kann, im Guten wie im Bösen ...«

»Sie meinen, daß der kollektive Eigensinn für den Tod von Erwin Hagedorn verantwortlich zu machen ist?«

»Sagen wir es so«, antwortet er, »ich habe ein paar andere davon überzeugt, daß es notwendig ist, diesen Eigensinn zu entwickeln ... Sie können von mir aus auch sagen, ich habe ihnen meine Monomanie vermitteln können. Außerdem würde ich es auch so formulieren, daß die Hinrichtung von Erwin Hagedorn nicht möglich gewesen wäre ohne den kollektiven Eigensinn, auf den wir alle, die ihn besessen haben, sehr stolz sind ...«

»Das ist Haarspalterei!« behaupte ich.

»So«, sagt er, »glauben Sie! Glauben Sie vielleicht, ich lasse mich von Ihnen provozieren? Wollen Sie vielleicht auch noch wissen, mit wem ich in der Sache Hagedorn ...«

»... geklüngelt habe ...?«

»... zusammengearbeitet habe?«

»Warum nicht?« frage ich.

Darauf er, grimmig: »Das könnte Ihnen so passen!«

Eins interessiert mich noch, gerade in diesem Zusammenhang: »Ich glaube Ihnen immer noch nicht, daß Sie an dem Ding gedreht haben, daß Sie überhaupt da dran drehen konnten. Aber mal unterstellt, Sie hätten es tatsächlich, Sie hätten Erwin ...«

»... Hagedorn!«

»... Sie hätten Erwin tatsächlich auf dem Gewissen. Würden Sie nicht doch manchmal das Gefühl haben, so einen gewissen Zweifel, ob Sie auch richtig gehandelt hätten?«

»Reue?« sagt er. »Ich bereue gar nichts! Irgendwas bereuen, das macht bloß unproduktiv!«

So einfach ist das. Erwin Hagedorn hat auch nie bereut.

Aber Bruno Listigs zwei Minuten, die schon wieder eine halbe Stunde gedauert haben, sind abgelaufen. Ich stehe auf, gehe einfach in Richtung Slatni Pjassazi, werde im Astoria versuchen, noch ein Taxi zu kriegen, werde morgen Bulgarien verlassen und heute schon Bruno Listig alias ...

Apropos.

Ich bleibe stehen, er holt mich ein.

»Jetzt nur noch die Erklärung für Heckenrose!«

Er weiß aber auch im Dunkeln, daß ich keine Pistole habe, und er kichert nur. »Sie und mir drohen? Sie denken wohl, ich hätte mein Pulver verschossen, was ...?«

»Heckenrose!« verlange ich.

»Morgen!« sagt er.

»Morgen reise ich ab ...«
»Wollten Sie die Wahrheit wissen oder nicht?«
»Haben Sie denn bisher gelogen ...?«
»Ich lüge nur, wenn es nötig ist!« sagt er feierlich, mitten auf dem Weg. »Nein, ich habe bisher nicht gelogen, und es gibt noch zwei Punkte, die ich Ihnen mitteilen könnte ... hochinteressante Punkte für Ihre Geschichte!«
»Die Erklärung für Heckenrose!« sage ich zum drittenmal.
»Kommen Sie«, sagt er, »gehen wir! Heckenrose erzähl' ich Ihnen morgen, dazu brauche ich Sonne. Heute darf ich Sie nur nochmals darauf aufmerksam machen, daß Sie nach meiner Ansicht für Ihren Beruf doch viel zu ungeduldig sind ...«
Diesmal gehe ich einfach weiter, und er geht mit. »Sie haben vergessen, was zu fragen!« drängt er.
»Was denn?« Alles über Stock und Stein.
»Sie wissen doch immer noch nicht, wer Ihrem bedauernswerten Freund Erwin Hagedorn was vererbt hat ...«
O Himmel, es hat noch nie jemand geschafft, mich auf einem Weg so oft anzuhalten!
»Sie wollen es also doch wissen ...?«
Ich nicke nur, und hoffentlich sieht er's.
»Es war die Großtante«, sagt er, »die Großtante hat Erwin Hagedorn das Mörderische vererbt! Und das können Sie wahrscheinlich selbst überprüfen!«
Der Gärtner ist der Mörder, die Großtante nimmt stellvertretend seine Stelle ein. »Was kann ich überprüfen, bitte schön?«
»Wenn Sie den Fall Hagedorn doch schon so genau kennen«, fragt er zurück, »kennen Sie bestimmt auch die Geschichte mit der Pelzjacke?«
Die Geschichte mit den Faserspuren vom Webpelzkragen seiner Lederjacke, überlege ich, die zum objektiven Beweis für Erwin Hagedorns Täterschaft gehörten?
»Ja, genau«, sagt er, »und die Jacke stammte ja bekanntlich aus dem Westen ...«
»Aus dem Rheinland ...«
»Eben!« sagt er. »Sie wissen ja doch Bescheid!«
Und?
Da im Rheinland haben die Hagedorns ja Verwandte, sagt er, und es müßte doch eigentlich mit dem Teufel zugehen, wenn da nicht die Großtante dahinterstecken würde – wenn die Jacke nicht ein Geschenk von der Sippe rund um die Großtante sein würde ...

»Aber was, zum Teufel, ist denn nun tatsächlich mit der Großtante?«
»Sie hieß Käthe Hagedorn«, sagt Bruno Listig endlich, »sie hat Erwin erblich belastet, ihre Dominante hat sich durchgesetzt, denn das Verbrechen als Urtrieb der Aggression ist ja immer ein dominanter Faktor bei der Vererbung! Käthe Hagedorn hat, als sie so alt war wie Erwin Hagedorn bei seinen Verbrechen, im Rheinland zwei unschuldige Kinder ermordet, und sie war und ist die einzige weibliche Lustmörderin in ganz Deutschland!«
»Das ... gibt's nicht ...«
»Doch«, sagt er stolz, »das gibt's, das ist ein Faktum! Und wenn Sie meinen, ich hätte nicht gemerkt, daß Sie meinen Theorien die ganze Zeit über völlig ablehnend gegenüberstehen, da irren Sie sich gewaltig! Bruno Listig und was nicht merken! Aber jetzt haben Sie endlich was in der Hand, nicht? Jetzt müssen Sie zugeben, daß ich recht hatte, nicht ...?«
»Das gibt's nicht ...« sage ich immer noch.
Aber es ist längst keine Behauptung mehr, für deren Richtigkeit ich mich verbürgen möchte, es ist nur noch das große Erschrecken. Denn wenn das stimmt, ist es völlig gleichgültig, welche verquasten Theorien Bruno hier aufgestellt hat. Wenn das stimmt, ist das eine Ungeheuerlichkeit, die nur das Leben produzieren kann – ein so irres Ding, daß man es nicht erfinden könnte!
»Wie wollen Sie das von Eberswalde aus rausgekriegt haben?« frage ich, immer noch angeschlagen.
»Das hat mir einer erzählt«, sagt er, »der ist im Krieg von Düsseldorf nach Eberswalde gekommen und ist dann dort hängengeblieben ...«
»Einfach so auf eine Erzählung am Tresen hin sind Sie ...?«
Erst sagt er streng: »Ich gehe so gut wie nie an den Tresen, merken Sie sich das!«
Dann aber erzählt er bereitwillig: »Natürlich habe ich mich auch noch zusätzlich erkundigt. In meiner Brigade hat mal einer Mist gemacht und brauchte einen Rechtsanwalt, daher kannte ich den Rechtsanwalt. Den habe ich dann vertraulich gefragt, und der hat sich erkundigt. Und erst als er mit einer positiven Antwort kam, jawohl, das ist richtig mit Käthe Hagedorn ... da erst bin ich dann tätig geworden und in Aktion getreten ...«
Schon jetzt, im östlichsten Bulgarien, überlege ich in dieser Minute, wie ich Bruno Listigs haarsträubende Geschichte im Westen tatsächlich nachprüfen kann.

»Wissen Sie, wo sich das genau abgespielt haben soll, diese Schauergeschichte?«
»Im Rheinland sage ich doch, der Mann, der mir das als erster erzählt hat, kam aus Düsseldorf, und so groß ist das Rheinland ja auch nicht! Und außerdem ist das keine Schauergeschichte ... hören Sie endlich auf, mir dauernd nicht zu glauben!«
»Ich geh' der Sache nach ...« sage ich.
»... und ich bitte darum!« antwortet er. »Ich wäre Ihnen wirklich dankbar, wenn Sie mir Nachricht geben würden, was dabei herausgekommen ist!«
»Was habe ich davon?«
»Ach«, sagt Bruno, »doch wohl mindestens was für Ihre Geschichte. Meine Lebenserfahrung sagt mir, gute Werke zahlen sich immer aus!«
Den Rest des Weges bis zum Astoria reden wir nichts mehr, weil ich nachdenken muß, und im Astoria besorgt mir ein dienstbarer Geist für fünf Deutsche Mark West tatsächlich noch ein Taxi Richtung Varna. Bis es kommt, schenkt er auf seine Rechnung sogar noch drei richtige Whisky aus, und als wir uns zutrinken, er, Bruno und ich, zwischen Tür und Theke, sagt Bruno fast melancholisch: »Schade, daß wir uns morgen voraussichtlich zum letzten Mal sehen ...«
Und zwar um acht Uhr früh, schon in gut sechs Stunden.
So schnell kann man sich also an Leute gewöhnen.

Pêtar Karolev ist merkwürdigerweise noch wach, als ich in unser sogenanntes Hotel komme, und er begrüßt mich etwas zu überschwenglich, so daß ich seine quasi nationale Fahne zwangsläufig zur Kenntnis nehmen muß.
»Ich will heute keine Spiegeleier!« sage ich vorsichtshalber, denn auch im Ausland sollte der gute Deutsche auf seine Linie achten.
»Muß ich auch nicht machen ...« sagt er, ein Bild des Friedens und der Freundschaft.
Da klingelt's mal wieder in meinem Hinterkopf.
»Ist das eigentlich dein Hotel, Pêtar ...?«
»Warum denn?«
»Weil ich eine Flasche Krimsekt möchte und mindestens hundert Gramm Kaviar, Malossol, so wenig gesalzen wie überhaupt nur möglich ...«
»Tut mir leid«, sagt er gravitätisch, »diese Artikel führt unsere Organisation zur Zeit nicht. Das war es doch, was du wissen wolltest ...?«

Wenn er die Flasche Pflaumenschnaps, die vor ihm steht, neu angebrochen hat, hat er eine halbe Flasche im Leib. Redet dann noch über die »Organisation«, das dazugehörige Hotel, für mich sicher eine freundschaftliche Organisation ... und in Sachen Alkohol merkt man ihm kaum etwas an.
»Hast du Glück gehabt?« fragt er.
»Sei nicht so neugierig«, antworte ich freundlich, »du weißt doch, ich wollte nur drei Tage baden ...«
»Ja«, sagt er, »ohne Badehose!«
»Ach so, ja ...« Ich gebe ihm seinen alten Zwickel zurück, den ich immer noch, zusammengeknüllt wie ein Taschentuch, mit mir herumtrage.
Pêtar schenkt mir ein Glas ein, bestimmt mehr als die üblichen hundert Gramm, und sagt den seltsamen Satz: »Ich habe alles organisiert!«
»Was denn?« frage ich überrascht.
»Du hast übermorgen früh einen Flug nach Sofia!« sagt er.
»Das find' ich ja großartig ...«
Ja, sagt er, er auch, obgleich er dann die ganze Tour allein zurückfahren müsse. Schade drum, aber sicher ist sicher ...
»Für mich?«
»Wenn du mir deinen zweiten Paß gegeben hast, mußt du schnell verschwinden ...«
»Warum soll ich dir denn meinen zweiten Paß geben?«
Nun ja, meint er, um den zweiten Mann rauszukriegen; das war doch verabredet, oder?
Als ich ihn völlig verblüfft anstarre, sieht er sich in der winzigen Halle um und sagt: »Hört keiner zu. Nur Freunde!«
»Ich will aber keinen rausbringen!« sage ich. »Wie kommst du überhaupt auf die Idee?«
Jetzt ist er verstört. »Einen Genossen aus der DDR, ist doch verabredet ...?«
»Mit wem?«
»Mit Jerczy natürlich!« Und dann endlich rückt er umständlich damit heraus, daß in dem Brief, den ich ihm als Empfehlung von Jerczy-Jerry Lukasinski überbracht habe, der präzise Auftrag steht, mit Hilfe meines Zweitpasses einen von mir zu benennenden Mann aus dem Ostblock herauszuschmuggeln, im Zweifelsfall nach Istanbul oder über den Flughafen gleich in die Bundesrepublik.
»Wie heißt dieser Mann also?«
»Pêtar«, sage ich, und ich bin stolz auf meine gute Reaktionsfähig-

keit zu nächtlicher Stunde, »die Sache hat sich erledigt. Der Mann will nicht mehr abhauen, er hat es sich anders überlegt! Ist doch auch besser für uns beide, ist doch ziemlich gefährlich, nicht ...?«
»Nicht sehr gefährlich«, sagt er enttäuscht, »aber muß jeder wissen. Muß jeder selbst wissen, etwas gefährlich ist schon ...«
Er wirkt am Ende so niedergeschlagen, daß ich ihm sage, ich würde mit ihm nach Sofia zurückfahren. Morgen mittag, wenn ich fertig bin.
»Außerdem fahren wir morgen zusammen nach Slatni Pjassazi«, biete ich ihm an, »und von da aus gleich weiter. Mittags bin ich bestimmt fertig ...«
Ein bißchen hilft ihm das tatsächlich aus der Depression. Daß ich allerdings auf den Flug verzichtet habe, tut mir nach fünf Minuten schon leid.
Pêtar nicht. Er ist tatsächlich hochbeglückt. »Wann morgen ...?« fragt er.
»Halb acht ...«
»Dann schnell schlafen ...« sagt er.
Flasche weg, Pêtar weg, wenn's nach ihm geht, tritt der Feierabend innerhalb von Sekunden in Kraft.
Aber da ist noch was, das keinen Aufschub duldet:
»Pêtar«, sage ich, »was ist mit den Fliegen?«
»Alles klar!« antwortet er.
»Nämlich ...?«
Er war schon auf dem Weg zum Lichtschalter, kommt jetzt zurück und holt einen vergammelten Zettel aus der Tasche, der mit den Druckbuchstaben beschriftet ist:
DROSOPHILA MELANOGASTER.
»Woher hast du das?«
»Bibliothek!« sagt er lakonisch.
»Hast du das richtig abgeschrieben?«
»Bitte ...!« sagt er vorwurfsvoll.
»Heißt das Melanogister oder Melanogaster?«
Er wiederholt sich: »Bitte ...!«
Es heißt also, wahr und wahrhaftig, Melanogaster, und mein Gedächtnis war und ist in Ordnung. Und das heißt also, wahr und wahrhaftig: Bruno Listig ist doch nicht ganz der Experte, der er gern sein möchte! Nur ein Buchstabe, nicht mehr und nicht weniger. Nur ein einziges, aber wichtiges Indiz für eine Unkorrektheit, und wenn die Tante nicht wäre, diese Großtante ...
»Jetzt endlich schlafen!« sagt Pêtar zum zweitenmal.

Und diesmal erlischt die nackte Glühbirne in meinem Zimmer tatsächlich.
Bloß, ich kann nicht einschlafen. Ich komme in meinen Gedanken zurück auf Jerry Lukasinski und weiß nicht, ob ich über ihn lachen oder weinen soll. Jeder spielt hier sein Spielchen in diesem Fall, der mit drei Mordtaten angefangen hat und allmählich zur Via mala wird. Ist dieser Lukasinski von der Idee des Sozialismus ernsthaft so besessen, daß er die Gelegenheit beim Schopf zu fassen versucht, ein mißliebiges Mitglied der neuen sozialistischen Gemeinschaft auf seine Weise auszumerzen, nämlich mit meiner und Karolevs Hilfe durch eine gut organisierte Flucht in den Westen ...?
Es gibt keine andere Erklärung.
Jerry Lukasinski kann Bruno Listig offenbar überhaupt nicht leiden, auch wenn er das bei mir nicht so deutlich gesagt hat, und Bruno Listig konnte Erwin Hagedorn nicht leiden, was er mehrfach sehr deutlich gesagt hat. Jerry und Bruno waren, auch wenn sie verschiedene Personen meinten, der Ansicht, diese »Volksfeinde« müßten verschwinden: einer versucht's humaner, der andere konsequenter und effektiver.
Im Grunde sind Jerry und Bruno desselben Geistes Kind.

Die Sonne klettert gerade über den Goldstrand, als wir von der Hauptstraße nach Balžik abbiegen und zielsicher zum »Morsko Oko« fahren: Pêtar Karolev kennt sich hier so gut aus, er muß wohl schon öfter in dieser Gegend gewesen sein!
Zweihundert Meter vor dem Hotel hält er an.
»Wir können immer noch ...?« sagt er bedeutungsvoll und schräg von der Seite.
Flüchten, meint er.
Er und ich zwar nicht, aber dieser geheimnisvolle unbekannte dritte Mann.
»Wir treffen uns dreizehn Uhr«, sage ich, »du und ich, und sonst niemand! Anschließend gehen wir gleich auf die große Strecke!«
»Dann sage ich inzwischen endgültig ab!« sagt er störrisch und verärgert.
»Ja, bitte ...«
Soll er doch mit seinen seelischen Schmerzen allein fertig werden ...
Ich jedenfalls steige aus, und er fährt davon. Ich gehe die zweihundert Meter bis zum Hotel wie mit Blei in den Schuhen. Bruno ist schon wach. Nicht nur das: frisch geduscht, mit hellgrauen Hosen und hellbeigem Schillerkragen wartet er auf mich, begrüßt mich

regelrecht herzlich wie einen alten Freund, fragt, ob ich schon gefrühstückt habe, ja, sicher, sage ich wider besseres Wissen. Er schlägt vor, wir sollten vielleicht einfach an den heute nicht allzu überfüllten Strand gehen.
Ist mir alles recht.
Hauptsache, nicht mehr auf die Bank von gestern und vorgestern nacht ...
»Den Rest wollten Sie ja sowieso nur in der Sonne erzählen!« erinnere ich ihn.
»Heckenrose ...« sagt er, halb traurig und halb verträumt.
»... und dann noch ein paar Worte über die Fliegen. Wie hießen die noch ...?«
»Drosophila«, wundert er sich.
»Mit Hausnamen, meine ich ...?«
»Drosophila melanogister!«
»Aha.«
»Was heißt das?«
»Das heißt, daß sie melanogaster heißen, und das ist amtlich. Das heißt, daß Ihre ganzen Theorien vermutlich fünf Sechstel wahr sein können, aber leider nicht ganz. Und wenn Sie Ihre mörderische Großtante nicht hätten, die ich erst noch überprüfen muß ...«
Da sagt er leise, von Liegestuhl zu Liegestuhl: »Ich habe noch mehr. Das heißt, ich hatte. Ich habe da nämlich in Eberswalde eine Frau gekannt, die war 33 Jahre alt, hatte einen achtjährigen Sohn und keine einzige Schwangerschaftsnarbe, und ich habe sie sehr geliebt ...«
»Ach ja?« sage ich, mäßig überrascht. Irgendwelche Neuigkeit bringt er ja eigentlich immer.
»... das heißt, als ich sie kennenlernte, war sie eigentlich erst neunundzwanzig ... eine wirklich schöne Zeit ... ich machte erstmal Ausflüge mit ihr mit einem von unseren Baufahrzeugen, einem Dumper, so etwas wie ein Unimog bei euch, war aber auf die Dauer ziemlich laut ...«
Selbst wenn er ins Erzählen kommt, verschluckt Bruno selten Buchstaben oder Silben.
»... deshalb machte ich mir ein altes Motorrad zurecht, weil ich noch auf mein Auto warten mußte, einen Trabant, das fuhr sogar mit Waschbenzin, war allerdings auch ziemlich laut ...«
Ich sage zum zehnten oder zwanzigsten Mal im Verlauf unserer kurzen Bekanntschaft: »Das hat alles immer noch eine Beziehung zu Erwin?«

»... hat es!« bestätigt er wie immer. »Schlimm genug! Also das Motorrad: so ganz ohne Risiko geht ein solches Verhältnis nie. Und das war eigentlich auch der Grund, warum ich mir diese Laube zulegte. Sie war nämlich verheiratet, wissen Sie, und die Laube, da mußten wir uns immer erst vor der Stadt treffen ...«
»Die Erbsen-Laube?« frage ich.
»Ja, die ... bloß eben, am Anfang war es eine Heckenrosen-Laube ...«
»Aha!«
Er druckst jetzt plötzlich ziemlich herum, ganz gegen seine sonstige Gewohnheit. »Ist gar nicht so einfach ...«
»Ja, aber wenn's sein muß?«
»Sicher, ja ... ich habe nämlich erstens immer zu ihr gesagt, du bist weiß wie Schnee und um den Kopf herum schwarz wie Ebenholz, und wenn du ... ich meine, wenn du erhitzt bist, bist du rot wie unsere Heckenrosen, so richtig Schneeweißchen und Rosenrot ... ist ja albern, sehe ich ein, ich hatte ja auch meine Hemmungen ... geht ja eigentlich nur zwei Leute was an. Aber Sie wollen ja alles ganz genau wissen, und dann muß ich es Ihnen auch entsprechend deutlich machen ...«
»... ich glaub', ich versteh' schon ...« sage ich.
»... eben. Nur außerdem, das mit dem Heckenrosenrot, das hatte auch noch eine andere Bedeutung. Sie hieß nämlich Rosy, Rosemarie, und vielleicht hatte ich gerade deshalb diese Laube genommen, am Nonnenfließ, das ist ein Flüßchen südlich von uns ...«
»... kenne ich ...«
»... so bei Schönholz. Da trafen wir uns dann zweimal die Woche, und raten Sie mal, wozu?«
»Ist mir zu schwer«, sage ich höflich. Lieber frage ich ihn direkt: »Waren Sie schon geschieden?«
»Ich ja«, sagt er, »aber sie war ja eben noch verheiratet! Das Schöne an ihr war ja damals, daß sie einem außerehelichen Stößchen nicht abgeneigt war, ich meine, natürlich nur bei mir ...«
Und damit hat er dann das Schwerste hinter sich. Von nun an erzählt Bruno Listig alias Heckenrose richtig von Mann zu Mann, und da er über eine Frau erzählt, schwankt er immer zwischen Obszönität und Verklärung:
Vom Ansatz bis zur Warze waren Rosys Brüste konkav, von den Brustwarzen bis zum Oberbauch konvex. Die Warzen selbst waren tiefbraun, fast schwarzbraun, auf der schneeweißen Haut, denn Rosy ging ungern in die Sonne, und steil wie die Kuppen eines Zei-

gefingers selbst im Normalzustand. Diesen Normalzustand, sagt Bruno Listig, hat er allerdings selten erlebt.
Wo er gerade dabei ist: Die Höfe waren groß und rund wie die Goldmünzen; schöner geht's nicht mehr, wie er es beschreibt, es müssen Supertitten gewesen sein! Und links, wo die Brust, von vorn gesehen, schon fast in die Rundung zum Körper hin übergeht, gab es ein Muttermal von zwei Quadratmillimetern, eine ungeheuerliche Angelegenheit!
Außerdem hat es, angeblich, aufregenderweise immer noch mit Erwin Hagedorn zu tun ...
Tatsächlich verzichtet Bruno jetzt auf die Schilderung weiterer primärer Geschlechtsmerkmale und kommt in einer Form zur Sache, die mir sofort einleuchtet:
»Die Sache ging aber dann Knall auf Fall zu Ende, nachdem sie den Ronald Winkler tot gefunden hatten und als es sich herumsprach, daß mit großer Wahrscheinlichkeit noch viele andere Jungen von dem entsetzlichen Mörder attackiert worden waren ...«
»... weil Rosy auch einen Jungen hatte?« vermute ich.
»Nicht nur das«, sagt er, »sie wohnte auch im Westend, und ihr Junge hatte zwei Jahre vorher auch mal eine merkwürdige Schlägerei mit einem größeren Jungen gehabt. Rosy war fest davon überzeugt, daß der größere Junge der Mörder gewesen war!«
»Möglich wär's ...« sage ich, immer bemüht, eine Pause zu vermeiden und eine Lücke in seiner delikaten Erzählung zu überbrücken.
»Es ist sogar wahrscheinlich«, sagt Bruno Listig, »Hagedorn konnte sich später ja beim besten Willen nicht mehr genau erinnern, welche Jagden er unternommen hatte, und es sprach einiges dafür ...«
»Rosy hat also Glück gehabt?«
»Das schon«, sagt er, »aber nun reagieren Frauen ja manchmal komisch, und meine liebe Rosy sieht das plötzlich so als eine Art Wink des Schicksals an, daß ihr Junge davongekommen ist. Und sie spielt plötzlich in einer Form verrückt, daß ich denke, mich trifft der Schlag!«
»Sie schmeißt Ihnen die Klamotten hin?«
»Viel schlimmer!« sagt er. »Das mit dem Schlag, das können Sie fast wörtlich nehmen, denn eines Nachmittags nach der Frühschicht steht plötzlich ihr leibhaftiger Mann vor mir und droht mir Prügel an: sie hat ihm doch tatsächlich alles erzählt!«

»Ganz schön sauer ...« sage ich, und diesmal hat er wirklich mein Mitgefühl.
»... es gelang mir zum Glück, die Schlägerei zu verhindern, sowas ist nämlich nicht meine Art! Ich habe gesagt, wir sollten erstmal ein Bier trinken, und als wir dann unter vier Augen waren, habe ich alles zugegeben und mich sozusagen in aller Form entschuldigt. Können Sie sich vielleicht vorstellen, wie mir zumute war?«
Doch, das kann ich, sage ich ihm. Und er lächelt mich flüchtig an, fast verzagt: Dankeschön soll das heißen, und endlich versteht ihn mal einer ...
»... jedenfalls, die Sache war zu Ende, bloß, ich wollte es nicht wahrhaben! Stellen Sie sich das vor, ich wollte es nicht wahrhaben! Ich dachte, irgendwie kann ich ihr imponieren und sie zurückgewinnen, trotz aller Versprechen, die ich ihrem Ehemann gemacht hatte ...«
Er wird sich hoffentlich nicht noch selbst anklagen, denke ich; wenn er es tut, werde ich ihn gehässigerweise fragen, ob vielleicht einer seiner Großonkel als Ehebrecher gebrandmarkt worden ist und es ihm vererbt hat.
»... also, ich kannte Rosys Sohn, der hieß Heinz, und ich mache mich am übernächsten Tag auf die Lauer und treffe ihn scheinbar zufällig. Wenn er es zu Hause erzählt hätte, nun ja, dann hätte ich eben Pech gehabt, aber im allgemeinen war es ein ruhiger Junge. Und jetzt passen Sie auf, was passiert ...«
Als ob ich bisher nicht aufgepaßt hätte:
»... der sagt mir tatsächlich, daß das halbe Westend den großen Jungen kennt, der sich immer an die kleineren Jungen heranmacht, stellen Sie sich das vor!«
Und so kam Bruno Listig, natürlich auf Umwegen, binnen dreier weiterer Tage auf den Namen Erwin Hagedorn, Eberswalde, Werbelliner Straße 4!
»Sie wollen den Namen früher gehabt haben als die Volkspolizei?« frage ich ungläubig.
»Es war ja keine Leistung«, meint er geradezu entschuldigend, »ich sagte Ihnen ja, das halbe Westend kannte ihn ...«
Bloß die Vopo nicht!
»Aber ich muß es ja schließlich gewußt haben«, sagt Bruno nochmals, »sonst hätte ich ja meinen Brief an die Polizei nicht schreiben können!«
»... sozusagen Heckenrose!«
»... ja, genau! Natürlich konnte ich es nicht beschwören, daß es

Erwin Hagedorn war, und deshalb hatte ich mich entschlossen, es anonym zu machen, was im allgemeinen sonst nicht meine Art ist ...«
Das glaube ihm, wer will. Ich nicht. Ich bin lediglich düpiert von der Tatsache, daß ich diesen Brief ja mit eigenen Augen gesehen habe – daß Bruno Listig also wenigstens in diesem Punkt recht haben muß, nämlich schneller dahinter gekommen zu sein als die Polizei.
Aber ich frage ihn: »Sie haben den Brief aus lauter Liebe und Sentimentalität mit Heckenrose unterschrieben, ausgerechnet mit Heckenrose?«
»Ach wo!« antwortet er. »Ich hoffte, Rosy würde ihn lesen, und wenn es Hagedorn dann tatsächlich gewesen wäre ... wie hätte ich dann dagestanden, na ...?«
»Wie eine Eins!« bestätige ich. »Bloß, warum hätte Rosy den Brief lesen sollen?«
»In amtlicher Eigenschaft!«
»Bruno, bitte ...«
»Ja, sicher doch, sie war doch Angestellte bei der Deutschen Volkspolizei ... sowas wie Sekretärin!«
Von nun an bin ich dann tatsächlich geneigt, ihm alles zu glauben. Oder fast alles. »Hat Rosy denn den Brief gelesen ...?«
»Leider nein«, sagt er, »sie hatte kurzfristig aus gesundheitlichen Gründen ihren Beruf aufgegeben. Und außer ihr konnte ja niemand was mit dem Schlüsselwort Heckenrose anfangen. Sie haben deshalb den Brief einfach zu den Akten gelegt, und später haben sie sich wunders was darauf zugute getan, daß sie im Verlauf ihrer mühseligen Ermittlungen von sich aus auf Hagedorn gekommen sind ...«
»Sie haben Rosy nicht wiedergesehen?«
»Leider nein ...« wiederholt er. »Wenn ich es Ihnen sage, nicht mal von weitem ...«
Er erzählt wirklich gute, das heißt überraschende und bestürzende Geschichten. Und ob es nun moralisch ist oder nicht, sich eine anderweitig verheiratete Ehefrau als Freundin zu halten: gelitten hat Bruno sicher wie der junge Werther in reiferen Jahren, und es steht auch außer Zweifel, daß – ungewollt – Erwin Hagedorn schuld war an seiner privaten Misere.
»Wissen Sie, was ich glaube?« frage ich ihn.
»Was denn?«
»Ihr pathologischer Haß gegen Erwin ... war das nicht Ihr einziges Motiv, Ihre private Liebschaft, Ihre Heckenrosen-Affäre ...?«

Er zeigt mir die rechte Hand und streckt alle fünf Finger von sich.
»Höchstens zu fünf Prozent!« behauptet er.
»Diese Rosy ist Ihr einziges Motiv!« behaupte ich dennoch unbarmherzig. »Alles andere, das mit Ihrer komischen Vererbungslehre, haben Sie sich doch nur als Alibi für sich selbst aus den Fingern gesogen!«
»Glauben Sie, was Sie wollen!« sagt er störrisch.
»Ja, bitte«, sage ich, »nur müssen Sie mir dann doch das Gegenteil beweisen!«
»Sie sollen es sich selbst beweisen, sich und mir! Soweit waren wir letzte Nacht schon. Sie sind ja schließlich auch daran interessiert. Hier, Moment ...«
Er geht an seine zusammengefaltete Hose, die schöne hellgraue, und holt einen Zettel aus der Tasche. Eine Adresse in Ostberlin, die mir gar nichts sagt. »Kümmern Sie sich um Käthe Hagedorn und schreiben Sie mir, ob Sie was herausbekommen haben. Wenn's eben geht, können wir uns treffen, oder ich lasse von mir hören ...«
»Was lassen Sie von sich hören?«
»Wie der Mordfall Erwin Hagedorn tatsächlich zu Ende gegangen ist!«
»Richtig im einzelnen?«
»Mindestens im Prinzip!«
Trotzdem noch – es geht auf dreizehn Uhr – eine letzte Frage an den lieben Bruno: »Warum sind Sie überhaupt so mitteilungsfreudig?«
»Weil ich fair bin«, sagt er, »Sie haben sich ja immerhin die Mühe gemacht, hierherzukommen und mir zu sagen, daß ich nichts zu befürchten habe. Außerdem, jeder Mensch ist ja wohl stolz auf das, was er geleistet hat. Und er erstickt, wenn er es für immer und ewig für sich behalten muß. Leuchtet Ihnen das ein?«
»Ich halte es für möglich!« sage ich.
Bruno zieht sich an, ich knöpfe mein Hemd zu.
»Übrigens«, sage ich, »haben Sie jemals von diesem seltsamen Attentatsversuch auf Erwin Hagedorn gehört, wo ihn einer in Frankfurt mit dem Messer umbringen wollte?«
Da lächelt er wieder; auf die Dauer kann er offenbar nicht böse sein, es sei denn, er beschließt zu töten:
»Ja, ich kenne die Geschichte. Das war Emil Bergmei ... aber ist ja auch egal, jedenfalls, ich kannte den Mann, er hatte die falsche Methode und schlechte Nerven ...«
»Warum hat er's versucht?«
»Aber für heute mein letztes Geständnis!« sagt er. »Emil hatte das-

selbe Motiv wie ich, ich war eben doch nicht der allereinzigste bei Rosy! Das hat mir dann sogar ein bißchen geholfen ...«
Fünf Minuten vor dreizehn Uhr. Bruno Listig will mich unbedingt noch zum Taxi bringen, das auf einem Parkplatz in der Nähe des »Balkantourist«-Büros auf mich wartet.
»Ich möchte lieber allein gehen!« sage ich.
»Natürlich ...!«
Sie fragen selten nach, wenn man einen Wunsch äußert und dabei auch nur den Anschein erweckt, dahinter verberge sich irgendeine Vorsichtsmaßnahme.
»Also dann ...«
Händeschütteln – und vielleicht auf ein Wiedersehen.
»Denn Sie denken ja daran, nicht? Wegen Käthe Hagedorn, das würde mich schon interessieren ...«
Nach zehn Metern sehe ich mich noch einmal um und sehe ihn gerade im nächsten asphaltierten Querweg verschwinden. Er geht schnell, und es sieht so aus, als könne er – nun, da vermutlich alles vorbei und gesagt ist – gar nicht schnell genug zum Strand zurück kommen.
Irgendwann, hat er ja selbst gesagt, muß der Mensch auch mal Urlaub machen ...

Nun noch die Rückreise, eine Strapaze und eine Erholung zugleich. Pêtar ist in den ersten Stunden auf eine merkwürdig stille Art unzufrieden, als würde es ihm immer noch leid tun, daß er seinen Menschenschmuggel nicht durchführen konnte. »Wenn du Jerczy siehst«, sagt er schließlich, »sag ihm, ich war nicht schuldig!«
»Mach' ich!« verspreche ich und denke mir mein Teil.
Wir reden wenig, sehen uns die Gegend an und verstehen uns noch besser als auf der Hinfahrt. Vor allem lassen wir uns Zeit, und hinter Tarnovo besorgt Pêtar zwei Zimmer in einem Hotel.
»Was kriegst du denn von mir?« frage ich ihn beim Abendessen mit bulgarischem Wein.
»Zahl, was du kannst!« sagt er.
»Vierhundert Mark?«
Da macht er Anstalten, mich zu küssen. Und er hat es doch wirklich redlich verdient!
Am nächsten Tag, am Flughafen Sofia, küßt er mich tatsächlich, und dann ist der sentimentalische Spuk vorbei:
Die Boeing 727 mit der Flugnummer LH 375 hebt ab, die Leuchtzeichen »Bitte nicht rauchen« erlöschen. Es ist eine deutsche Ma-

schine, genau gesagt eine bundesrepublikanische, und sie ist nicht sehr voll: es dauert keine zehn Minuten, bis ich mit Genuß mein Bier trinken kann, ein deutsches – bundesrepublikanisches – Bier aus Dortmund.
Und die Anspannung läßt nach, die dieser Eiertanz mit Bruno Listig verursacht hat, tatsächlich ein Tanz hauptsächlich im Sitzen: Zwischenlandung in Beograd Aerodrom, man muß schon wieder die Uhr verstellen auf diesem relativ kurzen Flug zwischen dem Osten und dem Westen, und nach der neuen Uhrzeit bin ich jetzt früher dran als beim Start in Sofia, obgleich ich bereits eine gute dreiviertel Stunde geflogen bin.
Dabei aber immer noch dieses merkwürdige Gefühl im Magen, das ich schon von Anfang an im Fall Hagedorn hatte, seit ich zum ersten Mal in Ostberlin war: Noch bist du nicht im Westen – sie sind nämlich allmächtig, oder sie tun zumindest alles, um diesen fatalen Eindruck lange nachwirken zu lassen ...
Aber dann München. Kein Lokalverkehr nach der Paßkontrolle zwischen München-Riem und Frankfurt Rhein-Main außer einer Lufthansa-Crew, die offenbar lieber in Frankfurt übernachten will. Der Westen, willkommen wie selten. Südlich des Mains beginnt der Balkan? Es ist einfach eine Verleumdung. Der Balkan beginnt, und zwar sehr massiv, allenfalls in der Nord-Süd-Richtung, entlang der Grenze zwischen den beiden deutschen Staaten einer Nation, und die Hauptstadt der DDR gehört schon dazu und erst recht Eberswalde.
Ist das ungerecht? überlege ich.
Vielleicht ist es, zugegeben, ein allzu subjektiver Eindruck ...
Gegen 22 Uhr bin ich wieder in Hamburg, es regnet, dabei ist es sehr warm. Als es am nächsten Morgen immer noch regnet, beschließe ich, meine »Ermittlungen« für Bruno Listig zunächst halbwegs offiziell zu betreiben, vom Schreibtisch aus.
Ich telefoniere mit einem Mann, den ich im Justizministerium des Landes Nordrhein-Westfalen kenne, und ich frage ihn, ob es möglich ist, etwas über einen angeblichen Mordfall Hagedorn aus dem Jahre 1926 oder den Jahren davor oder danach im Rheinland zu erfahren.
Er wird sich erkundigen, sagt er, und eine gute Stunde später ruft er zurück:
Tut ihm leid, geht nicht!
»Und warum nicht?« frage ich.
»An und für sich«, meint er, »wäre nicht allzuviel dagegen zu sa-

gen, Ihnen die Strafakten zur Lektüre zur Verfügung zu stellen. Aber die Strafe gegen die damalige Täterin ist im Strafregister getilgt, und es könnte sein – das können wir natürlich nicht prüfen –, daß es noch Verwandte gibt oder so. Die Täterin jedenfalls lebt heute irgendwo in Deutschland unter anderem Namen ...«
»Es gibt tatsächlich einen Fall Hagedorn?«
»Sogar einen ziemlich sensationellen«, sagt er, »gleich zwei tote Kinder und dann noch ein halbes Kind als Täter ermittelt ...«
»Zwei tote Kinder und ein halbes ...!«
»Ja, ziemlich scheußlich ...«
»Wo war das denn?« frage ich.
»In Duisburg«, sagt er, »nun fragen Sie mich ja doch schon wieder aus! Am besten fahren Sie selbst mal hin und erkundigen sich; ich sollte Ihnen das ja gar nicht empfehlen, aber Sie lassen sich ja doch nicht davon abbringen! Also, noch ein allerletzter Tip: Duisburg, Stadtteil Wanheimerort ...«
Von der Duisburger City aus rechts neben der Bundesstraße nach Düsseldorf.
Als er aufgelegt hat, läuft es mir kalt den Rücken hinunter. Bruno Listig hat recht gehabt, was die Art und den Umfang des Verbrechens anbelangt. Vor allem aber, von Duisburg-Wanheimerort bis zum Wohnsitz der Großmutter von Erwin Hagedorn sind es wirklich nur ein paar Kilometer, da kann man fast zu Fuß gehen! Zum Glück kenne ich die Gegend, ich bin nicht weit davon geboren und aufgewachsen, und aus meiner Zeit als Reporter kenne ich auch noch einige Polizisten im Revier. So kriege ich die Adresse, die ich brauche, schneller als erwartet: Georg Freitag, Wittlaer, zwischen Duisburg und Düsseldorf.
Er ist 78 Jahre alt, wie man mir erzählt hat, aber rüstig wie ein Sechziger. Ein ehemaliger Polizist, mit 60 pensioniert, seitdem Hobby-Gärtner und zwischen Rosen und Narzissen ein wandelndes Archiv.
»Hagedorn?« Er überlegt keine zehn Sekunden, nachdem ich ihn angerufen, mich vorgestellt und meine Referenzen bekanntgegeben habe. »Ja, Käthe Hagedorn, die habe ich noch selbst gesehen. Hübsches Mädchen, total bescheuert. Sie hat sich, warten Sie mal, so knapp an die zehn Jahre eingefangen ...«
»Jugendstrafe?«
»Sicher«, sagt er, »sonst wär's ja wohl mehr geworden ...«
»Meinen Sie, daß Sie noch ein paar Einzelheiten mehr beschaffen könnten?«

Ich höre förmlich durchs Telefon, daß er grinst wie ein Schuljunge.
»Bis wann darf's denn sein?«
»Vielleicht bis vorgestern?«
»Alles klar«, sagt er, »in einer Woche von heute an haben Sie einen Bericht. Bleibt aber unter uns, nicht? Und was ich noch fragen wollte ... hängen da vielleicht 'n paar Kohlen drin?«
Wir einigen uns schließlich auf dreihundert Mark, und er sagt auch noch, das finde er anständig. »Sie wollen also erstmal nur den Fall als solchen ...?«
»... erstmal, ja. Vielleicht komm' ich dann anschließend selbst mal runter!«
»Würd' mich freuen«, sagt er, »man freut sich ja über jede Abwechslung. Ich kenn' hier noch einen Kameraden, auch ehemals von der Schmiere. Wenn Sie 'n bißchen Zeit mitbringen, könnten wir ja mal 'n scharfen Skat spielen, wenn nicht gerade 'n Mord zu klären ist ...«
»Gern«, sage ich, »aber nicht unter einem Pfennig!«
»Ausnahmsweise«, sagt er, halb noch rheinisch und halb schon Kohlenpott-Slang, »aber daß ihr Jungens immer so hoch spielen müßt ...«
Dabei lacht er sich halb kaputt, wie es da unten heißt. Ich habe das Gefühl, daß mein Problem bei ihm in besten Händen ist.
Sein Bericht, der schon nach fünf Tagen in Hamburg eintrifft, gibt mir recht: eine umfassende, präzise Darstellung des Falles Käthe Hagedorn. »Ich habe«, schreibt Georg Freitag in einem kurzen Begleitbrief, »außer dem Namen der Täterin die anderen Namen geändert. Wenn Sie aus irgendeinem Grund die richtigen Namen brauchen, können wir immer noch ...«
Aber das muß nicht sein. Die einzige Person, die wirklich interessiert, ist die angebliche Großtante Käthe.

Am 24. Juni 1926, einem besonders heißen und schwülen Sommertag, verließ die damals knapp 18jährige spätere angebliche Großtante Käthe Hagedorn ihr Elternhaus in Duisburg-Wanheimerort, Eschenstraße 34, um ins Städtische Schwimmbad zum Baden zu gehen. Unterwegs begegneten ihr nacheinander die sechsjährige Kati Grünfelder und der neunjährige Friedo Schustermann. Beide Kinder wohnten mit ihren Familien als Mieter im Hause Hagedorn, das heißt, die Mutter von Friedo lebte von ihrem Mann vorübergehend getrennt.
Käthe Hagedorn ging mit den beiden jüngeren Kindern aber nicht

zum Schwimmen, sondern spazierte mit ihnen in nördlicher Richtung fast zwei Stunden lang ziemlich plan- und ziellos durch die Straßen. Man hat später angenommen, daß sie sich zu diesem Zeitpunkt bereits unter einem erheblichen Triebdruck befand, obgleich sie unmittelbar vor Verlassen des Hauses noch ausgesprochen vergnügt, fast albern gewesen war.
Der Vater des Kindes Kati hatte an diesem 24. Juni Namenstag, und Kati – eines von fünf Kindern ihrer Familie, der ein recht harmonisches Zusammenleben bescheinigt wurde – bat Käthe Hagedorn, ob sie nicht gemeinsam irgendwo ein paar schöne Blumen für ihren Vater pflücken könnten. Käthe Hagedorn hatte dem zugestimmt, wußte es jedoch so einzurichten, daß sie in der Nähe von Wiesen und Feldern immer wieder sagen konnte, sie wisse, wo noch schönere Blumen wachsen würden.
Das Mädchen und die beiden Kinder kamen auf diese Weise am Ende zu der sogenannten Rehwiese, einem offenen, von allen Seiten einsehbaren Gelände am sogenannten Dickelsbach, ziemlich dicht an der vielbefahrenen Bahnstrecke von Duisburg nach Düsseldorf. Hier pflückten alle drei zunächst tatsächlich eine Weile Blumen, und nach der späteren Aussage von Käthe Hagedorn wurde ihre innere sexuelle Anspannung immer größer. Sie sei, sagte sie, immer noch zu feige gewesen, irgendwas zu tun, sei aber »fast wahnsinnig« geworden, als Kati verlangt habe, aus den gepflückten schönen Blumen nun auch noch einen Kranz für den Vater zu flechten. »Es war mir zuviel!« sagte sie wörtlich.
So sei es (laut Aussage von Käthe H.) fast eine »Erlösung« gewesen, als die sechsjährige Kati plötzlich gesagt habe, sie müsse jetzt dringend ihre Notdurft verrichten. Das gehe auf keinen Fall hier mitten auf der offenen Wiese, habe Käthe H. gesagt, und sie habe Kati deshalb in ein nahegelegenes Waldgebüsch geführt und ihr beim Herunterziehen des Schlüpfers geholfen.
Bei dieser Gelegenheit aber, sagte das Mädchen später, habe sie endgültig nicht mehr anders gekonnt, als das ahnungslose Kind gröblich unsittlich zu berühren. Das Kind hatte Käthe Hagedorn zwar nachweislich sehr gern, war zugleich aber auch in der ziemlich proletarischen Gegend, in der die Beteiligten wohnten, zwangsläufig sexuell wenigstens halb aufgeklärt. So machte sie, als Käthe H. mit ihren Manipulationen begann, dieser massive Vorhaltungen: Das sei eine »Schweinerei«. Und als Käthe H. mit ihren Manipulationen trotzdem nicht aufhörte, sondern sie im Gegenteil noch verstärkte, begann Kati G. laut zu schreien.

Daraufhin tötete Käthe Hagedorn das Kind, auf eine bei der späteren Auffindung der Leiche zunächst nicht näher zu klärende Weise. Die Leiche wies zwar zahlreiche, aber nicht tödliche Stichverletzungen am ganzen Körper auf.
Inzwischen war der neunjährige Friedo S., der bis dahin immer noch weitere Blumen gepflückt hatte, durch das Schreien der jüngeren Kati zu dem Waldgebüsch geeilt. Sobald er sah, was sich hier abspielte, begann er ebenfalls laut zu schreien und versuchte zu flüchten. An dieser Stelle ist zu erwähnen, daß es sich hier keineswegs um eine besonders einsame Gegend handelte, sondern um ein häufig von Spaziergängern begangenes Gelände. Käthe Hagedorn mußte also fürchten, jederzeit entdeckt zu werden.
Vermutlich aus diesem Grunde lief sie also hinter dem fliehenden Jungen her, und da sie erheblich größer und schneller war als er, holte sie ihn nach wenigen Metern ein. Daraufhin gelang es ihr, ihn ebenfalls binnen kürzester Zeit zu töten, und zwar mit Schneide-, Stich- und Schlagwerkzeugen, was der Polizei später zunächst einige Rätsel aufgab.
Käthe Hagedorn warf jetzt Laub und Blumen auf die beiden Leichen, lief aus dem Waldgebüsch quer über die Rehwiese bis zum Dickelsbach und wusch sich dort als »Sofortmaßnahme« die blutigen Hände. Von der Wiese selbst nahm sie ihre dort noch liegenden Gebrauchsgegenstände mit, unter anderem die vorher abgelegte Badetasche. Anschließend ging sie am Damm der Eisenbahnlinie entlang in nördlicher Richtung weiter, bis sie auf die Endhaltestelle einer Straßenbahn traf. Von dort fuhr sie – nach zweimaligem Umsteigen – bis zur Badeanstalt, zu der sie ursprünglich wollte.
Die folgenden Maßnahmen der jugendlichen Täterin zeugen scheinbar von kaltblütiger Planung, was die Verdeckung des doppelten Mordes anbelangt. In der Städtischen Badeanstalt mietete sie sich eine Zelle, um ihre Kleidung zu inspizieren. Sie zog sich nackt aus, ging allerdings nicht in das Schwimmbecken, sondern nur der Form halber unter eine Dusche und unmittelbar darauf wieder in die Zelle zurück. Dort zog sie sich, von den Strümpfen angefangen, methodisch wieder an, wobei sie sorgfältig bei jedem einzelnen Kleidungsstück auf eventuelle Blutspuren achtete. Es ist mit den damaligen Gutachtern anzunehmen, daß ihre immer noch vorhandene sexuelle Erregung bei diesen Maßnahmen allmählich abklang. Bis auf die Schuhe war jedoch, wie sie feststellte, kein einziges Kleidungsstück blutig geworden. Sie ging also einigermaßen beruhigt nach Hause und traf unterwegs ihren Vater. Zu diesem Zeit-

punkt hatte sie bereits beschlossen, den Verdacht auf einen gewissen Lehn zu lenken, der als Mieter in ihrem Haus wohnte und als streitsüchtiger Mensch galt. Sie erzählte deshalb ihrem Vater, sie habe Lehn gesehen, wie er mit dem in Wirklichkeit von ihr ermordeten Friedo spazierengegangen sei.
In der Zwischenzeit hatten Spaziergänger die beiden Kindesleichen am Rande der Rehwiese entdeckt, und die Nachricht davon war auch in der Eschenstraße bekannt geworden. Käthe Hagedorn dürfte sich in den folgenden Stunden vermutlich etwas zu auffällig benommen haben, indem sie zu den Eltern der Kinder ging, die zu dieser Stunde noch nichts ahnten, und ihnen ebenfalls erzählte, sie habe Lehn mit dem Jungen gemeinsam auf der Straße gesehen. Am Abend, als die Kinder nach zwanzig Uhr noch nicht zu Hause waren, ging Käthe Hagedorns Vater zusammen mit Johannes Grünfelder, dem Vater von Kati, dann zur Polizei – und die beiden Männer identifizierten entsetzt die beiden Leichen. Daraufhin teilten sie den Kriminalbeamten auch ihren Verdacht mit, es könne möglicherweise der Mieter Lehn als Täter in Frage kommen. Lehn wurde daraufhin vorübergehend festgenommen. Innerhalb einer Stunde mußte man ihn jedoch wieder auf freien Fuß setzen, weil er für den Nachmittag ein lückenloses Alibi nachweisen konnte.
Die Polizei begann jetzt, sämtliche Bewohner des Miethauses Eschenstraße 34 methodisch zu vernehmen. Der Leiter der zuständigen Mordkommission, Hauptkommissar Schwarz, hatte nach der Vernehmung von Käthe Hagedorn, wie er später sagte, das Gefühl, sie wisse mehr über den Mord, als sie zunächst zugegeben hatte. Er nahm sich deshalb vor, sie am nächsten Tag nochmals gründlich zu vernehmen.
Am folgenden Morgen jedoch war Käthe Hagedorn zunächst spurlos verschwunden. Sie war, wie sich später ergab, im Morgengrauen an den Rhein gegangen und wollte angeblich Selbstmord verüben. Nachdem ihr dazu aber der Mut fehlte, ging sie zu Fuß zum Duisburger Hauptbahnhof und ließ sich von einer Kraftdroschke nach Krefeld fahren. Diese Fahrt kostete dreißig Mark, eine Summe, die Käthe Hagedorn natürlich nicht bei sich hatte. Mit erstaunlicher Raffinesse ließ sie deshalb den Fahrer vor einem Restaurant halten, ging vorn hinein und verschwand durch den Hinterausgang.
Mit demselben Trick versuchte sie nun, weiter in Richtung Holland zu flüchten. Sie mietete erneut eine Kraftdroschke und fuhr zunächst bis zur Stadt Geldern. Inzwischen war es Mittag, und sie lud

den Fahrer der Droschke dort in einem Restaurant zum Essen ein. Vermutlich wäre es ihr auch diesmal geglückt, den Mann um den Taxenpreis und den Oberkellner um die Zeche zu prellen, wenn sie sich nicht plötzlich völlig unmotiviert ungewöhnlich auffällig benommen hätte: Sie setzte sich an ein Klavier, das in dem Lokal stand, und spielte wie wild alles, was ihr einfiel, vor sich hin (sie war für ihr Alter eine recht gute Spielerin).
Daraufhin bat sie der Oberkellner, sie möge ihre Rechnung bezahlen, und sie mußte zugeben, daß sie nur ein paar Mark bei sich hatte. Um zu vermeiden, daß die Polizei gerufen wurde, gab sie dem Kellner mehrere Ringe und eine Kette als Pfand und sagte dem inzwischen natürlich auch um sein Fahrgeld besorgten Droschkenfahrer, sie werde in der Stadt Kleve von mehreren Herren erwartet, die den Fahrpreis für sie bezahlen würden. Tatsächlich ließ sich der Fahrer auf diese Ausrede ein und fuhr sie nach Kleve.
Wieder versuchte Käthe Hagedorn dort, vorn in verschiedene Häuser hinein- und hinten wieder hinauszugehen. Der mißtrauisch gewordene Fahrer ließ sie jedoch keinen Moment mehr aus den Augen und folgte ihr auf Schritt und Tritt. Als das Mädchen schließlich in eine zufällig offenstehende Wohnung lief, wurde sie auch noch von der Besitzerin erwischt, die glaubte, sie habe es mit einer Diebin zu tun. Sogar in dieser Situation gelang es Käthe Hagedorn jedoch noch, die Frau davon zu überzeugen, daß sie sich lediglich im Hause geirrt und keinerlei schlechte Absichten habe. Sie mußte jetzt immerhin dem Fahrer gestehen, daß sie in Kleve von niemandem erwartet würde, und sie bot dem Mann als Entgelt für den Fahrpreis den Geschlechtsverkehr an, obgleich sie noch jungfräulich war. Der Fahrer ging jedoch nicht auf dieses Angebot ein, sondern fuhr mit ihr zurück nach Geldern zur Polizei. Dort gab er zu Protokoll, er habe den Eindruck, das Mädchen sei hochgradig geistesgestört.
Käthe Hagedorn hatte zwar nicht einmal einen Ausweis auf ihre Flucht mitgenommen, inzwischen war aber ihr Steckbrief im ganzen Rheinland verbreitet worden. Sie wurde deshalb noch auf der Wache von Geldern erkannt. Der Fahrer, der das Mädchen bereits von Geldern nach Kleve und zurück transportiert hatte, wurde von der Polizei jetzt auch noch beauftragt, sie in Begleitung eines Beamten nach Duisburg ins Gefängnis zu bringen.
Dort wurde die Hagedorn bereits von dem Hauptkommissar Schwarz, dem Leiter der Ermittlungen im Doppelmordfall Grünfelder-Schustermann, erwartet. Sie legte unmittelbar zu Beginn ih-

rer ersten Vernehmung durch die Polizei das Geständnis ab, die beiden Kinder tatsächlich getötet zu haben, weigerte sich jedoch hartnäckig, irgendein Motiv zu nennen. Im Protokoll tauchte die Vermutung auf, das Mädchen könne sich, obgleich zweifellos die Täterin, tatsächlich nicht mehr an ihre Motivation und ebenso auch nicht an den Ablauf der Tat erinnern.
Zwei Tage nach ihrer Festnahme und der Verhaftung wurde Käthe Hagedorn mit ihrem Einverständnis ins Leichenschauhaus geführt, wo ihr in Gegenwart von Hauptkommissar Schwarz die beiden toten Kinder gezeigt wurden. Sie bekam einen Weinkrampf, behauptete jedoch angesichts der Toten und auch später noch, sie könne sich immer noch an nichts erinnern.
An dieser Sachlage änderte sich vier Wochen lang nichts. Dann geriet auf ungeklärte Weise ein Zigarrenabschneider in den Besitz der sechzehnjährigen Untersuchungsgefangenen, und dieses Gerät spielte für den Fortgang des Falles eine merkwürdige Rolle. Angeblich soll Käthe H. mit dem Zigarrenabschneider umfangreiche masturbatorische Handlungen an sich vorgenommen und sich außerdem die Kuppe des linken Zeigefingers damit abgeschnitten haben. Auf jeden Fall verlangte sie, am nächsten Morgen, gleich nachdem sie verbunden worden war, einen Vernehmungsrichter zu sprechen. Dort gestand sie im Zusammenhang einer ersten umfassenden Tatschilderung, daß sie die beiden Kinder aus sexueller Lust getötet habe.
Die zur Beerdigung freigegebenen beiden Leichen waren inzwischen auf einem nahegelegenen Friedhof in einem Doppelgrab beigesetzt worden, und auf dem Grabstein, für dessen Finanzierung zahlreiche Spenden aus der Nachbarschaft eingegangen waren, standen außer den Namen der Kinder die Worte: »In der häßlichsten Gestalt, Tod, nahmst du dir zwei junge Menschenleben!«
Käthe Hagedorn befand sich inzwischen in der Heil- und Pflegeanstalt Bedburg-Hau, und vor allem dort wurde sie fast ein Jahr lang gutachtlich untersucht. Unter den insgesamt fünf Gutachtern befand sich auch der damals bekannte Sexualforscher Dr. Magnus Hirschfeld, der schon damals als »Vorkämpfer« für die Gleichberechtigung der Homosexuellen galt und zum »inneren Tatgeschehen« vor allem die Erkenntnis beisteuerte, daß es sich bei Käthe H. um eine trotz ihrer Jugend ausgeprägte Lesbierin handelte.
Zu diesem »inneren Tatgeschehen« ist in der Hauptsache noch folgendes zu sagen: Käthe H. war offenbar auf nicht alltägliche Weise erblich vorbelastet. Ihr Vater war ein ungewöhnlich tempera-

mentvoller, allerdings dem Alkohol in reichlichem Maße ergebener Mann, die Mutter hingegen galt als »eiskalt« bis zur Frigidität. Da die Eltern mit Käthe im selben Schlafzimmer schliefen, wurde das Mädchen schon sehr frühzeitig unfreiwillige Zeugin ehelicher Intimitäten, die allerdings, wie vor allem die Mutter betonte, ohne nennenswerte Gefühlsbeteiligung von beiden Seiten absolviert wurden. Ein gewisser frühkindlicher Ekel vor heterosexuellem Geschlechtsverkehr führte dann, als Käthe H. pubertierte, zu ersten gleichgeschlechtlichen Erlebnissen. Verführt wurde sie angeblich von einer um wenige Jahre älteren Zirkustänzerin, die in Wanheimerort mehrere Wochen lang gastierte. Später war ihre häufigste Sexualpartnerin die nahezu gleichaltrige Schwester der später von ihr ermordeten Kati. Außerdem masturbierte Käthe H. fast zwei Jahre lang in ausschweifender Weise.

Am Tag vor dem Mord hatte sich, wie die Kriminalpolizei ermittelte, zweierlei ereignet:

Erstens war es im Keller des Hagedornschen Hauses zwischen Käthe und ihrer Freundin zum bisher längsten und intimsten sexuellen Kontakt gekommen.

Zweitens hatte sie, nachdem sie schon vorher alle Berichte über die Morde des hannoverschen Massenmörders Haarmann gelesen hatte, ausgerechnet am Tag vor ihren eigenen Morden ausführliche Berichte über die Verbrechen des schlesischen Massenmörders Karl Denke in die Hand bekommen, dem ebenso wie Haarmann Kannibalismus nachgesagt wurde.

Wieweit diese Ereignisse ursächlich für die praktisch wenige Stunden später erfolgten beiden Kindermorde waren, ließ sich später allerdings auch bei der Vernehmung der psychiatrischen Sachverständigen durch das Schwurgericht nicht feststellen.

Festgestellt wurde immerhin, wie es zu der überstürzten Flucht der Käthe H. am frühen Morgen nach dem Verbrechen gekommen war. In der Nacht nach dem Doppelmord soll nämlich die Mutter von Käthe eine Art »Erleuchtung« gehabt haben: Sie wollte ihre Tochter angesehen und erkannt haben, daß es sich bei ihr um die Mörderin handelte! Jedenfalls soll sie die Tochter mit einem Beil bedroht und ihr ein Geständnis zu entlocken versucht haben. Dieses Geständnis erfolgte zu diesem Zeitpunkt noch nicht. Allerdings sollen die Erklärungen, die Käthe H. in jener Nacht abgab, die Eltern nicht befriedigt haben: Sie äußerten angeblich die Absicht, gleich am nächsten Vormittag mit Käthe zur Polizei zu gehen und dort ihren Verdacht, sie sei die Täterin gewesen, mitzuteilen.

Die Gerichtsverhandlung gegen Käthe H. fand an drei Tagen im Juli 1927 statt. Das Mädchen war nicht nur wegen des zweifachen Tötungsdelikts angeklagt, das nach den bis dahin vorliegenden Gutachten nicht als Mord, sondern als Totschlag gewertet worden war, sondern auch wegen der Vornahme unzüchtiger Handlungen an Personen unter vierzehn Jahren.
Von den fünf Gutachtern in diesem Sensationsprozeß sprachen sich am Ende nur zwei dafür aus, das Mädchen als zurechnungsfähig zu erklären. Das Gericht hätte somit ohne weiteres die Möglichkeit gehabt, sogar auf eine lebenslängliche Zuchthausstrafe zu erkennen. Es verurteilte Käthe Hagedorn jedoch nur zu acht Jahren Gefängnis, und dieses relativ milde Urteil verdankte sie vor allem dem Auftreten des Sexual-Psychiaters Dr. Hirschfeld.
Nachzutragen ist – so schreibt Georg Freitag aus Wittlaer heute –, daß die Einlassungen der Täterin in den Vernehmungen und vor Gericht im großen und ganzen durch die objektiven Tatbestandsbefunde bestätigt wurden. Wesentlichstes Tatwerkzeug bei der Tötung der beiden Kinder war eine Schere. Vor allem die Obduktion der beiden Leichen gab ihrem späteren Geständnis recht: Bei Kati G. waren zahlreiche, allerdings nicht tödliche Stiche festgestellt worden, gestorben ist das Kind vermutlich an Ersticken, indem ihm Erde in den Mund gestopft wurde, und vor allem wohl an einem übergroßen Schock. Bei Friedo S. indessen war ein klaffender Halsschnitt mit Durchtrennung der Hauptblutgefäße und einem dadurch verursachten vollständigen Ausbluten als Todesursache festzustellen.

Es dauert einige Zeit, bis ich mich von dieser mörderischen Geschichte erholt habe – bis mir die gespenstischen Parallelen zwischen den beiden Mordfällen Hagedorn voll im Bewußtsein sind. Dann habe ich allerdings auch begriffen, warum Bruno Listig am Goldstrand allenfalls höflichkeitshalber am Fall Bartsch interessiert war, als ich ihm sagte, der Fall Erwin Hagedorn habe einen Parallelfall in der BRD:
Der Fall Hagedorn hat nämlich im erweiterten Ruhrgebiet tatsächlich zwei Vergleichsfälle, Jürgen Bartsch und Käthe Hagedorn – und naturgemäß war und ist Bruno Listig viel mehr an der alten Käthe interessiert!
Szewczyks Leute von der Charité waren sicher gut beraten, als sie Erwin Hagedorn an Jürgen Bartsch zu messen versuchten. Aber die Gemeinsamkeiten der Fälle Erwin und Käthe Hagedorn sind in

vielen Punkten mindestens ebenso verblüffend. Sie sind darüber hinaus – immer noch eine Verwandtschaft der namensgleichen Familien unterstellt – im schlimmsten Sinne beklemmend:
Käthe und Erwin mordeten beide, als sie noch nicht mündig waren, und sie begingen beide – nach »klassischer«, heute nicht mehr ausreichender Definition – einen zweifachen Lustmord an Kindern. Er tötete zwei neunjährige Kinder, sie hatte ein sechs- und ein ebenfalls neunjähriges Kind getötet.
Erwin tötete beide Kinder – seine ersten beiden Opfer – mit einem Halsschnitt, der bei einem von ihnen nicht ganz ausgeprägt war. Käthe hatte wenigstens ein Kind mit einem Halsschnitt getötet und auf das andere eingestochen.
Dieses »Ritzen«, die zahlreichen Stiche ohne direkte Tötungsabsicht, ist ein besonders auffälliges Indiz sowohl bei Erwin als auch bei Käthe Hagedorn. Es bleibt auffällig im Sinn einer Parallele, auch wenn berücksichtigt werden muß, daß Käthe Hagedorn offenbar nicht »auf Sadismus« untersucht worden ist.
Erwin und Käthe waren beide homosexuell geprägt, das ist auf jeden Fall sicher. Und auch ihr Elternhaus scheint strukturell ähnlich gewesen zu sein: Sie hatten offensichtlich nicht sehr gefühlsbetonte Mütter und allzu derbe, wenn auch mehr oder weniger gutwillige Väter. Erwin hatte keinerlei Erfahrungen mit Mädchen, Käthe hatte keinerlei Erfahrungen mit Jungen beziehungsweise Männern. Sie war noch Jungfrau, was im Verlauf ihres Verfahrens angeblich acht Gerichtsärzte bestätigten, und ihm glaubten sie später in Eberswalde den »Jungmann« aufs Wort.
Reue kannten sie beide nicht, weder Erwin noch Käthe: Erwin sagte, es könne ihm nichts leid tun, weil er »es« hätte haben müssen. Und Käthe Hagedorn sagte lachend, als in der Familie des von ihr ermordeten Mädchens ein Junge geboren wurde: »Schade, daß es kein Ersatz für Kati ist, es wär' doch so schön gewesen ...!«
Und gemeinsam war ihnen auch der Hang zur hysterischen Schauspielerei, angefangen von ihrer beider Geständnisfreudigkeit bis zum Auftreten vor Gericht. »Ich bin die jüngste Mörderin der Welt«, soll Käthe Hagedorn unmittelbar vor ihrer Hauptverhandlung gesagt haben, »drei Tage wird um mich verhandelt, und meinetwegen kommen die berühmtesten Leute von nah und von fern ...«
Kann es, nach derart vielen Übereinstimmungen, dann noch ein Zufall sein, daß die Opfer der Doppelmorde von Käthe und Erwin Hagedorn jeweils in Doppelgräbern beigesetzt worden sind?

Käthe Hagedorn hatte eines Tages, vor ihren Verbrechen, aus Wut über den lieben Gott ein Kruzifix zerschlagen, weil er angeblich ein Gebet nicht erhört hatte. Nach ihrer Tat schrieb sie: »Meine Tat ist die Strafe Gottes gewesen, weil ich doch das Kreuz zerstört hatte!«
»Meine Tat hat der Teufel so gefügt«, sagte sie, nachdem der Gefängnisgeistliche sie besucht hatte, »und wenn der Herr Pastor das so sagt, dann ist es auch so...«
»Gott wird mich richten. Das Urteil der Menschen muß ich annehmen, aber ich werde es nie als gerecht empfinden, solange ich lebe!«
»Ich wollte, sie würden mich töten wie Kati...«
Diese Zitate stehen in einem handschriftlichen Brief, den Georg Freitag aus Wittlaer mir zwei Tage nach seinem Bericht geschickt hat: »Ich habe noch ein paar Sätze der Käthe H. in alten Zeitungen aufgetrieben und reiche Sie Ihnen als Ergänzung nach...«
Immer noch alles für dreihundert Mark:
»Ich bin die größte Sünderin von allen!«
»Herr Staatsanwalt, ich bitte, daß meine Hinrichtung an einem Donnerstag ist!« – denn auch die Morde waren an einem Donnerstag geschehen.
»Mein Verteidiger will für zweihundert Mark Bilder von mir kaufen!« – weil Käthe zu Hause nicht nur Klavierspielen, sondern auch Malen gelernt hatte und ihre Fertigkeiten nicht die schlechtesten waren.
Und schließlich der Satz, der mich daran erinnert, daß Bruno Listig ja doch wohl noch einiges mehr von mir erwarten kann:
»Es sollte wohl so Schicksal sein«, hatte Käthe Hagedorn aus der Zelle an ihre Mutter geschrieben, »du hast im Leben nichts gehabt und nichts dagegen getan, und das geht nun alles bis ins dritte und vierte Glied, und das sind wir alle...!«
War Käthe Hagedorn tatsächlich die Großtante von Erwin Hagedorn, wie Listig behauptet?
Hat Erwins Großmutter, die Mutter seines Vaters, die ja nun einwandfrei hier in der rheinisch-westfälischen Gegend lebt, die Funktion eines Bindeglieds zwischen den Sippen?

Ich fahre jetzt selbst nach Duisburg, ausnahmsweise wieder einmal in düsterer Stimmung, weil manche Leute offenbar glauben, ich hätte meine Zeit gestohlen, vom Geld nicht zu reden. In Duisburg nehme ich mir einen Leihwagen und fahre nach Wittlaer, und we-

nigstens Georg Freitag entschädigt mich ein wenig und gibt mir meine Laune allmählich wieder zurück:
Mit seiner knolligen, heftig geröteten Nase sieht er auch ungeschminkt aus wie ein Zirkusclown von der netten Sorte, und wenn einmal jemand gesagt hat, er sehe aus wie ein Sechziger, so würde ich sogar davon noch ein paar Jährchen abstreichen.
Er freut sich ehrlich, mich zu sehen, nimmt den Scheck über die dreihundert fast widerwillig mit spitzen Fingern und fragt sofort: »Was machen wir jetzt?«
Die Gegend ansehen, sage ich, die Schauplätze des alten Falles Hagedorn, und dann noch ein paar genealogische Studien zur Familie.
»Na«, sagt er fröhlich, »ein volles Programm. Wann wollen Sie zurück?«
»Spätestens übermorgen um 17.40 Uhr ...«
»Aha, der ›Merkur‹«, meint er, »ist auch viel besser mit der Bahn. Aber da haben wir Zeit, morgen früh fangen wir gleich an, ich glaub', Sie werden zufrieden sein damit wie wir das fingern ...«
Hoffentlich wird Bruno Listig am Ende auch zufrieden sein, denke ich im stillen, und mir noch den Rest seiner Geschichte erzählen. Georg Freitag holt eine beschlagene Flasche und zwei Gläser, schenkt ein und sagt herzlich »Prost!«. Und ich trinke seinen Doornkaat, der so kalt ist, wie er sein muß, und nehme es als gutes Omen.
Heute ist eh' nichts mehr drin, denn die Ämter haben zu, und um diese Zeit wird es auch schon ziemlich früh dunkel.

Die Gegend Eschenstraße in Wanheimerort hat im Krieg offenbar stark gelitten, das sehen wir am nächsten Morgen: Die meisten Häuser sind nach dem Krieg erbaut worden, und die gar nicht so spärlichen Beschreibungen aus den zwanziger Jahren stimmen überhaupt nicht mehr. Das einzige, was geblieben ist, sind die Straßennamen: Die Eschenstraße gibt es noch, und auch die nahegelegene Kulturstraße, die damals für Unkultur stand, was heute Umweltzerstörung heißen würde.
Es war die Rede von einer Volksschule gegenüber vom »Mordhaus« Käthe Hagedorn, und, abgesehen davon, daß es dort keine gibt: Es kann sich nicht einmal jemand an eine Schule in dieser Gegend erinnern. Es gibt keine Kirche mehr, wo sie früher gestanden haben soll, keinen Bierverlag und keinen Zirkusplatz. Und die Kneipe an der Ecke, wo früher die Herrschaften Hagedorn und Grünfelder ihr

Bierchen nach Feierabend getrunken haben, hat offensichtlich »Junge« bekommen:
In der ganzen Umgebung steht eine Gaststätte und eine Trinkhalle neben der anderen ...
Das »Mordhaus« selbst ist ebenfalls jüngeren Datums und sicher höher als damals. Die Mieter sind, was kaum zu überprüfen ist, hauptsächlich Gastarbeiter, und man sieht auf den ersten Blick, daß hier kaum noch ein Bewohner von anno dazumal sich in seinen Nachfahren erhalten hat, beziehungsweise, daß er mit Sicherheit nicht zu ermitteln sein wird.
Die Gegend »Rehwiese«, das ist der nächste Punkt unserer Ermittlungen, ist eine einzige Baustelle eines großen Unfallkrankenhauses, und wenn es hier jemals in der Nähe Grabsteine geben sollte, sind Grabsteine namens »Grünfelder-Schustermann« ganz gewiß nicht dabei.
»Tja«, sagt Georg Freitag, »hätten Sie dann noch eine Idee?«
Keine.
Oder eine:
»Trotzdem nochmals wegen der Hagedorns. Es geht um spezielle Verwandte ...«
»... in der Ostzone, ja. Aber das kann ich nicht für Sie rauskriegen, nicht für dreißig Mille, was glauben Sie, wie verzweigt diese Sippen Hagedorn in der Gegend hier sind ...?«
Dazu noch in Neuß, Krefeld und Mönchengladbach, denke ich.
Allein in Hamburg, hab' ich mal zufällig nachgezählt, gibt es 123 Hagedorns im Telefonbuch, von den 117 namens Bartsch nicht zu reden ...«
»Natürlich, Herr Freitag ...«
»...Schorsch«, sagt er, »auf meine alten Tage ...«
»...gern, Schorsch, das muß ich ja wohl einsehen!«
»Nun mal langsam«, sagt er, und ich bin einmal mehr der Überzeugung, daß die Generation vor mir viel netter ist als meine eigene, »festzustellen ist folgendes: Der Vater von Käthe war schon ziemlich über die vierzig, als der Prozeß damals lief, und die Mutter ging auch schon heftig auf die vierzig, die hatte ja, wenn Sie meine Geschichte gelesen haben, ohnehin nicht viel mit Kindermachen im Sinn ... also, diese Käthe war jedenfalls das einzige Kind aus dieser Krämerfamilie, und ich würd' mich kratzen, wenn die jemals noch eins zustande gekriegt hätten ...«
»Ja, eben ... vergessen wir's ...«
»Ich vergesse grundsätzlich nie was, von dem ich nicht weiß, daß

ich es vergessen kann!« sagt Schorsch Freitag mit der Knollennase. »Und deshalb geh'n wir jetzt auf die Standesämter, denn es ist Ihr Benzin und Ihre Geschichte, mir macht's Spaß ...«
Zwischen Duisburg, Essen, Düsseldorf, Mönchengladbach und Neuß gibt es, obgleich fast alle Standesamtsregister und im Zweifelsfall Kirchenbücher noch erhalten sind, keine Eintragung über die Geburt eines männlichen Vertreters des Namens Hagedorn, der folgende Voraussetzungen erfüllt:
A. Er müßte mit der Käthe Hagedorn, die heute einen anderen, uns zwar bekannten, aber hier nicht interessierenden Namen trägt, direkt verwandt sein.
B. Es gibt insofern auch niemanden, der in der in Frage kommenden Zeit die Gelegenheit gehabt hätte, aus dem Ruhrgebiet nach Eberswalde auszuwandern, nicht vor dem Kriege und nicht nach dem Kriege.
Und bei »Schorsch« Freitag, der das alles mit einer unwahrscheinlichen Lässigkeit abklärt, mit Hilfe ganz anderer Methoden, als ich sie benutze, also ganz ohne Geld, mit der Routine des guten alten Polizisten, bei Georg Freitag kommen sogar noch die Punkte C, D und E ans Tageslicht beziehungsweise auch nicht:
C. Zwei Generationen bis ins 19. Jahrhundert zurück gibt es ebenfalls kein Familienmitglied, das sich vom geographischen Westdeutschland aus ins Gebiet der heutigen DDR abgesetzt hätte – oder aber von dort gekommen wäre. Zwei Generationen in Richtung Gegenwart schließlich sind ebenso alle in Frage kommenden Hagedorns im rheinischen Westen geblieben, zum Teil nur ein paar Straßen weiter.
D. Bei Günter Hagedorns Mutter, die den Namen Hagedorn ja erst durch Heirat erworben hatte, ist ebenfalls keinerlei Verbindung zu den Duisburger Hagedorns nachzuweisen, und auch das gilt für zwei Generationen nach vorn und hinten.
E. Wenn also eine »Verwandtschaft« zwischen den Eberswalder und den Duisburger Hagedorns besteht, so kann sie höchstens vierten bis fünften Grades sein, müßte ständig in der männlichen Linie aufrechterhalten worden sein – uneheliche Kinder möglicherweise mal außen vor – und kann nach übereinstimmender Ansicht der Genetiker keinerlei Bedeutung mehr haben. Jede verwandtschaftliche Ähnlichkeit zwischen Erwin Hagedorn und Käthe Hagedorn wäre deshalb rein zufällig.
Die Behauptung, Käthe Hagedorn sei die Großtante von Erwin Hagedorn, ist also von hinten bis vorn falsch.

»Nun kommen wir ja doch wieder nicht zum Skatspielen!« klagt Freitag, als er mich letztendlich zum Essener Hauptbahnhof bringt und ich ihm sage, ich hätte es jetzt entsetzlich eilig.
Muß er das jetzt sagen?
Gerade jetzt, wo es mir richtig leidtut?
»Mach's gut, Schorsch!« sage ich laut in der Gegend von Münster in Westfalen, als er selbst sicher schon wieder längst zu Hause in Wittlaer ist.
»Wie meinen?« fragt der Kellner im Speisewagen.
»Ein ... ein Apollinaris!« sage ich wütend.

Aber das nun alles an Bruno Listig schicken, einfach so mit der Post in die DDR?
Ich schicke an die Berliner Adresse, die er mir gegeben hat, nur einen ganz kurzen Brief: »Ich komme am Samstagmorgen um 9.30 Uhr!«
Wenn er mich schon mal nach Varna in Bulgarien bestellt hat, nehme ich mir im Zweifelsfall auch einige Rechte heraus.
Und mit der ziemlich frühen Zeit, da habe ich auch noch einen Hintergedanken, aus meiner Sicht hoffentlich den letzten in dieser Sache.
Natürlich ist Bruno Listig da, natürlich ist er allein in der Wohnung, die sicher nicht ihm gehört. »Das geht ja schnell!« sagt er.
»Zu schnell«, sage ich, »und jetzt, entweder Sie glauben mir, oder Sie glauben mir nicht!«
»Ich glaube!« sagt er schlicht.
»Käthe Hagedorn«, erzähle ich, »war das einzige Kind ihrer Eltern und hat mit an Sicherheit grenzender Wahrscheinlichkeit keine Geschwister mehr bekommen. Sonstige Verwandte der Familie sind laut behördlicher Auskunft nicht in das Gebiet der DDR verzogen, allerletzte Bestätigungen zugegebenermaßen allerdings durch Kriegszerstörungen entsprechender Archive nicht zu beschaffen. Ein nicht vorhandener Bruder kann jedenfalls auf keinen Fall der Großvater von Erwin Hagedorn gewesen sein, grundsätzlich ist eine direkte Verwandtschaft so gut wie ausgeschlossen. Ihre Theorie gemäß Mendelscher Gesetze ist meiner Meinung nach in diesem Falle völlig unhaltbar.
Er ist nicht einmal so betroffen, wie ich es eigentlich von ihm erwartet hätte.
»Na, und wenn schon ...?« sagt er.
»Es tut Ihnen nicht besonders leid ...?«

»Quatsch«, sagt er, »um diesen Erwin, wie Sie ihn immer genannt haben, kann es einem ja nun so oder so nicht leid tun, aber wahrhaftig mit keiner Silbe, ob sich bei der Sache auch irgendeiner vertan hat oder nicht!«
Also gut, ich schlucke auch diese Kröte.
»In Bulgarien, Bruno«, sage ich, »haben Sie angekündigt, gute Werke zahlen sich immer aus?«
Er lacht schallend, er hat manchmal tatsächlich Humor, er ist intelligent von Haus aus und begreift schnell:
»... wie's bei uns funktioniert hat, nicht?«
»Ja. Ich will's wissen, und zwar genau jetzt!«
Dann erklärt er's, tatsächlich, und es ist nicht annähernd so kompliziert wie das, was schon vorher erklärt werden mußte:
»Sie kennen doch bestimmt einen Menschen, der im Leben eine Etage höher wohnt als Sie?«
»Das ist relativ ...«
»Natürlich«, sagt er, »ich will Ihnen ja auch nicht zu nahe treten. Aber nehmen wir mal an, einen Chefredakteur, einen Verleger, einen Direktor, irgend jemand, der noch mehr zu sagen hat als Sie und noch mehr verdient nach dem kapitalistischen System?«
»Gut, angenommen ...«
»Der kennt dann aber auch wieder einen, der noch höher ist. Der kennt den Generaldirektor oder auch den Parteisekretär. Und so geht's doch weiter. Von Etage zu Etage. Am Ende der Kette kennt dann schließlich einer euren Bundeskanzler oder unseren Staatsratsvorsitzenden, nicht?«
Na, wenn schon: die Kette wäre denkbar, natürlich.
»Und so«, sagt Listig alias Heckenrose, »ist das entsprechend bei euch und bei uns identisch. So haben wir gegen Erwin Hagedorn Stimmung gemacht, von einer Etage zur anderen ...«
»Bis zu Ulbricht ...?«
»Ja, bis zu Ulbricht!« bestätigt er. »Der letzte von uns, war der, der ihm das Gnadengesuch von diesem Verteidiger vorlegen mußte, der hat dann die Unterlagen so zurechtgelegt, daß Ulbricht die Ablehnung unterschrieb ...«
»Es muß ein persönlicher Referent gewesen sein?« frage ich, um Fassung bemüht.
»Ulbricht hatte nur persönliche Referenten«, sagt er belehrend, »und natürlich war der letzte von uns ein persönlicher Referent. Der letzte von uns ... wollen Sie vielleicht auch noch den Namen wissen, damit Sie ihn so richtig schön anprangern können?«

»Ich will überhaupt keinen anprangern ...«
»Natürlich wollen Sie!« behauptet er. »Meinen Sie, ich hätte nicht längst gemerkt, wo bei Ihnen die Gefahr liegt?«
Ich muß wohl noch froh sein, daß er mir das nicht übelnimmt. Ich muß ihm am Ende noch dankbar sein, daß er mir diesen makabren Witz erzählt hat – einen der schlimmsten Witze, die ich je gehört habe, weil er vermutlich wahr ist und außerdem sogar eine Pointe hat, die in gewisser Weise historisch ist. Ich muß aufpassen, daß ich nicht aufspringe und ihm an den Kragen gehe, vor lauter Wut und Enttäuschung, daß es hier einer fertiggebracht hat, die halbe politische Führung der DDR und außerdem auch noch mich an der Nase herumzuführen ...
... aber Listig schätzt ja keine Schlägereien, hat er in Bulgarien gesagt. Und vielleicht wäre er am Ende sogar noch stärker als ich ...
»Walter Ulbricht«, sagt Bruno mit tiefem Ernst, und es hört sich geradeso an, als wolle er Erwin Hagedorn damit endgültig vergessen, auch wenn gelegentlich nochmal die Sprache auf Hagedorn kommen muß, »Walter Ulbricht war in meinen Augen gerade zuletzt ein großer Staatsmann. Ein weiser Mann, einer der letzten Patrioten, einer der letzten, die auf vernünftige Weise einer Entwicklung gegensteuern wollen ...«
»Da haben Sie möglicherweise recht ...«
»Schönen Dank auch!« sagt Bruno.
»... Ulbricht ist also Ihrer Ansicht nach tatsächlich unschuldig?« wiederhole ich, inzwischen allerdings doch nur noch mit den Resten meiner Selbstbeherrschung.
»So gesehen, unbedingt!« antwortet er. »Aber es ist doch auch immer dasselbe mit diesen alten Männern, die an der Spitze stehen und viel zuviel zu verwalten haben, obgleich es ja aus meiner Sicht in diesem Falle gut war ... ich meine, Ulbricht hätte ja auch genauer hinsehen oder sich genauer informieren können, bevor er unterschrieb ... Ich habe es selbst nicht sofort glauben wollen, daß das so glatt gegangen ist, als ich am Abend dieses Tages die Nachricht bekam, aber er hat tatsächlich anstandslos unterschrieben!«
Anstandslos?
»Wann haben Sie denn geglaubt, daß die Sache in Ihrem Sinn klappt?«
»Genau gesagt erst am 19. September 1972 ...«
Also erst zwei oder drei Tage nach der Vollstreckung des Urteils – nach dem mühsam und langsam vorbereiteten, schließlich unwiderruflichen Tod von Erwin Hagedorn.

Nun stelle ich die moralische Qualifikation eines Menschen wie Bruno Listig endgültig zur Diskussion ...
Aber wer ist hier eigentlich schuldig?
Ich weiß es nicht.
Rosemarie die Feine, Rosy von der Volkspolizei, ist ebenso unschuldig wie Walter Ulbricht. Der Generalstaatsanwalt ist unschuldig, so gesehen der Vorsitzende des Obersten DDR-Gerichts, der öffentliche Ankläger und die bestürzte Gutachter-Mannschaft. Szewczyk vor allem: er als Gegner der Todesstrafe, er mit seinen jahrelangen Exkulpierungsversuchen für Triebtäter, müßte eigentlich nachts nicht mehr schlafen können. Er müßte Strafantrag stellen gegen Bruno Listig wegen ständiger Störung der Nachtruhe und damit Körperverletzung – wenn er wüßte, wer Listig wäre, und wenn ihm irgendwann jemand die Zusammenhänge erklären könnte ... ich weiß nicht, ob er's nicht tatsächlich täte.
Aber dann vermutlich doch nicht: er würde zwei Meter vorher abdrehen. Professor Dr. Dr. Hans Szewczyk wird auch weiterhin als Grandseigneur der DDR-Psychiatrie durch Hörsäle und Gerichtssäle wandeln, der höfliche, gute Mensch von der Charité sein, der er immer gewesen ist, und eines Tages, wenn die alte Garde seiner Zunft doch noch mal das Zeitliche segnet, wird er sicherlich auch noch Ordinarius werden.
Die Zeit heilt alle Wunden, schrieb der griechische Dichter Menander ein paar hundert Jahre vor dem Start der Menschheit ins Christentum, sinnigerweise ein Meister des Lustspiels, und die Zeit heilt sogar die Wunden unserer persönlichen Niederlagen, die allerschwersten.
Trotzdem, Szewczyk tut mir in dieser teuflischen Geschichte am meisten leid, denn er ist offenbar wirklich derjenige, der die allerpersönlichste Niederlage erlitten hat.
»Ich muß zurück nach Eberswalde ...« sagt Listig alias Heckenrose drängend. Er ist nämlich mit dem Zug gekommen, sagt er, und der wartet nicht.
»Gute Reise!« wünsche ich ihm. »Sie werden nie begreifen, welchen Mist Sie hier angestellt haben!«
»Ich und Mist?« sagt er empört. »Alle müßten mir dankbar sein, daß wenigstens ich hier die Initiative ergriffen habe, sogar Hagedorn selbst, wenn er es noch könnte, denn was hat er davon, wenn er in einem Irrenhaus vor die Hunde geht?«
So kommt Bruno, die Macht des Schicksals, in der allerletzten Minute sogar noch auf die Euthanasie als Motiv.

»Okay, Bruno«, sage ich, »ich nehm's zurück. Aber noch einen einzigen Gefallen ...?«
»... jeden!« sagt er, sofort wieder besänftigt.
»... Zeigen Sie mir ein Foto von Rosemarie ...«
»Ich habe doch keins ...« lügt er.
»Doch ...« sage ich.
»Ja, ich habe eins ...« sagt er.
Und dann zückt er die Brieftasche aus Krokodilleder, woher er die wohl hat! Holt das Foto heraus. Sie hat die Haare länger und eine Innenrolle, aber ich erkenne sie auf den ersten Blick.
Tatsächlich Heckenrose oder das Motiv für Heckenrose.

Inzwischen kenne ich die Busverbindungen in Ostberlin, und es macht mir Spaß, auf dem Weg zum Straußberger Platz auf der Drehscheibe zu stehen, auf dem Gelenk zwischen den beiden Teilen des Busses: Spaß, ein bißchen zu schaukeln.
Ziemlich der letzte Spaß:
Ein paar Meter noch zu Fuß, zum Café Budapest.
Das Café Budapest in Ostberlin.
Jetzt allerdings alles so schnell wie möglich über die Bühne.
Da sehe ich sie:
Da sitzt Wrobel, der Fischadler, mitsamt der Dame, zu deren Ehren sich ein zumindest halbgebildeter Mann das verräterische Pseudonym Heckenrose in einer Mordaffäre namens Hagedorn zulegte und außerdem eine private Vererbungstheorie: Sie ist bleich geschminkt, wie das auch in der Hauptstadt der DDR modern ist, und sie betont das sogar noch durch eine entsprechende Unter- beziehungsweise Übermalung.
Schwarzhaarig, sorgsam frisiert, modischer denn je, ziemlich üppige Figur, immer noch rundum erfreulich ... die Dame kenne ich seit längerem vom Ansehen und seit ganz kurzer Zeit vom Ansehen eines Fotos. Ich erinnere mich sogar noch genauer an sie: manchmal guckt sie richtig wie eine Schlange, und das tut sie auch jetzt im Café Budapest.
Sie sieht tatsächlich aus wie gerade über die dreißig, jetzt, wo ich sie näher betrachte, allenfalls ein paar Jahre älter, und sie sieht, zwar ganz entfernt, auch ein wenig mütterlich aus, aber sie hat ganz bestimmt keine einzige Schwangerschaftsnarbe.
Es stimmt alles:
Sie ist genau jene Art Kumpeltyp, der im Zweifelsfall mit einem

Unimog auf Strip-Tour in die Wälder fährt, in die smaragdgrüne Einfassung der grauen märkischen Stadt Eberswalde.
Wobei allerdings ein komfortableres Fahrzeug sicher auch ihre Zustimmung finden würde, von Bruno Listig angefangen – oder auch nicht angefangen – möglicherweise über einige Umwege bis hin zu Wrobel.
»Sind Sie wahnsinnig?« sagt Wrobel, unvorsichtigerweise schon, als er mich auch nur von weitem auf den Tisch zusteuern sieht.
»Möglicherweise ja ...« sage ich ehrlich, sobald ich den Tisch erreiche.
»Wie kommen Sie hierher?« fragt der Major, der nun endlich doch mal aus der Fassung geraten ist.
»Sie werden's kaum glauben, erst mit der S-Bahn und dann mit dem Omnibus ...«
Wrobel fragt: »Was wollen Sie hier?«
»Raten Sie mal!« antworte ich, und das meine ich ganz bestimmt nicht böse.
Momentan verschlägt es ihm die Sprache, und das Mädchen beziehungsweise die Dame schweigt mich ebenfalls erstmal giftig an. Trotzdem nehme ich unaufgefordert Platz und sage der vorbeihuschenden Kellnerin: »Bitte, ein großes Bier!«
»Sofort, der Herr!« antwortet sie.
»Sind Sie wahnsinnig?« wiederholt Wrobel.
Aber jetzt ignoriere ich ihn erstmal.
»Gnädige Frau«, sage ich, und ganz gewiß nicht »Genossin«, »ich wette mit Ihnen, daß Sie den Vornamen Rosemarie tragen!«
Ihr Gesicht wird leer, aber nicht mal verzerrt.
Und bevor sie auch nur eine Silbe antworten kann, sagt der angebliche Major Wrobel: »Vergessen Sie's, ich bitte Sie ...«
»Rosemarie«, sage ich, »wenn ich mal so sagen darf, wann haben Sie hier den Genossen Major eigentlich zum ersten Male gesehen?«
Der Genosse Major wird gleich den Tisch umwerfen, vermute ich, obgleich das in Cafés wie dem Budapest sicherlich Sanktionen nach sich ziehen würde.
Rosemarie sagt: »Lecken Sie mich am Arsch!«
Die innere Mechanik.
Die innere Mechanik eines spektakulären Falles.
Ich und Rosemarie am Arsch lecken, nachdem ich endlich alles weiß, alles, alles, alles ...?
Wrobel sagt: »Ich möchte Sie auf der Stelle erschießen!«
Himmel, was mir das in dieser Situation gleichgültig wäre ...

»Sie haben nicht mal Ihre Dienstwaffe dabei!« sage ich.
»Zum Glück nicht!« sagt Wrobel gefährlich.
»Vorschlag zur Güte«, sage ich, »ich sage Ihnen, wie das gelaufen ist ... diese innere Mechanik, das erklär' ich Ihnen noch ... und Sie brauchen dazu weder ja noch nein zu sagen ...«
»Das wäre ja ein ...!« behauptet Wrobel.
»Allerdings!« sagt Rosemarie.
»Allerdings!« sage ich.
Und außerdem noch folgendes, mein Gott, ist mir das gleichgültig, jetzt, wo ich alles weiß:
Im Oktober 1971 wird ein gewisser Ronald Winkler in Eberswalde-Westend ermordet, als letztes Opfer einer Serie von Morden und versuchten Morden. Im Oktober 1971 kommen deshalb die Morduntersuchungskommissionen von Dresden und Leipzig und auch sonst von auswärts nach Eberswalde, und einer der MUK-Offiziere ist damals der Major Wrobel.
»Stimmt's, Rosemarie ...?«
Wrobel antwortet: »Im Prinzipe, ja ...«
Im November 1971 wird ein gewisser Erwin Hagedorn als der Knabenmörder von Eberswalde gefaßt, und zu diesem Zeitpunkt hat Rosemarie, Angestellte der Volkspolizei in Eberswalde, gerade ihren Job gekündigt ...
»... im Prinzipe, ja!« sagt Wrobel, der gerade noch so Schießwütige.
... es ist nämlich die sehr menschliche Tatsache passiert, daß die Vopo-Angestellte Rosemarie sich in den Major Wrobel verliebt hat – und daß sie meinte, aus dieser Erkenntnis Konsequenzen ziehen und mit Herrn Wrobel, von damals bis zum heutigen Tag, ins Bett gehen zu müssen. Diesem Vorsatz, der auch von Herrn Wrobel geteilt wurde, stand allerdings nicht nur Rosemaries Ehemann im Wege – wirklich der einzige Mensch, den wir in dieser Geschichte halbwegs vergessen können –, sondern vor allem ihr Liebhaber Bruno Listig mit der Heckenrosen-Laube von Schönholz.
»So«, sagt Wrobel, »das ist also das, was Sie vorhin innere Mechanik genannt haben ...«
»Im Prinzipe, ja!« sage ich, wie ein Papagei.
Rosemarie sagt gar nichts, wie ein Papagei, der das Sprechen verlernt hat ...
Der Sohn hieß Heinz, sage ich, und ob der Sohn tatsächlich mal ein Fast-Opfer von Erwin Hagedorn gewesen war, ist so uninteressant wie ...

»Er wäre«, sagt Wrobel, »die Geschichte stimmt ...«
»... und sie war trotzdem ein Vorwand. Ein Vorwand für Rosemarie, von Bruno umzusteigen auf Sie, Genosse!«
»Hauen Sie ab!« sagt Wrobel.
»... paar Minuten nur noch! Paar Minuten für Bruno, diese arme Sau ... tut mir leid, er ist eine!«
»Bitte schnell ...«
»... fahren Sie mich dann zum Bahnhof Friedrichstraße?«
»Er denkt nicht dran!« sagt Rosemarie in seinem Namen.
»Doch«, sagt Wrobel, »desto schneller sind wir ihn los!«
Ein paar Minuten noch für Bruno alias Heckenrose. »Sie wissen«, sage ich zu Wrobel und Rosemarie gleichzeitig, »daß er den Namen Hagedorn früher als die Volkspolizei kannte und ihn unter dem ungeheuer romantischen Pseudonym Heckenrose sogar bekanntgegeben hat ...?«
»Sie hat es später erfahren«, antwortet Wrobel, »sie war da schon nicht mehr bei der Polizei ...«
»... daß er es getan hat, um Sie zurückzugewinnen, wie das so schön heißt?«
»Es war alles gelaufen!« sagt Rosemarie, ausnahmsweise mal selbst. Von ihrer Seite aus, und das begreift sichtlich auch der sogenannte Major Wrobel, könnte Erwin Hagedorn wirklich noch leben ...
Wrobel fragt: »Sie kennen ... Listig ...?«
»Bis vor zwei Stunden«, sage ich, »und das wissen Sie besser als ich!«
»Wieso sollte ich ...?«
»Jerczy«, sage ich. »Ihr Spielchen mit dem sogenannten Staatsfeind Bruno mit Hilfe meines Freundes Jerry ... hören Sie mal, wäre ich eigentlich jemals wieder aus Bulgarien rausgekommen, wenn ich Listig tatsächlich meinen Paß gegeben hätte ...?«
»Zu neunundneunzig Prozent, ja ...« sagt er, bei aller Vorsicht.
»Sie wollten Bruno Listig loswerden, das ist doch alles?«
»Nein«, sagt Rosemarie, »ich war es. Ich konnte ihn nicht mehr sehen ...«
»Ich auch!« gesteht Wrobel zusätzlich.
»Und nun?«
»Ihr Bier zahle ich. Hauen Sie ab!«
Die allerletzte Minute. »Sind Sie denn inzwischen wenigstens geschieden, Rosemarie ...?«
»Nächsten Monat«, sagt Wrobel, »nächsten Monat ist sie geschieden ...«

»... und warum haben Sie damals Ihren Noch-Ehemann auf Bruno losgelassen ...?«
»Ihre innere Mechanik«, antwortet Wrobel, obgleich ich wieder nicht ihn gefragt habe, sondern seine Freundin, »läuft nicht immer ab wie ein Computer, auch nicht bei uns ...«
»Ja«, sage ich, »das sehe ich ein ...«
»Zahlen!« ruft er.
»... und wo bleibt dann Ihr Sohn, Rosemarie, dieser ... dieser Heinz ...?«
»Wir nehmen ihn zu uns!« sagt Wrobel, der jetzt immer antwortet, wenn ich sie was frage, der bestimmt auch kompetenter ist.
»Ist das schon geregelt?«
»Wenigstens das!« sagt er.
Erneut ruft er zahlen, und diesmal gelingt's ihm.
»Ich schenke Ihnen was zum Abschied«, sage ich, »Ihnen allein, Rosemarie ...«
»Nämlich ...?« fragt Wrobel mißtrauisch.
»Auf Kosten von Bruno Listig ...« sage ich.
»Also, das ...«
»... damit Sie Heckenrose alias Listig noch besser vergessen können als jetzt schon ...«
Da sagt sie zum zweitenmal, wirklich ein Kind des werktätigen Volkes: »Ich kann's mir denken ... und ich sag' Ihnen jetzt schon, Sie können mich am Arsch lecken!«
Immer diese Stilbrüche innerhalb der sonst so gepflegten Persönlichkeiten.
»Ich schenke Ihnen die Kenntnis der Tatsache«, sage ich, »daß Sie links am Ansatz Ihrer linken Brust ein ungeheuer aufregendes Muttermal haben!«
Daß mich Wrobel dann anschließend doch noch zum Bahnhof fährt, ist sicher noch mehr als eine Entschädigung für einige Ängste, die ich in der DDR ausgestanden habe.
»Kommen Sie etwa noch mal wieder?« fragt er auf dem Parkplatz Friedrichstraße.
»Zu Ihnen nie!« verspreche ich ihm.
Die Kontrolle geht glatt.
Die allerletzte.
Und dann der allerletzte Flug in Sachen Heckenrose von Berlin nach Hamburg.
Immer habe ich Bier getrunken auf diesen Flügen, diesmal sage ich der Stewardeß: »Zwei doppelte Scotch, bitte!«

Die Dame von Panam sieht den Mann an, der in meiner Reihe am Fenster sitzt, einen Mann, den ich noch nie gesehen habe, und der Mann ist insofern ein netter Mann, als er die Situation in Sekundenschnelle begreift und fröhlich nickt:
»Ja, sicher ...«
Sie geht und holt die Gläser.
»Danke!« sage ich.
»Keine Ursache«, sagt er und sieht kaum von seiner Clipper-Zeitschrift auf, »zahlen müssen Sie ja ...!«
Zwei Doppelte auf einmal, beide für mich.
Der mittlere Platz in unserer Dreierreihe ist leer, und mein Nachbar am Fenster sagt – das letzte, was er auf diesem Flug sagt –: »Stellen Sie's doch in die Mitte!«
Nochmals: »Danke!«
Und ich tu's auch.
Ich trinke den ersten doppelten Whisky, wir haben, sagt der Captain, noch ziemlich genau fünfzehn Minuten Flugzeit bis Hamburg-Fuhlsbüttel:
In memoriam Erwin Hagedorn, jetzt, da ich alles weiß ... Ich trinke den zweiten, und wenn der Captain recht gehabt hat, haben wir noch ziemlich genau acht Minuten Flugzeit, und die Mädchen sammeln schon die Flaschen und Gläser in einen braunen Sack.
So also starb Erwin Hagedorn ...
Aber ist es nicht gut für ihn, daß er gestorben ist, wie auch immer?
Doch die juristische Euthanasie, letzten Endes, wie auch immer?
Ich weiß es nicht.
Ich will es nicht wissen.
Denn wir – Kurt Hansen und Jerczy Lukasinski und ich und noch ein Dutzend andere –, wir wollen manche Dinge überhaupt nicht wissen, und zwar vorsätzlich.
Denn wir leben davon, daß wir alles in Frage stellen, und das ist unser Kapital – genau das Kapital, von dem in diesem Bericht so oft die Rede war.
Die Maschine landet in Position fünf, und weil es ziemlich böig ist, setzt sie etwas härter auf als sonst.

Nachwort

ROLF BOSSI: PLÄDOYER FÜR EINEN TOTEN MÖRDER

Ich bin gebeten worden, ein Nachwort für ein im besten Sinne seltsames, spannendes, exotisches und dabei trotzdem in jeder Hinsicht deutsches Buch zu schreiben – für einen im Westen geschriebenen und im Osten angesiedelten spektakulären Mordfall und seine menschliche und politische Bewältigung.
Ich bin gebeten worden, für einen Mehrfach-Mörder aus der DDR sozusagen zu plädieren, spät und im Grunde zu spät die Verteidigung von Erwin Hagedorn zu übernehmen – die Verteidigung in einem Fall, der meines Wissens als erster gewichtiger Fall von »drüben« hierzulande in seinen Einzelheiten bekannt geworden ist.
Und ich bin – denn gerade das ist wichtig, hier zu Beginn meiner Ausführungen – deshalb gebeten worden, weil ich hier in der Bundesrepublik Jürgen Bartsch verteidigt habe, den von den Zeitungen als »Kirmesmörder« apostrophierten vierfachen Knabenmörder, den mutmaßlich einzigen Straftäter der Welt, der sich unmittelbar mit Erwin Hagedorn aus Eberswalde vergleichen läßt.
Aber was, frage ich mich zunächst, was gibt es denn im Fall Hagedorn noch zu verteidigen? Jürgen Bartsch, gewiß: er ist in dem Verfahren, in dem ich mitgewirkt habe, zur höchstmöglichen Jugendstrafe verurteilt und einer medizinischen Therapie zugeführt worden. Erwin Hagedorn jedoch ist, nahezu gleichaltrig, als Erwachsener zum Tode verurteilt und in einem unvorstellbaren Akt von Brutalität hingerichtet, tatsächlich getötet worden!
Was soll ich retten, wenn sichtbar nichts mehr zu retten ist?
Ich wußte nicht einmal, als ich über diese Frage nachdachte, an wen ich mich wenden sollte, um eine posthume Revidierung des Todesurteils gegen Erwin Hagedorn zu erreichen. Die Rechtsmittel in diesem Fall sind – äußerlich – erschöpft gewesen, das höchste Gericht der DDR hat dem ersterkennenden Gericht zugestimmt, ein Verfassungsgericht ist nicht existent beziehungsweise nicht zuständig. Und ich wußte ebenso nicht, ob ich hier mit ost- oder westdeutscher Rechtsauslegung operieren und argumentieren sollte – ob ich, ganz pauschal, überhaupt operieren und argumentieren sollte.
Dann aber habe ich mich entschieden – zugunsten des toten Mörders Erwin Hagedorn. Denn sein Fall ist nicht nur ein juristischer, sondern vorrangig auch ein politischer Fall:
Meine Rechtsauslegung ist ebenfalls politisch gefärbt, ohne dabei die juristischen Aspekte außer acht zu lassen – und ich habe mich, wenn Sie wollen, mit mir selbst auf eine »gesamtdeutsche« Rechtsauslegung geeinigt.

Ansprechen werde ich damit das Politbüro des Zentralkomitees der Sozialistischen Einheitspartei Deutschlands mit Erich Honecker an der Spitze: Hier soll es, wie ich im »Stern« gelesen habe, in der ganzen Deutschen Demokratischen Republik »am demokratischsten« zugehen, und hier – so hoffe ich – wird man meine Ausführungen wenigstens zur Kenntnis nehmen.
Plädieren im strengen Sinn kann ich nicht – ich stelle also hiermit und an dieser Stelle förmlich den Antrag auf eine Wiederaufnahme des Falles Erwin Hagedorn. Ich beantrage die Wiederaufnahme des Falles Hagedorn auf der Grundlage letzter wissenschaftlicher Erkenntnisse, die dem Täter meiner Überzeugung nach den Paragraphen 51 Absatz 1 beziehungsweise den DDR-StGB-Paragraphen 15 garantiert hätten, die uneingeschränkte Zurechnungsunfähigkeit – und die zu einem Freispruch geführt hätten, selbstverständlich mit gleichzeitiger Einweisung in eine Heil- und Pflegeanstalt, aber ohne alle weiteren strafrechtlichen Konsequenzen!
Und ich gehe sogar noch darüber hinaus:
Ich beantrage, ausgehend vom Fall Hagedorn, eine sozusagen gesamtdeutsche höchstrichterliche Entscheidung herbeizuführen, ob nicht in Fällen solcher im »Volksempfinden« haarsträubender Triebverbrechen noch sorgfältiger geprüft werden sollte als bisher, wieweit in all diesen Fällen die tatsächlich uneingeschränkte Zurechnungsunfähigkeit nach 51 Absatz 1 alias Paragraph 15 angenommen werden muß!
Dem Triebtäter Bartsch hat man den 51 Absatz 2 zugebilligt – jawohl, zugebilligt! –, obgleich es in letzter Konsequenz auf Messers Schneide gestanden hatte, ob statt der eingeschränkten Zurechnungsfähigkeit die volle Zurechnungsunfähigkeit nicht gerechter gewesen wäre.
Dem Triebtäter Wittmann, einem dreifachen Mädchenmörder, hat ein (west-)deutsches Gericht sogar jede Einschränkung seiner Zurechnungsfähigkeit abgesprochen, nicht zuletzt deshalb, weil ihn die Elite der westdeutschen Psychiatrie aus »Arbeitsüberlastung« im Stich gelassen hat – und Wittmann, für mich einer meiner bedauernswertesten Mandanten, hat sich statt einer ärztlichen Behandlung das volle »Lebenslänglich« eingefangen, jawohl, eingefangen!
Ich darf noch polemischer werden, denn es ist meine Pflicht als Anwalt des Rechts, auch die Polemik als Mittel im Kampf um Gerechtigkeit zu benützen.
Kann es, im Fall Wittmann, unter anderem auch daran gelegen ha-

ben, daß der Schauplatz der Schwurgerichtsverhandlung die Stadt Coburg war, nur ein paar Kilometer entfernt von der Grenze zur Deutschen Demokratischen Republik ...?
Wir stehen hier im Niemandsland zwischen Medizin und Jurisprudenz, auch wenn der Sachverhalt inzwischen, hundertfach von den besten Psychiatern der Welt, sozusagen kartographiert worden ist. Wir stehen im Grenzfeld zwischen Humanität und extremer Inhumanität, und wir wissen es alle, Richter, Anklagevertreter, Anwälte und sicherlich auch Gerichtsberichterstatter.
Warum aber hat sich trotzdem noch niemand gefunden, der dazu berufen ist und der gesagt hat, was sich in diesem Niemandsland abspielt, in diesem Grenzfeld, in diesem Grenzbereich heutiger menschlicher Erkenntnismöglichkeit?
Warum ist bisher nicht ein einziger Psychiater oder Psychologe aufgestanden, fast wertfrei und fast gleichgültig, ob auf den Fall Bartsch, den Fall Wittmann, den Fall Hagedorn oder sogar den »Uralt-Fall« Haarmann bezogen, und spricht das aus, was den meisten schon längst bekannt ist?
Der Mangel an Zivilcourage bei den Psychiatern, die faulen Kompromisse der Gerichte!
Bartsch, Wittmann, dem »Menschenfresser« Haarmann gehören nach meiner unumstößlichen Überzeugung der 51 Absatz 1 anstelle des 51 Komma 2 oder sogar Komma null. Deutschlands Fach-Mediziner sind da mehr meiner Ansicht, als sich ein Hohes Gericht vielleicht vorstellen möchte; nur, sie sagen es mir, manchmal ehrlich geworden bei der dritten Flasche Rotspon, und sie sagen es nicht auf der forensischen Szene! Ich hoffe dringend, daß ich den Tag noch erlebe, an dem diesem menschenunwürdigen 51er-Paragraphen-Spiele ein für allemal auch offiziell ein Ende gemacht wird!
Aber kommen wir zurück auf meinen Antrag auf die Wiederaufnahme des Falles Erwin Hagedorn. Ich habe dem Politbüro der SED, das über diesen Antrag entscheiden müßte – im folgenden von mir Gericht genannt – folgende Voraussetzungen und Begründungen mitzuteilen:
Erstens. Mein DDR-Kollege Friedrich Karl Kaul ist als Strafanwalt bei bundesrepublikanischen Gerichten zugelassen, und im Gegensatz dazu würde es einem bundesrepublikanischen Strafanwalt vermutlich unmöglich gemacht werden, in gleicher Funktion etwa in Frankfurt/Oder aufzutreten. Ich bin Kaul – es mag ein Zufall sein – nie begegnet, aber ich glaube, daß er ein vorzüglicher Jurist ist,

und ich würde gegebenenfalls selbstverständlich mit ihm zusammenarbeiten oder auch, je nach Lage eines Falles, mit ihm die Klingen kreuzen. Die einen dürfen, die anderen nicht: es ist der Preis unserer Freiheit, auf die wir uns zu Recht eine Menge zugute halten, und ich bitte lediglich, dieses Phänomen als Tatsache in die Beweisführung einzubauen.
Zweitens, damit zusammenhängend. Ich kenne den Fall Erwin Hagedorn aus der Lektüre des Manuskripts von Friedhelm Werremeier, dem ich – begründet durch eine sehr lange persönliche Bekanntschaft mit dem Autor – einen ungewöhnlich hohen Tatsachengehalt zubillige, sowie aus allen Unterlagen, die mir der Autor zugänglich gemacht hat. Ich kenne den Fall also auf eine für einen Strafverteidiger ungewöhnliche Weise, nicht, wie üblich, in der Form von Gerichtsakten. Selbst Werremeier, Betonung auf selbst, ist es nicht gelungen, die grundsätzlichen Materialien eines großen Strafprozesses, Anklageschriften, Gutachten, Urteile, anders als in Auszügen, Gedächtnisprotokollen und Berichten in Fachzeitschriften, illustriert durch Fotos, in den sogenannten freien Westen zu schaffen, um ihn hier einer freien Verteidigung und ebenso einer freien Wissenschaft zur Verfügung zu stellen. Ich wiederhole mich: ich bitte, dieses Phänomen ebenfalls als Tatsache in die Beweisführung einzubauen.
Drittens. Ich bestreite nicht mit einer Silbe den Tatbestand dieses Falles, der nicht strittig sein kann; ein Kompliment an die Deutsche Volkspolizei und die Gutachter der Charité, die allerdings – und damit kommen wir zu Punkt vier – bei der Aufklärung des Falles sicher bessere Arbeit geleistet haben als bei seiner wissenschaftlichen Bewältigung. Gerade deshalb aber befinde ich mich in der makabren Situation meines großen amerikanischen Kollegen Lee Bailey – eine Parallele übrigens, die an anderer Stelle ebenfalls zuerst von Friedhelm Werremeier erkannt worden ist: Bailey hatte den »Würger von Boston« zu vertreten, und es blieb ihm kaum eine andere Chance, als seinem Mandanten möglichst noch mehr Morde anzuhängen, als er tatsächlich schon bekannt hatte – einfach deshalb, um den Gutachtern und dem Gericht einzuhämmern, wie »verrückt« dieser »Würger« sein müsse.
Und viertens. Ich greife massiv die Ergebnisse der wissenschaftlichen Begutachtung von Erwin Hagedorn an, hilfsweise beantrage ich, die Hauptgutachter Dozenten Dr. Szweczyk und Dr. Ochernal für befangen zu erklären. Es ist primär vielleicht nicht ersichtlich, warum zwei Wissenschaftler, die an der Ergreifung eines bis dahin

unbekannten Täters beteiligt waren, nicht auch mit der Begutachtung des durch ihre Hilfe gefaßten Täters betraut werden sollten. Die Art und Weise der Ergreifung des Täters jedoch beinhaltet, daß sich die Herren Gutachter schon vor seiner Ergreifung ein ungewöhnlich präzises Bild der Täterpersönlichkeit gemacht haben, und es ist nicht auszuschließen, daß dieses Bild bei ihrer späteren Gutachtertätigkeit eine Rolle gespielt hat.
Noch zu Punkt vier. Es steht nirgendwo geschrieben – und der Betroffene möge es mir im gemeinsamen Interesse an der Sache verzeihen, daß ich es zur Sprache bringe –, daß der Dozent Dr. Dr. Hans Szewczyk »die« uneingeschränkte Kapazität Nummer eins selbst auf dem Territorium der DDR auf gerichtspsychiatrischem Gebiet ist. Ich würde also, auf jeden Fall, auch heute noch die Einsetzung eines Obergutachters beantragen, und zwar ausschließlich für eine denkbare forensische Situation, in der das Gericht meinen Ablehnungsantrag gegen Szewczyk und Ochernal verwerfen würde. Grundsätzlich bin ich allerdings der Ansicht, daß dieser Antrag auch im Wiederaufnahmeverfahren nicht unbesehen beiseite gestellt werden dürfte, sondern ich bin der Ansicht, daß der Antrag der Verteidigung auf Befangenheit der Gutachter durchschlagen müßte: Die Tatsache, daß die Befangenheit der Gutachter beim ersterkennenden Gericht in Frankfurt/Oder nicht beachtet worden ist, wäre nicht nur ein Revisions- beziehungsweise Berufungsgrund, sondern müßte als absolut neue Tatsache als Stütze eines Wiederaufnahmeverfahrens gelten können.
Ich stelle es hier ausdrücklich in das Ermessen des Gerichts, für den Fall, daß trotz aller Erwägungen erst die Person eines Obergutachters diesen offenbar gordischen Knoten durchschlagen kann, diese Persönlichkeit in Zusammenarbeit mit der Verteidigung zu bestimmen.
Und ich komme jetzt, ein erneutes Mal in Zusammenhang mit Punkt vier meiner Antragsbegründung, auf meine Kritik an der Begutachtungs-Praxis im Fall des Straftäters Erwin Hagedorn in der Charité zurück:
Da gibt es diesen Dozenten Dr. Manfred Ochernal, der auf der einen Seite als zweiter wesentlicher Gutachter tätig gewesen ist, auf der anderen Seite seine Tätigkeit, seine Mitarbeit nach absolut unwissenschaftlichen Kriterien ausgerichtet hat. Ochernal war während der gesamten Beobachtungszeit des Probanden Erwin Hagedorn nur wenige Tage in Berlin, und es ist für meine Argumentation absolut nicht von Bedeutung, ob das deswegen geschehen ist, weil

er kein Hotelzimmer in der Hauptstadt der DDR bekommen hat, oder ob er durch seine Tätigkeit als Direktor einer Strafvollzugsanstalt »verhindert« war. Existent – und beweiserheblich, sozusagen – ist die Tatsache, daß Herr Ochernal ein Gutachten verantwortlich mitunterzeichnet hat, an dem er, gelinde gesagt, nur sehr bruchstückhaft beteiligt war. Und ich bin der Auffassung, daß dies eine neue Tatsache genau in dem Sinne ist, wie sie eine vernünftige Rechtsordnung als Voraussetzung für ein Wiederaufnahmeverfahren vorschreibt.

Mein Angriff auf das Ergebnis der Begutachtung des Erwin Hagedorn aber geht letztlich noch über die Frage hinaus, ob hier letzten Endes ein einziger Mann, damals Dozent, heute Professor, die Problematik entschieden hat, wes' Geistes Art dieser Sadist nun eigentlich sein könne. Auch in der ersten Hauptverhandlung gegen Jürgen Bartsch in Wuppertal haben sich damals die drei Gutachter berufen gefühlt, aber selbst in diesem höchst traurigen Prozeß haben sie sich, wenn sie nach »Endgültigem« gefragt wurden, sinngemäß auf ein »ignoramus et ignorabimus« geeinigt, wir wissen's nicht, und wir werden's nicht wissen! Szewczyk aber ringt sich im Fall Hagedorn durch zu einer sensationell eindeutigen Aussage, zweifelt überhaupt nicht mehr, erklärt den Jungen für voll schuldfähig – und ignoriert buchstäblich alles, was sich in der Entwicklung der forensischen Psychiatrie in diesem Jahrhundert getan hat! Es mag ja sein, daß er und seine kundigen Helfer keine organischen Hirnschäden bei Hagedorn festgestellt haben, keine Verschiebungen im Chromosomenhaushalt, überhaupt keine nennenswerten organischen Veränderungen. Aber selbst dann, wenn man unterstellt, daß es solche »Veränderungen« bei Hagedorn tatsächlich nicht gibt – selbst dann ist es doch wohl hanebüchen, eine Situation unberücksichtigt zu lassen, die die Psychiatrie in den letzten Jahrzehnten weltweit – mehr oder weniger – anerkannt hat.

Denn wie lange ist es her, daß sich die Psychiatrie mit ihrem »großen« Lehrmeister Kurt Schneider dahingehend orientiert hatte, daß letztlich ein organischer Defekt als Voraussetzung für die Zurechnungsunfähigkeit eines Straftäters vorhanden sein müsse? Das war und ist doch wohl jedenfalls nie der Weisheit letzter Schluß gewesen, kann es gar nicht sein, wie sogar Rechtsprechung und Gesetzgebung zwischenzeitlich erkannt haben, in einigen Punkten nahezu fortschrittlicher als die Seelen-Medizin:

Der Bundesgerichtshof in Karlsruhe ist schon 1959 von der allzu starren »Schneider-Schablone« abgerückt. Er hat den »juristischen

Krankheitsbegriff geschaffen und dazu die Kernsätze geprägt: »Als krankhafte Störung der Geistestätigkeit können alle Störungen der Verstandestätigkeit sowie des Willens-, Gefühls- oder Trieblebens in Betracht kommen. Das gilt unter anderem für eine naturwidrige geschlechtliche Triebhaftigkeit, wenn ihr Träger ihr insbesondere infolge Entartung seiner Persönlichkeit nicht ausreichend widerstehen kann. Auf die Veränderung körperlicher Merkmale kommt es nicht an ...«
Und auch das 1968 in Kraft getretene DDR-Strafgesetzbuch spricht in seinem Paragraphen 16 von einer »schwerwiegenden abnormen Entwicklung einer Täterpersönlichkeit mit Krankheitswert« als Grundlage für eine Schuld- und damit Strafmilderung. Es wäre mir immer unerfindlich geblieben, warum die Hagedorn-Gutachter diese Möglichkeit ungenutzt gelassen haben – wenn ich nach der Lektüre dieses Buches nicht doch den leisen Verdacht gewonnen hätte, es habe sich hier eben doch um ein in der Machart politisch gefärbtes Gutachten gehandelt.
Denn die Psychiatrie läßt sich manipulieren; das ist nicht unbedingt eine Aussage aggressiver Strafverteidiger, sondern das wird der Herr Szewczyk nicht bestreiten und vielleicht auch der Herr Ochernal nicht. Die Psychiatrie läßt sich allein deshalb manipulieren, weil die Erfahrung zeigt, daß sich buchstäblich für jede Meinung, für jede Theorie eines Anklägers oder Verteidigers ein psychiatrischer Gutachter finden läßt. Und die Psychiatrie ist im Fall Hagedorn nach meiner Überzeugung manipuliert worden – wenn schon nicht massiv politisch, so doch auf dem Umweg, der Täter habe ja an verschiedenen Stellen gezeigt, wie sehr er sich ständig unter Kontrolle hatte, etwa im Fall der abgebrochenen Messerklinge.
Dagegen steht doch wohl wenigstens die noch längst nicht aus der Welt geschaffte These des verstorbenen (west-)deutschen Sexualforschers Professor Giese von der »sexuellen Süchtigkeit« etwa eines Triebtäters:
Die Besessenheit auch triebgestörter Sadisten wird durch sexuelle Phantasien begründet, die bis zur Uferlosigkeit von der gesamten Psyche des Täters Besitz ergreifen. Wenn nun ein Gutachter – und in Verfolgung seiner Beobachtungen ein Gericht – dagegenhält, der jeweilige Täter habe sich ja ständig »in der Gewalt gehabt«, so ist das, gelinde gesagt, eine brisant gefährliche Mischung aus Ignoranz und Arroganz. Denn, zusätzlich zu Giese, die forensische Erfahrung hat gerade in den spektakulärsten Fällen von Triebverbrechen

immer wieder gezeigt, daß das äußere Verhalten der Täter – ihre scheinbare »Kontrolle« und der »Selbstschutz« – im Bereich lebenslang eingespielter psychologischer Mechanismen von der tatsächlichen Besessenheit unberührt bleibt. Die Progression der Süchtigkeit wird in allen diesen Fällen nicht mehr festgestellt, weil zuvor schon das Stadium der Entdeckung eintritt. Ist das von Szewczyk, hilfsweise von Ochernal berücksichtigt worden?
Meines Wissens ist es nicht berücksichtigt worden.
Und nach meiner Überzeugung habe ich an dieser Stelle den vierten Punkt meiner Ausführungen dreifach ausführlich genug begründet: Es ist eine neue, bisher jedenfalls nie erkannte Tatsache, daß die Begutachtung von Erwin Hagedorn nicht nur fehlerhaft, nicht nur unvollkommen, nicht nur viel zu schnell durchgeführt worden ist – sondern daß sie falsch ist! Eine so grundlegend neue Tatsache, daß sie dem einzigen Rechtsmittel, das uns noch bliebe, eben der Wiederaufnahme voll zugute kommen müßte.
Fünftens. Mein letzter und wichtigster Punkt. Ein Junge, selbst noch ein halbes Kind, mordet zweimal mit sechzehn und einmal mit achtzehn Jahren. Erwin Hagedorn, das »Milchgesicht« wie weiland Jürgen Bartsch. Was dann mit ihm geschieht, hat Friedhelm Werremeier bis in das letzte ihm erreichbare Detail geschildert, und er hat auch die Paragraphen des DDR-Strafgesetzbuchs zitiert und gegebenenfalls kommentiert. Den 78 vor allem und den 79: Gegen einen Jugendlichen wird die Todesstrafe nicht ausgesprochen, und das gilt auch dann, wenn die von ihm begangene Straftat erst nach Vollendung des achtzehnten Lebensjahres abgeurteilt wird beziehungsweise das Schwergewicht bei mehreren Straftaten bei den vor dem achtzehnten Geburtstag verübten Taten liegt.
Dieser »juristische Tatbestand« ist bei Erwin Hagedorn uneingeschränkt vorhanden gewesen: Auch kein DDR-Gericht, und schon gar nicht das höchste DDR-Gericht, hätte Hagedorn überhaupt zum Tode verurteilen dürfen – auch nicht wegen des im »mündigen« Alter begangenen Mordes, des letzten Mordes von insgesamt drei. Es ist also, und da kann man sich wirklich die großen Worte sparen, letztlich vom Obersten DDR-Gericht eine Ungesetzlichkeit praktiziert und sanktioniert worden, die nur noch – und ausschließlich – politisch erklärt werden kann.
Diese Tatsache spricht für sich, und ich möchte ihr – gerade weil Werremeier mir hier die Arbeit abgenommen hat – nichts, aber gar nichts hinzufügen.
Was aber wären – ohne weiteren Punkt und sozusagen ohne Jota –

was wären die faktischen Konsequenzen meines Anliegens im Fall Hagedorn, über dessen negative Erfolgsaussichten ich mir, wie ich dann doch noch kurz begründen werde, keinerlei Illusionen mache? Sie wären, motiviert durch die ehemals gesamtdeutschen gesetzlichen Bestimmungen über die »Technik« einer Wiederaufnahme, vergleichsweise einfach – und ich halte sie trotzdem für wichtig: Ein Wiederaufnahmeantrag schlägt grundsätzlich nicht durch, wenn abzusehen ist, daß allenfalls eine Strafmilderung dabei herauskommen könnte – etwa durch die späte Erkenntnis einer nur verminderten Zurechnungsfähigkeit. Es muß einem solchen Antrag aber stattgegeben werden, wenn ein völlig auf den Kopf gestelltes Urteil zu erwarten sein könnte – etwa ein Freispruch anstelle eines Lebenslänglich oder gar Todesurteils. Dabei spielt es – und das seit den Zeiten des gemeinsamen deutschen Kaisers! – überhaupt keine Rolle, ob der Delinquent inzwischen verstorben oder hingerichtet worden ist, was ja letztendlich auf dasselbe hinausläuft: wenn in einem solchen Fall abzusehen ist, daß ein Freispruch im Raume steht, hat das Gericht gegebenenfalls ohne neue Hauptverhandlung über diesen Freispruch zu beschließen – in einem reinen Beschlußverfahren mit denselben rechtlichen Konsequenzen.
Diese Form der Wiederaufnahme, diesen Freispruch beantrage ich für Erwin Hagedorn. Ich beantrage, daß seinen Eltern gegebenenfalls die Kosten ersetzt werden, die ihnen entstanden sind, Gerichtskosten im weitesten Sinne jedenfalls und jene Kosten, die durch ihren halb zwangsläufig bewerkstelligten Umzug von Eberswalde in eine andere Stadt aufgelaufen sind. Ich beantrage, daß der Freispruch des Erwin Hagedorn auf Kosten des Staates DDR in der Presse bekanntgemacht wird.
Und lassen Sie mich dann meine Ausführungen endgültig beschließen mit einer nur scheinbar, nur auf den ersten Blick deprimierenden Aussage:
Ich habe, sinnbildlich, diesen Fall Hagedorn übernommen in der absoluten Gewißheit, die vom Effekt her sinnloseste Arbeit meines Lebens zu leisten. Sinnlos deshalb, weil es zwei deutsche Staaten gibt, von denen einer zur Zeit den Begriff »deutsche Nation« sogar aus seinen Reiseprospekten streicht: dieser Staat, die DDR, die Erwin Hagedorn verurteilt und hingerichtet hat, wird sich von einem Strafverteidiger aus der BRD ganz gewiß nicht ins Gewissen reden lassen.
Aber es ist, trotz allem, eben nur scheinbar deprimierend:
Hätte ich schweigen und damit auf meinen Beitrag verzichten sol-

len, die Problematik dieses ungeheuerlichen »gesamtdeutschen« Kriminal- und Rechtsfalles zu verdeutlichen?
Nein.
Denn ich will nicht schweigen zu einem solchen ungeheuerlichen Geschehen in einem Land, dessen Bewohner immer noch dieselbe Sprache sprechen wie wir – gerade nicht zu einer Zeit, in der wir, hüben wie drüben, aus Gründen des Gewissens auch nicht schweigen zu ungeheuerlichen Ereignissen in Chile, Äthiopien oder Palästina.
Ich fordere Gerechtigkeit für Erwin Hagedorn, einen entsetzlich schuldig gewordenen deutschen Täter aus Eberswalde, denn die Gerechtigkeit ist noch unteilbarer als das Land, in dem unsere Väter noch gemeinsam gelebt haben!

Die Hauptpersonen dieses Berichts

DIE MÖRDER:
Erwin Hagedorn
Jürgen Bartsch
Käthe Hagedorn

DIE OPFER:
Henry Specht
Mario Louis
Ronald Winkler
Frank Fuhrmann
Acht unbekannte Opfer von Erwin Hagedorn
Vier Opfer von Jürgen Bartsch
Kati Grünfelder
Friedo Schustermann
Walter Dörenberg

DIE STRAFVERFOLGER UND RICHTER:
Dr. Kuschel
Friedrich Lympe
Hauptmann Bergschneider
Oberleutnant Ludwig
Major Grieschat
Georg Freitag
Max Bremer
Dr. Josef Streit
Dr. Heinrich Toeplitz
Major Wildermuth
Beamte des Bundeskriminalamts
Beamte des Bundesamts für Verfassungsschutz
Hauptkommissar Schwarz

DIE RECHTSANWÄLTE:
Heribert Wegemann
Professor Dr. Friedrich Karl Kaul
Dr. Günter Ullmann

DIE GUTACHTER UND ÄRZTE:
Professor Dr. Dr. Hans Szewczyk
Dozent Dr. Manfred Ochernal
Obermedizinalrat Dr. Barylla
Dr. Hebebrand
Diplompsychologe Bille
Diplompsychologe Wegener
Professor Dr. Dr. Paul Bresser
Professor Dr. Rudi Baumann

DIE POLITIKER:
Walter Ulbricht
Erich Honecker
Kurt Wünsche
Otto Gotsche
Willi Stoph
Werner Krolikowski
Kurt Hager
Horst Sindermann
Weitere Mitglieder des SED-Zentralkomitees

DIE REPORTER:
Kurt Hansen
Jerczy Lukasinski
Friedhelm Werremeier

DIE SONSTIGEN:
Günter Hagedorn
Anne Hagedorn
Frau Schneider
Major Wrobel
Kerstin Lympe
Bürger von Eberswalde
Bürger von Frankfurt/Oder
Robert Gadocha und Mitspieler
Franz Beckenbauer und Mitspieler
Rosemarie

Vetter Erich
Cousine Mary
Vater Bartsch
Mutter Bartsch
Pêtar Karolev
SED-Funktionäre aus Eberswalde
SED-Funktionäre aus anderen DDR-Städten
Hotelpersonal aus Bulgarien
Gastronomiepersonal aus der DDR
Hotelpersonal aus der BRD
Oberst der Roten Armee
Gregor Mendel
Charles Darwin
Bruno Listig alias Heckenrose

Literaturverzeichnis

BRESSER, P.: Grundlagen und Grenzen der Begutachtung jugendlicher Rechtsbrecher. Berlin (West) 1965. – BUCHHOLZ, E. (mit Hartmann, R. und Schaefer, I.): Zum Wesen der Kriminalität in der DDR. In: Neue Justiz. Berlin (Ost) 1969. – DETTENBORN, H. (mit Reuter, L.): Zur deliktspezifischen Feststellung der Schuldfähigkeit. In: Kriminalistik und forensische Wissenschaften. Berlin (Ost) 1973. – DETTENBORN, H., s. Hartmann, R. – FRIEBEL, W. (Hrsg. mit Manecke, K. und Orschekowski, W.): Gewalt- und Sexualkriminalität. Berlin (Ost) 1970. – GEYER, H., s. Goldenbaum, K. – GIESE, H.: Psychopathologie der Sexualität. Stuttgart 1962. – GOLDENBAUM, K. (mit Geyer, H.): Die Verantwortung der Gesellschaft für die Verhütung der Jugendkriminalität. In: Neue Justiz. Berlin (Ost) 1967. – GRIESCHAT, H.: Die Leitung der kriminalistischen Untersuchung zur Aufklärung komplizierter Tötungsverbrechen. In: Forum der Kriminalistik. 1973. – HARTMANN, H. (Hrsg. mit Mrozik, E.): Reiseführer Deutsche Demokratische Republik. Leipzig 1972. – HARTMANN, R. (mit Dettenborn, H.): Soziale Stellung und Tatmotivation jugendlicher Straftäter. In: Jugendhilfe. Berlin (Ost) 1969. – HARTMANN, R., s. Buchholz, E. – HUMMEL, W. (mit Seifert, W. und Kaltofen, H.): Ständige Zusammenarbeit der Rechtspflegeorgane mit den örtlichen Staatsorganen. In: Neue Justiz. Berlin (Ost) 1963. – KAISER, G.: Jugendrecht und Jugendkriminalität. Weinheim und Basel 1973. – KALTOFEN, H., s. Hummel, W. – LANGE, R. (Hrsg. mit Meissner, B. und Pleyer, K.): Probleme des DDR-Rechts. Köln 1973. – LEMKE, R. (mit Rennert, H.): Neurologie und Psychiatrie. Leipzig 1965. – LIPPMANN (Hrsg. mit Moschütz): Das System der Sozialistischen Gesellschafts- und Staatsordnung in der Deutschen Demokratischen Republik. Dokumente. Berlin (Ost) 1970. – MANECKE, K., s. Friebel, W. – MEISSNER, B., s. Lange, R. – MENGE, M.: Tips für Reisen in die DDR von Rostock nach Klingenthal. Berlin (West) 1974. – Ministerium der Justiz: Strafgesetzbuch der Deutschen Demokratischen Republik. Textausgabe mit Sachregister. Berlin (Ost) 1968. – MINX, J.: Zur Bekämpfung von vorsätzlichen Körperverletzungen, Rowdytum und gewaltsamen Sexualdelikten. In: Der Schöffe. Berlin (Ost) 1972. – MOOR, P.: Das Selbstporträt des Jürgen Bartsch. Frankfurt/Main 1972. – MOSCHÜTZ

(Hrsg.), s. Lippmann. – MROZIK (Hrsg.), s. Hartmann, H. – OCHERNAL, M., s. Szewczyk, H. – ORSCHEKOWSKI, W., s. Friebel, W. – PLEYER, K., s. Lange, R. – RENNERT, H., s. Lemke, R. – REUTER, L.: Entwicklung, Erscheinung und Strafverfolgungspraxis der Jugendkriminalität in der DDR. In: Der Schöffe. Berlin (Ost) 1972. – REUTER, L., s. Dettenborn, H. – RÖMER, A., s. Werner, R. – SCHAEFER, I., s. Buchholz, E. – SCHÖNEBURG, K.-H.: Staat und Recht in der Geschichte der DDR. Berlin (Ost) 1973. – SEIFERT, W., s. Hummel, W. – Staatsrat der Deutschen Demokratischen Republik: Gesetz über den Ministerrat der Deutschen Demokratischen Republik vom 16. Oktober 1972. Vollständige Textausgabe in: Neues Deutschland. Berlin (Ost) am 17. Oktober 1972. – SZEWCZYK, H. (mit Ochernal, M.): Fachärztliches Gutachten über Erwin Hagedorn. Berlin (Ost) 1972. – WERNER, R. (mit Römer, A.): Gegenstand, Hauptanwendungsgebiete und Entwicklungsperspektiven der Forensischen Psychologie in der DDR. In: Kriminalistik und forensische Wissenschaften. Berlin (Ost) 1973. – WERREMEIER, F.: Der Fall Jürgen Bartsch. »Bin ich ein Mensch für den Zoo?« Wiesbaden 1968. – WILSDORF, E. (mit Goldenbaum, K.): Die Bedeutung von Erziehungs- und Milieufehlern für die Herausbildung krimineller Einstellungen und Gewohnheiten Jugendlicher. In: Kriminalistik und forensische Wissenschaften. Berlin (Ost) 1973. – Wissenschaftliche Kriminalitätsforschung beim Generalstaatsanwalt der DDR: Wiederholte Straffälligkeit bei Eigentumsdelikten sowie Gewalt- und Sittlichkeitsverbrechen. In: Neue Justiz. Berlin (Ost) 1967. – Ferner: Aktenauszüge, Zeitschriften- und Zeitungsauszüge, Reiseprospekte, eigene Interview-Protokolle, eigene Gedächtnisprotokolle.